高校思政课实践教学成果系列丛书
北 京 市 共 建 项 目 专 项 资 助
教育部“高校思想政治理论课教学方法改革项目择优推广计划”成果
教育部“全国高校优秀中青年思想政治理论课教师择优资助计划”成果

《行走的课堂——人与网络》编委会

顾　　问　胡树祥　朱凌云　李志军　韩小谦

主　　编　冯秀军

副 主 编　陈文娟　郭红梅

参编人员　郭红梅　朱家梅　哈战荣　张晓阳　邢　雷
　　　　　蔡亚志　詹来宇　李　娟　肖　翔　卢迎春

行走的课堂

——人与网络

中央财经大学马克思主义学院
“马克思主义基本原理”教研室/编

Xingzou de Ketang

中央民族大学出版社
China Minzu University Press

图书在版编目(CIP)数据

行走的课堂——人与网络/中央财经大学马克思主义学院“马克思主义基本原理”教研室编.—北京:中央民族大学出版社,2018.4

ISBN 978-7-5660-1493-1

Ⅰ.①行… Ⅱ.①中… Ⅲ.①高等学校—思想政治教育—中国 Ⅳ.①G641

中国版本图书馆CIP数据核字(2018)第050116号

行走的课堂——人与网络

编　　者	中央财经大学马克思主义学院“马克思主义基本原理”教研室
责任编辑	戴佩丽
责任校对	赵　静
封面设计	彭春爱
出 版 者	中央民族大学出版社
	北京市海淀区中关村南大街27号　邮编:100081
	电话:68472815(发行部)　传真:68932751(发行部)
	68932218(总编室)　68932447(办公室)
发 行 者	全国各地新华书店
印 刷 厂	北京建宏印刷有限公司
开　　本	880×1230(毫米)　1/32　印张:14.5
字　　数	370千字
版　　次	2018年4月第1版　2018年4月第1次印刷
书　　号	ISBN 978-7-5660-1493-1
定　　价	58.00元

行走于课堂之外（序言）

作为一名高校思想政治理论课教师，时常会遭遇这样的尴尬：教师站在讲台上口若悬河，学生却枯坐于讲台之下面无表情或昏昏欲睡。

为什么会有这样的尴尬？为什么我们努力地付出却未能得到回报？带着这个问题，我们发起各类调研，一遍遍地审视教学的每一个环节。调研、审视的结果显示出教材内容陈旧、不切实际，教学方式方法有待改进，教师能力素质有待提高等一系列问题。于是我们对症下药，组织专家编写教材，使教材层次越来越高；改进教学技术，让课件制作越来越精美；加大师资培训力度，使教师备感使命光荣、责任重大……不可否认，情况确实有所改善，但问题还是没有得到根本解决，社会各界对思想政治理论课教学实效性的质疑也依然存在。那么，在这些对策之外，还有其他的突破点吗？

在多方求索中，我们有一个“非常规”的发现：这些存在的问题或许还与思想政治理论课的课堂样态有关。

我们不妨再来检视思想政治理论课教学的课堂场景：教师在讲台上苦口婆心，学生在课椅上却枯坐——这是一种学生身体被捆绑在椅子上的静态课堂，且是日复一日的缺乏互动课堂。这样的课堂场景，无论教材多么完美，依然无济于事。这需要再回到思想政治理论课的课程特性与目标当中。与那些以科学性知识学习为主旨的课程不同，思想政治理论课是一门以世界观、人生观和价值观为主要内容的价值性知识学习课程，其课程目标就是引导和帮助学生学会认识和对待我们生活的社会。对于科学性知识学习而言，经由具体经验提炼而来的间接、抽象知识和理论的学习，是更为高效、便捷的途径；对于价值性知识学习，却很难单纯依靠纯粹抽象的知识传递和理论说教完成，还必须经过学习者的情感体验、心灵感悟和价值认同等重要环节。因此，如若没有情感融合与用心体会，思想政治理论课教学改革与创新则难见成效。

那么，身体的捆绑与思维的活力、情感的激荡有关联吗？心理学告诉我们：活跃、兴奋的身体状态总与思维、情感的活性相关。在捆绑式的静态课堂中，即便教师的讲授具有吸引力，学生也只有眼睛与耳朵是“醒”着的，他们的四肢和其他感官往往处在“休眠状态”。“休眠”的身体状态往往伴随着精神的惰性，意味着思维与情感的蛰伏。既然如此，我们能否尝试将学生从捆绑式静态课堂之中解放出来，激活他们的五官和四肢进而点燃他们的思维与情感？

那么，如何让学生的五官和四肢活跃起来？我们认为，行走于课堂之外的实践性学习，是一条不错的路径。

或许我们“文明”得太久，反倒忽略了一个事实：人类以其特有的方式认识和改造世界，首先就是从解放自己的四肢开始的，从双手握住那块石头开始进而握住整个世界。从直立行走起步直至开辟崭新世界——行走于广阔天地间的实践原本就是人类认识、把握和改造世界的最基本方式。实践更是人意识活动的基础。正是在实践过程中，人类发展出了意识，使人的生命活动成为有意识的生命活动。“通过实践创造对象世界，改造无机界，人证明自己是有意识的类存在物。”（《马克思恩格斯全集》第3卷，人民出版社2002年版，第273页）如此看来，虽然随着人类实践经验的积累，我们可以通过抽象学习、理论学习来更高效地认识和把握世界，但对于思想政治理论这样的价值性学习课程来说，实践性学习却是必不可少的基本环节。

《行走的课堂》即源于这样的思考与认识：努力改变传统的课堂场景和样态，让那些充满青春能量的大学生行走于课堂之外，让他们尝试用行走的双脚去认识世界、用伸开的双手去触摸世界。

当他们迈开双脚，伸出双手，张开眼睛、耳朵和嘴巴——去走、去做、去看、去听、去问——他们必然会与种种“问题”相遇。需要特别指出的是，这些问题是他们自己发现的问题，而不是教师发现的问题；是因人因时因情境不同而发现的真问题，而不是课堂上“为赋新词强说愁”的假问题；是激起他们好奇、愤怒、迷茫、自豪、痛苦等情感体验的活问题，而不是课堂上闭着眼就知道教师需要什么答案的死问题……面对这些问题的“逼迫”和“诱惑”，他们只有去思考、去尝试、去碰壁、去坚持、去选择、去放弃、去征服、去反思……如此，在身体的活动中出现了思维过程的展开和碰撞，出现了心灵的震撼和激荡——这不正是我们求之不得的“珍宝”吗？这才是教育的契机所在，生命的节奏所在！

本书是我校2015级本科生“马克思主义基本原理概论”行走的课堂的优秀实践成果集。我们从全校300余篇实践调研报告中评选出25篇优秀之作，结集成册。每篇实践报告包括学生团队的实践策划、实践过程、实践成果与实践思考，真实展现了学生实践性学习的全过程。此次课程实践，学生以“人与网络”为主题，对当前大众网络生活中出现的键盘侠、网红、网络暴力等现象进行了调查分析；也以学生的视角对网络教学资源的应用、网络学习与传统课堂的关系等问题做出了他们的判断与分析。学生选题非常丰富，形式多样，整个题目的完成也努力以马克思主义观点与方法为指导，于行走中真切体悟理论。从这些报告来看，虽然存在许多稚嫩之处，但也原汁原味反映了“95后”大学生的思想实际、认识实际。这是学生完成的一份作业，也是教师走近学生、了解学生的一条路径。

目　录

微时代背景下大学生的意见表达机制研究

——以中央财经大学学生为例

实践团队：中国经济与管理研究院　数理经济 15－1 班
团队成员：贾亭立　王　称　王媛媛　张倩玉　赵　元

一、实践目的

在当今微时代的背景下，信息正以几何级数的增长速度在传播。我们的言语可以被其他人看到，我们的思想可以被网络传播。我们的信息来源再也不是只有少数权威媒体发行的报纸和杂志。那么个人，尤其是大学生在微时代下表达意见究竟能够有多有效，给社会带来多大的影响，这是我们研究的方向。

二、实践背景

1. 案例介绍

2015 年 10 月，同学们的朋友圈、QQ 空间、贴吧都被一则关于“大活”厕所的消息刷屏了。很多同学，尤其是女同学表示了关注甚至惊慌，甚至将“大活”列入了黑名单。是怎样的一则消息，引起了同学们的恐慌？

2. 刷屏消息回顾（精简版）

说说今天早上那件吓人的事，转发群里的一条信息希望所有的女生都注意!!! 保护好自己!!! 就像我也从没想过这件事会发生在我身上!!! 我只能说我现在的心跳还是有点乱。跟所有经历过此类事件的姑娘一样，我事后最大的感觉除了来势汹涌的后怕，就是真的真的不敢相信这种事情发生在了我身上，发生在了本以为最安全的校园里!!

事情大约发生在8点多快9点的样子，在大活二楼，卫生间。今天一整天除了燥热外就是莫名的不安。晚上吃完饭后我照例去了大活二楼的办公室，后来就想去趟卫生间。其实一切的一切也都是巧合，本来我是个很怕黑的人，平时去卫生间都会喊RY陪着我一起开灯然后等我。但今天走出门口想想算了，自己也行。不过我在此时做了一个当时无所谓但是在整件事情中最最重要的决定！我折回去拿了手机！大活卫生间没有网，手机没有流量了，本来没有拿，后来鬼使神差地竟然回去拿了，我明显觉得这种脚步声绝对不是女孩子的！也绝对不是正常的脚步声！因为脚步声很杂乱没有落脚点而且很刻意地想放得很轻，而走到这个地方，唯一能去的就是男厕所，但脚步一再在女厕所门口徘徊断续，显然那不是他的目的地！我不知道该怎么跟你们形容我当时的心情！说实话我心里真的真的很挣扎，一方面是在怀疑自己是不是太神经质了，一方面觉得坚决不能开门（当时我本想给RY发个短信说卫生间这边有奇怪的声音让他来看一下，但又担心是自己想多了！事实证明大家今后一定要在嗅到危险的第一时刻开始求助！才能减少置身险境的概率!)。我迅速地站起来并紧双脚站到了隔间最里面的位置，因为我怕那人渣从门下面的空隙看到我的脚确定我在哪个隔间！（在此得感谢大活卫生间的隔间门都是关着的，他没法确定我究竟在哪个里面，也许他确定了但是不敢行动吧。）其实这时候我依然不敢确定外面是不是有坏人，我虽然很害怕，但清醒地坚信，哪怕只有百分之一的危险可能也绝不出去！就这样我不出去他不动僵持了几十秒后之后我做了第三个重要的决定，拨动门上的锁，给门外的人一种我要出去的错觉，也就是这个时候，我看到了我想我再难忘记的场景！我清清楚楚！从门缝里！看到了一只手！！！那百分之百是一只男人的手！！！中指上戴着一个粗款的银色环状戒指！！！！就放在我的隔间门的把手上！！！！！时刻准备一把拉开我的门！！！！！我真的真的是体会到了什么叫一瞬间惊了一身的冷汗！！！！！我本能地迅速把门锁好！！！那一刻我的脑子里真的充斥了太多的想法！！！他到底是谁，有没有带凶器，是不是一个人，有没有团伙！！！！我手抖着打给 RY，声音都颤了："RY，我在卫生间，没带纸，你快给我送来，送到女厕所来。" RY 明显很惊讶："什么，送进去"？（听到对方说奇怪的话，比如我让 RY 一个男生到女厕所送纸。一定一定要立刻反应过来，更一定一定要保持通话，以时刻确认对方的情况。）就在我能听到 RY 快速走来的声音时，那人渣也终于确定有人来了，才迅速地从走廊滚了（RY 也看到了他逃走的背影）。我当时还是不敢出来，一定要 RY 和 HR 都走到隔间门口才敢颤颤巍巍地打开门！之后我语无伦次地抖着跟他们讲情况，后来也找到了保安，很遗憾大活没有监控器，但是保安看到了确实有个三十多岁戴着鸭舌帽的男人跑了！在这儿我也有几点疑惑，大活作为一个教师和学生干部聚集的地方，办公室居多、教师学生财产居多为什么不设置监控！！！就算不整体设置监控也应该在长走廊或者卫生间门口等公共地点设置监控，以防万一！！！一个监控都没有为什么不增加保安数量！！！！一栋大楼就一个保安在二楼三楼出了事叫喊谁听得到！！！教师学生都有，年龄层次多，保安怎么辨别校内和校外人士！！！到现在我也不知道怎么完全平复自己的心。我真的不知道如果今天哪个环节出了纰漏结果会怎么样，如果我没带手机不能求救，如果我怀疑自己打开了门，如果 RY 他们刚好也都不在！！如果太多，但结局可以肯定，一旦我跟歹徒面对面，我必败无疑！！！不敢想结果是什么，是醒来衣衫不整躺在哪个角落了，是被拖到山区拐卖了还是少了颗肾，谁都说不准！！我只能说今天他没有得手，他的目标也绝不是针对我，这种变态下手的是每一个他能伤害到的人！！我不知道他今天走后去了哪儿!! 还会不会再来!! 明早 8 点还要考试，我想我得睡一觉稳定一下。所有的经过和教训我都说得很清楚了，我也希望各位看了之后只当是个教训，希望无论私下还是公开都不要再过多地问我当时的情况，我只会记住这个教训然后努力忘了这个经过。最后说给看客，生命和安全都是自己的，那就自己紧紧握住!!! 学弟学妹们去大活也要注意安全。

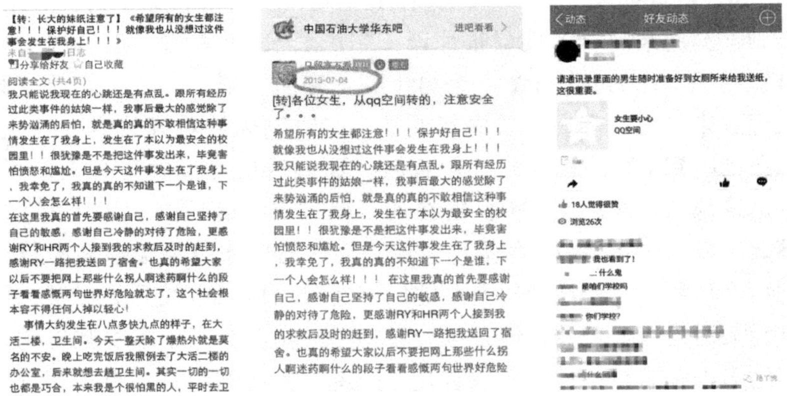

刷屏现象截图

3. 事件后果

从转发及评论者的语言和态度我们可以明显地看出，大多数大学生对于这则消息描述的“大活厕所事件”深信不疑，而且，很多人直接就想当然地认为，这件事情发生在自己的学校。因为自己的学校也有“大活”，从而引起恐慌，而消息的大量转发，更使人们加重了对此事件的信任，也加重了同学们的恐慌。

4. 事件求真

在这则消息广为流传之后，同学们也渐渐发现一些端倪。首先，“大活”——大学生活动中心，是各大高校都会有的建筑，怎么能仅仅从“大活”这个名词就推断事件发生在自己身边呢？另外，那么多所高校，转发的都是一则一模一样的消息，难道是每所学校都发生了一模一样的厕所事件，事件主人公也是同一个人？显然不可能，那么，究竟这件事情发生在哪里呢？

其实早在2013年此帖便已经在各大贴吧出现并被疯狂转发。因其描述十分详细、惊险而被当成真实案例广为流传。经查询，此文案最早于2013年7月于南京某学校发布，传言此为真实发生的事情，但真假无人证明，因此此事无法进行考证。

5. 案例分析

在这个事件中，每一个传播者都是带着恐惧或者想为身边人提醒的心理进行转发和扩散的，但是，在转发和扩散的同时，少了一份理性，少了一些求真的态度。

大学生的网上表达机制，一方面给了那个大学生话语权，将自己的事情告诉别人，换得他人的警惕与关注；可是另一方面，其他人却在不明真相的情况下，疯狂转发，每个人都坚信不疑这是自己的学校发生的事情，搞得人心惶惶。

以小见大，以下我们将调查微时代背景下大学生的意见表达机制，分析目前情况和利弊等。

三、问卷调查

微时代意见表达机制调查问卷

第1题　以下微时代产物有哪些是您正在使用的［多选题］

选项	小计	比例
微信	101	96.19%
微博	74	70.78%

续表

选项	小计	比例
QQ	77	73.33%
知乎	48	45.71%
豆瓣	34	32.38%
其他 App（如：好奇心日报）	22	20.95%
本题有效填写人次	105	

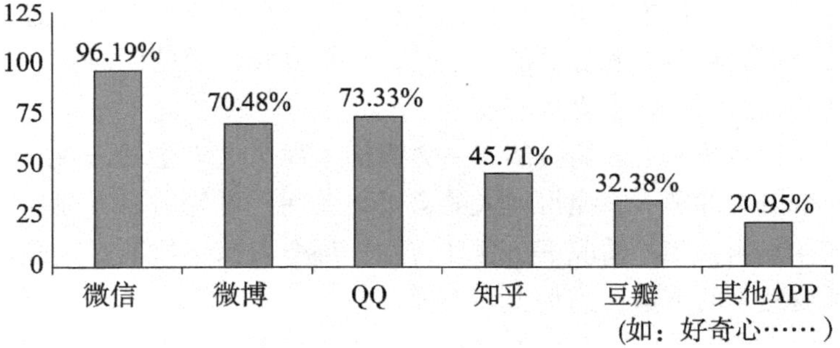

第 2 题　对于以上信息平台您的阅读频率大约为多久？［单选题］

选项	小计	比例
每天一次	32	30.48%
每天多次	60	57.14%
一周多次	8	7.62%
一月多次	5	4.76%
本题有效填写人次	105	

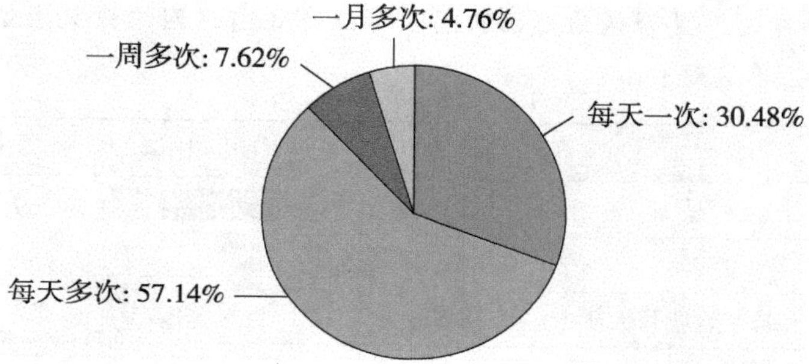

第 3 题　在朋友圈、微博等公众平台发表自己的想法的频率大致为？［单选题］

选项	小计	比例
一天多次	41	39.05%
一天一次	21	20.00%
一周多次	23	21.90%
一月多次	20	19.05%
本题有效填写人次	105	

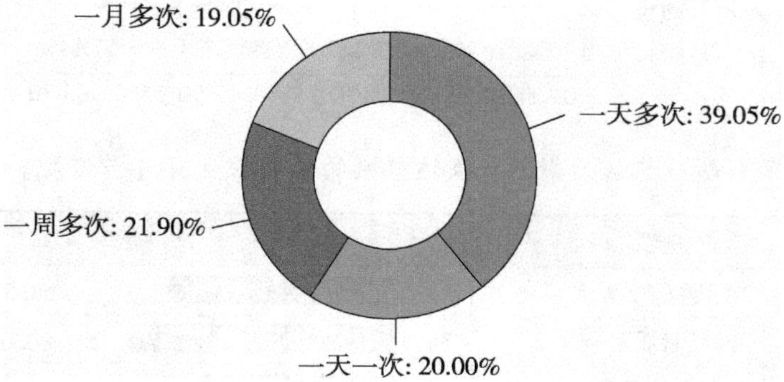

第4题 是否认为自己的想法可以有效通过网络意见表达机制表达？［单选题］

选项	小计	比例
是	73	69.52%
否	32	30.48%
本题有效填写人次	105	

第5题 您认为微时代表达机制的主要优点有［多选题］

选项	小计	比例
自己的观点有人看到	67	63.81%
资讯快速	69	65.71%
内容新奇广泛	65	61.90%
跟进信息	60	57.14%
本题有效填写人次	105	

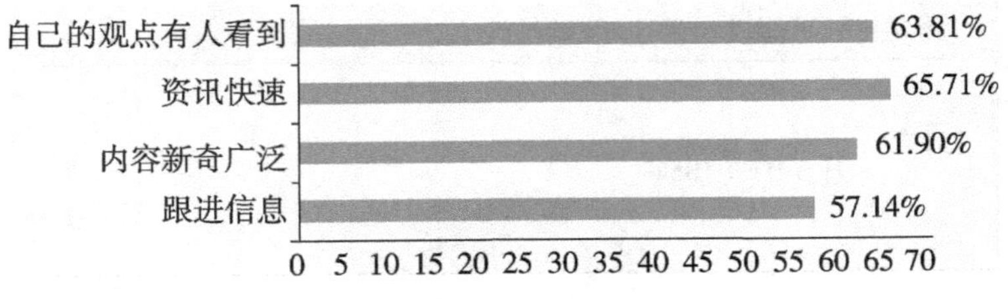

第6题 您认为微时代表达机制的主要缺点有［多选题］

选项	小计	比例
“标题党”太多	72	68.57%
网民素质不一	84	80.00%
谣言扩散快	66	62.86%

续表

选项	小计	比例
不实信息	59	56.19%
本题有效填写人次	105	

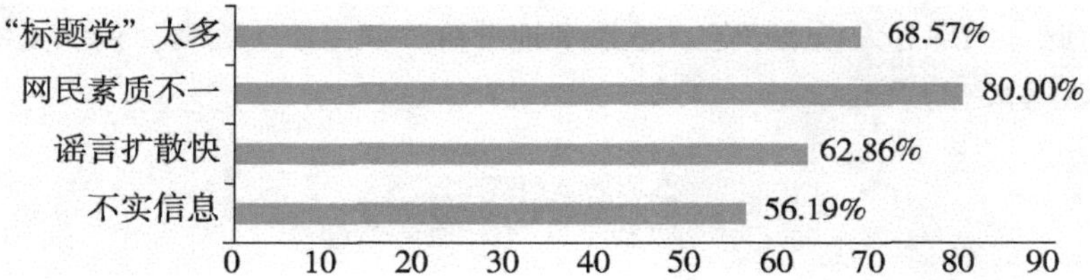

第 7 题　您是否认为现下的网络意见表达机制需要进一步管理完善？[单选题]

选项	小计	比例
是	98	93.33%
否	7	6.67%
本题有效填写人次	105	

第 8 题　您是否认为微时代的表达机制优点大于弊端？[单选题]

选项	小计	比例
是	90	85.71%
否	15	14.29%
本题有效填写人次	105	

问卷总结：

其实不难看出，在微时代下，几乎人人都在使用至少一个微时代的产物，微信是最常被使用的。几乎所有人都难以避免。而微时代下的表达机制则各有缺点和优点，且优点和缺点都非常明显。而正如实践背景中的案例一样，这种表达机制虽然更加自由、更加方便，但是却缺乏有效性和真实性，容易造成错误信息的传播。这也和超过93%的人所认为的一样，微时代的表达机制需要进一步完善。对此，大部分人较为理性，也乐观地看待，认为总体而言，仍然是利大于弊，前景更好。

四、采访调查

采访实录一

关于大家对这种网络中的新表达机制的看法，小组张倩玉同学采访了2位同学，和她们进行了谈话，采访记录如下。

提出的问题：

1. 你平时用网络多吗？一般上网都是为了干什么呢？

2. 你对“网红”现象怎么看？你觉得为什么会有“网红”的存在？

3. 你觉得网络这种表达机制对你或者说个人有什么影响吗？比如朋友圈的刷屏。

4. 你觉得朋友圈刷屏也好，微博上或者各种社交网站上的舆论也好，有哪些问题呢？个人通过网络表达自己的意见，你又觉得有哪些可以改进的地方？

回答者一：

1. 我用网络也不是很多，一般也就是用来浏览信息，看看新闻什么的。有时候也会看看小说。

2. “网红”的产生，主要还是因为人们的猎奇心理吧。不过作为个体，我对消息应该还是要有一定的选择吧。反正“网红”对我来说也是没有什么影响的。

3. 像朋友圈那些刷屏，对我影响的话，就是在一定程度上还是会改变自己的想法的，毕竟不是每次都会有正确的判断。问题的话，就是普通人可能会被利用，然后对当事人产生一些类似人身攻击的行为。

4. 一切事情都有两面性。比如说像网络舆论，一方面能够对一些事情起到监督作用；但是另一方面，舆论普遍“一边倒”，观点可能会有些偏激，对当事人造成侵害，或者有人被道德绑架。这种情况下还是要适当加强管制吧，或许以后逐渐推行实名制就会大大改善网络环境吧。

回答者二

1. 我上网的时间不算多也不算少，基本都是用来浏览信息、看新闻、刷微博吧，或者是和家人朋友联络感情。

2. “网红”的出现正好显示出社会娱乐化的趋势以及“名人草根化”的现象。我的意思就是说，名人不再是以前那样只有光鲜端庄的一面，也不仅仅是以前那样给人远离现实的距离感，网络的出现更满足了人们对他们的好奇心。所以“网红”的出现是互联网发展催生的，也是必然的。

3. 表达机制具体是指什么呢？如果是指网络语言、表情包这种表达风格以及这种在网上不用和别人面对面交流的形式，对我个人有帮助，比如对我和别人进行交流、缓解尴尬非常有效。

如果说是指每个人都有了表达的空间以及对别人的影响的话，我倒觉得它并不太会改变个人的习惯或者影响力。乐于表达的人有了更多更方便的表达渠道，而他们一般都是本来就有很大影响力的人。不愿意表达的人仍旧会保持沉默。而且像那种刷屏，我一般也不会参与。我觉得普通人的力量还是有限的吧。

4. 刷屏和舆论的问题，一个就是容易造成舆论导向，给了营销号制造舆论的手段和机会。还有就是容易形成强度较大但持续时间很短的热点。一时间大家很容易热议一个热点问题，又很快会把它抛开转向下一个热点问题，很多问题得不到持久的关注，最后不了了之。还有就是谣言的传播危害特别大。如何改进？我也是觉得应该推行网络实名制，净化网络环境。

采访实录二

小组的赵元同学也进行了以下的采访。

问：您认为当代大学生在微时代的话语权发生了怎样的变化？

答：首先，微时代为大学生提供了更完善的意见表达机制，比如微信公众号、微博、各种网络平台直播、喜马拉雅。各种形式都有，文字、图片、声音、视频等等。其次，微时代扩大了大学生的话语权。我周围很多认识的同学都开通了个人的公众号，在朋友圈里转发自己的推送，写得好的阅读量能上万。这在以前是不可能的。以前的传播媒介只有报纸、电视，大学生在报纸上发表文章，或者是在电视上表达自己的观点是很困难的。但现在我可以写一篇推送，或者在微博上发一篇长微博，只要我写得好，观点独到引人深思，就可以达到很高的阅读量和转发率。

问：您如何看待当代大学生拥有更多话语权带来的利弊？

答：我认为利弊都是存在的，并且都不可忽略，但总体来说还是利大于弊。像之前阅读量破十万的推送“生日快乐，中央财经大学！让我捧你在手心”，就是我们学校的几个同学做的，通过微信推送这个载体，分享自己平时拍的精美照片。在以前这些照片是不可能刊登在报纸上或者在电视上播出的，很难让更多人看到这些照片。但现在很多中央财经大学的人看到了这个推送，然后他就会感叹，“哎呀，原来我们的校园可以被拍得这么美”，这就唤起了他们内心深处对于母校的感情，然后一层一层地转发，越来越多的人看到，这样就很好。类似于长尾理论吧，之前因为月销量太少不能在音像店卖的音乐，如今可以在电子商店上出售，然后店主发现，这个音乐还挺不错的，竟然还有人来听。

采访总结：其实不难看出，中央财经大学的大学生对待当下网络表达机制都是有非常清楚理性的见解的。类似于传谣、博眼球等缺陷大家都非常了解。同样，对于微时代网络意见表达机制，大家还是持肯定态度，并看好未来的进一步改善。

五、实践总结

在这个微时代背景下，大学生通过网络上的各种表达机制，获得了自由的话语权。但是我们要用这些话语权来做什么呢，这值得更深刻的思索。一方面，我们看到许多大学生通过这种表达机制，建立起正能量的传递。如中央财经大学阅读量破十万的推送“生日快乐，中央财经大学！让我捧你在手心”等。但是也有一些校园里的谣言，像是一朵罂粟看似美丽，实则有毒。我们不能让网络成为谣言滋生的土壤。信谣、传谣，显然不是当代大学生应有的行为。造谣者完全可以利用人们的同理心编造谣言，而大学生们则应擦亮双眼，不要被谣言蒙蔽。谣言止于智者。总而言之，我们要善于利用网上的表达机制，保持理性、保持冷静、求根问底、不盲从，不要成为网络谣言的帮凶。推动微时代背景下的表达机制积极健康发展，并进一步完善该机制，这对社会的发展也是有极大的促进作用的。

结束语

纵观整个实践活动，我们小组收获颇多。不仅对于微时代大学生的意见表达机制有了深刻而系统的了解，更是体会与认识到了马克思主义基本理论与方法对现实生活的指导意义。比如说，唯物辩证基本规律中的否定之否定规律，揭示了事物发展的前进性和曲折性的统一。我们认为即使现在微时代意见表达机制存在类似“标题党”太多、谣言转发快、不实信息等多种问题，但是当这些问题得到一定的解决，当曲折过去之后，相信微时代的表达机制会获得“螺旋式上升，波浪式前进”。道路是曲折的，前途是光明的。我们相信经过一系列管理，大学生的意见表达机制会更好，社会也会向着更好的未来前进！

（指导教师：韩小谦　韩美兰）

德与法的缺失：由网络暴力引发的思考

实践团队：经济学院经济学 2015－2 班
团队成员：占　宇　许　珂　张　喆　宋程瑜
隆景华　刘子玉　陈泉霖　田　野

一、实践简介

（一）实践背景

近年来，互联网技术的突飞猛进令世人始料未及。网络对于人们而言已犹如空气般不可或缺。但当人们享受着互联网在讯息搜寻、言论表达、交流互动、资源共享及娱乐消遣等方面便捷的服务时，一种被冠名为“网络暴力”的社会现象也随之而出现。从 2006 年 4 月的“虐猫事件”和“铜须门事件”，到后来的“华南虎事件”和引起普遍关注的被称为“中国反人肉搜索第一案”的“死亡博客事件”，“人肉搜索”已经成为当下不可忽视的社会化网络行为，另外，网络上公民滥用言论自由权，对他人进行侮辱、谩骂的例子也是层出不穷，如乔任梁逝世、王宝强离婚事件中网民们对两位名人的亲朋好友进行的道德绑架，严重影响他人的日常生活。网络暴力发生频率渐高，影响范围渐广，危害程度渐大，存在着愈演愈烈的趋势。

正是基于上述背景，我们小组选择了“网络暴力”这一主题并就此展开深入研究。

（二）实践目的和意义

目的：

此次社会实践以当下严峻的网络暴力现象为研究对象，旨在启发成员及影响范围内的公众对网络现象的现状、成因、解决方法进行深度了解与深刻分析，引导成员及公众树立正确的价值观，端正自身的网络行为态度，成为一个合格的网络公民。

意义：

1. 用多种实践形式深入了解并剖析网络暴力现象，使更多人了解网络暴力的严重性与危害性，并启发更多人探讨此恶劣现象的本质原因，并尝试提供切实可行的解决方案。该选题具有很强的警醒作用、启迪作用，在引导参与者树立正确的价值观、成为合格的网络公民方面具有较强的教育引导意义。

2. 有利于了解互联网与社会的联系。现代大学生，大多是在书本知识中成长起来的，对我国的国情、民情知之甚少，社会实践活动可以为他们打开一扇了解社会的窗口。

3. 有利于理论知识的转化和拓展，增强运用知识解决实际问题的能力。大学生在课堂上学习的理论知识往往难以直接运用于现实生活之中。社会实践使大学生接近社会，使他们能够把自己所学的理论知识与接触的实际现象进行对照，把抽象的理论知识逐渐转化为认识和解决实际问题的能力。

（三）实践思路

1. 主题及切入点。根据老师的指导与提示，从“人与网络”这一大主题进行延伸，最终确定极富时效性的热门话题——人与网络暴力。从典型案例出发，确立实践大致框架。

2. 进行准备工作，撰写实践策划方案。进行前期准备，综合考虑各方面因素，扬长避短，最终确定实践策划方案。

3. 贯彻实践策划方案，具体开展社会实践。在规定时间内开展社会实践，充分利用各界资源，保证策划方案落实到位。

4. 编写实践报告，得出结论。将综合各种实践方法得出的结论，撰写成实践报告，以文字形式记录实践过程。

5. 展示成果，分享心得。课堂上采用PPT、图片、视频等多种形式展示成果，与全班同学分享心得体会。

二、实践纪实

（一）时间安排

实践活动	执行人	时间
资料搜集与整理	张　喆	第13周
问卷设计与发行	许　珂	第14周
采访民商法老师朱晓峰	宋程瑜、占　宇	第15周
采访思修老师邢国忠	刘子玉、陈泉霖、隆景华	第15周
撰写小组讨论记录	田　野	第16周
撰写实践报告	全体成员	第16周

（二）实践详记

1. 采访民商法老师朱晓峰

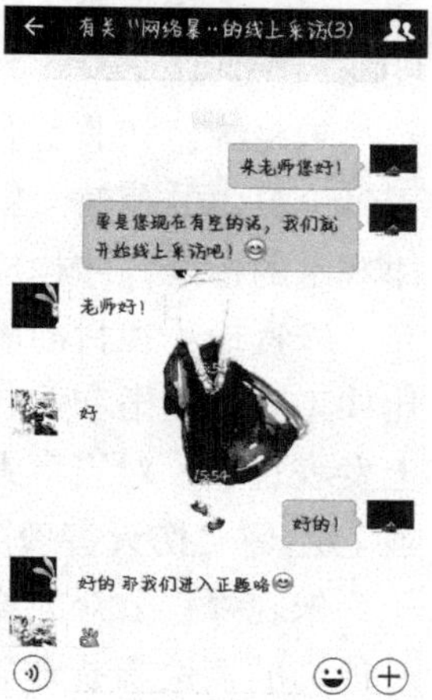

占　宇：老师，您有没有研究过关于网络暴力的问题？

朱晓峰：我们研究的网络侵权和你们所说的网络暴力有一部分是重合的。但不是所有的网络暴力都会导致网络侵权。

占　宇：老师您能举个例子吗？

朱晓峰：比如说论坛上的语言暴力对于当事人来说可能是暴力，但是还没有上升到法律上的侮辱诽谤的程度，不算是侵权。还比如说之前的周正龙打虎和天价表、天价烟等事件，“人肉搜索”是有利于社会公共利益的，并不构成隐私权的侵犯。

宋程瑜：“人肉搜索”一直是一个热议的话题，一直处于法律的边缘地带，某种程度上的“法不责众”让我们很难落实侵权责任。您认为如何解决呢？

朱晓峰：网络侵权有时候涉及的人数非常多，受害人主张救济可能成本非常高。如果这个人遭受的损害不够严重，他也很难获得损害赔偿。侵权责任法中的损害赔偿以严重损害为要件，但停止侵害是可以做到的。比如依据我们现在的责任法可以要求网络经营者进行相应的技术处理，停止侵害。但是对于已造成的损害，主张损害赔偿、恢复名誉比较难，还需要考虑法律之外的救济，比如加强网络经营者、管理者的责任，限制用户的上网和发言。另外一种可能还是得有道德的提高。法律解决的社会纠纷仅仅是非常小的一部分，不能所有事情的解决都寄希望于法律。

占　宇：如今我们国家有没有针对网络暴力的法律法规呢？

朱晓峰：我们国家现在还没有专门针对网络暴力的立法。

占　宇：老师是否听说过罗尔一事？您怎么评价网友们的行为？当“人肉搜索”、言语攻击带有正义性时，我们应该持什么态度呢？

朱晓峰：并非所有评论都构成网络暴力，未达到侮辱诽谤的属于言论自由的范畴。罗尔事件也是同样。只有网友的行为超出了法律规定的标准，才构成侵权。

宋程瑜：在目前的网络暴力受害者里，公众人物的比例最高。比如王宝强离婚和乔任梁逝世事件，网友们站在“道德的制高点”上发表观点，对当事人造成伤害。您认为网络暴力究竟是“替天行道”还是“伤天害理”？

朱晓峰：公众人物的容忍度需要比普通群众高一些。网络上对于他们的言论骚扰非常多，但在原则上，只有导致了严重的损害，他们才可主张保护。一般情况下他们要让位于公共利益，也就是说他们应承受一般的社会舆论批评。法律只救济我们社会生活当中的一部分损害，并非所有的损害都可以通过法律获得救济。

宋程瑜：很多网络暴力发生在社交网站上。很多人觉得，“我有言论自由权，社交网站就是证明自己、表明立场的地方”。现在社交网站充斥着语言暴力，这是否真是一个打字不需要负责任的时代？公众出于一种怎样的心理才会无所顾忌地在社交网站上实施语言暴力？

朱晓峰：这种情况在民法中叫“滥用权利”。语言暴力导致的伤害，救济起来还是挺麻烦的。因为法律的救济可能不够及时，需要特定的程序，而程序是需要成本的。所以只有在非常严重的情况下当事人才会走法律程序。需要法律之外的其他途径，比如伦理道德层面。社会整体自我监督、自我约束，行业自律。网络是一个虚拟空间，这种情况下的心理活动和现实生活中不一样，所受的社会压力也不一样，所以语言的表达和使用也可能会存在一些不恰当的地方。

宋程瑜：谢谢老师接受我们的线上采访！我们的问题得到了很好的解答！

2. 采访思想道德修养与法律基础老师邢国忠

隆景华：请问老师您平常研究过网络暴力这一现象吗？

邢国忠：我个人觉得，网络暴力是一个伪命题。因为，任何事物都有两面性。我们为什么不说手机暴力、汽车暴力呢？

邢国忠：我认为网络本身不存在暴力不暴力的问题，关键是使用者如何使用。从大的方面来看，网络给更多的人带来的不仅是技术进步，更是第一次真正拥有了自己的话语权和地位的平等。是的，这是人们对技术进步的反思，但我个人认为对网络有些污名化和妖魔化，属于反应过度！

隆景华：如果网络暴力发生在我们身上，我们又该如何处理以保护我们自身呢？

邢国忠：网络的确带来了不少问题，但它也的确颠覆了传统的人际交往游戏规则。就是说，任何人都很难完全掌控社会的话语权乃至发展走向。比如，今年的美国大选，特朗普的胜出我更愿意看作美国传统建制派社会精英掌控大选结果的失败。

隆景华：之前有宣传希望能提高网络实名制，您觉得提高网络实名制对于抑制这种现象有没有作用呢？

邢国忠：网络上出现的违法行为最终需要法律手段加以解决，比如法律中的诽谤罪等。在这一点上，虚拟社会和现实社会是完全平等的。针对网络出现的问题需要加强立法执法，但不能以暴制暴。网络实名制有好处，也有弊端。我个人不赞成完全的网络实名制。如果那样的话，也会失去很多生活的乐趣。

刘子玉：网络的颠覆是否是因为现存的监管制度不够完善，这与传统的社会关系是否完全相悖呢？网络监管的不完善除了用法律作为底线来规范，还有什么制度方面的建议呢？

邢国忠：传统的社会是熟人社会，网络提供了一个陌生人平等对话交流的平台。陌生人社会就会出现很多以前经验世界从未有过的问题，需要我们重建信任。但是，这是可以解决的问题。除了一般意义上的法律，还可以充分运用技术手段，加大违法违规的行为代价。

陈泉霖：网络公民的正当言论与网络暴力之间的界限很难清晰地划分，这也给网络立法带来很大的阻碍，我想了解下老师对此的想法。

邢国忠：个人觉得，网络立法和现实立法的根基是一样的，即公序良俗。这是底线，也是区分的标准。

邢国忠：更有现实的意义需要反问自己的是，我们觉得网络上出现的问题很多，但现实生活中的问题少吗？

刘子玉：所以网络社交最后会在不断发展中走上正轨，与现实社会同步。老师是这个意思吧。

邢国忠：很多网络问题的根源在于现实，网络只是现实问题的一个出口而已。重要的是问题本身，而不是在哪释放。

邢国忠：我个人看好网络发展，不仅仅是技术进步，而且是的确给普通民众更多地参与、表达的机会与自由。大体可以这样理解。但网络上问题也存在夸大的方面，比如标题党。

刘子玉：和老师交流收获很大，我们的问题就是这些了。

邢国忠：好的，祝大家大学生活愉快、充实、开心！

3. 小组讨论简记

时间：2016 年 12 月 10 日

记录人：田　野

地点：校图书馆研讨室 406

与会人：许　珂　张　喆　宋程瑜　刘子玉　隆景华
　　　　田　野　陈泉霖　占　宇

讨论准时开始，全员参加。首先，组长占宇同学就本次讨论的主题——马原社会实践总结汇报做了简单介绍。记录人田野准备记录讨论过程。就绪后，讨论会正式开始。

占　宇：我们今天开会是为了了解一下大家的实践进程，并且对后续撰写实践报告的工作进行具体分工。

宋程瑜：我这两天和组长一起对民商法讲师朱晓峰老师进行了线上采访，老师很耐心地回答了我们提出的所有问题，采访很顺利。

张　喆：这次我的任务是搜集一些关于网络暴力的案例、论文、新闻评论等。我在搜索的过程中了解了很多关于网络暴力的实例，收获很多。

许　珂：线上网络调查问卷是我负责的工作。这两天我设计了调查问卷，问卷发放两天之后便收到100多份回馈，数据还在不断收集中。

隆景华：我和陈泉霖、刘子玉做的是线下采访的工作，具体的内容子玉你来说吧。

刘子玉：这两天陈泉霖、隆景华和我去采访思修老师。我们三个口语表达能力并不是很好，在采访老师的过程中有些时候表达得不是很清楚，不过老师非常好，耐心为我们解答了疑惑。

田　野：我做了讨论分享会过程的记录工作。会议记录这部分的工作需要耐心、心细，我对自己做的并不是很满意，有些讨论过程我记录得并不是十分详细。

占　宇：没事啦，大家都很棒。我们小组能在这么短的时间完成这么多的实践任务，而且工作得都很出色。很感谢你们的付出！

组长占宇结合组员的意见，对本次活动后续的撰写实践报告工作进行了详细的安排和分工，并再次对组员们的努力表示鼓励和感谢。最后讨论圆满结束。

三、调研分析

（一）采访分析

本次实践，小组成员采访了民商法老师朱晓峰和思修老师邢国忠。老师们观点鲜明，帮助我们认清了网络暴力的危害，也从专业角度告知我们并非所有的网络暴力都可以采取法律措施，法律自身的局限性使受害人的权利有时难以得到全面的维护，法律手段要与社会道德的监督相结合才能使网络暴力得到很好的遏制。老师们教导我们要注意维护自身权利，也要规范自己的网络行为，做一个合格的网络公民。

（二）问卷分析

当下网络暴力已成为不容忽视的恶劣的网络现象之一，以道德绑架、“人肉搜索”、传播流言等为具体形式的网络暴力像一把无形的利器威胁着人们的隐私安全，破坏着网络秩序。围绕这一事实，我们“马克思主义基本原理概论”课程实践小组展开了实践探究，并希望通过这份问卷能够广泛了解社会各层群体对于这一现象的看法，从而分析这一现象的原因并给出相应解决方案。

以下是问卷的调查结果以及统计分析。

第 1 题：您的性别是？［单选题］

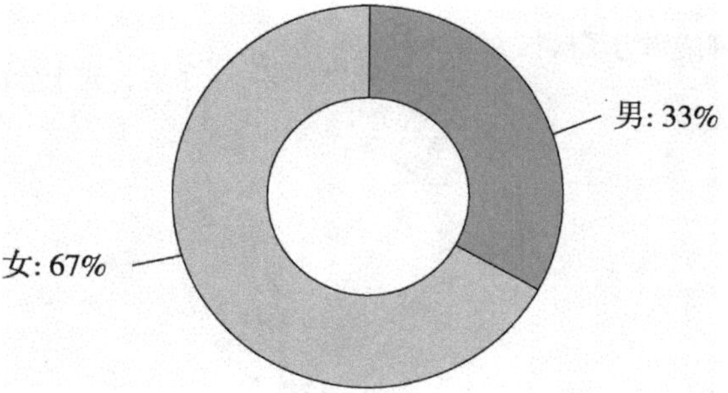

由于参与调查的人以大学生为主，尤其是以中央财经大学的学生为主，所以男女比例大概为 1 ∶ 2，与我校男女比例情况基本相同。

第 2 题：您的年龄处于以下哪个阶段？［单选题］

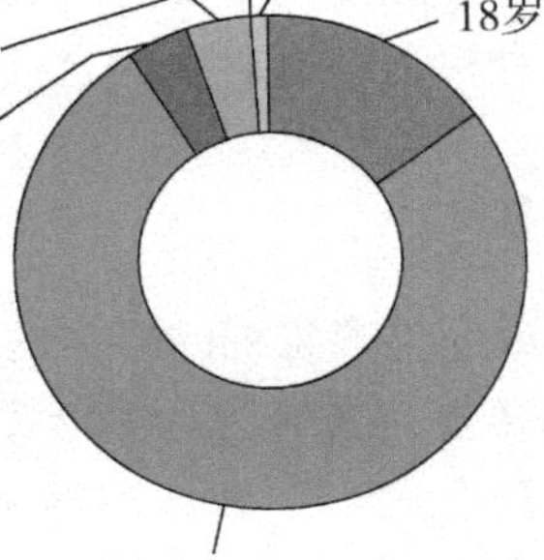

参与调查的人的年龄段主要是 19—29 岁，18 岁及以下其次。处于这两个年龄段的年轻人正好是使用网络的主要人群。

第 3 题：您是否知道何谓网络暴力并了解其表现形式、产生原因、具体实例等？［单选题］

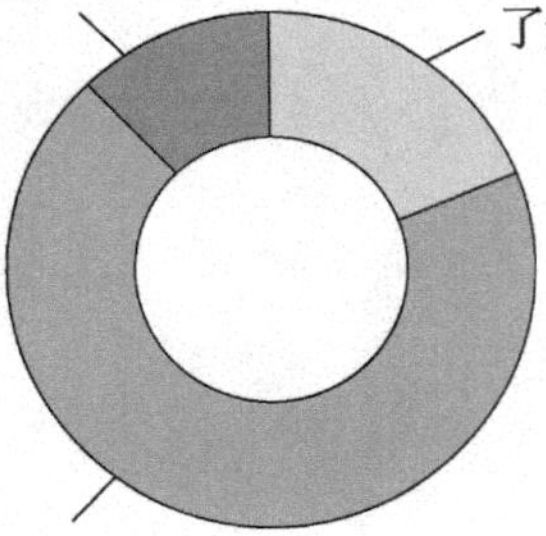

从统计结果可以看出，大多数人对网络暴力了解得并不全面。大部分人对网络暴力的印象还停留在一些具体实例上，对其背后真正的含义、表现形式了解得不多。这一方面说明了在生活中网络暴力事件发生得不少，另一方面也说明了有关网络暴力的教育普及程度还不够高。

第 4 题：您是否曾经参与过某种形式的网络暴力或曾经遭遇过网络暴力？[单选题]

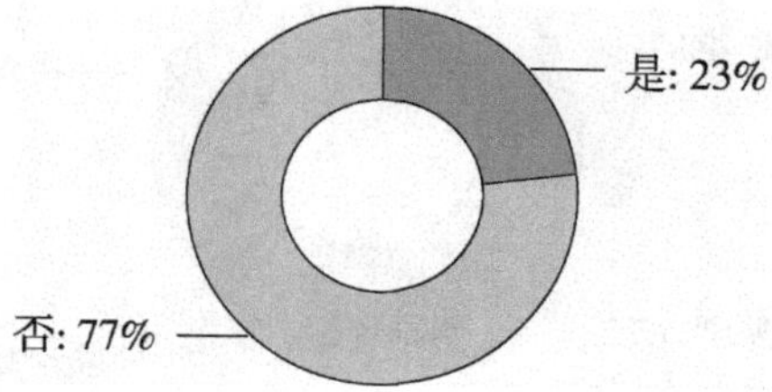

结果显示，大多数人没有参与过或遭遇过网络暴力。从某种程度上可以看出，“95 后”大学生还是比较理性的。

第 5 题：您遇见过什么形式的网络暴力？[单选题]

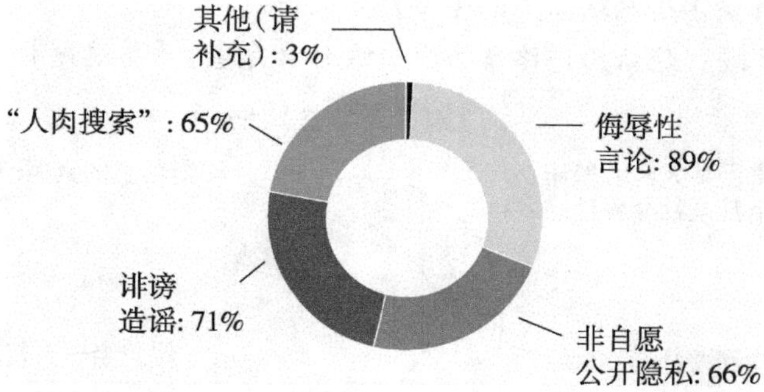

在众多形式的网络暴力中，侮辱性言论占据绝大多数，其次是诽谤造谣，“人肉搜索”和非自愿公开隐私不相上下。究其原因，大体是因为“侮辱性言论”操作性更强，伤害度最轻，不容易造成侵权。

第 6 题：您曾在什么地方见过网络暴力？［单选题］

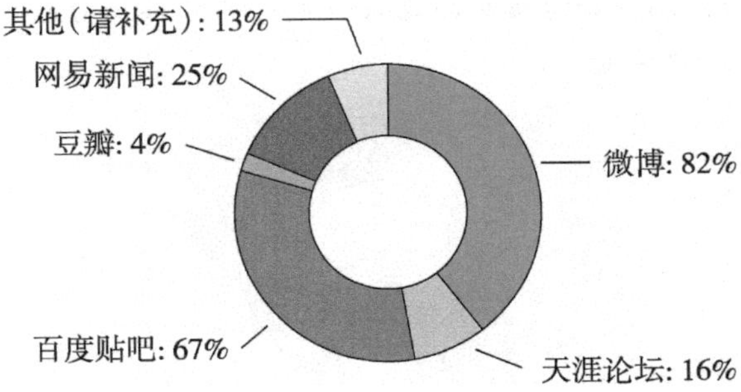

这是关于网络暴力发生地点的调查。从统计数据可以看出，微博、百度贴吧、网易新闻、天涯论坛都是网络暴力的主要发生地。微博、贴吧都是青少年主要使用的社交工具，其网络暴力的高发也说明了青少年是网络暴力的主要发生人群。

第 7 题：您认为网络暴力会造成什么危害？［单选题］

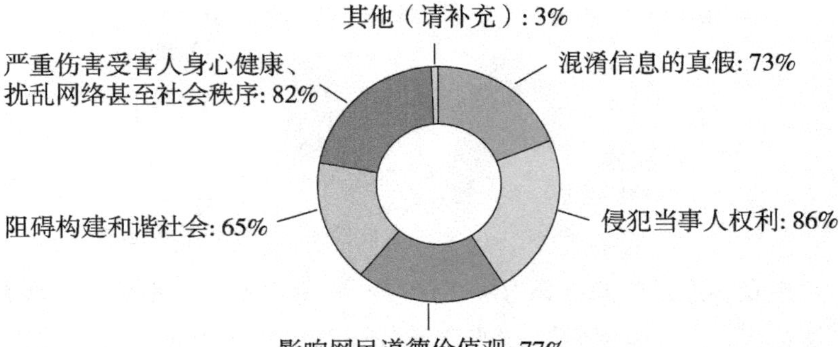

这是问卷中选项分布相对最平均的一题。这五项都是网络暴力可能造成的危害：侵犯当事人权利；严重伤害受害人身心健康，扰乱网络甚至社会秩序；影响网民道德价值观；混淆信息的真假；阻碍构建和谐社会。

第 8 题：您认为网络暴力产生的可能原因是什么？[单选题]

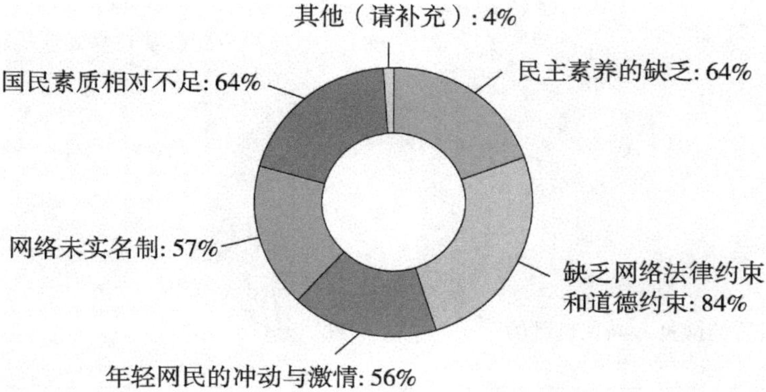

从调查结果来看，缺乏网络法律和道德约束是人们认为网络暴力产生的最可能的原因，其次就是网络未实名制、国民素质相对不足。由此可见，建立健全网络法律制度以及提高道德素质修养非常重要。

第 9 题：您认为网络暴力愈演愈烈的原因是什么？[单选题]

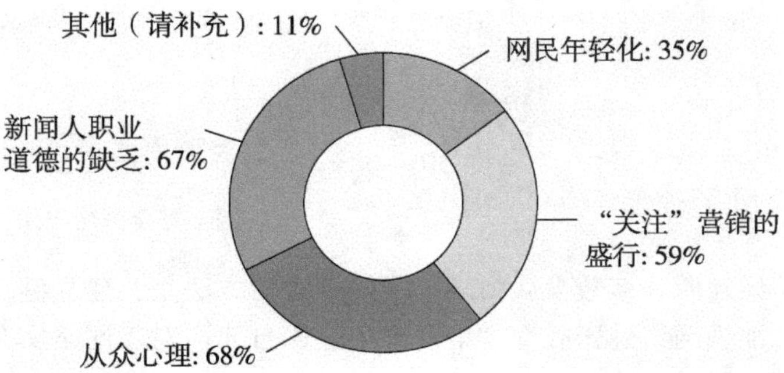

统计结果显示，大多数人认为从众心理、新闻人职业道德的缺乏、“关注”营销的盛行使网络暴力愈演愈烈。

第 10 题：您对网络暴力持什么态度？[单选题]

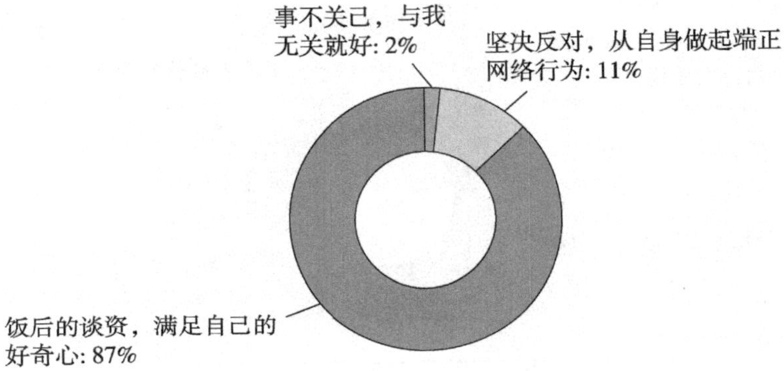

绝大多数人对网络暴力持坚决反对的态度，并表示愿意端正自身的网络行为。

第 11 题：您认为如何才能减少网络暴力？[单选题]

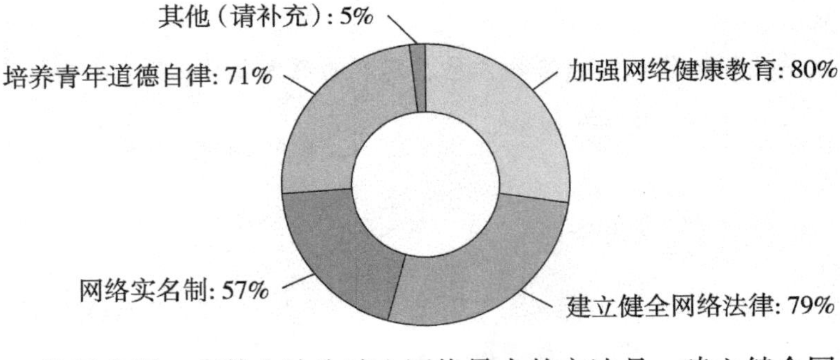

结果表明，多数人认为减少网络暴力的方法是：建立健全网络法律、加强网络健康教育、培养青年道德自律。对于网络实名制能减少网络暴力，接近一半人持怀疑态度。

四、实践结论

当今社会是一个互联网发展迅速、信息交流越发开放的时代，由于互联网的开放性、交互性、匿名性，某些网友发表一些不负责任的言论或者是侵犯他人权益的行为很容易演化为“网络暴力”的问题。此次实践我们小组为了进一步了解社会各层群体对网络暴力的看法以及网络暴力对网络安全的危害，从多角度多层次出发，开展了小组探讨、社会问卷调查、采访专业老师等不同形式的活动。在搜集多方资料和总结调查采访的结果后我们认为，应当坚决反对网络暴力行为，网络暴力会对当事人造成极大的心理和精神上的伤害，应当引起全社会的关注。网民们应从自身做起，自觉抵制网络暴力行为，净化网络环境。有关部门及相关单位应当建立健全网络法律，加强网络健康教育，培养青年道德自律。全社会齐心协力共同维护良好的网络环境，弘扬中华民族优良的道德文明品质。

结束语

（一）实践总结

“我们这次实践无论确定选题，还是分配任务阶段，都能步步为营，因此小组协作完成任务状况很好。小组成员们在实践中详细了解了当今社会上广泛存在的网络暴力现象，切实地将所学知识与社会现象联系起来，在实践中得到了很大的收获。”

——刘子玉

“我们组这次采取的是线上与线下相结合的采访方式，取得了一定的采访成果，但是还存在不少的缺陷与局限。但对于我们来说，第一次做出这样的成果，已经很棒了。我们要再接再厉，争取在以后的社会实践中取得更好的表现。”

——田　野

“通过这次“马克思主义基本原理概论”课程的实践对于实践背景及案例的查找，我了解到微博上常见的粉丝对骂以及曝光明星实质上是一种网络暴力，并深刻地理解到了它的危害。我想通过这次实践，在以后我会多加注意自己在网络上的用语，减少网络暴力。”

——张　喆

（二）实践反思

“这次“马克思主义基本原理概论”课程的实践我们小组以问卷采访等方式，深入探讨研究了网络暴力这一热点话题。有些遗憾的是，我们对于网络暴力的案例找寻较少，也由于字数限制没能具体深入案例，希望下次实践探究能在这方面有所进步。”

——许　珂

“这次“马克思主义基本原理概论”课程的实践我主要负责的是采访法学院朱晓峰老师的部分。我觉得自己在问题设计方面还可以进一步改进，做到言简意赅。同时，以后在采访的过程中，尽量找到与被采访者共同空闲的时间段，毕竟面对面的交流还是比线上交流好得多。”

——宋程瑜

“此次社会实践我们以多角度多方面的形式开展，内容丰富，实践方式新颖独特，极大地提高了团队之间的协作能力，增强了个人的网络文明意识。我们从中感悟到了网络文明对社会发展的重要意义。唯一遗憾的是，原定采访的一些老师由于时间安排等原因而没能听到老师的专业见解，希望以后的实践我们能安排得更具体更充分。”

——隆景华

参考文献

［1］姜方炳．网络暴力概念、根源及其应对——基于风险社会的分析视角［J］．浙江学刊，2011（6）．

［2］常昕．关于网络暴力的案例分析［D］．兰州：兰州大学，2013.

［3］马云卿．失范的“人肉搜索”引发的网络暴力现象研究［D］．兰州：兰州大学，2009.

（指导教师：韩小谦　韩美兰）

关于校内现有网课资源使用情况调查报告

实践团队：文化与传媒学院　2015级视觉传达设计专业
团队成员：袁　涛　陈冠霖　向军飞　刘　钰　张敬雅
刘美均　刘煜丹　王宣月　初　奇　魏　佳
罗雪华

一、实践背景

随着互联网技术向宽带和多媒体方向发展，网络在教育领域中的应用日益广泛。各种网络资源和网络教学形式纷纷涌现，极大地推动了网络教学的发展。网络课程作为一种重要的教学资源，是网络教学顺利开展的基本前提和条件。

近年来，随着“新世纪网络课程建设工程”的启动和实施，以及最近几次教育部组织的大型网络课程质量认证活动的开展，全国各大高等院校和网络教育学院都如火如荼地展开网络课程的建设和实施。这是解决教育力量不足与招生规模扩大之间矛盾的一项措施，同时为大学生和其他的学习者提供了一条重要的自主学习途径。

随着时代的改变，会利用网络课程获取学习资源、进行自主学习是为当代大学生必需的技能。然而实际情况却是，大学生对网络课程的使用仍处于一个低水平的层面，这一方面导致其未能在网络课程学习中获取较大的收获，另一方面也造成了网络课程资源的浪费。若网络课程利用低效状况得不到改善，网络课程的建设意义就会降低。

立足于我校，调查大学生对校内现有资源使用情况及其对网络教学的看法，为网络课程未来发展提供借鉴，促进网课资源的有效使用是我们此次实践的主要目的。

二、实践方法

本课题采用的研究方法主要是问卷调查法，同时辅以文献研究法、个别访谈法、走访法、亲临实践法。

三、实践内容

（一）问卷调查数据分析

为了进一步了解我校在校大学生利用网络课程进行自主学习的情况，促进大学生了解网络课程的相关资源，我们制作了关于校内现有网课资源使用情况的调查问卷，并对全校区内的多个专业中所有年级的学生进行抽样问卷调查。此次共发放问卷 150 份，有效问卷 142 份，无效问卷 8 份。有效问卷中，根据性别划分，男生 24 份，女生 126 份。此次问卷我们通过微信这一网络形式发放，我们研究小组各成员全程跟进，数据准确，可信度高。另外，我们还随机对一些老师进行面访，得到的意见与建议我们将在下面提及。

调查报告显示如下：

随着网络的发展，大部分人都有通过网络接受我校或外校课程学习的经历，但对网络课程的使用频率并不高，大多数人表示很少使用。对于教学方式的看法，过半的人提倡课堂讲授和网络分析相结合。迄今为止，虽然个别高校已经采用了网络教学，但由于种种条件限制，绝大多数仍以课堂讲授为主。由于网课尚未普及，许多同学认为这种教学方式对自己学业有帮助，但帮助的程度并不大。

调查显示，大多数人使用网络课程学习的原因并不是仅仅满足老师的要求，而是通过网络课程能真正的增长知识，满足自己学业的要求，而且很多同学都希望通过网络授课的方式学好某一门课程、满足专业学习需要、拓展知识面以及满足自身兴趣爱好等等。另外，增进与学习此课程的其他同学之间的交流也是大多数人的需求。对于课程学习当中的资源供给问题，人们的需求呈多样化，有的提倡文本资料，有的提倡教师的录像视频，有的提倡与课程内容相关的音视频等资料，少部分同学提倡图标形式，从中可以看出网络课程的功能之强大。网络课程的优点有很多，但最让大家关注的就是网络课程学习可以随意支配时间，什么时候想看就什么时候看，一定程度上摆脱了当今应试教育的局限性。由于当今网络课程并未普及，所以很多人对于网络课程未来的发展持中立态度，但也有一部分人看好，认为随着社会的发展会受到越来越多方面的关注。

具体数据统计与分析如下：

①你是哪个年级的学生？

选项	小计	比例
大一	26	18.31%
大二	98	69.01%
大三	10	7.04%
大四	6	4.23%
研究生及其他	2	1.41%
本题有效填写人次	142	

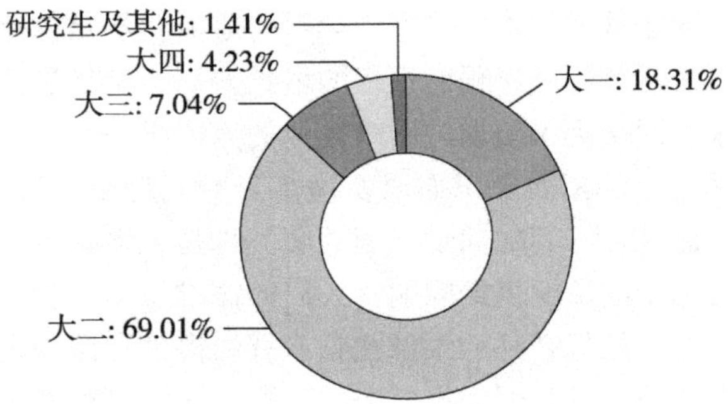

大一到研究生各年级访问网络课程网站的学生比例分别为18.31%、69.01%、7.04%、4.23%、1.41%。从表格中可以看出，大二年级访问网络课程网站人数最多，研究生及其他访问网络课程网站人数最少。

②你是否有通过网络接受我校或外校课程学习的经历

选项	小计	比例
是	98	69.01%
否	44	30.99%
本题有效填写人次	142	

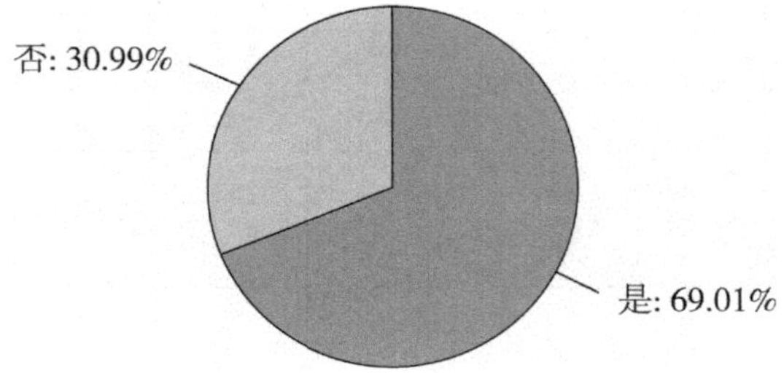

有通过网络接受我校或外校课程学习的经历的同学占69.01%，没有通过网络接受我校或外校课程学习的经历的占30.99%。可以看出，大多数同学有过使用网课的经历。对没有访问过网络课程网站的学生

来说，无此经历的原因主要是学校宣传力度不够，其次是没有兴趣。

③你对网络课程的使用频率？

选项	小计	比例
从未用过	16	11.27%
很少用	102	71.83%
经常用	24	16.9%
本题有效填写人次	142	

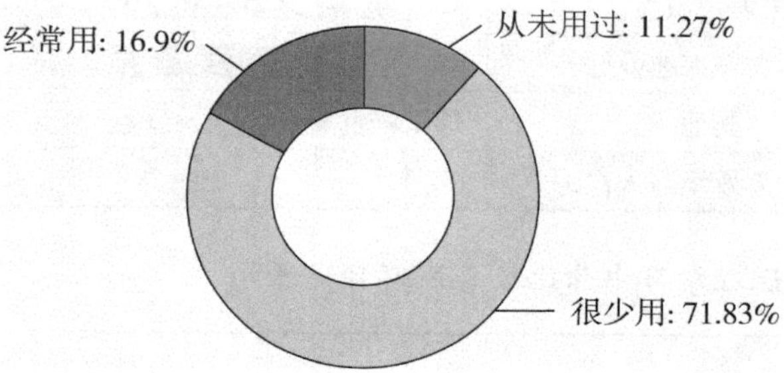

调查过程中从未用过网络课程的占总人数的11.27%，很少用的占71.83%。这说明人们对网课资源的使用率较低，也说明对网络课程学习并没有一个长期性的时间安排，对网络课程的访问存在很大的随机性。

④你使用网络课程的原因

选项	小计	比例
老师要求	42	29.58%
学业要求	40	28.17%
打发时间	6	4.23%
能增长知识	54	38.03%
本题有效填写人次	142	

因为学业要求而使用网络课程的占28.17%，认为能增长知识而使用网络课程的占38.03%，这说明大部分大学生对网络课程的使用还是有很强的目的性的。

⑤你希望通过网络课程获取什么

选项	小计	比例
单纯学好一门课程	38	26.76%
满足专业学习需要	62	43.66%
拓展知识面	98	69.01%
满足自身兴趣爱好	102	71.83%
其他	16	11.27%
本题有效填写人次	142	

⑥在课程学习中你比较喜欢哪种资源

选项	小计	比例
文本资料	72	50.7%
教师的录像视频	90	63.38%
与课程内容相关的音视频等资料	92	64.79%
图片	36	25.35%
其他	10	7.04%
本题有效填写人次	142	

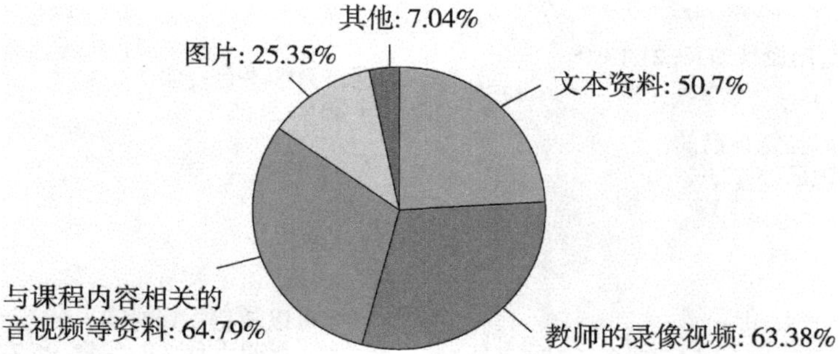

从饼状图中可以很直观地看出，教师的录像视频和与课程内容相关的音视频等资料这两种方式的使用频率最高，分别为63.38%、64.79%，这说明大家对形象直观的授课方式感兴趣。

⑦你认为网络课程的优点有哪些

选项	小计	比例
网络教学平台资源丰富有趣	74	52.11%
可以随意支配时间，什么时候想看什么时候看	136	95.77%
随自己的爱好添加课程	88	61.97%
可以拓宽自己的知识面	82	57.75%
活动设计新颖	30	21.13%
不熟悉，不知道有什么优点	4	2.82%
本题有效填写人次	142	

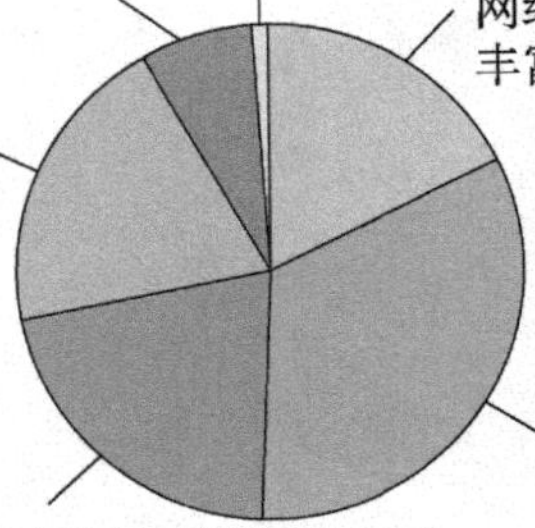

⑧对于网络课程未来的发展，你的看法是

选项	小计	比例
不看好，传统教育占优势	8	5.63%
中立	70	49.3%
看好，随着社会发展将会受到越来越多方面的关注	64	45.07%
本题有效填写人次	142	

看好的人数比不看好的多，看好的人数占45.07%，不看好的占5.63%，说明网络课程发展是很有前景的。

（二）采访记录

1. 采访学生

同学A

问：你是从什么渠道了解到咱们学校的网课的？了解多少？你觉得这种网课的模式适合你吗？

答：我是从咱们学校的校园网和公众号的推送中了解到咱们学校的网课信息的，主要是有关于辅修和双学位的内容，了解不多，主要是目前阶段没有这方面学习的需求。至于这个模式是否适合我，我觉得有需求的话，还算是一种很好的模式吧。我觉得有些科目还是不能全方位覆盖所有人的需要，所以还是根据自己的情况来看。

问：有很多同学不知道咱们学校的课程，你觉得这是什么原因造成的呢？

答：我觉得造成这种资源浪费的原因一个是前期的宣传，还有就是要接受网络教学的话需要先有一个实体的面对面的教学的铺垫，然后有一个更加详尽的了解，再加上网课的跟进的话，这样会比较好。再一个就是现阶段同学们现在的主修的科目都很紧张，网课是起一个辅助学习和锦上添花的作用，所以同学们对它了解得不是很多，需求也不是很多。

问：你觉得有什么解决的方式吗？

答：我觉得现在要是更好地利用咱们学校的网课资源，一是做好网课教学和实体教学的结合，最好能有一个前期的引进，再一个就是优化校园网的服务系统，给上网课的同学们提供一个好的学习环境。

同学 B

问：你是从什么渠道了解到咱们学校的网课的？了解多少？你觉得这种网课的模式适合你吗？

答：我没上过咱们学校的网课，就知道一点儿，之前学委发的一个通知说学校购买了一个网课资源，但没去看过。之前我有在别的网站上过网课，感觉一点儿用都没有。网课主要还是给自觉的人用的吧，像我这种自律性不是很强的人就觉得还是实体授课好一些，学的东西更多一些。

问：有很多同学不知道咱们学校的课程，你觉得这是什么原因造成的呢？

答：原因，有挺多的吧。像我是之前没上过图书馆的网站，有什么课程还是后来听同学说的。感觉有的同学们不是很关注这个。

问：你觉得有什么解决的方式吗？

答：还是自律吧。这个就是因人而异，自律性好的不用说就能自主地去看这些，稍微差一些的可能看看也就完事了。然后就是宣传吧，本来这个应该是同学们自己去干的事情，但是现在明显很大一部分人都不去关注，那这个东西就是一个浪费，所以还需要学校在宣传方面多下些功夫。

2. 采访老师

采访同学：老师您好，可以请您接受我们关于校园网课开展情况的采访吗？

老师：好的。

采访同学：您有没有进行网络授课或参与网课学习的经历呢？

老师：嗯，我有在网上进行过一些课程的讲授，也通过网课学习到了不少东西。

采访同学：对您来说，网络教学是一种怎样的体验？

老师：我认为校园网络课程为老师和学生都提供了一种多样化的双向选择平台。就我个人的感受而言，在网络课程开展的过程中，作为学生的一方可以通过网络搜索大量的课程信息，获得丰富的学习机会和学习资源，从而达到开阔眼界、丰富自身学识和提高自身能力的目的；作为老师一方，我们不仅能够通过网络使不同专业、不同学院的同学参与我们课程的学习，还能获得更多不同的反馈信息，为我们教学方式的调整和优化提供参考。

采访同学：那在您看来，相较于面对面的授课，网络授课都有哪些优势和劣势呢？

老师：很明显，网络教学的优势在于它的灵活性和丰富性，你可以根据自己的时间来安排课程，上课的地点也相对灵活，摆脱了实体教室对参与课程人数的限制，使更多的人加入到课程学习中来。同时，网络课程也增加了学习机会，丰富了你的学习与生活。而相对于面授而言，网络授课的劣势就在于直观性的缺失和时效性的滞后。就拿我们这段时间进行的平面设计基础软件的课程教学为例，你们可以直观地观摩我对软件的操作，然后一步步地模仿，在此过程中，我对每一步你们出现的问题，进行一对一的指导，纠正，这种面授课程中所形成的深刻学习记忆，是网络授课所远远无法达到的。另一方面，因为缺少督导机制，对于某些自律性较差的同学，网络授课很难达到其预期的教学效果。

采访同学：您对我校校园网课的发展和推广有什么好的建议呢？

老师：我认为现阶段网络课程作为我们主修课程的补充形式，是一种非常必要的存在，这对于想要获得双学位和参加辅修的同学有很大用处。要增加我校网络课程的参与度，首先要完善我们的网上信息反馈系统，使同学们在网课学习中所产生的问题得到及时的反馈和解决。同时，丰富课程类别、细化课程分类，使同学们能够更清楚明确地选择适合自己的网络课程。还有，就是进一步优化校园网环境，为网课的开展打好硬件基础。这样才能增强同学们参与网课的积极性。嗯，大概就这些。

采访同学：谢谢老师您接受我们的采访。

四、实践总结

基于校内现有网课资源的使用情况，联系马克思主义基本原理概论的相关知识，最终我们得出了以下结论：

1. 世界是永恒发展的。发展具有普遍性：自然界是发展的，人类社会是发展的，人的认识是发展的。随着时代的发展，网络课程得到发展，人们对于自我学习的需求也不断上升，社会文明需要不断进步。发展的实质是新事物的产生和旧事物的灭亡。在当今这个互联网时代，许多与网络有关的新事物，例如网课正在慢慢地浮现于人们的视野之中。用发展的眼光看问题，网络课程未来的发展前途是光明的，道路是曲折的。因此，要时刻进行量的积累，最终实现质的飞跃，使网络课程真正实现便民利民。目前，我校现有的网课资源使用情况规模较小，但已具雏形，未来，我校的教育方式或许会慢慢地向网络课程教学靠拢。

2. 社会生活在本质上是实践的，物质生产实践是人类社会得以存在的基础，实践活动是推动社会发展的动力。网络课程正是人类随着网络的发展以及当今教育的需要而不断探索出来的一种新形式。新事物必然战胜旧事物，新事物符合事物发展的必然趋势。网络课程随着人们的使用而越来越多地被广大学习群体所接受，是当代社会中利大于弊的新事物。

当然，根据我们小组的调查分析，当前网络课程的建设与教学效果总体来说还不理想，很多学生对此持一般态度。从我们调查小组成员与个别同学访谈的结果来看，大多数同学表示网络课程学习资源虽然丰富，但很多内容不够生动，而且师生互动性差，网络环境支持力度不够，导航系统不强。由此可见，网络课程的建设面临一定的困难，希望各教育部门再接再厉，不断完善、不断超越。

（指导教师：韩小谦　韩美兰）

当“互联网+”搭上小黄车

实践团队：中国经济与管理研究院　数理经济15－2班
团队成员：刘知行　马瑞敏　师廷姝　罗　媛　路文熙
邓金锋　李佳泽　刘　璞

一、实践背景

ofo共享单车，创立于2014年，是国内首家共享单车公司，首创无桩共享单车出行模式，致力于解决大学校园的出行问题，目前已完成C轮融资。ofo共享单车基于移动App和智能硬件开发，是目前中国规模最大的校园交通代步解决方案，为广大高校师生提供便捷经济、绿色低碳、更高效率的校园共享单车服务。同时协助高校回收改造废旧自行车，解决“僵尸车”问题。用户只需在微信服务号或App输入车牌号，即可获得密码解锁用车，随时随地，随取随用，也可以将自己的单车共享到ofo共享平台，获得所有ofo共享单车的终身免费使用权，以1换N。

上线一年多，ofo已成为国内规模最大、成长最快的共享单车平台，拥有8.5万辆共享单车，提供超过2000万次共享单车服务，为全国21座城市200多万用户提供便捷的出行服务。

ofo的使命是让用户“随时随地有车骑”。在未来，ofo希望不生产自行车，只连接自行车，让人们在全世界的每一个角落都可以通过ofo解锁自行车，满足短途代步的需求。

ofo同样以开放的平台和共享精神，欢迎用户将自己的单车共享到ofo平台，以共享经济的互联网创新模式调动城市单车存量市场，提高单车使用效率，为城市节约更多空间。ofo 倡导文明用车，通过技术手段引导用户规范使用 ofo 共享单车，与市民和政府协同优化共享单车出行解决方案，让城市更美好。

我们小组把目光聚焦于 ofo，目的在于从身边探索网络对人们生活的影响。

二、实践意义

随着科技发展的日新月异，网络充斥着我们的生活。通过网络，人们可以与他人共享自己的资源，由此也就推动了共享经济的发展。在本次实践中，我们希望通过对以 ofo 为代表的一些企业的商业模式的探究，探索人与网络的关系。

ofo 的背后，是共享经济的思想。共享经济旨在民众公平、有偿地共享一切社会资源，彼此以不同的方式进行付出和受益，共同享受经济红利。而不同资源，其来源广泛、取得渠道各异，又如何能够进行整合？如何共同作用，最终产生经济红利供大家共享呢？

将这些资源进行整合的，就是网络。在互联网时代，网络就是最好的媒介，将人、资源联系起来，将成果进行分配。ofo 就是人通过网络实现共享经济的一种实践。

三、实践方式

本小组主要采用了以下三种研究方法，来完成本次实践活动。

1. 问卷调查法

通过问卷调查的形式，调查网络时代下人们对 ofo 出行的看法。本次问卷调查采用电子版和纸质版问卷相结合的形式，以保证调查对象的丰富性。

2. 访谈法

通过对大学生进行访谈，深入了解网络原住民这一代对校园内ofo出行的体验。

3. 数据分析法

即对问卷结果进行数据分析。

四、实践过程

任务	人员	时间
查阅ofo相关资料	邓金锋	11月25日—12月5日
问卷设计及分析	刘璞	
采访ofo工作人员，整理录音及word文档	路文熙、刘知行	
采访校内同学，整理录音及word文档	师廷姝、马瑞敏、李佳泽	
整合实践报告	罗媛	12月6日—12月8日

（一）查阅ofo相关资料

1. 创始人

戴威，ofo创始人兼CEO，青年创业者，毕业于北京大学光华管理学院。2014年与4名合伙人创立ofo，提出了“以共享经济+智能硬件，解决最后一公里出行问题”的理念，创立了国内首家以平台共享方式运营校园自行车业务的新型互联网科技公司。

2. 创业理念

ofo共享单车基于移动App和智能硬件开发，是目前中国规模最大的校园交通代步解决方案，为广大高校师生提供便捷经济、绿色低碳、更高效率的校园共享单车服务。同时协助高校回收改造废旧自行车，解决“僵尸车”问题。

3. 发展历程

2014 年 4 月，创立。

2015 年 6 月，ofo 共享计划推出，在北大成功投放 2000 辆共享单车。

2015 年 10 月，完成 Pre-A 轮融资。

2016 年 1 月，完成 A 轮融资。

2016 年 4 月，完成 A + 轮融资。

2016 年 5 月，ofo 共享单车总订单量突破 200 万，单日服务校园出行近 10 万次。

2016 年 6 月，ofo 共享单车总订单量突破 500 万。

2016 年 6 月，完成 B 轮融资。

2016 年 9 月，总订单突破 1000 万订单，日订单突破 40 万单。

2016 年 4 月，对外宣布获 900 万 Pre-A 轮融资，投资方为唯猎资本和东方弘道。

2016 年 9 月，获得经纬中国领投，金沙江、唯猎资本跟投的数千万美元 B 轮融资。

2016 年 10 月 10 日，宣布完成 1.3 亿美元 C 轮融资，包括两周前滴滴出行数千万美元 C1 轮战略投资，以及小米、美国对冲基金 Coatue 等领投的 C2 轮投资。

2016 年 11 月 17 日，在京召开城市战略发布会，宣布正式开启城市服务，推出新一代小黄车 ofo 3.0，并启动“城市大共享”计划。还公布与 700bike 达成战略合作，双方将在共享单车领域展开深度合作。

ofo 共享单车的发展十分迅速，基于“互联网 +”的创业理念是其成功的重要因素。

4. 产品特点

ofo 提供一种方便、快捷的短距离出行体验。它解决了大学生校内移动费时、从家到地铁站走路费劲的问题，为短距离出行带来了便捷。

同时，它也是一种以1换N的共享出行模式。一辆小黄车，可以为多人的出行带去方便。

它推出了标志性“小黄车”，车体颜色统一涂刷为黄色。

ofo也在一定程度上缓解了交通拥堵，减少了环境污染。显而易见，骑自行车是一种绿色的、健康的出行方式。

它还提高闲置自行车的利用率。堆满天桥下的“僵尸车”，终于有了安身之所。

ofo首创了无桩共享单车，以全新的创意为短距离出行带来便利。

它的应用软件操作简单、流畅。注册会员，微信扫一扫，立马可以用车。

（二）问卷调查及分析

首先，我们调查了小黄车的使用频率。有超过七成的人对小黄车有过使用，这说明现在小黄车在高校已经流行开来，但是还是有29.17%的人没有使用过。频繁使用的只有13.19%，这说明ofo还有着很大的用户潜力。同时，ofo共享单车这种共享经济理念也逐渐融入人们的工作、生活中。而且我们国家的自行车市场需求非常大，这也为ofo的发展提供支撑。

当问到大家对ofo校园共享单车的看法时，大部分人认为小黄车有利于我们的生活，并且提倡低碳环保理念，值得推广，支持率占到了70.8%；有22.9%的人认为小黄车可有可无；极少部分人反感小黄车，认为它占用了校园空间，使道路变得更加拥挤，违规骑行现象增加，导致交通事故发生的可能性增大，这部分仅占6.25%。这种现象说明了大部分人是支持ofo校园共享单车的，这种共享的商业模式有利于人们的生活，值得推广。

既然ofo共享单车值得推广，那么它究竟好在哪里呢？认为绿色出行、使用方便、节约出行时间的人的比例都超过了60%，分别占 64. 58%、76. 39%、67. 36%。47. 22% 的人认为主要是价格便宜，只有 31. 94% 的认为能够锻炼身体。这说明用户对于在短时间用便捷的方式获得服务的诉求是最高的，而对于价格来说不是很敏感，毕竟不是很贵。所以说，用户的出行便捷性是 ofo 关注的重点。

分析了小黄车的价值之后，我们进一步探讨大家是否愿意倡导身边的人规范使用 ofo 共享单车，也试图从中看出大家是否愿意倡导共享经济这一商业模式。大部分人愿意倡导身边的人规范使用 ofo 共享单车，大约占 70%；而 21. 53% 的人觉得这样做很有必要，但不会自己去做；极少部分人表示不关自己的事。这说明绝大部分人是认同规范使用单车的，即对共享经济这一商业模式抱有赞同的态度，在这其中的大部分人是愿意倡导的，即愿意去倡导共享经济这一商业模式。

虽然小黄车总的来说受到了大家的好评，但仍然存在不足。经调查，65. 97% 的人认为小黄车质量有待加强，车辆易损坏；62. 5% 的人认为系统设计存在漏洞，违规用车现象泛滥；68. 06% 的人认为对使用者的责任追究制度不完善，使得大部分人对小黄车缺乏爱护意识，导致车辆破坏；少部分人认为没有对使用者的骑车能力进行识别，威胁校园安全。这说明共享单车用户体验仍待改善，存在的问题仍待解决。

既然小黄车利弊共存，那么综合考量下，大家如何看待 ofo 校园共享单车的发展前景呢？超过半数的受调查者认为 ofo 校园共享单车发展前景广阔，有普及和覆盖全国高校的趋势；38. 19% 的人认为发展前景一般，能在一些区域形成一定的规模，但不能发展到全国；少部分人认为由于自身的缺陷以及市场、经济等多方面的影响，几年后 ofo 可能会销声匿迹，这一部分只占 10. 42%。这说明多数人对 ofo 的发展前景持有乐观的态度。从中我们可以得出，以 ofo 为代表的共享经济的发展前景也很广阔。

从前景回归现实，我们调查了目前 ofo 校园共享单车在校园推广过程中所面临的问题。大部分人认为其所面临的问题是小黄车的使用范围受限制，持该观点的占69.44%。47.92%的人认为问题是小黄车本身的性能，使得很多人不想使用；29.86%的人认为部分学生不了解，不愿意使用；18.75%的人认为小黄车的出现会对校园交通造成不利影响。统计结果说明，小黄车在校园推广过程中的主要阻力是使用范围受限制，只有改善这一问题才能使小黄车得到更大的推广。

既然存在问题，那么大家对ofo校园共享单车的改进有何建议呢？38.19%的人认为应该加强使用者的责任意识；30.56%的人认为应该不限制小黄车的使用范围；23.61的人认为应该将使用密码改成随机模式。而选择“其他”的人建议：改进收费制度；摆放合理，不要占用太多空间。

（三）采访ofo工作人员

2016年12月4日，我们一行人来到我校二号楼附近，找到了ofo的工作人员，对其进行了简短的采访。通过本次采访，我们主要了解到了以下两点信息：

第一，我校大约有300辆小黄车，由3位工作人员负责。由于很多同学只将车从西门骑到目的地，但并不一定骑回西门，所以他们的主要工作之一是将这些车运送回西门并摆放整齐，以便同学们再度使用。除此之外，他们还负责维修、检查以及车辆找回等工作。工作人员每天工作时间为9小时，一周有一天轮休，工作量可见也很大。

第二，由于这位工作人员并不是只负责我校一个地点，据其透露，经过对比，较他校学生存在撬锁的情况，我校学生整体素质还是偏高的，但仍有做得不足的地方。最多的问题便是骑完忘记上锁便拂袖而去；另一个问题便是骑出校园的车很多都没有骑回来，使得工作人员不得不出校在方圆几里寻找它们的身影。

（四）采访校内同学

在采访中我们得知，受访者对于小黄车的使用与推广都是持支持意见的。受访者都表示骑小黄车是一种十分方便快捷的出行方式，需要时在校园内随处都能找到，而且他们对小黄车的使用频率也很高。但是受访者都仅偏好于在校园内使用，当问到是否愿意骑行小黄车离开校园时，受访者大多都不太愿意，他们表示更愿意选择公共交通系统出行。

小黄车的质量在一定程度上影响了它的长时间使用的舒适感，并且小黄车的定位都仅限于短程代步工具，而非公共交通方式。同时，受访者也对小黄车的质量表达了看法。小黄车来源广泛，大多是大学中的废弃自行车，这些废弃的自行车长期停放在校园内无人使用，占用了校园的空间，小黄车的出现有效地解决了这一问题，但同时，也导致其质量参差不齐。据悉，一辆小黄车的成本价只在100元左右。因此，在使用小黄车时，受访者大多会挑选质量较为好的车辆，而质量较差的车辆实际上使用率并不高，而这实际上并没有有效地解决校园中废旧自行车的闲置问题，只不过废弃车辆变成了无人使用的小黄车。

而关于小黄车的大量存在是否导致校园交通环境恶化的问题，受访者给出的看法是，小黄车对校园的交通环境并没有太大的负面影响，只要选择合适的路线，合理地避开人流的话，小黄车还是一种高效的代步工具。但在下课高峰期时，在校园的主干道上骑行是十分困难的，尤其是在图书馆前与西门口，遇到人多时，出于安全考虑也不得不下车推行，而受访者也表示有目睹过危险情况的发生。大家也担心，若是真的出现了事故，小黄车又是否应该承担相应的责任？

当被问到是否有见到过随意毁坏小黄车的情况时，受访者都表示没有见到过，但他们表示遇到过类似爆胎，或是链条断裂，或是在骑行过程中不断发出声响等情况，而这样的情况也严重影响了受访者的使用体验，但我们并不能判断这样的损坏是人为的还是出于意外。对于损坏的车辆，事实上报修又是一件十分困难的事，大家在使用小黄车时都会有意避开质量较差的车辆或是坏损的车辆，而主动报修的人则更少。

关于小黄车的车锁问题，受访者大多表示知道小黄车的车锁系统不够完善，有钻空子的空间，但是并没有恶意利用过。这主要出于我们只考虑了大学校园这样一个相对高素质人群环境，而在校园之外，我们也不能否认一些低素质人恶意钻空子。

综上，我们了解到小黄车作为一种短程的代步工具有其独到的优越性，它满足了大学校园对于自行车这种代步工具的大量需求，但其中的问题也不可忽视，不论是硬件上还是软件上小黄车都需要不断改进。

五、实践感悟

（一）关于主题的选择

选题直接决定了我们实践的整体方向和研究的层次。

在确定主题上，我们小组起初因为选题太大被老师驳回，之后又改进成对“校园小黄车与网络关系”的调查研究。这样的好处有很多——题材小就很容易深入挖掘，不会大而空，可以找到很多真正有意义有价值的东西。

从时代背景着眼，随着科技发展的日新月异，网络充斥着我们的生活。网络的发展通过一部分人新的实践方式影响了整个大众的思维方式，也改变了人们的生活模式。在此次社会实践中，我队成员通过调查 ofo 的营运模式以及人们对它的看法和评价来探究网络共享背景下人与网络的关系。

我们以 ofo 小黄车为起点，深入探讨研究了当今社会人与网络之间的关系。网络是人类文明发展的产物，我们通过网络改造了世界，网络同时也改变了我们对于世界的诸多看法。无可置疑的是，网络的出现为我们带来了实惠与方便，它将世界上的每一处、每个人都无形地连接在了一起。世界上发生的任何事，我们都可以通过网络得知。与此同时，网络也为我们的生活带来实际的便利，只需要动动手指，联上网络，就能随意使用小黄车作为代步工具。可见，ofo 小黄车正是这一背景下的产物。

（二）关于实践经历

1. 问卷调查

问卷调查部分，包括制作、发布、收集、分析。制作时，我们精心选择了 10 道具有代表性的题目，尽量涉及与 ofo 和共享经济紧密相关的话题，从而引起人们的兴趣甚至是某种程度的反思。所以，一份好的问卷应该是一面镜子，反映现实。

本次实践主要采用网络问卷的形式，被调查者主要是在校的大学生。绝大部分同学都积极配合，为我们的问卷调查提供了便利，非常感谢他们的帮助。其间我们自己也学到了一些新的技能，通过此次活动共同得出了一些结论。

2. 采访工作人员

社会实践中采访的环节是很不容易的。这次我们采访了 ofo 的工作人员，出现了一些困难：由于 ofo 公司内部的规定，ofo 的工作人员是无法接受采访的。我们在保证不留下工作人员的影响资料和音频资料的前提下，以聊天的方式与 ofo 的工作人员交流了一些比较浅层、客观的问题。我们有我们的需求，工作人员有工作人员的无奈，最后大家相互照顾，得到了一个折中的处理办法。我们没有深挖到最想获得的信息，工作人员也一再嘱咐我们一定不要外流资料。

其实这是一个在我们已经历过的各实践中普遍存在的问题，我们很难联系到真正对项目了解的人，或者因为各种原因不能进行采访，所以有些问题我们无法深入，没有办法听到最真实的声音，这在很大程度上影响了实践的深入程度。

3. 采访同学

这个实践的主题特别贴近我们的生活，方便调查。同时，调查结果与建议被采纳的话，也有利于大家的出行，而且如果改进会更方便。在这次的实践中，我们了解到了大家对小黄车的看法。大部分同学都很认同小黄车，认为小黄车很方便、很实用，尤其是微信扫码的功能，方便且不易丢失车辆。同时也有很多同学提出建议说，有时候从宿舍出来要走好久才能找到小黄车，说明它的分布范围不够广。在我看来，小黄车最实用而又方便大家的一点就是它的微信扫码支付以及解锁功能。以前很多共享单车因为没有这个功能而经常丢失车辆，加上支付不方便的原因而不够普及。所以这样看来，小黄车和网络的结合大大方便了我们的生活，这就是人与网络之间互相依存的重要典范！

（三）我们的观点态度

校园内 ofo 的推广对他们的生活起到了很大的帮助作用，不仅价格上容易被接受，而且以扫码的方式进行支付和使用也十分便捷。

作为首创无桩共享单车的公司，ofo 为大学生、上班族提供了便捷、便宜的短距离出行方式。在“互联网+”日益盛行的今天，ofo 的创始人抓住了机遇，加以新颖的创业思维，“小大结合”，小在解决了“僵尸车”问题，大在倡导绿色出行、节能减排。因此，ofo 目前能够完成 C 轮融资，走向一个新的高度。

与此同时，小黄车也存在许多不足之处：首先，由于小黄车的分布不均，用户可能需要走很远一段路程才能找到可使用的小黄车。其次，由于小黄车是公有财产，一部分人可能会对它不爱惜，这种虚拟的共享模式也让一部分人以“反正没人知道是我干的”或是“反正不是我的东西”的心理，而不注意保护甚至肆意损毁这些共享的公共财产。再次，ofo 的密码锁系统存在很大的问题。机械锁的密码一旦固定就难以改变，很多人在一次用车后会记住密码，从此“盗用”小黄车。此外，似乎通过一系列尝试，小黄车锁很容易被打开。最后，ofo 作为一种共享单车，其最主要目的不是靠收取租车费用营利。ofo 共享单车作为一种融资手段，其公司缺乏专业投资团体，从这方面看来，前景十分狭窄。

（四）总　结

此次实践调查，我们主要以共享单车为切入点探究了人与网络这一主题问题。实践让我们对本课题有了更深入的认识和了解。如何正确对待人与网络的关系，仍然是我们应该不断探究的课题。比如对于道德与利益的抉择，由于身处大学校园这样相对一个较高素质人群集中的环境，我们在面临网络所带来的抉择时，往往站在了道德的一方。然而不可否认的是，在社会环境下，在面对抉择时仍有人会选择追求自身的利益。也正因如此，如何正确地处理道德与利益的关系，是人与网络的关系中非常值得研究的问题。作为祖国未来的接班人，应不断加强自身修养，为创造一个和谐的社会主义社会贡献自己的一分力量！

参考文献

［1］程成，等．App 营销解密：移动互联网时代的营销革命［M］．北京：机械工业出版社，2013.

［2］程成，等．O2O 应该这样做：向成功企业学 O2O 战略布局、实施与运营［M］．北京：机械工业出版社，2014.

［3］王吉斌，等．移动互联网商规 28 条：思维重构与生存新法则［M］．北京：机械工业出版社，2014.

（指导教师：韩小谦　韩美兰）

从“键盘侠”现象看人与网络

实践团队：统计与数学学院　2015级信息与计算科学专业
团队成员：阮雪妮　尹壹晴　包竞存　陈艺元　赵妍婷
　　　　　张　萌　刘译巨　黄恩铭

一、何谓“键盘侠”现象

随着科技的发展，网络在全世界的普及程度相当高。一般而言，人们在考虑了事物的广度之后，就很难兼顾到它的精度。在网络问题上，也是如此。网络遍及全世界，其在发挥必要性、实用性、现实性作用的同时，也因其消息来源的不可回溯性给某些人以可乘之机，而这些人，就是“键盘侠”。

“键盘侠（Keyboard　an）”一词最早起源于“招远事件”。在该事件中，对此不敢跟在麦当劳作案的歹徒搏斗由于围观群众大力抨击，义愤填膺，但其在生活中却鲜有见义勇为。在现实生活中胆小怕事，却习惯在网络上大放厥词的人，一开始这类人被定义为“键盘侠”。2014年6月4日，随着《人民日报》一篇题为《激励见义勇为不能靠“键盘侠”》的时评被各路媒体纷纷转载后，“键盘侠”这个词在网络上迅速火爆起来，大量的衍生作品、网络段子开始占据电脑版面，吸引网民们的眼球。

“键盘侠”往往在键盘上舞刀弄枪大玩文字游戏，游走在各类微博大V的评论里。少了语气语调、肢体、眼神的传递，“键盘侠”如虎添翼，在文字编辑上思路涌泉滔滔不绝，瞬间就变身成了网络评论区的神人。他们平时人面场上极其冷场，不爱说话，一旦脱离人群独自面对电脑敲键盘或用手机进行网络评论及聊天的时候，可以毫无顾忌谈笑风生，对社会各个方面评头论足，让别人误以为此人睿智且幽默风趣。

二、“键盘侠”现象产生的原因

“键盘侠”因不同的爱好，有不同的参与类型、讨论和方式，但有的地方出奇一致：喜欢关注热点话题、好辩论、爱喷人、爱耍段子、思维简单……究竟什么原因会把一个人变成“键盘侠”？我们认为，主要有以下原因：

（一）宣泄情绪

社会的浮躁风气及现实生活的巨大压力使人们在日常生活中产生并积累了大量焦躁和暴动的情绪。随着技术的进步以及网络社交的发展，人们将这些情绪通过匿名的方式在网络上发泄出来，以达到调节自我情绪的目的。

（二）表达观点

“键盘侠”往往是在现实生活中胆小怕事、自私自利，却在网上习惯性地、集中性地发表“恶性言论”的人群。这些人往往在生活中没有什么成就，社交圈小，和朋友没什么往来，有大量的时间泡在电脑前，想到网络上寻找存在感和荣誉感。因此，对于一些事实模糊，或牵涉复杂的热点，就会想方设法把它跟自己已有的观点相结合。其目的就是给自己多一些曝光的机会，让自己的观点多一些被人认知的可能。

（三）寻求关注

以热门话题为题材，或者直接在热点新闻下方进行评论，被人关注的可能性就很大。有些人寻求公众的关注，想让自己“成名”，但生活中没有与之相配的能力使其脱颖而出，故而转战网络，借此博取大众眼球，获得大众关注，以满足自己“成名”的虚荣。

（四）网络环境

现在政府在网络监管上力度和技术都不够，网络的匿名性满足了“键盘侠”生成的客观条件，而社交媒体更是对这一群体的不断壮大起到推波助澜的作用。因此也产生了大量的“网络暴民”，这一群体的性质更为恶劣，间接地造成了现实生活中的一些惨剧。

（五）心理成因

“键盘侠”现象作为群体性社会现象，存在鲜明独特的个体心理和群体心理特征。

首先，个体心理：“键盘侠”来源于社会个体。在社会环境中，部分个体由于生活和工作压力过大，自身经济能力、社会地位与自身心理落差过大，心中郁闷和烦恼，而这种不良情绪无处宣泄并且不敢宣泄，在见到不良的社会事件时往往胆怯。这时，网络的匿名性和隐蔽性为其提供了宣泄的平台。在现实生活中往往处处谨小慎微的这部分个体，当处在虚拟空间时，便选择大肆宣扬消极思想，以此来填补现实生活中的空虚；由于其自身的经济能力、社会地位在现实中受限，所以当处于虚拟空间时，经常不管别人的观点、理论是否正确，都坚决地加以反驳并提出自己的理论观点来提高自己，贬低他人等。

“键盘侠”现象最大的行为是侵犯行为。侵犯即是伤害，而伤害行为包括身体伤害和言语伤害。很明显，“键盘侠”的“提高自己，贬低他人”的行为便是一种言语伤害。在社会心理学中，侵犯永远是挫折的一种后果。抑制侵犯的力量与该侵犯可能受到的预期惩罚强度呈正比。如果挫折强度一定，预期惩罚越大，侵犯发生的可能性越小；如果预期惩罚一定，则挫折越大，侵犯越可能发生。这就很好地诠释了网友们对于“键盘侠”的看法——现实中遭遇挫折，上网来寻求自尊及地位。而“键盘侠”的这种言语侵犯行为受到惩罚的可能性为零，所以，这又会加剧他们这一心理。

其次，群体心理：从宏观角度来看，“键盘侠”现象作为一种群体性社会现象，其群体内部必然存在着运作规律。在社会中，团体生活是人类生活的基本方式，人所处的社会团体和组织对其内部人们的心理与行为有着极大的影响。在社会事件中，作为网民个体，极易受到“键盘侠群体”的影响，缺乏理智、分析判断力，成为无思想的舆论傀儡。很多人在看到别人的评论之后，迫于环境压力而屈服于优势意见，成为“键盘侠”队伍中的一分子。尤其是一些平时缺乏独立思考能力的个体，就往往盲从盲信，难以坚守住正确的立场和价值观，成为新的“键盘侠”。

三、“键盘侠”现象利弊分析

“键盘侠”现象在当下网络社会中广泛存在，这一现象也给我们的网络社会生活带来了不少的影响。我们实践小组有以下几点关于“键盘侠”现象利与弊的分析。

（一）利

尽管“键盘侠”一词在人们看来往往意味着负面的影响，但不可否认，其存在还是有一定的益处的。

对“键盘侠”个人来说，他们在现实生活中由于没有太多展示的渠道，又缺乏与人沟通的技巧，往往沉默寡言，封闭自我。而网络给他们提供了一个展示自己的出路：在网络上，“键盘侠”可以暂时从现实生活中的失意不得志中抽离出来，通过逗趣的段子和精彩的评论展示自己的才华，获得他人的“点赞”，从而完成自我的认同。这在一定程度上对“键盘侠”自身来说是一个益处。

同时，当“键盘侠”把握好了度，文明发言，那么对网络上的其他网民和整个社会舆论而言，也是有益处的。像适度侠义、又萌又贱的“键盘侠”，他们幽默的文字往往能够让人忍俊不禁。其他网民微微一笑，从而化解苦闷，缓解内心的压力，或是填补空虚。此外，“键盘侠”所提出的一些犀利的问题，也能够唤醒他人的疑惑，引发社会对问题的思考。这种正义的“侠气”，也是社会和谐的一股正能量。

（二）弊

“键盘侠”在现在，却往往被诟病的地方更多。这与目前“键盘侠”群体的行为特征和这一现象所带来的不少弊端是分不开的。

对“键盘侠”个人而言，他们把网络、把成为“键盘侠”当作日常宣泄或是寻求自我价值的一个途径。而这一途径，却反过来，可能会更加抑制他们在现实生活中与他人的沟通和交流。久而久之，他们也许会变得越来越孤僻，甚至出现人格分裂，影响他们的精神健康。

此外，很多“键盘侠”在网络上发表言论时，对度的把握往往没有做好，或者说部分“键盘侠”干脆就将网络当作一个发泄的窗口，恶意地攻击批判他人，进行道德绑架，影响他人正常生活，使无辜的人受到伤害，给和谐的网络环境带来负面的影响。

同时，“键盘侠”习惯用个人的价值观来评判事件，这种局限性导致他们对整体把握不够全面，很容易走向极端，从而易被有心人利用，形成群体性网络暴力事件，成为社会的和谐稳定的阻碍和干扰因素。

四、“键盘侠”现象治理建议

（一）个人方面

1. 加强自身道德素质建设

在现实生活中，个人应着力加强自身道德素质建设，提高个人修养。针对网络热点问题，合理发表言论，不做网络暴力的参与者与旁观者。阅读有意义的书籍，改善自己看待问题、解决问题的方式。从小事做起，从生活的点点滴滴做起，力争做一个友善的人。

2. 积极践行社会主义核心价值观

党的十八大提出，倡导富强、民主、文明、和谐，倡导自由、平等、公正、法治，倡导爱国、敬业、诚信、友善，积极培育和践行社会主义核心价值观。富强、民主、文明、和谐是国家层面的价值目标，自由、平等、公正、法治是社会层面的价值取向，爱国、敬业、诚信、友善是公民个人层面的价值准则。我们应该在生活中积极践行社会主义核心价值观，并着力向身边的人宣传，尤其宣传友善待人的思想。

（二）社会方面

1. 加强社会监管

社会应该加强监管，对网络暴力行为采取抵制态度。社会上下应共同建立一个友善和谐的网络环境，对不合理的网络行为不能听之任之，而是应该对其进行引导，督促其改正。

2. 构建和谐网络氛围

社会上下应万众一心，用社会舆论的优势来建立一个良好的社会风气，营造和谐的网络氛围。

（三）国家方面

1. 完善和健全政府道德激励长效保护机制

在我们的现实生活中，可能由于相关法律法规、保障制度不够健全，很多人有见义勇为的心，但是却因为没有保护见义勇为的环境而放弃了，因而只能在网上发表自己的看法，在虚拟的环境中“见义勇为”。因而从这个角度来看，国家和政府不仅应当在见义勇为者“勇为”之时提供一定的抚恤金，还应在见义勇为者“勇为”之后，对他们的医疗给予一定的保障，不能让见义勇为者承担勇为之后全部的后果。

2. 建立完善的相关法律体制

现实生活中见义勇为之难也体现在见义勇为责任和行为的鉴定

上。生活中时常能听到扶老人反被讹诈的案例，发生这样的案例，总是会使一些想要见义勇为的人望而却步。从这个角度来看，希望国家能尽快从法律方面对见义勇为的行为给予一定的保障，不能让见义勇为者在伤了身的同时又伤了心。

3. 让互联网释放传递正能量，引导人们理性规范地表达自己的观点

政府既要有善管会用、去弊兴利的眼光，更要有应势而动、因势利导、顺势而上的执政能力。网络不是一个不受约束的“法外之地”，政府部门可以通过积极立法、用法，引导广大网友在网络中理性、负责任地表达自己的观点和诉求，构建一个健康、规范、向上、有序的互联网生态环境，让理性负责不仅成为一种网民自觉自律的生活方式，更成为广大网民积极追求的目标。唯有此，文明中国可期，网络社会正能量之风长在。

附 录

(一) 问卷调查及分析

1. 你的性别是［单选题、必答题］

○男

○女

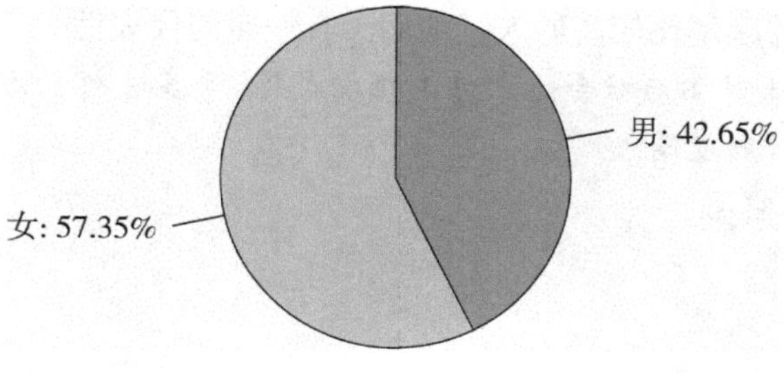

分析：本次问卷调查共回收有效问卷68份。受访者中男性29人，占总人数的42.65%；女性39人，占总人数的57.35%。问卷调查结果显示，男女比例差异较小，受访者性别上不存在较大偏差。

2. 你的年龄是？[单选题、必答题]

○18岁以下

○18—32岁

○33—44岁

○45—60岁

○60岁以上

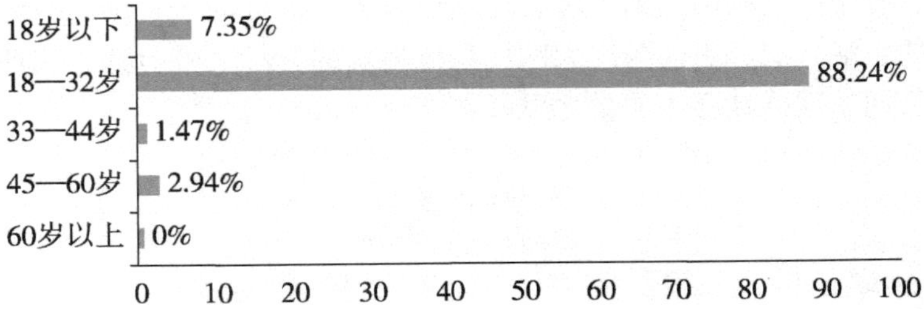

分析：根据问卷调查的结果，我们知道参与本次问卷的人主要集中在18—32岁。考虑到我们主要是通过微信、QQ空间等发放问卷，受众范围有限，产生这种情形能够理解。但是对于调查而言，从某种意义上也失去了全面性。18—32岁这个年龄阶段的人属于使用网络的频率比较高的人，他们具有一定的代表性。

3. 你平时参与社会热点讨论的方式是？[多选题、必答题]

○微信朋友圈

○QQ空间

○微博

○门户网站

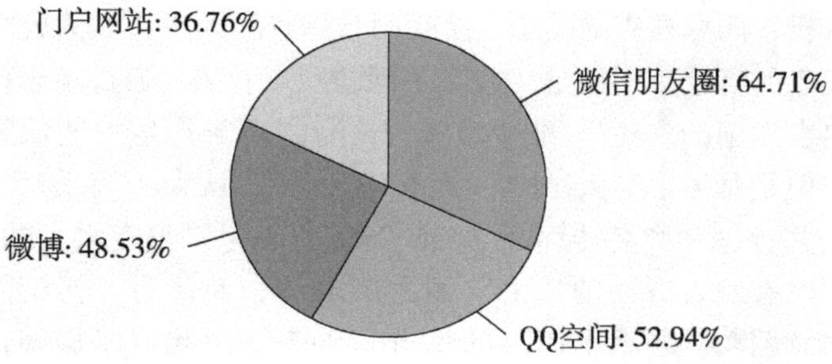

分析：调查结果显示，受访者在关注热点时使用最多的方式是微信，占比 64.71%；QQ 和微博使用占比分别为 52.94%、48.53%；门户网站使用占比 36.76%。这与问卷发布途经主要是微信和 QQ，以及受访者在 24 岁以下占 95% 以上有着直接关系。这说明现阶段青年学生倾向于使用微信、QQ、微博社交工具。

4. 你认为公众在网络上发表的言论有什么作用？[单选题、必答题]

○收集不同的观点看法，通过集思广益产生有启发作用的言论

○不乏产生一些低素质的言论，但是总体上利大于弊

○高质量与低素质言论并存，利弊各半

○没有太大的作用，但是网民有发表言论的自由

○污染网络环境，恶意煽动，恶意中伤

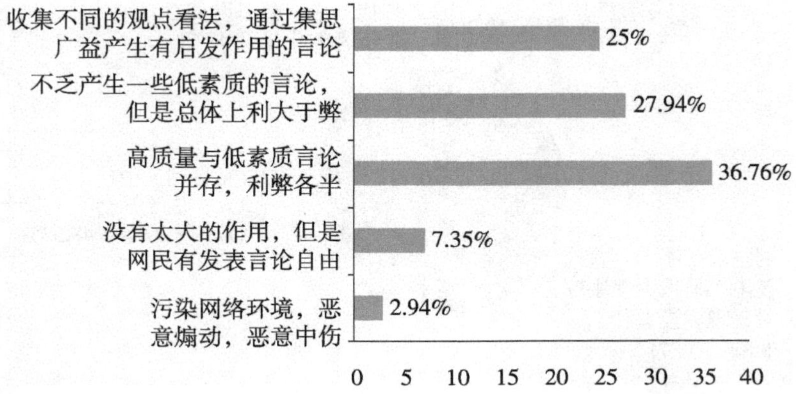

分析：问卷调查的结果：接受问卷调查的人中，认为公众在网络上发表的言论其作用是“收集不同的观点看法，通过集思广益产生有启发作用的言论”的占25%，认为“不乏产生一些低素质的言论，但是总体上利大于弊”的占27.94%，认为“高质量与低素质言论并存，利弊各半”的占36.76%，认为“没有太大的作用，但是网民有发表言论的自由”的占7.35%，而认为“污染网络环境，恶意煽动，恶意中伤”的仅占2.94%。由此可以得知，超过一半接受问卷调查的人认为公众在网络上发表的言论是利大于弊的，可以看出网络给大家提供了一个能够表达自己想法、言论的平台。

5. 你对于“键盘侠”的看法是？[单选题、必答题]

○打抱不平，敢于说真话，是正义的化身

○有时言论过激，但也有可取之处，大部分说出了众人的内心想法

○网络段子手，其言论仅限于博取大众眼球，对于现实没有什么影响

○自私自利，中伤他人，该受社会谴责的失败者

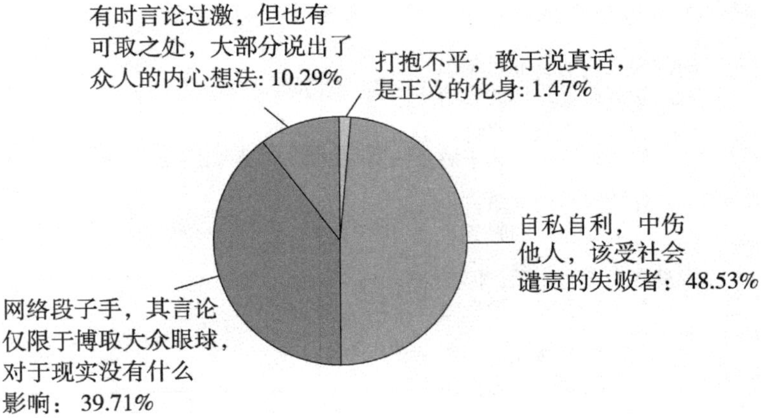

分析：调查结果显示，受访者对网络“键盘侠”的态度大多秉持中性，占比达到85%以上，认为“键盘侠”既有敢说敢言的正义精神，又存在着言论过激、哗众取宠的缺点。

6. 你认为“键盘侠”中哪类人居多？[多选题、必答题]

○恶意营销，想要操控公众视线

○喜欢搞怪的跟风者，喜欢哗众取宠

○不关己事的吃瓜群众

○关心事情发展，想要尽自己绵薄之力的良心人

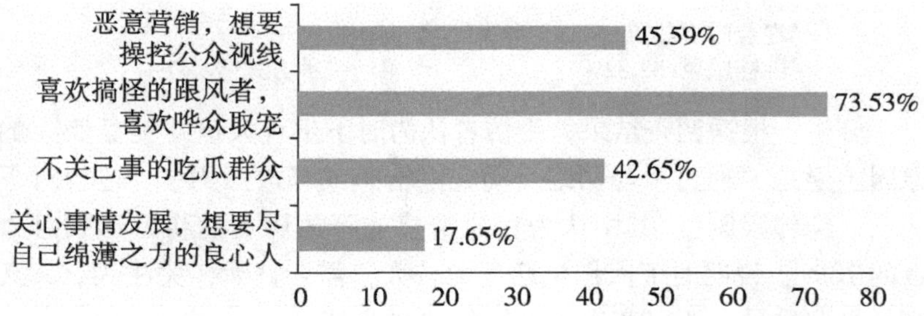

分析：问卷调查的结果：接受问卷调查的人中，认为“键盘侠”中“恶意营销，想要操控公众视线”较多的占45. 59%，认为“喜欢搞怪的跟风者，喜欢哗众取宠”较多的占73. 53%，认为“不关己事的吃瓜群众”较多的占42. 65%，认为“关心事情发展，想要尽自己绵薄之力的良心人”较多的占17. 65%。由此可以看出，大家对于“键盘侠”的看法都比较负面，认为他们是搞怪的跟风者、哗众取宠的人的最多，而恶意营销和不关己事这两种看法几乎持平。从某种意义上讲，这也反映出了接受问卷调查的人在网络言论中所扮演的角色。

7. 你认为为什么会产生如此多的“键盘侠”？[多选题、必答题]

○通过参与网络互动宣泄情感或释放压力

○表达自己正义感的一种方式

○相关网络法律制度及管理不完善

○迎合时下热点，纯粹跟风

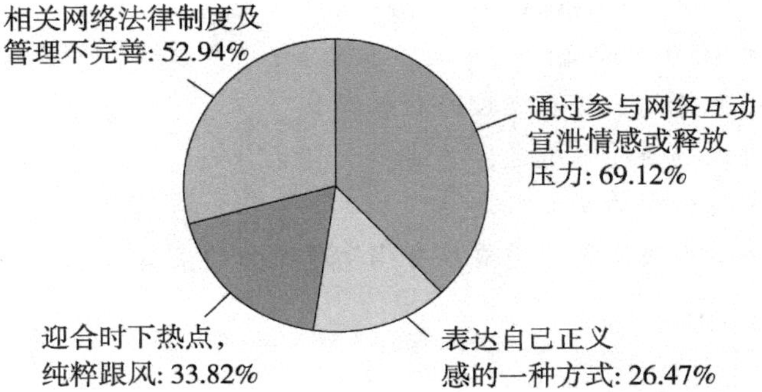

分析：根据调查结果，受访者认为时下出现大量“键盘侠”的原因主要是“通过参与网络互动宣泄情感或释放压力”“迎合时下热点，纯粹跟风”。其中认为宣泄情感或释放压力的将近达到总人数的70%，说明时下人们生活压力较大，需要宣泄，关注热点，又容易受到诱导，所以产生了大量的“键盘侠”。

8. 当今社会“键盘侠”是否有必要继续存在？[单选题、必答题]

○有必要

○无所谓

○没必要

选项	小计	比例
有必要	24	35. 29%
无所谓	27	39. 71%
没必要	17	25%
本题有效填写人次	68	

分析：问卷调查的结果显示，认为“键盘侠”有必要存在的人数多于认为“键盘侠”没有必要存在的人数，而接近四成的人对于键盘侠的存在持无所谓的态度。

（二）主题性采访

我们主要采访了两位在校大学生和一位社会人士，以下是我们的采访记录：

学生1

问：您对“键盘侠”了解得多吗？

答：听说过，但不是很了解。

问：您在网络生活中有遇到过“键盘侠”吗？您的感受是什么？

答：有啊，在上网看一些新闻或者是娱乐消息的时候，发现有一些评价真的是难以读下去，但是也有不少评价言辞中肯，比较中立客观，能够让我从不同的角度看待同一个问题。至于那些言辞过激的评价，我通常都是看一眼就翻过，不会特别在意。

问：您认为“键盘侠”的心理是怎么样的？

答：我觉得他们的反应也是正常的，毕竟每一个人都有表达自己观点的权利和欲望，我们应该正确地看待这个现象。

问：我们小组认为现在的“键盘侠”的存在带来的弊大于利。您赞成我们的看法吗？您觉得有什么（方法）可以被用来减少“键盘侠”给社会带来的负面影响？

答：其实我对这个问题的看法是比较中立的，因为“键盘侠”也是生活中形形色色的人，他们的观点可能也代表了大家（至少是一群人）的观点，所以我觉得这件事不能仅从利弊的角度去看待。至于说如何减少键盘侠带给社会的负面影响，可以宣传正能量啊，让我们的世界有更多的阳光。还有就是打铁还要自身硬，我们的相关规定也有需要完善的地方，不能只想着通过提高百姓的素质，还要提高当权者的素质和建立完善的法律体系。

学生 2

问：您认为什么是“键盘侠”?

答：就是经常在网络上肆意表达自己的看法（的人），但（他们所表达的）这种看法有可能是偏激的，甚至是骇人听闻的吧。哦，让我现场百度一下，嗯，应该是指在现实生活中畏畏缩缩，但在网络上义正词严、惩恶扬善的人吧。

问：您在现实网络生活中遇到过“键盘侠”吗？你觉得他们的心理是怎样的？您反感他们吗？

答：遇到过的，我感觉他们就是闲的，就是想要吸引别人的注意吧。当然反感的，因为在现实生活中当不了好汉，在网上逞什么能啊。

问：您觉得对“键盘侠”这种网络现象，我国的法律体系应该怎样应对？

答：可以出台相关的法律，来规范网络言行，让大家对自己的言行负责，不能让网络成为生活中的不法之地。

社会人士

问：请问您对“键盘侠”了解得多吗？

答：有一定的了解吧。平常也会上上网，就会有所耳闻。

问：可以具体说说您对“键盘侠”的理解吗？

答：我觉得可能大家更普遍用的一个相似的词是“网络喷子”，但是两者是有相似又有不同的。在我看来，“网络喷子”就是大家对那些网络上说话不负责任、恶意中伤他人的低素质网民的有贬义色彩的称呼。但是“键盘侠”可以是中性的词，他们在现实中也许沉默寡言，但在网络上文采飞扬，表达自己的观点。而且毕竟有一个“侠”词，给人一种江湖正义的感觉。但是现状的话并不乐观，往往提到“键盘侠”，人们也会更倾向于把他们往“网络喷子”那方面联系。我觉得最理想的状态是把“键盘侠”群体往真正的网络

“侠士”方向引导，成为一股维护社会稳定和谐的正能量。

问：嗯，这确实是一个很好的方向。那么请问您在网络生活中有遇到过“键盘侠”吗？您当时的感受是什么样？

答：有。其实平时刷刷微博，看一些热点下面的评论，就能看到不少“键盘侠”的杰作。有些点赞很多的评论，就是“键盘侠”们抖的段子，看起来还挺有意思的，确实也能带来一刻轻松，引人一笑。不过有些时候，很明显地他们的评论就很不理智了。比如说，我记得印象比较深刻的，去年国庆阅兵期间，仅仅是因为一个明星没有发关于赞美祝福祖国的博文，而是晒了孩子的照片，一大批的“键盘侠”就攻陷了她的微博，对其进行道德绑架，指责她不爱国。我觉得这件事情“键盘侠”做得就很偏激、很过分了。

问：嗯，这些感受我也深有体会。

问：那么您认为这些“键盘侠”的心理是怎样的？

答：他们仗着网络匿名的环境，站在道德高地上随便抨击别人，把自己的意愿、喜恶强加给别人，我觉得可能还会有一种伸张正义的优越感和骄傲感。这样的人在真实生活中或多或少都有些不得志吧。

问：您说的“不得志”是指？

答：比如微博上常出现的“逼捐”，很多“键盘侠”的心理就是你有钱、有地位就一定要捐，而且还盯着人家的捐款金额找攻击点。我认为他们这么做就是因为嫉妒名人的地位或者财富，心理不平衡。

问：嗯，那既然如此，您认为我国的法律对此应该做些什么完善呢？

答：网络言论自由在最近几年暴露出来的社会问题越来越多了，虽然在法律上网络言论自由应该属于言论自由被保护的范围内的，但是因为网络它本身的虚拟性，被网络言论恶意中伤、造谣、侵权的人很难维权，这也导致了一些人越来越嚣张。前段时间网络实名制不是又被提出来讨论了，虽然说网络实名制在法律和技术上还不可能实现，但是法律应该对网络维权重视起来，提供合理的维权途径，加大惩处力度，加强网络环境监管力度。总的来说，首先要重视网络言论处在法律边缘的这个问题。当然，社会上和媒体要多宣传积极向上、正能量的、有助于提升网络素养之类的。

（指导教师：韩小谦　韩美兰）

社交软件消息撤回功能对人际交流的影响

实践团队：政府管理学院　2015级国际政治与经济专业
团队成员：陈延宇　陈旖琦　杨雅兰　孟昕　郑凯歌
王月洋　庄鹏泽

一、实践目的

本课题研究尝试更深入地探讨如何正确处理人与网络的关系，探讨网络的存在与人的发展的关系，特别选取网络世界中客观存在的微信“撤回”功能作为载体，更深刻地探讨其与主观存在（如人的情绪、情感）的关系以及二者之间的相互影响。

通过对理论与实践的研讨、探究，本实践旨在建构基于网络理论、沟通理论对人们使用微信“撤回”功能具有实践指导意义的综合性理论，进一步认识人在交流和沟通过程中的情感体验和情绪变化，将马克思主义原理学以致用。

二、实践背景

（一）现实背景

1. 网络技术发展的加速

2016年10月，习近平总书记在主持第三十六次中共中央政治局集体学习时，将我国网络强国战略提升到综合施策的新高度，对网络强国建设提出了六个“加快”的要求：加快推进网络信息技术自主创新，加快数字经济对经济发展的推动，加快提高网络管理水平，加快增强网络空间安全防御能力，加快用网络信息技术推进社会治理，加快提升我国对网络空间的国际话语权和规则制定权，朝着建设网络强国目标不懈努力。习总书记的六个要求抓住了网络强国的核心问题和根本方法，兼顾国内国外两个大局，顺应网络技术加速发展的大趋势。

当今世界，网络信息技术日新月异，GNTC 全球网络技术大会的影响力也与日俱增，网络对人们生活的影响也深入到方方面面：社交、购物、出行、办公等。在此背景下，探究网络对人的影响就显得尤为必要。

2. 人际交往问题的增多

根据《2016—2020 年中国心理咨询机构市场现状调研分析及发展趋势报告》，中国的心理咨询师严重不足，行业规则不完善，该职业的日益紧俏折射出人际交往的问题日益严重。两性心理、职场发展、情绪管理、心灵探索、心理百科、社会热点等越来越被提上社会发展的探讨舞台。而在人际交往过程中，手机软件正扮演着不可或缺的角色，这种非即时交流给了人们一个可以思考和犹豫的空间，但并未有助于人际交往问题的减少。软件的开发者们在大数据调查的背景下开发出多种功能，本小组就针对一项功能探究其与人际交往问题的双向关系。

（二）理论背景

1. 网络理论

中国大数据网站的使用率近年来不断攀升，而大数据贴吧的人数也由开始的寥寥无几涨至今年的万人，发帖数量达到 4 万帖。小组成员在研究其理论背景时关注到大数据的广泛使用，随着云时代的来临，大数据（Big data）也吸引了越来越多的关注。大数据通常用来形容一个公司创造的大量非结构化和半结构化数据。微信、QQ 等社交软件设置功能的重要依据就是大数据的调查，麦肯锡的预言正在被印证。

2. 沟通理论

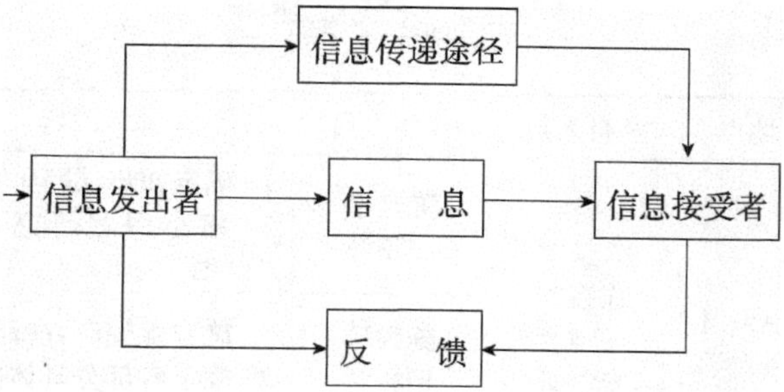

信息传递的路径如上图所示，在即时交流中，信息传递的路径相对多样，速度相对较快。软件交流作为非即时交流，信息传递的过程中有很多可供处理的环节，这便是本次研究的沟通理论来源。

（三）具体背景

马克思主义基本原理概论实践为本次课题研究的开展提供了契机。

网络是当前社会发展中任何一个人都不可回避的问题，网络是社会发展的写照，又是人们发展中从物质层面向虚拟层面转向的重要平台。在新时代的发展中，如何正确处理人与网络的关系，特别是如何处理当下人的存在与网络的关系，就显得格为重要。在马克思主义原理中，网络的存在与人的发展密不可分，属于社会发展的重要部分。

故此，本研究采取以小见大的方式，试图抓取网络世界中客观存在的微信“撤回”功能，探讨其与主观存在（如人的情绪、情感）的关系，以及二者之间的相互影响。

三、实践安排

时间	地点	参与人员	具体人员	内容
11 月第一周	中央财经大学图书馆研讨室	陈延宇 陈旖琦 杨雅兰 孟　昕 王月洋 庄鹏泽 郑凯歌	陈延宇 庄鹏泽	1. 确定初步课题研究方向 2. 缩小课题研究范围使之“落地”
			陈旖琦 杨雅兰	1. 确定课题研究框架 2. 确定各部分具体内容
			王月洋 郑凯歌	1. 进行可行性分析 2. 进行研究步骤和时间确定
			孟　昕	进行具体分工等安排
11 月第二周	线上（微信为主）、线下（校园为主）	陈延宇 陈旖琦 杨雅兰 孟　昕 王月洋 庄鹏泽 郑凯歌	陈延宇 陈旖琦 杨雅兰	1. 用文献研究法开展课题理论研究 2. 向心理学、传播学、社会学等领域的专家和学生请教
			孟　昕 王月洋 庄鹏泽	1. 线上调研开展 2. 线上采访开展
			郑凯歌	1. 线下调研开展 2. 线下采访开展
11 月第三周	中央财经大学图书馆研讨室	陈延宇 陈旖琦 杨雅兰 孟　昕 王月洋 庄鹏泽 郑凯歌	杨雅兰 孟　昕 王月洋 陈延宇	1. 各项成果汇总 2. 汇报展示准备
			陈旖琦 庄鹏泽 郑凯歌	1. 报告撰写与排版 2. 课题研究总结（结项）

四、理论研究过程

（一）社交软件消息撤回功能对人际交流的影响

人际关系是人的社会性的一种体现进入信息时代后，互联网的出现深刻影响了人际交往，且随着互联网技术的不断发展，这种影响在我们日常的人际交往中日益加深。

以社交软件为例，目前智能手机移动端通信平台的普及率已经达到了前所未有的程度，上至老人下至儿童，几乎人手一台智能手机。这种智能手机移动端通信平台，与过去的老式移动端手机平台最明显的区别莫过于交流方式的更新换代，新的互联网社交软件正迅速替代着传统的通话、短信、彩信等交流方式，而这种显著的差异也对人际交流产生了新的影响。下面就以社交软件中“消息撤回”功能为切入点，论述此种功能对人际交流的新影响。

古人有云“一言既出，驷马难追”，指的是当交流时消息传递出去以后，就很难将其轻易收回。毋庸置疑，这句古语提醒我们要对自己的信息表达慎重负责，但人难免失言，不论出于无心还是有意，失言之后总是如此迫切追求“后悔药”。在韩剧《来自星星的你》中，男主角通过“时间静止”的方式阻止对方看到自己发出的消息，这一情节反映了当代人对于“后悔药”的浪漫追求。

而现在主流社交软件中“消息撤回”功能，从某种程度上来说可以被称作“现代后悔药”。此功能指的是“用户可以撤回 2 分钟内发送的信息，并留下提示撤回标记”。从功能开发角度来说，撤回功能的诞生是为信息编辑错误或者发送对象错误等正常使用场景考虑的。但是在一些“特殊”场合，例如亲密聊天或是争吵时，此种功能的存在就显得异常微妙。

对于中国的大多数自媒体社交软件使用者来说，第一次接触此类功能应该是在社交软件“微信”。2014 年 6 月 23 日，微信

5.3.1.16 版本更新说明中，“可以撤回 2 分钟内发出的最后一条消息”的介绍标志着该功能的上线。尽管微信官方并未过多地强调此功能，但敏感的网民用户们仍旧对它产生了极大的兴趣。腾讯公司公关部人员介绍说，微信之所以推出消息撤回功能，是因为之前常有用户反馈因“手抖”发错信息而后悔莫及。在此前的版本中，微信已经推出过语音信息的取消发送功能，即用户在录音时，不想发送此条语音了，上拉至屏幕中部即可取消发送。此次推出“撤回”功能，算是一个补充和完善。一年后的 2015 年 9 月，同属腾讯旗下的另一大型社交软件 QQ，在最新的 5.9 版本新增加了消息撤回的功能。这宣告着“消息撤回”功能正式进入大众眼帘。

但此类功能并非微信、QQ 首创，在手机系统中类似的功能早已存在，例如在锤子手机深度定制的安卓系统“Smartisan OS”和 OPPO 公司的“ColorOS”中已经存在类似“消息撤回”的功能，只是上述基于安卓平台的定制功能都未限制撤回信息的时间，也就是说发送时间超过 2 分钟的信息依旧可以撤回，可以说是一种真的“后悔药”。那么，为什么微信开发团队要设定“2 分钟”这一限制呢？

微信开发团队解释称，根据统计，2 分钟是从接收到阅读一条信息的平均时长。如果更久之前的消息撤回了，对方很可能已经看过了，再撤回会尴尬。另外，这也是为了保证消息历史的完整性。而若短于 2 分钟，很可能让用户失去撤回消息的机会。

至于让许多用户感到复杂的“撤回后留下撤回标记”这一设定，微信开发团队解释为：“微信的消息撤回有点像邮件的撤回。在发出去的那一刻，其实已经在锁屏处‘通知’到对方了，所以很难做到无痕。”由此可以看出，此功能与电子邮箱的撤回功能关系密切，而后者的限制条件更为苛刻，如“收发双方必须使用同系统邮箱”“未读邮件允许撤回”等，现今的“消息撤回”更加人性化。

（二）社交过程中使用撤回功能的几种场景模式

场景模式针对的正是用户体验问题，因此下文将以用户体验为核心展开分析。

场景一：信息编辑错误

撤回功能开发之前的解决方式：默认双方都能理解而无视；影响句子的关键意思但问题不大，将个别错别字重新编辑；核心要素编辑错误导致句义扭曲，需要完全重新编辑以避免歧义。

场景二：信息发送的目标对象错误

撤回功能开发之前的解决方式：补充发送“发错了”，或者说一下是发给谁发错了。

有了撤回功能以后，可以通过撤回动作来避免麻烦，但值得注意的是对方能够了解到你曾经撤回过信息，对方可能还会有疑问，可能会来询问你发了什么，你还是有需要解释的麻烦。

场景三：信息本身、发送对象没有错误，但发送方单方面想撤销发送，如冲动、考虑不周、觉得不妥，误将关键信息透露给他人等，这种情况相对复杂一些，因为需要同时考虑双方的用户场景：

情况一：双方正处于高度集中的交流状态，即双方会即时查看到对方发出的任何信息。在这种情况下，撤回功能失效。但也并不绝对，例如在微信上和老板进行工作业务上的沟通，发出信息后发现错误，相比于以往的道歉、解释和重新编辑正确内容，撤回错误内容以避免错漏显得更加严谨，可以减少负面印象。再者，在口不择言时及时撤回信息可以防止日后不必要的纠纷。

情况二：发送方、接收方处于低频率交流或未处于交流状态。在这种状态下撤回功能的用户体验最佳。以表白为例，假设 A 在夜深人静情绪激动对 B 表白，但随即改变主意觉得不合适，及时进行了撤销以免尴尬。

（三）不同群体、不同性格的人、不同社交对象使用撤回功能的情况

1. 不同群体对撤回功能的反应

（1）私人交往（恋人、朋友、家人）

不同的情侣有不同的相处模式，对撤回功能的反应也各有不同，有争吵不休、也有云淡风轻。朋友间对待撤回功能的态度也不尽相同，但是撤回功能实际上是一种非即时交流的“后悔药”。面谈是一种后悔药，我们能够从对方的语言、表情、动作中得到多重信息。非即时消息的特点就是人在发送信息时有思考的空间，网络技术的改善使得非即时交流越来越逼近即时交流，而撤回功能又在即时交流和非即时交流中间画了一条清晰的线，让微信交流保留了非即时交流的基础特点。

对于恋人和朋友等私人交往来说，撤回功能一方面能减少矛盾。即使是对亲密的人，也会有信息传输错误的时候，撤回功能让交流有了可以后悔和调试的空间。另一方面，撤回的行为被设置为告知接收方，这也成为人们在交流时的一种信息传递，这是语言和功能的多元化应用。在信息爆炸的时代，我们应该包容这样的多元化运用。

（2）工作来往

这是撤回功能使用最为得当的场所。在微商越来越多的当今社会，文件传输和线上信息交流成为商业链条中必不可缺的部分。在这其中误传邮件和误发消息的现象时有发生，撤回功能为交流主体提供了可以调试的空间；若在工作群中有不恰当的措辞和言论，或是在文件传输过程中出错，都有2分钟的处理时间。这将助力于营造良好的企业交流氛围和和谐的工作环境。

实际上，撤回功能的设置是社交软件变得越来越工作化的反映。相比男女朋友因为撤回一条信息而争吵不休，或许挽回错发信息导致的不良后果更符合用户体验。

2. 不同性格的人对撤回功能的反应

本次研究，我们分析讨论了不同情况下的撤回功能的使用频率，并探究各种因素对其使用频率的影响状况，其中性格因素会对撤回功能的使用产生很大的影响。以下将以易撤回和不易撤回为标准评判不同性格并进行分类。此外，我们也会分析在经验这一因素介入下，结果会有怎样的变化。要说明的是，以下所提到的“言论的错误”更偏向于一种因打错或缺少考虑而对他人造成不好影响或产生信息传达错误的情况。

（1）易于撤回消息的人的性格分析

①外向开朗，相对严谨

当一个人的性格偏向于外向和开放，那么这个人一般会更善于言谈，在聊天软件中会更加活跃，而言多必有失，其产生错误的概率也会随之加大。在这一前提下，如果此人相对追求严谨，或者说其本身在心理和智力上（普遍意义上的情商和智商）能够评判他的发言的正确性和后果影响，那么相对而言，该类人会有更多的撤回可能性。

②性格内向，不够严谨

一个人相对内向、安静、离群，其发表自己观点的次数会相对较少。因此其每次在聊天软件上的发言一般情况下必然经过更多的思考，即大脑分析、加工、评判。但是在该情况下，如果其不能够完全评判出自己言论的正确性和后果影响，而一旦出现错误，并且如果能够在 2 分钟之内发现出问题，那么该类人做出撤回行为的可能性极高。

（2）不易于撤回消息的人的性格分析

①外向开朗，不够严谨

一般而言，如果该人性格活泼，发表言论较多，而且并不仔细思考自己的言论在长时间下含义是否会发生变化，或者在多方面考虑下是否有意义曲解之处，或者是对不同人是否会产生不同影响，那么该类人做出撤回行为的可能性并不高。而一旦发生了错误和误会，该类人通常会做出道歉，或者继续补发一条信息以纠正错误。

②性格内向，相对严谨

假设一个人性格内敛，不常沟通，而其又有较高的思维能力，能够完全有效地评判自己的言论，那么其发言会很少，而每条信息的准确度又相当之高，因此撤回的频率也会降低。

（3）经验因素导入

我们所提到的“经验”其内涵为：个人在过去由于犯过错误或者是通过自我学习再或者是有其他人的帮助指引下，其对自我言论的评判思维能力大幅度增强。当“经验”这一因素介入到我们分析的情况时，那么无论该人的性格为何，其出现错误的可能性会随着经验的增多而降低，即一次发言就可以正常达到目的，最终趋于不易撤回。

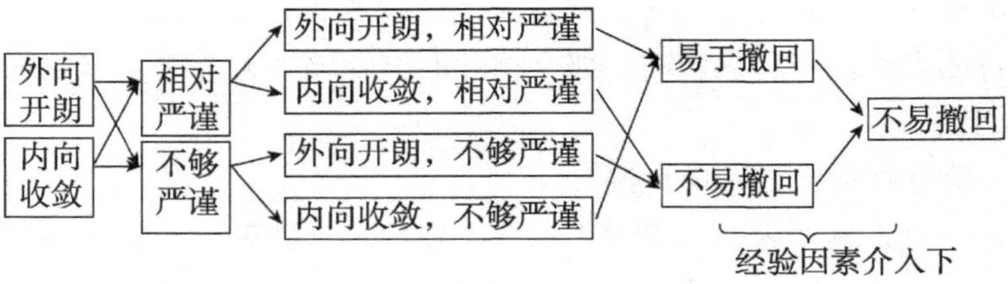

（四）撤回对于使用者主体的影响

撤回功能使得使用者在发出错误信息后有机会“反悔”，当使用者获得了对错误进行及时修改的能力之后，使用者在发送信息的过程中会拥有更多的安全感。

我们在聊天的过程中最为重视的是自己传递出信息的准确性、完整性。在网络聊天的过程中，每个使用者都不可避免会出现编辑错误的问题。信息的遗漏、错别字，甚至是错发消息这些错误对于使用者来说多多少少会产生尴尬情绪甚至是不必要的麻烦。撤回功能的出现就好比在我们的聊天软件中增加了一个补救错误的功能，消息的撤回以及该动作完成后所出现的“某人撤回了一条消息”如同“我收回我的话”“刚才出现了错误”，这个系统提示一定程度上起到了礼貌性道歉的作用，使得使用者可以更加体面地对自己出现的错误进行补救。这无疑是一项人性化的功能，但在撤回功能为我们带来安全感的同时，我们也需要注意这个功能长期对我们的习惯的塑造所带来的影响。

随着使用者对于网络聊天工具的使用更加大胆，和编辑信息过程中的思考环节的减少，信息传递更加便捷，口语化的文字内容不断增加，网络聊天中的有效信息占总信息的比例将会减少。相比于使用传统的电话、短信等信息沟通方式，我们在使用网络聊天工具的过程中主要追求的是快捷高效的体验和不受成本困扰的聊天体验。相比于每条消息单独计费的短信，网络聊天工具中由于没有了条数、字数所导致的成本阶梯形上升问题，我们在文字编辑的过程中更加随意、信息的发送更加快速。在撤回功能出现并普及之前，对于信息发送错误的担忧使我们在信息编辑的过程中保留着一种纠错意识，尤其在发送较长的一条信息时，许多使用者受到纠错成本带来的无形压力，拥有更强的责任意识。他们会一次或者多次检查自己编辑的信息内容，再确认发送。这种压力所导致的信息交流速度的受限尽管限制了使用者的体验，但也同时促使使用者对自己编辑的信息花费更多精力去确认、修改。如果出现了错误，使用者由于没有撤回功能，需要再编辑一条信息对错误进行道歉或解释性说明。通过对“撤回”功能普及前后的聊天软件中的现象的对比，我们可以从中发现两个趋势：第一个趋势是，网络聊天软件将不断向便利化、快捷化、人性化发展，在网络聊天的过程中用户既可以找到线下沟通的体验，又提供线下沟通所不能提供的线上功能；第二个趋势是，随着网络聊天在第一个趋势的带动下不断为使用者提供个性化、人性化的使用体验，年轻群体为主的使用者人群所发送的信息更加碎片化。

使用者在享受撤回功能为其所带来的更多安全感的同时，对词句使用、消息内容的思考减少必然导致更多的错误发生。同时，年轻群体碎片化的表达方式尽管有利于展现个性、追求聊天过程的趣味性，但也一定程度上出现越来越常见的语病、错别字问题。撤回功能，影响到的不仅仅是使用者的心理感受，长期而言还会影响到使用者的表达习惯。如果不加以规范性的引导，过度使用网络聊天工具的人群必将出现语言沟通能力下降的情况。

对撤回功能的过度依赖将导致使用者在日常的沟通中更加容易发生错误甚至乏于思考。现实生活中，我们是没有将错误“撤回”这一能力的，我们对自己所说的话要负完全的责任。因网络聊天过程中撤回功能所带来的安全感正使得一些使用者缺乏正确的交流习惯、缺少基本的社交礼仪。这对于使用者，尤其是年轻群体来说，是一个严重的问题。

因此在网络丰富、便利我们生活的同时，不要忘记分清网络与现实的界限，在现实生活、社交场合中养成良好的交流习惯。通过走下网络、走入社会以及规范的引导，以实践来培养正确交流习惯，我们便可以使网络成为丰富我们生活、便利我们生活的工具与平台，而不是培养错误习惯的场所。

（五）消息撤回功能对受众的心理影响

在社交软件中使用消息撤回功能会留下明显的痕迹，系统会在软件界面上显示：某某某撤回了一条消息。虽然字样小、颜色淡，该提示在整个消息界面上却是比较突出明显的。因而在网络聊天中，不管是一对一的私人聊天还是群组聊天，受众能清楚地看到某人撤回了消息。那么，在这个过程中受众心理会受到什么影响呢？

受众可分为两类：一类是已经看到被撤回的消息内容；一类是没看到被撤回的消息内容，只看到系统的撤回提示。因为在网络聊天中，尤其是群组聊天，许多人并没有一直盯着屏幕，因而并无法看到某人在短时间内撤回的消息的内容。大部分人会使用声音或震动以提示新消息的到来，然而若是消息撤回者迅速撤回（系统只允许在发出消息的2分钟内撤回），仍会有相当大一部分人只看到系统的撤回提示。

看到别人撤回了消息，聊天者的心理有何变化往往随聊天的场景模式而有所不同。对于一些与己无关紧要或者拉拉家常或者插科打诨的群组聊天，因为聊天者本身对整个聊天持轻松无所谓的态度，自然对消息撤回也不甚在意。而对于比较在意的一对一的私人聊天（如情侣、师长），以及涉及办公、值得重视的群组聊天，聊天者看到有消息被撤回心理感受自然会受到蛮有趣的波动。前面部分已经对使用消息撤回功能的不同场景模式、社交对象等具体情况进行了分析，因而在这里对消息撤回功能对受众的心理影响进行大致的整合与归纳。

当受众看到了新的消息又发现其被撤回，若是涉及聊天氛围比较轻松而内容会使消息撤回者有点尴尬的，受众往往会幽默回应“哈哈，你手慢了，我已经看到了”这类的内容。当然，整体而言，受众会对消息撤回这事保持沉默，当作没看见。毕竟既然对方想撤回消息不想让别人看见，就权当自己没看见或不在意。若是涉及较有价值和少见的消息内容，受众当然会庆幸自己及时捕捉到了有用而又稍纵即逝的信息；当然，若见到的只是被打错或误发的消息内容，受众自然视之而不予在意。最后一种也是最有趣的，则是针对一些心思比较细腻的受众。这些受众认为这些发出又被撤回的消息内容往往反映撤回者比较真实而又有些矛盾的内心感受和看法，他们会从中发现对方对于什么内容觉得尴尬、不合适、不值得，发现对方有何消息内容既想被看到又选择不被看到。甚至在对方这个犹豫的过程中，这些心思细腻的人能以小见大，感知对方的性格和社交风格。

当受众只看到消息即来而去的系统提示，又会有何反应呢？首先，若是听到声音或震动以提醒新消息，打开界面却发现消息已被撤回，此时受众自然会有所懊恼不爽。涉及比较重要、有价值的网络社交环境，受众对于错过或许有用、重要的信息内容自然会有惋惜又无可奈何的感受。有时，在这消息来去的过程中，对双方而言是场小小的博弈：一方突然不想被看见，另一方自然有种不愿让其得逞的希望，凭其好奇心想看见。因而对没看到的受众而言，会有轻微的挫败感。最后，虽然想看见的好奇心没实现，受众则会不自觉地试图推测、发现自己可能错过什么对方不想让自己看到的内容。

（六）“后悔药”即撤回功能对网络聊天及人际交往的影响以及相应启发，以微信为例

1. 微信撤回功能对人们交流沟通的积极影响

微信正在像邮件一样，越来越成为重要的工作沟通和协同工具，这是无法逆转的事实。我们在微信上交流时间最长的，可能不是你的另一半，而是你的同事和生意伙伴。尤其在有联系而不亲密的人际关系中，双方对彼此的包容度其实比想象中要低，故此撤回功能作为一种“后悔药”在其中发挥着重要作用并产生着积极影响。

第一，微信的使用场景毕竟是手机，有更大概率打出错别字，或是把信息转发给错误的人，这样一个撤回功能能很好地挽回损失。这一损失不仅仅是物质上的，更有可能是精神上、情感上的。第二，对于关系不甚亲密的人，有时候可能真的说错话必须收回来；还有时候，是因为“有句话我不知道该不该说”。撤回功能和我们日常聊天的时候说的“我有句话不知当讲不当讲”，有异曲同工之妙。人们在生活中的交流沟通中，是不会真实的存在“说出去的话，还能收回来的”，也就有了“我有句话不知当讲不当讲”一类的话，或者是在思维中提醒自己“我这句话似乎不妥，需要重新思考后再说”。担心出错、不妥，才会把话收回去。人性如此。我们担心说出去的话，会对对方的认知造成负面的或者不好的认识，从而会影响到对方对自己的判断、评价。总之，在人际关系中，撤回功能的使用一方面使人与人之间多了一份平等和尊重，少一些言语锋刀带来的难以抚平的伤害；另一方面让人们在撤回的实践中反复体会何为"设身处地地换位思考"，使人们在锻炼中变得不那么口无遮拦、我行我素。故此，这样一种"担心"式的畏惧未必是一件坏事，撤回功能的社会意义还是较为深刻的。

2. 微信撤回功能是对发消息者的一种隐私保护

撤回功能符合微信一贯的对消息隐私性的保护理念。在朋友圈评论里面，如果不是同为好友，是看不到其他人评论了，强调了圈子；评论了朋友圈内容以后依然可以删除，聊天当中可以撤回发送的消息；还有，发朋友圈可以有选择性地让一部分人看到，或看不到。纵观可知，撤回功能也是这种理念下的策略。

微信功能的日趋完善所直接导致的问题就是用户的隐私权受到侵犯的可能性加大。我国对于微信环境下的隐私权保护的相关立法尚未出台，但由于微信使用涉及的行业与用户已经达到了一个相当惊人的数量，因此对于微信隐私权侵权问题的探讨也是非常急迫和必要的。通过立法对此进行规制还需要一个很长的过程，那在现今条件下，如何加强对微信个人隐私权保护呢?

微信中存在的侵权隐患，与微信方面监管不严也有很大的关系。在法律和行政法规没有进行规制的前提下，微信官方有责任也有义务去为用户提供一个安全、可靠、干净的网络聊天平台。不是每一个用户都有高度的自我保护意识，假若哪个用户真正受到了侵权，微信官方也难辞其咎。因此，一方面必须从源头上进行审核、筛选、拦截，以免过多的垃圾信息、黄色信息、病毒软件流入，造成用户的个人信息及财产损失，造成侵犯他人隐私权的后果。另一方面，尽可能地为人们创造条件，使人们在微信聊天的过程中有机会对不小心透露的个人隐私或其他私密事宜"反悔"。换言之，人们对微信使用中的隐私保护多掌握了一分自主权，可以通过撤回功能避免一次失误操作后隐私泄露影响的扩大，并在一定程度上使不小心泄露的隐私“销声匿迹”。

这样看来，微信官方所设置的撤回功能确实是隐私保护层面卓有成效的努力之一。

以上我们着重分析撤回功能对以非亲密联系人为对象的线上交流和人际关系的积极影响，同时也侧重分析了对于发送者一方的有益影响。但是对一个定位为国际化、基础为互联网的优秀社交平台来说，对发送方与接收方双方的知情权予以同等的重视是异常重要的。只有以此为前提，才有底气探讨纯粹的用户体验。所以接下来我们换个角度和立场，来看看对于接收方来说，微信撤回功能何功何过。

其实对于接收方来说，撤回这个动作本身倒是无关紧要，真正对接收方产生用户体验效用的，应该是“消息撤回提示”。发送者撤回消息，避免了尴尬、错误甚至纠纷，对发送者来说用户体验提升；但对于消息接收方来说，就存在两种情况：接收方看到了消息和接收方没看到消息。在第一种情况下，如果用户看到了已经撤销的信息，撤销有提示，消息无价值，那么可以视为无效操作，没有什么意义，并且小概率引起用户好奇心，进行下一步对话，增加活跃度；如果用户看到已撤销消息，撤销有提示，消息有价值，那么看到的用户会关注这个撤销，进行下一步对话，增加微信整个活跃度。另一种情况是用户没有看到撤销的消息本身，撤销有提示，这时不管消息有没有价值都会很大概率引起用户好奇心，进行下一步对话，增加微信活跃度；当然也可能引起不必要的猜疑和误解（“你为什么要撤回啊，是不是有什么事情瞒着我啊”之类的猜测）。

其实退回最简单的人际交往原则上来看，撤回消息向对方告知，何尝不是一个很基本的礼节问题。在互联网时代，互联网社交软件的用户体验中很重要的一项就是在网络信息无孔不入的大环境下，还依然重视人文关怀。发送过去的消息就在别人的服务器上，发送者的言论消息已经产生效用，消息如何处理是接收者的自由。这样的设计显然不是设计团队无聊，而是在尽量尊重双方权利的基础上，让发送者撤回误发送的消息并且顾及接受者的知情权。

在这个具体案例中，接收方的知情权尤其要充分保障。Outlook在发件方要求撤销一封邮件时，会提示收件方是否同意对方撤销该邮件——邮件通讯属于严谨而正式的沟通，一定是需要这么做的；微信比 Outlook 模式稍作简化与让步后，便是现在的样子，即通知接收方一条消息被撤回，又没有过度破坏用户体验，让用户自己来决定是否同意。无论 Outlook 模式，还是微信模式，背后的核心思想，其实都是人文关怀和用户尊重。

这样的思考之后我不禁想起另一款国外的社交软件——WhatsApp Messenger。该软件基本设置总有一个“显示我的最后在线时间”，但是是有条件的，并且该条件充分显示了其研发团队的匠心独具——选择开放“显示我的最后在线时间”设置，你在看到其他所有联系人的最后在线时间的同时，自己的最后在线时间也是公开的。

其实，微信何不参考 WhatsApp Messenger 的这一设计，也考虑在微信后续版本的系统设置中，为撤回功能增加一个设置选项，让用户自行选择是否“启用”消息撤回功能。若选择开启该功能，用户即可以随时撤销发给别人的消息；同时该用户的联系人也可以撤销发给该用户的消息，并且该用户还是在消息被撤回后会收到提示。关闭后，目标用户发送给他人及他人发给目标用户的消息，都不能撤回；如果目标用户的联系人如果想撤回消息，会被提示“对方禁用了消息撤回功能”，或者干脆在发送方的操作菜单中，不显示“撤回”选项。

五、实践结论

微信，已然成为中国广大移动网络用户聊天工具的主要选择之一，在过去的几年中微信的用户数量在不断地增长，微信平台的功能也在不断丰富。从社交应用软件到新型交流方式，微信平台对广大网络用户所起到的作用也在不断拓展。

本次实践以微信平台中的“撤回”功能为研究的切入点，从使用者、受众、不同性格的人群及其行为影响、心理影响等方面展开了较为翔实细致的研究，并通过微信平台对身边人士进行调查、实验、采访取得第一手资料，便于我们在通过文献梳理与学习得出客观、理论性的结论的同时也能够给出一个直观的、贴近生活的结论。

撤回功能，有着自身存在的合理性，对于我们的网络社交具有许多正面的意义：为使用者主体带来安全感，提供纠错反悔的机会，为使用者避免一些不必要的麻烦与误会，在某些情况下也是对个人隐私的最后一层保护……

而矛盾的普遍性也存在于“撤回”这一微信功能中。撤回的过度使用往往会导致受众的疑惑、猜忌、反感甚至是不信任，对于撤回功能的过度依赖也会使使用者难以形成良好的社交礼仪和语言规范，甚至这些问题会反噬于现实交往的环境中。

微信与人的关系，恰恰就是网络与人的关系的缩影。在网络功能不断丰富、影响范围不断扩展的当下，如何正确地处理好人与网络的关系值得我们思考，如何利用好微信平台各项功能的同时避免对这些功能产生过度依赖，是网络时代每一个用户都需要注意的问题！

结束语

在这次的马原实践课题当中，我们以大学生的视角，从身边的问题出发，以微信“撤回”功能为切入点进行较为详细的思考、学习、调查、总结。

在整个实践调研过程中，每个人都需要参与总体策划、执行、总结与创新。策划时，每个人都提出自己的方案，并由大家指出其中的不足，再一起分析可行性的大小，最后确定该方案是否采用。所有的方案都经过组员的细致探讨，我们先后否定了三个主题，才最终将研究方向定型。从小组内部确定主题、确定分工开始，我们小组每个成员都在积极主动地完成每个步骤，也凭借各个成员的自身经验，对主题的切分工作做出了自己的贡献。

在实践的过程当中，我们以线上微信平台为主要渠道，以各自的“朋友圈”为调查样本，较为广泛地展开调研、采访等工作。在执行过程中出现的问题也由大家分析解决。该过程锻炼了大家的分析能力，让大家学会了吸收各种想法的优点，全面考虑问题。汇总与报告书写的过程中出现了许多困难，我们每个人的调查方向尽管有所不同，但在结果上，落实到理论性的描述上还是出现了一些结论相近、重复，体现不出个人负责方向的特点的问题。但是，通过我们的反思、总结与积极地应对，大家都以良好的态度克服了困难。

最终大家的努力迎来了独特而又有意义的收获，我们从研究者的视角，重新审视了每天在生活中使用微信“撤回”功能的态度与习惯，从调查者的视角，重新理解了人与人在网络平台上进行沟通的心理、性格、行为等方面的表现与内在联系。

小结时，将当期的结果汇总，互相分享实践过程中的经验和收获，提出问题并寻求帮助，总结教训以便下一阶段完成得更好。最终将所有内容汇总并做出总结。该过程中大家整理资料，分析总结了经验和教训。整个过程大家全程参与，有不小的收获。

在社会实践过程中，我们小组每个人对于人与网络的认识都得到了极大的提升。网络的发展使得许多人不再在意与人面对面交往，从而造成交往能力不足，难以适应社会，甚至为身边人所误解。

作为一名合格的大学生就需要具备良好的人际交往能力，需要有正确地对待网络的态度。此次社会实践为我们提供了一个提升能力的良好平台。团队内部的合作与分工，经验的交流与总结，问题的协商与解决，从陌生人处获取信息，处理交流过程中的问题等许多方面都需要合理的方式，人际交往能力便在这些过程中得到锻炼。对于刚刚步入大二的我们来说，人际交往能力与学习能力的重要性都是不言而喻的，很多的社会性知识在我们参与实践的时候被掌握了，这将是我们未来的一笔重要财富。

参考文献

[1] 李明钺．从话语分析角度看微信用语的特点［J］．吉林广播电视大学学报，2013（5）

[2] 崔璨．大学生微信问候语的文化语言学解读［J］．吉林省教育学院学报，2014（8）

[3] 邓颖．浅析移动互联网时代的微信及其传播方式［J］．东南传播，2014（6）

[4] 程士安，沈恩绍．数字化时代组织传播理论的解释与重构——以科技进步与传播规律的演进为视角［J］．新闻大学，2009（2）

[5] Grice，P. *Logic and Conversation A*：*Speech Acts.* New York：Academic Press，1975.

[6] 黄国文．语篇分析的理论与实践［M］．上海：上海外国语教育出版社，2000.

[7] 胡壮麟．语言学教程［M］．北京：北京大学出版社，2001.

[8] James Paul Gee. 话语分析入门：理论与方法［M］．北京：外语教

学与研究出版社，2000.
[9] Johnstone，Barbara. *Discourse Analysis*. Oxford：Blackwell，2001.

附 录

（一）媒体报道

原标题：《手一抖发错微信，2 分钟内可撤回微信新功能须小心使用：要吃“后悔药”先得“知彼”》

在最新版微信体验中，记者成功撤回了消息。/晨报记者查睿

东方网 6 月 25 日消息：“微信逆天了，发出的消息可以撤回，终于有‘后悔药’吃了。”近日，新版本微信增加了消息撤回的功能，即微信消息发出后 2 分钟内，可选择撤回，对方已接受的消息也将删除。然而网友也对该功能的实用性提出诸多疑问。经过记者体验，微信最新版本的确支持消息撤回，但对方已接收的消息是否能成功撤回，却因对方微信的版本而有所差异。此外，对方用的手机品牌、手机是否处于锁屏状态并开启了微信推送、是否在微信网页版上浏览信息等，都会影响到“消息撤回”的实现。

记者体验：多种情况影响消息撤回效果

从 6 月 23 日开始，iOS 用户可更新微信最新版（5.3.1.16），更新介绍中有一条吸引了记者的注意：“可以撤回 2 分钟内发出的最后一条消息。”记者首先将 iOS 版本微信升级至最新版本，并进行了三种情形的体验，以验证这一功能。

体验一：记者找来一部安装了 5.3 版本微信（安卓最新版）的安卓手机，然后用 iOS 版本微信给安卓手机发送

一条消息。随着一阵铃声，安卓版本微信显示收到消息，但当记者在iOS版本微信上长按该消息时，发现除了“复制、粘贴、收藏”等选项外，还新增了“撤回”，记者点击撤回，该消息随即消失，并显示“你撤回了一条消息”，而安卓版本微信上的该消息也同时消失，仅显示“×××撤回一条消息”。

除了文字消息外，图片、视频和语音消息均可撤回，无论对方是否已查看过消息。记者再尝试2分钟后撤回消息，“撤回”选项已消失。

体验二：记者找来了两部iPhone手机，一部安装了低一级的5.3版本微信，另一部则安装了5.1老版本微信。记者重复上述实验，在5.3版本微信中消息可成功撤回，5.1版本的无法撤回，仍照常显示。据微信提醒框显示：“你可撤回2分钟内发送的最后一条消息（部分旧版本微信不支持这个功能）。”

体验三：记者用5.3版本微信登录网页版，重复实验，结果显示手机端的消息已成功撤回，但网页版的消息依旧保存，直至关闭该网页。

另外，当装有5.3版本微信的手机处于锁屏状态时，记者再次撤回消息，发现锁屏状态下的微信推送依旧可见，但打开微信后，却显示该消息已被撤回。

IT之家讯11月23日消息，今天Win10 UWP版《微信》v1.21版本迎来更新，本次更新是基于上次v1.20基础之上，目前仍然仅适配Windows10 PC系统，暂无Win10 Mobile版本。在微信UWP版v1.20中，新增保存和发送自定义表情、2分钟内发出的消息可以撤回等功能。v1.21更新内容还未公布。

（二）实践过程图片

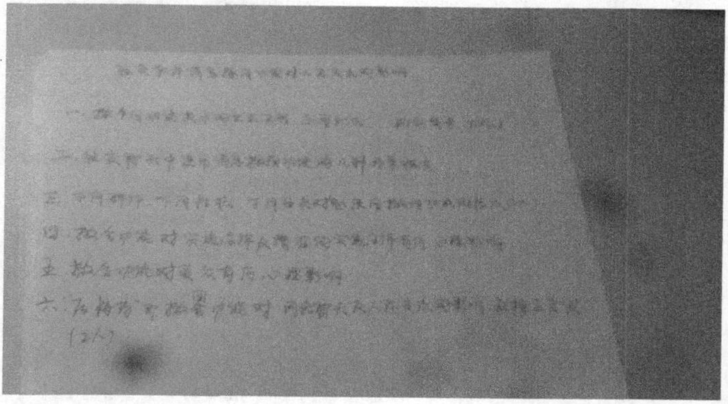

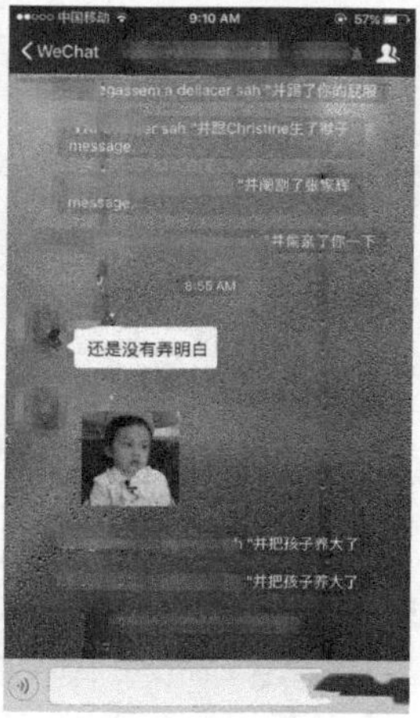
9:10 AM
WeChat
8:55 AM
还是没有弄明白

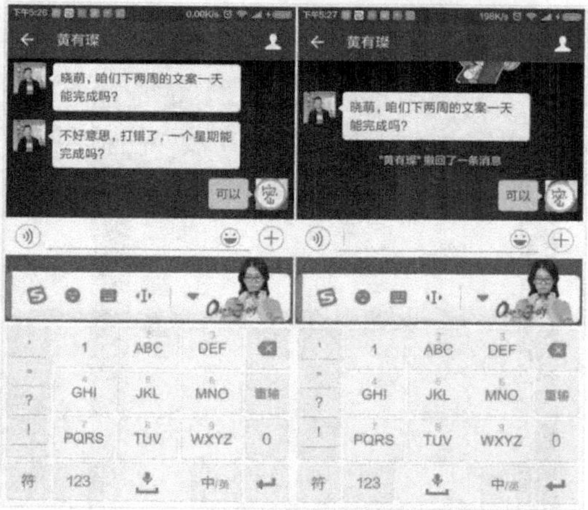
黄有璨
晓萌，咱们下两周的文案一天能完成吗？
不好意思，打错了，一个星期能完成吗？
可以
黄有璨
晓萌，咱们下两周的文案一天能完成吗？
"黄有璨"撤回了一条消息
可以

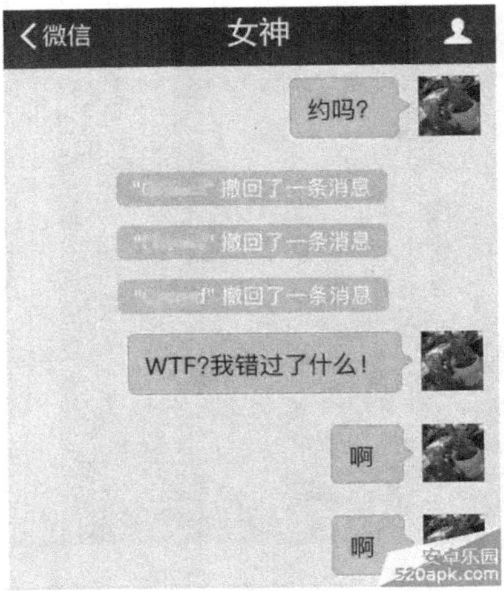
微信
女神
约吗?
撤回了一条消息
撤回了一条消息
撤回了一条消息
WTF?我错过了什么!
啊
啊
安卓乐园
520apk.com

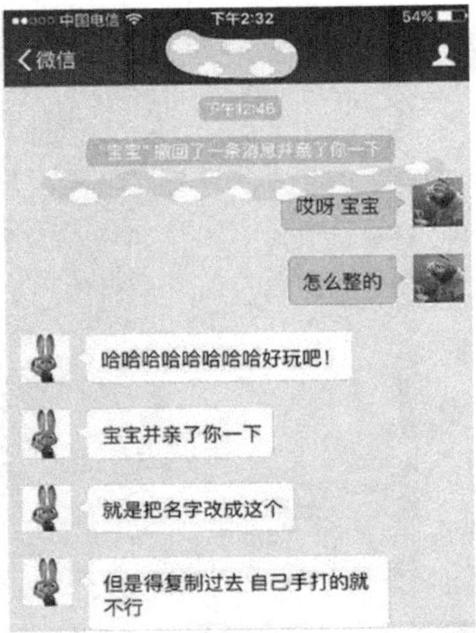
中国电信
下午2:32
54%
微信
哎呀 宝宝
怎么整的
哈哈哈哈哈哈哈好玩吧!
宝宝并亲了你一下
就是把名字改成这个
但是得复制过去 自己手打的就不行

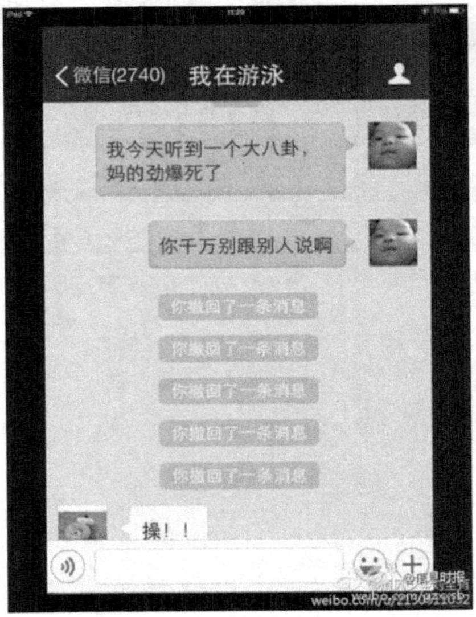
微信(2740)
我在游泳
我今天听到一个大八卦,妈的劲爆死了
你千万别跟别人说啊
你撤回了一条消息
你撤回了一条消息
你撤回了一条消息
你撤回了一条消息
你撤回了一条消息
操!!

中国移动
9:07
微信
桢
9:04
你几点钟下班啊?
我们下班一起吃饭吧
到底什么瞒着我啊
现在说不行吗?
你的暴脾气不敢说
说呢

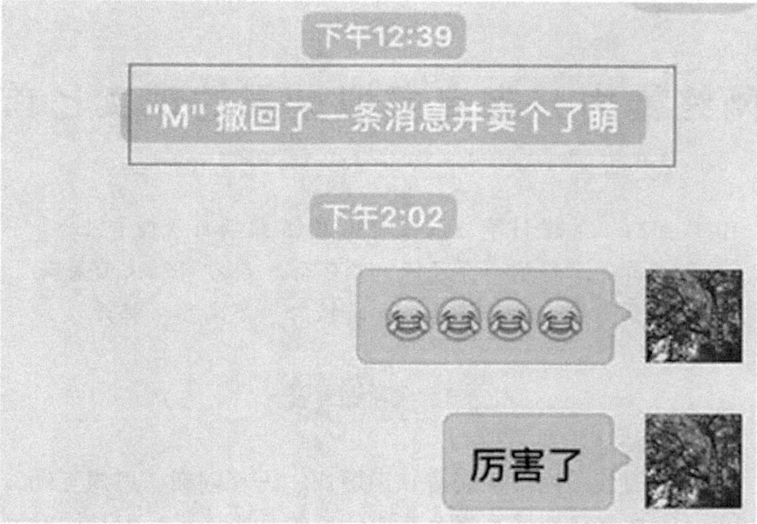

（指导教师：刘刚）

网络暴力，来自虚拟世界的现实匕首

实践团队：管理科学与工程学院2015级项目管理专业
团队成员：王婷洁　邓子涵　周宇菲　李孝婷　上官灵芝
徐　曲　陈黄庆　马铁力　丁文雅　韩丹

一、实践背景

在网络时代，网络代表着知识爆炸、语言创新、思想互动、观念更新，互联网已经成为当今获取信息的重要渠道，但是同时网络也正在成为一种难以限制的发表舆论的手段，其盲目性、偏激性、非理性等引发了一场场激烈的“口水战”“人肉搜索战”。网络暴力事件也层出不穷，从马蓉事件到乔任梁事件，当然还有可怕的“人肉搜索”，我们领教到了网络暴力的巨大能量。网络暴力不仅侵犯了当事人的肖像权、名誉权、隐私权等合法权益，还给当事人造成了心理上和精神上的巨大伤害。网络暴力愈演愈烈，网络的公信力和舆论监督受到严峻的考验，广大的网民乃至全社会，尤其是网络监管部门必须更加重视此现象。

在中国，随着互联网的普及，网民的数量成倍地增长，目前，中国已经成为全球网民数量最多的国家。网络暴力作为一个新的社会现象日益凸显出来，其中青少年网络暴力现象越来越受到人们的关注，分析网络暴力有关问题，解决好网络暴力问题，既关系到网络自身的健康发展，也关系着社会的稳定。

在这样的背景下，我们希望在结合有关现实生活现象的基础之上，通过采访、文献和问卷调查对网络暴力的成因进行分析，并对网络暴力这一问题研究出必要的预防措施以及解决的路径和方法，创建文明健康的网络环境。

小组成员分发问卷

二、线上＋线下问卷调查结果

（一）问卷问题分析：

1. 年龄

从受调查的人群来看，主要还是集中在对互联网比较熟悉、接触使用较多的青年一代。与本次调研的主题契合，青年人接触网络的机会更多，对网络暴力的了解也会相对更为详细深入一些。

受调查人群年龄分布情况如下图：

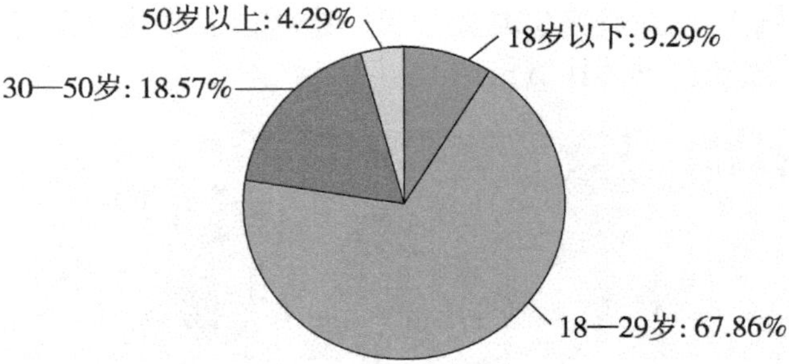

2. 学历

对于接受调查的人员学历，本科及以上学历者较多，高中及以下学历人员占样本容量的份额较小。高学历意味着相对的高素质，也许会对网络暴力问题认识得更加深刻，但是却无法充分调查到低学历人群对网络暴力的了解程度、参与程度和看法，可能会对网络暴力的一部分主要参与人群有所忽视。这也是我们在分析问卷结果时应该客观正视的一点。受调查人群学历情况如下：

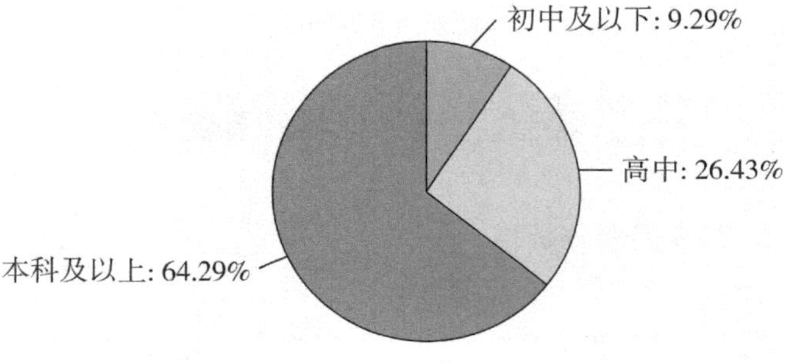

3. 对网络暴力的了解程度

对于网络暴力的了解程度调查显示，有将近一半的受调查人群对于网络暴力是比较了解的，另有一半多一点的人群只是听说过，但具体内容和形式不是很了解，只有极少部分人对网络暴力完全没有听说过。由此可见，随着近年来网络暴力的频发，越来越多的人知道了这一隐形匕首的存在，且有将近一半的人对此已有了比较充分的了解，网络暴力正在渐渐影响大家的日常生活，对于极少部分完全不了解的受调查群体，是否是因为其自身对网络的接触就不多，还有待我们在分析报告后半部分进一步交叉分析。受调查人群对网络暴力的了解程度调查结果如下：

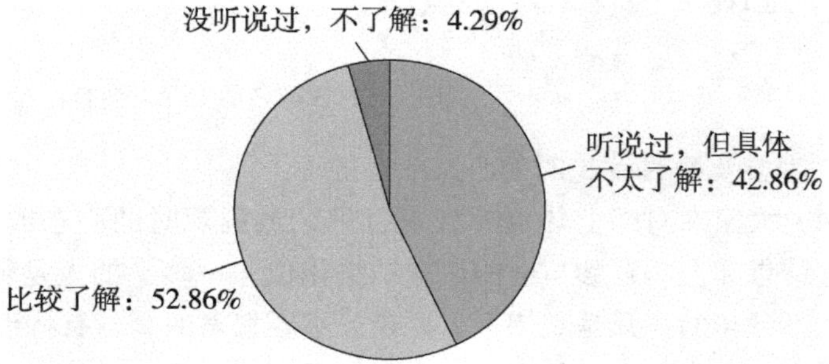

受调查人员对网络暴力的参与程度调查结果显示，有一半多的受调查者是从不参与网络暴力的，仅有9.29%的受调查者承认自己经常参与其中，还有28.57%的受调查者只是偶尔参与，也有10.71%的受调查者只会在匿名的时候进行网络评论或是一些言语攻击。由此可以看出，大部分人还是积极主动地遵守网络规则，恪守底线，从不参与其中的，就算有参与，大部分人也仅仅是偶尔参与其中，经常的毕竟是小数，但是就是这些小部分人，我们也不能忽视，很多时候，舆论的大风暴都是始发于一两条过激或是偏激、有意或是无意的网上评论或网上言语攻击。同时，10%左右的人群会在匿名时进行网络评论、言语攻击，这也是值得格外引起重视的一点，这也证实了正是网路这种匿名的特点，使得少部分人在面具之下可以为所欲为，在行使言论自由权的同时，有意无意地重伤了他人。

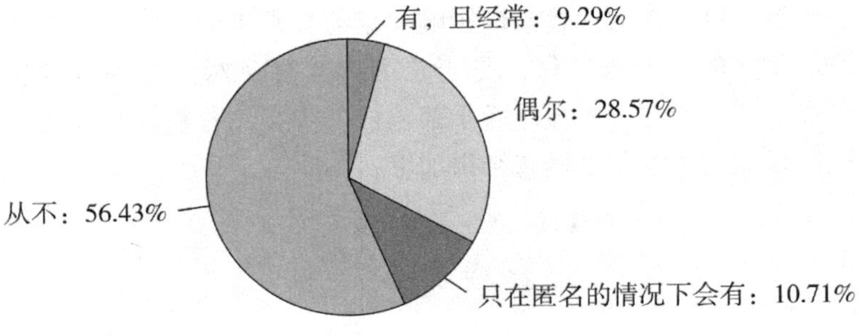

4. 对热点事件评论时的心态或目的

深究大家在对网上热点事件进行评论或围观时的心态或目的，其调查结果和上一题参与度的调查结果相似，一多半的人是很少参与或从不参与的，只是观望很少评论。不容忽略的是，有将近30%的人对事件本身有自己的看法，想要借助评论发声，发表自己的看法和见解。网络确实为大家提供了一个更为方便快捷的渠道，接触这个世界，发表自己的见解，行使自己作为公民的权利。10%左右的受调查人群，将这种评论或观望当作一种闲时的消遣，那么我们就应该重点关注这部分人在消遣的同时有没有恪守底线。只有极少部分受调查者是因为跟风而去评论或参与。我们应当避免盲目地跟风，对当事人造成更多不必要的影响和伤害。

大家参与评论的主要目的调查结果如下：

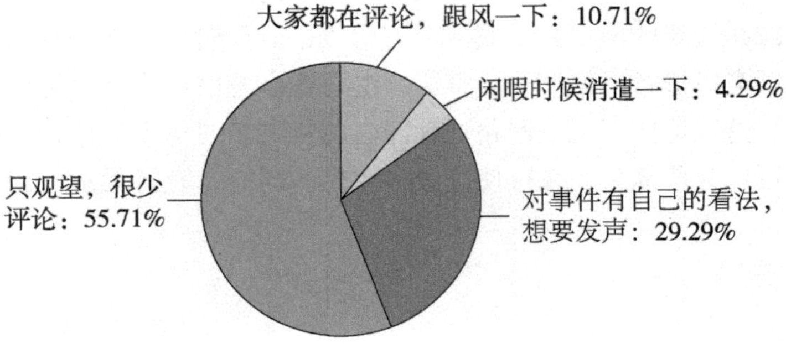

5. 是否认为自己的评论会对当事人造成影响

而在问及大家认为自己在网上的评论和言论会对事件当事人造成怎样的影响时，有一半的人表示只是观望，从不评论，与之前问题调查的数据显示相符合；有四分之一的受调查者认为自己的言论会对当事人造成可能的影响，所以一般会很谨慎，这是我们希望看到的也是社会所支持和鼓励的；也有五分之一的人认为自己是在很客观地发表评论，但是有时候当事人所谓的客观可以并不一定是真正的客观，每个人对概念的定义标准都不相同，所以这部分人的行为对于当事人的影响还有待于结合具体事件具体分析，只有极少部分受调查者认为大家都在评论，自己的一条评论并不会带来什么影响，但是要知道积累的理论是强大的，每个个体的评论也许都不会造成太大的影响，但是累计下来，其作用就是巨大的，对于任何事情均是如此。由此观之，对于网络暴力的个人作用还有待于进一步被大家知晓。

受调查者认为自己行为对当时人的影响结果分析如下：

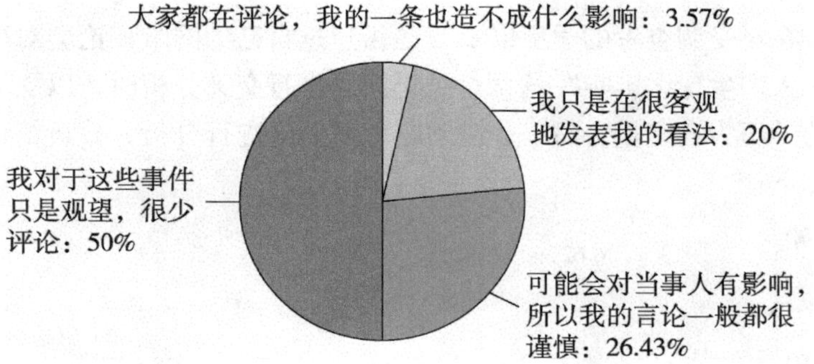

小组成员分发问卷

（二）重点问题交叉结果分析

在对受调查者的学历以及“是否想过自己的网络评论会对事件当事人产生什么影响”这两个关键问题进行交叉分析时，以受调查者的学历为自变量，另一关键问题为因变量进行分析，分析统计结果如下：

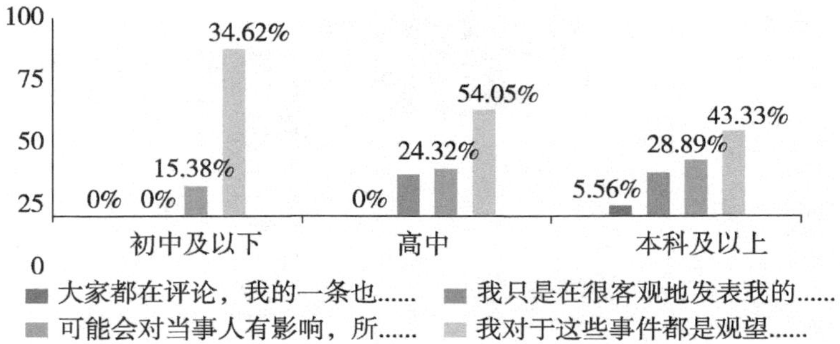

从分析结果柱形图中可以看出，任何一种学历水平的受调查者群体中，对事件仅是观望，不发表言论者均占大多数。同时，随着受调查者学历的升高，对网络事件的参与度也在提高，且其中观望态度的受调查者所占比例逐渐降低。在评论时客观地发表意见者所占比例逐渐升高。值得注意的是，那些较为随意发表自己的言论或是跟风者并不是出现在低学历水平人群中，恰恰相反，而是全部出现在本科及以上学历受调查人群中。在此进行初步推测，也许是因为学历越高的人群，接触面就越广泛，想要发表自己见解的意愿就越强烈，因此比那些电脑操作都不熟练、对网络接触不多的低学历人群，更容易有意无意、有形无形地参与到网络暴力事件中去，这也是我们在实地调研过程中应该关注求证的一大问题。

从“您觉得网络言论暴力、‘人肉搜索’等网络暴力事件频发的原因是什么”这个问题的调查统计结果看来，认为“人们还没有意识到网络暴力危害的严重性”的人所占的比例高达 72.86%，这说明大多数网络暴力是无意识“犯罪”，这体现网络暴力的可怕和网络文明建设的薄弱；48.57% 的人认为“法律监管不严格”、这也一定程度上是网络自身建设的漏洞；52.86% 的人认为巨大的生活压力和匿名也是导致网络暴力的一大原因；另有 38.57% 的人觉得苍蝇不叮无缝的蛋，被暴力的人也存在一定的问题。网络犹如与现实平行的另一个“社会”，要解决“社会问题”，只有从源头上找出问题产生的原因并加以规范防范，才能创建文明和谐的网络社会。

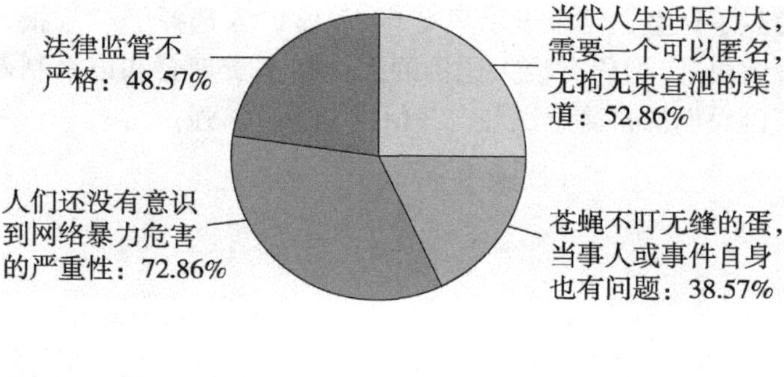

在调查初期，我们团队初步推测“匿名”是助长网络暴力的主要因素，所以这次调查问卷中特别设计了一个问题进行网络与现实的对比。我们搜集了一些常见的网络暴力行为，看看这些行为在现实生活中，是否经常发生。调查结果和分析如下：

题目/选项	恶搞、调侃他人	在他人背后说坏话	纠集他人抵制某人某事	满口脏话，对他人进行人身攻击	质疑他人首先品质	捏造事实，无中生有，制造话题
没见过/%	6.43	1.43	8.57	5.71	5.71	13.57
比较少见/%	20	17.14	35	29.29	30.71	28.57
一般/%	30.71	30.71	30.71	27.14	35	26.43
比较多见/%	25.71	30.71	10.71	20	11.43	16.43
经常见到/%	17.14	20	15	17.86	17.14	15

经过对调查结果的分析，我们认为像“恶搞、调侃他人”以及“在他人背后说坏话”这类行为情节相对较弱的在现实生活中还比较常见；但“纠集抵制他人”、“满口脏话，对他人进行人身攻击”、“质疑他人道德品德”以及“捏造事实，无中生有，制造话题”这类行为情节相对严重的在现实生活中就更偏向于少见或一般。这个调查结果也一定程度上证实了我们的推测，“匿名”成为网络暴力的一种掩护，使得现实生活中人们所避讳的某些暴力行为频繁地出现在网上。

在被问到参与网络暴力的网民是否应该对其言行所造成的后果负责时，90.71%的人认为每个人都应该对自己的言行负责；只有极少数人认为言论自由，网民只是在发表自己的观点。

合理维权是抵制和消减网络暴力的有效途径之一，置之不理和以暴制暴只会助长这种不良现象盛行。这次问卷我们就如何应对网络暴力做了调查，结果显示只有60.71%的人选择了“举报，以法律手段解决”，但仍有较大比例的人选择不予理会和以暴制暴。这体现了网民们的自律意识和自我保护意识不够强。

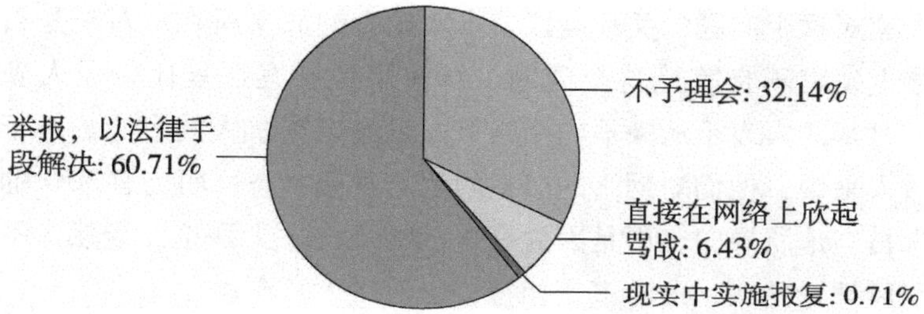

问卷的最后，我们就是否需要对网络暴力行为进行法律上的规范做了调查，调查结果显示：希望法律监控的略多于希望道德自律的。网络是一把双刃剑，如何界定言论自由与网络暴力，如何解决网络暴力问题，法律能否控制舆论的快速传播，如何让网民道德自律……这都是值得我们深思和亟待解决的问题。

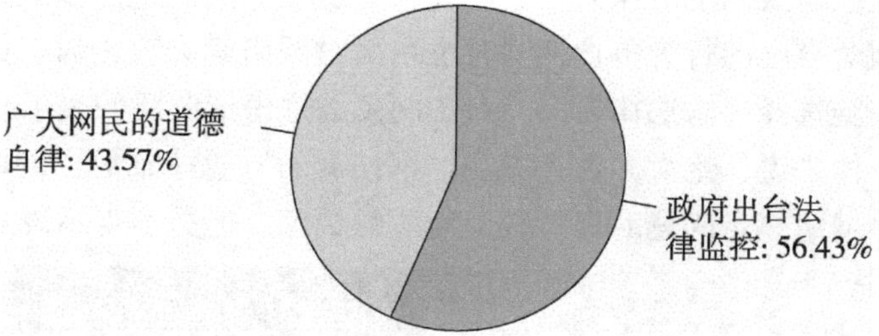

（三）问卷调查结果总结

从调查结果来看，本次调查的目的基本实现。

首先，我们的调查人群囊括了各个年龄层，虽然 50 岁以上的比率相对较低，但是从调查结果来看他们非常具有代表性。考虑到学历会影响到一个人在网络暴力的活跃程度，我们特意去了解了受调查群体的学历。根据结果，高学历受访者较多，但是仍然不乏初中及以下学历的人，可见我们的覆盖范围也较广。

比较欣慰的是，对于我们的调查主题——网络暴力，只有少部分人表示完全不了解。而超过 40% 的人表示了解网络暴力，这凸显了大家对这个问题的关注度以及本次调查的意义所在。对于是否在网络上发表不良言论这个问题，总体来说答案还是比较令人满意的。过半的人表示从来不在网络上发表伤害当事人的言论。对于大多数人来说，他们对网络的热点问题持观望状态，而仍有30%的人并未被舆论所导向，而是因为有自己的想法才去评论。当然，不乏有跟风评论的人，这与事实相符，也值得大家深思。

就在网上发声的群体来说，相当大的群体没有意识到自己简短的评论会对当事人造成一定程度上的伤害，同时也会在一定程度上侵害当事人的合法权益。这背后暴露出了多数网民法律意识淡薄，有待加强。当然，后面的调查结果也证实了这一想法。绝大多数人将网络暴力事件频发归因于人们的法制观念淡薄，当然，过半的人坚信这也与人们生活压力大、需要宣泄途径有关。绝大多数人认为网民该对自己的行为负责，同时也在面对网络暴力攻击时，能保持清醒头脑选择寻求法律帮助，对于网民的这份清醒我们表示欣慰。

总体来说，绝大多数人关注“网络暴力”这个话题，同时也能在面对网络热点问题时保持较为清醒的头脑。但是不得不说的是，

小组成员与被访教授

多数人的法律观念还是很淡薄，不能很好地意识到自己的行为会对他人造成一定程度的伤害。而与此相对的是，近一半的人将此归因于相关法律制度不完善。同时，相比于网民的道德自律，过半的人呼唤政府出台相关政策去监控网民的行为并进行约束。可见，对于网络暴力的防控方面，法律的出台在多数人看来已经刻不容缓。

（四）问卷调查中存在的问题

1. 调查的群体存在的问题

（1）调查群体中未成年人仅占 9.29%

经过对网络暴力频发地之一“微博”的使用经历进行总结和推测，我们将经常参与网络暴力的群体分为两类：法律观念和自律意识不太强的中小学生群体和文化程度较低的成年人。但是由于地理位置和非寒暑假的时间的关系，我们无法扩大对未成年人的调查。

（2）调查群体中本科及以上学历的人占大多数

高学历意味着相对的高素质，也许会对网络暴力问题认识得更加深刻，但是却无法充分调查到低学历人群对网络暴力的了解程度、参与程度和看法，可能会对网络暴力的一部分主要参与人群有所忽视。

2. 问卷设置存在的问题

（1）针对不太了解网络暴力的人

调查群体中很大一部分人群只是听说过网络暴力，但对其具体内容和形式不是很了解。这在一定程度上会使调查结果产生一些细微误差。

（2）隐私问题导致误差

为了扩大调查群体的年龄和学历范围，我们设置了线上线下双线调查路径。但是线下的调查结果存在着隐私问题所带来的不可避免的误差。

小组成员在采访途中

三、文献查阅结果

（一）从心理学角度分析网络暴力的产生原因[①]

从心理学角度来看，为什么网络上容易出现极端行为？

在网络上出现的争吵、欺诈，或是人们的抱团、称赞，甚至是网络暴力……都比现实生活中来得迅速、强烈。似乎人们的情感在网络上都被不同程度地放大了，为什么会出现这样的现象？

1. 去抑制化

这个现象在心理学里叫去抑制化（disinhibition）。去抑制化也分为两方面：良性的（benign disinhibition），也即在网上会做出更多的亲善行为，如对英雄的褒扬等等；负面的（toxic disinhibi-

① 引自姜方炳．“网络暴力”：概念、根源及其应对——基于风险社会的分析视角［J］．浙江学刊，2011（6）

tion)，也即一些攻击性言论等等。有时候这两种行为还会混杂出现。

最早对这种现象进行归因并且提出影响广泛的理论解释的是JOHN SULER，他将这种现象归因为六个方面：

(1) 匿名性 (dissociative anonymity)

这是大家直觉上认为网上去抑制行为出现的决定性原因，毕竟匿名状态下行为成本显著降低，不用为行为负责，也即意味着网上行为可以更放肆。不过，已经有实证研究推翻了我们的这种直觉认识（后面会提及）。

(2) 互相不可见 (invisibility)

我们常说这是个看脸的世界，在网上我们便没了这种顾虑，抠脚大汉可以敲得一手温润如玉的字，文弱书生也可以在网上横刀立马。不必刻意去符合自己的现实形象，言语间更放得开也就不难理解。

(3) 交流不同步 (asynchronous)

别人在评论里说一句，我可以第二天再回复他。因为我们有更多的时间去斟酌回应，也就有了更多的机会给自己轻率的言论"洗地"。所以在一开始，就不会对轻率的言论有太多顾虑。

(4) 过多的自我投入感 (intrapsychic introjected)

由于前述第二、第三项原因的影响，我们在网上交流时看不到别人的表情和及时反馈，所以我们常常是在没太理解别人感受和观点的基础上自说自话，这样的表达显然也更缺乏抑制。在一些网上争论中发现两个人分明说的是同一个观点，却吵得不可开交。这在现实生活中是更容易避免的——一旦你发现对方说的其实和自己是同一观点，不等对方继续长篇论述，你便可以打断他了；而对方一旦展开论述，你很可能在对方长论中发现自己不同意的细节，于是又吵成一片。

（5）游离于现实的想象（dissociative imagination）

有些人把网络跟现实彻底剥离开来了，他们把网络的虚拟世界视作另一个维度的存在。在这类人眼中，打开电脑谈笑风生跟现实完全无涉，他们在网上另有一套不受约束的准则，行为言论也因此偏向极端化。

（6）权威被弱化（minimization of status and authority）

相信很多人都有过在大人物面前说话战战兢兢的经历，而在网上由于不是面对面的交流，并且因为互相不可见、交流不同步以及过多的自我投入感，网络提供了跟大V们接近平等交流的平台。这样的前提下，我们的网上行为因为少了权威的束缚，更放肆也就不奇怪了。

这六点原因都不是单独起作用的，在不同的情境下，不同的原因起着主导作用，并且还有一些因素可能是目前还未受到重视的。实证研究正在步步为营地找出真相，比如2011年发在Computers in Human Behavior上的一篇实证研究就证明了对于负性的去抑制行为（网上谩骂等），缺乏目光接触（eye contact）比匿名性（dissociative anonymity）发挥着更重要的作用。

此外，也由于网上信息表达有限，有时候人们为了突出自己的观点，不自觉地会采用一些激烈的言辞来加强自我表现力。例如，关于Twitter的研究发现：人们粉丝数很少的时候，新增的粉丝会对他们表达意愿，也会产生显著影响。研究者伪装了一些账号去“粉”这些用户，发现他们会更频繁得发tweets；而那些平时粉丝就很多的小V们，在发觉自己粉丝数量突然增加后，发tweets反而少了，言行似乎趋于更谨慎。

2. 去个体化

（1）发展

去个体化是由社会心理学家费思廷格（Festinger）等人提出的。他们认为，人们有时会感到自己被湮没在群体中，于是个人意识和理解评介感丧失，个体的自我认同被群体的行为与目标认同所取代，个体难以意识到自己的价值和行为，自制力变得极低，结果导致人们加入到重复的、冲动的、情绪化的，有时甚至是破坏性的行动中去，这种现象叫作去个体化。去个体化包括个体责任感的丧失，以及对团体行为的敏感度增加。

（2）表现

人们在群体中，一旦面临群情高涨、情绪激动，就很容易处于去个体化的状态。当个体处于去个体化状态时，个人的行为就较少地受自己的个性和意志的支配，而倾向于依从整个群体的状态，群体的规模越大，气氛越强烈，越易于引发人的去个体化状态。投入群体暴乱活动的个人，往往忘乎所以，处于去个体化状态。去个体化状态使人最大限度地降低了自我观察和自我评价的意识，降低了个人对于社会评价的关注，因而通常的内疚、羞愧、恐惧和承诺等行为控制力量都被削弱，从而就使平时社会规范下的行为不受规范的制约，使人表现出通常状态下不会表现的行为，甚至使个人的侵犯行为增加。

（3）产生原因

心理学家在解释去个体化的原因时认为主要来自两个方面：

一方面是匿名性。匿名性是引起此现象的关键。当一个群体的所有成员都穿着同样的制服时，个人是不容易被识别的，个体就被湮没了，被匿名了。

另一方面是自我意识降低。个体处在群体中，会受到外在因素的影响，使自己的主意高度集中于他人的反应以及周围所发生的戏剧性的事件上，或者由于药物、酒精、催眠等的作用，使个体进入极端的自我卷入，从而降低了自我意识。

实际上，人们大多数的去个体化都是因为自我意识的能动作用降低导致的。这种极化现象，究其根本原因，应该是“匿名”导致的。

一种“匿名”是网络上面的匿名，在一些网络社区不是实名制，可以用虚拟 ID，甚至可以选择“不显示 ID”。这种匿名使得个体不用承担责任，因为匿名个体的任何行为不会被追溯到这个个体身上，也不会影响到这个个体的声誉。我们可以预测极化现象在“不显示 ID”这种匿名条件下最盛，虚拟 ID 次之，实名制最弱。

还有一种“匿名”是个体在群体之中的匿名，当个体参与到群体之中，以群体为名行动，那个体也不用（至少感觉自己不用）为群体的行动负责，导致群体极化。并且周围还有一群人与自己步调一致，更让自己觉得自己的极端行动是正确的，甚至看到别人更极端的行动还会去模仿。

3. 行为预期成本

人的行为是要考虑预期的，而这个预期就是成本收益之差。人的行为其实和自己的观点无关，只和行为要付的责任有关。线下的抑制性，很可能与中国的道德是具有强制性和惩罚性质的有关。人在现实生活中的行为受到周围价值观和道德观念的影响；但是在网络上，这些道德观念和价值观的成本很低，所以人们更容易做出一些虽然看上去无收益，但也不需要支付成本的行为。

（二）从法律角度分析网络暴力的产生原因

“网络暴力”这种舆论形式或者说暴力形式之所以能够在近几年愈演愈烈，有以下几个方面的原因：

1. 匿名性

新兴网络的匿名性使公民言论自由，传统媒介的守旧性使公众言论渠道单一。

互联网是一个虚拟的世界，其得以“虚拟”的基础就在于言论发表的高自由度和匿名性，这使得人们摆脱了传统模式下行使言论自由的种种束缚，公众可以在更为轻松自由的心态下行使这一权利，并且不必为自己在网络上的言辞承担责任，这种风险性几乎为零的“免责条款”，谁不愿意遵守呢，这无疑从侧面加速了舆论暴力的形成和发展。同时，由于传统媒介，如报纸、电视、广播等因其自身特征的限制，很难为公众搭建一个自由发布信息和表达意见的平台，公众作为信息的被动接受者，也很难有机会公开发表自己的看法或意见。当网络这样的公共空间产生之后，迅速以其公开性和开放性聚集了普通大众，网络仿佛成为公众信息洪流的第一个，也几乎是唯一的出口。在缺少其他有效的媒介予以疏导的情况下，大多数人参与到网络之中的表达就显得匆忙而无序；同时，由于表达数量的挤压和庞杂，更易导致问题的发生。①

2. 群体极化现象

网民的从众心理和群体极化现象促成了网络暴力。

随着计算机和互联网的大力普及，网络使用者的低龄化趋势逐渐凸显，年轻网友的比例逐年增多。网民的年龄结构已表现出极强的年轻化特征，25 岁以下网民比例已经超出半数（51.2%），30 岁及以下的网民比例甚至超过了七成（70.6%）。网友低龄化趋势的加剧也带来了一些不利后果，如年轻网友涉世未深，对事情缺乏独立的判断，容易人云亦云；同时，中国约 70% 的网民文化程度在大学本科以下这一事实，也使得网民对事件所认识的深度与广度带有局限性。这类人更容易受到表面信息的诱惑，他们急于对某一事件做出是非判断，很难认真思考事件背后的复杂动因，以惯用的方式惩罚自己认定的“坏人”，在群体情绪的影响下通常不对自己的行为后果做出全面客观的估计，而他们又认为自己的出发点是正确的；等等。所有这些局限性都可能导致“网络暴民”的出现。同时，根据传播学中“沉默的螺旋”理论，人作为一种社会动物，总是试图从周围环境中寻求他人对自己的支援以避免陷入孤立的状态。所以，在看到其他网友围攻当事人时，这部分害怕孤独的人往往会顺应环境的压力而去附和那些已经占了上风的“暴民领袖”，

① 引自孙健．网络暴力形成的机制研究［D］．兰州大学，2009.

由此逐渐形成了网络暴力的言论场。此外，还有一种“群体极化”的现象，也助长了网络暴力。所谓“群体极化”，是指某些团体成员一开始就带有某种偏向，之后出现的大多数人就朝着偏向的方向继续移动，直至最后形成极端的观点。在网络这个特殊环境下，“群体极化”的“意见偏向”要比在现实社会中通过传统媒体更容易形成。如“史上最毒后妈”事件最初出现于网络时，众多网民出于对幼儿的同情心理，一开始就保有某种道德偏向，再经过负面信息的累加，这些原本带有倾向性的意见得以扩大化，形成了极端的观点，造成了“网络暴力”。

3. 网络监督不完善

网民的泄愤情绪的增多和网络监督渠道的缺少导致网络暴力。

现今社会的高速发展和快节奏的都市生活带来了各方面的多重压力，人们在现实生活中难以找到情感宣泄的途径，而网络的适时出现，使得相当一部分人将情感的发泄转移到了网络空间。“虚拟网络的匿名性使网民对言行的自律和自觉程度大大降低，而传统媒介发泄途径的缺失和不足，也促使人们更多地选择在网络上表达自己的情感。”网络舆论逐渐开始极大地冲击传统舆论，使传统媒体的权威受到考验。“由于网络舆论不受制于某种利益团体，它能够更客观地反映事实真相，网民都相信自己是掌握真相的一方，这使得网络舆论一经发生就呈蔓延之势”，而网站的管理者在网络新闻的筛选以及网络事件的反应度方面经常处于滞后的状态，导致在网络舆论中处于被动地位，并且网络舆论的内容本身也是难以控制的，现有的网络技术很难将信息的发布者和接收者落实到具体对象。除此之外，还不乏部分个人或网站的故意炒作等原因。“网络暴力”虽然是网络公众的集体行为，但是总有第一个传播者的存在。至于这个人为何发帖，我们不得而知。在事件发展过程中，还有一些人发布所谓的“网络通缉令”，并随意公布当事人私人信息，这些行为除了能够表现网民们的“正义感”，是否还有其他隐性的作用，网站煽动网民集体投入，必然对网络暴力起了推波助澜的作用。

四、组员讨论结果：网络暴力问题如何解决？

综上而言，网络暴力已深入我们的生活。网络的初始设定是提供一个交流信息的平台，每个人在上面都扮演着一名拥有平等权利的公民。但是网络环境的良好是需要所有人一起维护的，网络暴力使不负责的言论大行其道，对言论受害者造成不可估量的影响。我们一直倡导言论自由，不管男女老少均能有一席发言之地，然而自由不等于放纵，怀有不负责心态的过分言论就是与初衷背道而驰的。目前，最行之有效的解决方法就是提高所有相关网民的责任意识。

首先，从网民角度，要培育网民自持自重的网络伦理心态，加强网民的自律教育。所有网民均应自觉做到网上网下表里如一、言行如一，切莫放浪形骸。而那些受到网络暴力伤害的人或组织，也不可贪图一时口舌之快，引发语言的互相攻击，而是要尽量包容、巧妙回应，获得理解。治理网络上的暴力，对网民的自身进行教育和引导非常重要，因为大部分网民都缺少分辨是非的能力。网络暴力的产生中，网民的非理性行为占据了重要部分，所以我们要针对不同的群体网民进行有区别的教育引导，这也是整治网络暴力的有效手段。例如针对青少年网民，可以在学校的常规教育中加入网络道德教育，培养学生正确认识网络及网络道德，树立正确的价值观和责任感，引导青年学生网民规范自己的行为。除此之外，也可以借助大众传播媒介进行网络道德宣传教育，提高网民的认知能力和对网络中各种事物的思辨区分能力。

其次，从网络从业者角度，要加强互联网从业者的职业道德建设。互联网建设是现在社会大环境建设的重要环节，而相关从业人员就更有义务维护网络环境的美好。但是其中有一些工作者为攒人气、搏版面、赚流量，甚至开始热衷于制造噱头、制造话题、制造冲突，成为“标题党”。事实上，老实诚信地写文章、搞报道，做一个负责的网络传播者，才是互联网从业者的本职工作。同时，各个网站的负责人也要守土有责，对于在自己门户上开展的对骂、传播的谣言，都负有监督、提醒和清理的责任。

另外，从治理者角度，可以在治理者角度推行网络实名，唤醒公民责任。网络的匿名制是导致网络暴力发生的重要原因，所以在一定程度上有必要去推行网络的实名制，来限制网络暴力的发生。所谓实名制，也就是网民在发表个人言论时必须用个人的真实信息来注册登录。韩国在 2007 年 7 月通过了相关法律修正案，该修正案明确规定了网民在论坛中发帖必须进行真实身份的认证。调查发现，韩国推行运用实名制后，一些主要网站论坛上的谩骂和人身攻击等不文明行为减少了一半以上，可见实名制对遏制网络暴力的发生有明显的作用。许多人会以隐私信息泄露的危险来唱衰实名制的普及，但只要我们人人着手维护体制，加之完善的监管政策，实名制也一定会不负众望。

综上所述，网络虽然是虚拟空间，但并不是任意放纵的天堂。无论在何种制度空间，摒弃网络暴力言论都是社会正常运转的需要。治理网络暴力言论不仅是净化网络空间的一种文化现象，更是政府加强社会管理、促进和谐稳定的一种行政职能。当代中国社会道德建设在新的阶段面临着新的挑战，现实生活中人们的法律意识在增强，而网络道德法律意识滑坡的问题日益严重，解决网络道德失范问题并不是一朝一夕所能完成的，这项工作与社会各界息息相关，需要各方力量齐抓共治来确保网络空间的和谐安宁。而最根本的方式，就是要求网民对自己的言行负责。对自己的言行负责是衡量一个人心智成熟的重要砝码。责任心如同一架天平，稍有偏差就会出现不同的结果。缺失的心态就会将事态引向网络暴力的深渊，

部分组员进行单独讨论

小组成员的会议记录

而当天平偏向对自己的言行负责这一边时，不但能协助维持网络环境的健康向上，也会获得他人的信任和尊重。所以，拒绝网络暴力，还是要从我做起，从自身做起，学会对自己的言行负责，共同营造安心舒适的网络环境，构建和谐美好的明天。

结束语：实践感想

“很少涉足评论的我某一次打开了一则家乡洪水新闻简讯，目及评论区，竟然发现很多网友公然无理由地诋毁、谩骂灾区‘活该’，原因是‘××人就活该’，其无理和语言的低劣令我十分诧异。很多网民在匿名的网络世界就敢于如此肆无忌惮地出言不逊，而且用词之不堪、情感之无理令人侧目；而现实生活中却往往是沉默不语，木讷甚至是冷漠。无名的言语是多么廉价的东西，它被无理性地随意扔出，但就我而言（我想大多数人也是如此），一句恶毒的话语，无论它是文字还是声音，都将给被攻击者带来难受甚至是痛苦。仿佛网络给一个人蒙上面纱，却更仿若吃掉了他的理智。这是怎么了？蹲在网线外的人怎么了？难道说出一句难听的话会带来快感吗？何求呢？”

——王婷洁

“第一次见识到网络暴力，是在网络直播平台。主播在玩游戏，弹幕之间充斥着一些嘈杂不安的‘喷子’的语句，露骨而癫狂。那个时候我还不能理解这些，只是感受到了里面的浮躁之感，地域黑、乱喷、黄色暴力诸如此类的东西。

“然后亲身经历网络暴力，是在微信推送里。一篇稿子，花了大量的精力做了出来，然后在后台看到了一些留言。这些留言让我开始感受到愤怒，感受到生气。一方面是为他的行为生气，另一方面也是对推送里的主人公感到不公。花了一点时间才慢慢调整过来。

“有句话叫‘检验你为人的不是你在别人看得见的时候做了什么，而是在别人看不见的时候做了什么’。网络暴力可以检验真正的内心，就在这样一个声音微分却具有言论引导的环境中，我们唯有每个人都恪守内心的原则，才能还网络一片净土。”

——徐 曲

“以前，世界很大，大到只能快马加鞭送上一句问候。如今，世界很小，网络的便捷带来了信息的爆炸。如果给你一个匿名的身份，你会任由心声吗？今天哪个明星离婚了，明天又是哪个大咖犯了什么小错误，置身于网络的世界，一个在平凡人身上小小的事件却能在公众人物身上通过网络成为一种暴力现象。何为暴力呢？我认为，很多时候语言的攻击性要比肉体的攻击性要强得多。在网名的角度看，网络是一个自由言论的平台，加之我国的法律对此没有任何的规范，大多数人都会随意发表自己对某件事的看法，抑或是盲目跟风，违背自己的内心，别人说什么。我就说什么。看似简单的一句话，通过叠加的效果，会形成巨大的语言力量，对当事人造成严重的心理压力和舆论压力。要解决网络暴力，最重要的是要提高人们的素质，但是会比较困难，所以最基本的可以实现的就是完善相关的法律法规，还大家一个干净的网络环境。”

——上官灵芝

“随着网络不断地发展，以及人们对其认识的不断提升，网络暴力越来越为众人所熟知。在整个调研分析过程中，不仅帮助我接触到了不同的人，了解了人们对于网络暴力不同的看法，而且也使我自身对网络暴力有了更深刻的了解和认识。网络暴力，是一把看不见的利剑，用着或无心，但却可能给予当事人致命的一击。网络是把双刃剑，便捷大众生活的同时，也帮助大家但上了一面无形的面具。面具下的人性，有了庇护，便难免有些肆无忌惮或是逾越了某些不能触碰的红线。作为新时代的青年，作为网络原生的一代，拒绝网络暴力，尽己之力，向身边周围的人宣传，让越来越多的人意识到网络暴力的危害，远离它、拒绝它，从我们自己做起，从我们身边的每一个人做起。”

——丁文雅

“随着社会的发展、科技的进步，不知不觉间，网络已成了我们生活不可缺少的一部分，并潜移默化地影响着、改变着整个世界……从王宝强离婚事件到美国大选网络舆论的主导，让我意识到了网络影响力的可怕……

“通过这次实践活动，我们分析了网络暴力的成因，并通过研讨以及采访等方式对网络暴力问题的解决办法进行探索。身为广大网民中的一员，在实践过程的同时也不断在反思自我，什么样的行为算得上网络暴力？如何界定言论自由与网络暴力？我发现，这个最基本的问题仿佛才是最难的问题。人之初，性本善。通过对调查问卷的结果分析，绝大多数网友是在不自知的情况下实施着网络暴力行为。所以要解决网络暴力问题，单单实名制是远远不够的。”

——李孝婷

“这次做了有关人与网络的实践之后，我对于网络暴力有了更为深刻的理解。在这个越来越发达的现代社会，每个人都是一个自媒体，可以通过网络面向全世界发声，而这，却恰恰凸显了那盲从的群体暴力。大多数人总是习惯于不经思考就胡乱谩骂，不求真相，只图痛快，让网络的环境变得越来越差。然而更为可悲的是，在这样的环境下，真相似乎离民众越发遥远。无论是对当事人的采访或是理性地做出解释与声明，总会出现一些别有用心人，按照自己的主观想法将内容加工成更有噱头、更迎合群众的结果，甚至许多媒体也加入了进来。本就不愿主动思考的群众在这样错误而偏离真相的舆论带领下，便一步步走向极端，走向多数人的暴力。而这一结果，不仅对少数人产生了破坏性的（影响），更不利于群众认知的提升。”

——陈黄庆

“此次实践中，我们以‘网络暴力’这一热门话题为切入点，通过不同形式的访问、调查展开实践，最终获得了令人满意的成果。就我个人而言，此次实践引发了我对网络暴力的认真思考。

可以说，网络已经成为我们生活中不可缺少的东西，但是由于诸多原因，网民们往往会行为比较随性，语言比较恶俗，在无形中对他人造成伤害，甚至触犯法律。而这一点，在某种程度上来说并没有引起网民们足够的重视。

而我们所做的，就是去调查产生网络暴力的根源所在，并对症下药，提出解决办法。而这则要求我们去深入社会各个阶层，去深刻剖析其背后的根源，这也是本次实践的难点之一。但值得高兴的是，我们克服了种种困难，最终完成了线上线下所有的采访并最终收获颇多。

此次实践，带给我的不仅是去思考作为一个网民该有的素质，更是思考一个接受过良好教育的知识分子该有的独立思考、不随大流的能力。”

——韩　丹

“网络语言是一把双刃剑，使用得当犹如仲夏之夜，星光璀璨，使用不当只会伤害他人。通过这次调研，我觉得：我们都是这个时代的网民，网络与我们息息相关，而网络暴力的出现给我们的网络环境带来了很多的问题。不分青红皂白随意在网上谩骂他人的‘键盘侠’，自认为很正义，于是乎随意在网上恶意揣测他人，用语言去伤害别人，还义正词严地说自己没错。然而他们不知道的是，他们所谓‘正义’的言论只会将一些无辜的人推向万劫不复的深渊。

“作为当代大学生，我们要拒绝网络恶势力的风气，从我做起，净化网络环境，杜绝网络暴力。前路漫漫，我们还需努力。”

——马铁力

参考文献

[1] 姜方炳. “网络暴力”：概念、根源及其应对——其于风险社会的分析视角 [J]. 浙江学刊，2011（6）.

[2] 孙健. 网络暴力的形成机制研究 [D]. 兰州：兰州大学，2009.

[3] 侯瑞雪. 公民法律意识视角下的网络暴力 [J]. 河北法学，2011（6）.

（指导教师：刘刚）

以微信朋友圈为例研究社交网络的影响

实践团队：保险学院　2015 级精算专业、保险专业
团队成员：徐靖东　穆　研　温　昊　周心悦
章晓萌　司语琳　廖梦瑶　刘　瑾
杨　哲　许界天　白若怡　于立超

一、实践背景

（一）人与网络

提到“网络”这个词，现代人的第一反应会是什么？没错，浮现在脑海中的一定是 Wi－Fi、手机、电脑，信息传输、接收、共享的虚拟平台。当然，这是从计算机层面上定义的网络。但是，从最初的意义上考虑，“网络”代表着什么？——节点和连线构成，表示诸多对象及其相互联系。单独从它原始的定义上来看，似乎要和我们人的联系更紧密一点，所以，单纯点来理解“人与网络”，指的应该就是人与他人建立的各种关系。然而，这组关系放在今天来看，更多的理解是“人在虚拟世界的交往”。我们把“人与网络”这个原本很抽象、很广义的概念，逐渐缩小了范围。

社交网络，源自英文 SNS（Social Network Service），包括各种硬件、软件、服务和应用。在当今这个飞速发展的信息时代，通信、计算机技术日新月异，各种新兴媒体层出不穷，社交网络已经成为人们获取信息、表达心情、人际交往、表现自我和参与社会的最主要的平台。从最初的 E－mail、BBS、人人网、QQ，再到后来

的微博、微信等等各种五花八门的叫得上名的叫不上名的社交网站和网络应用。

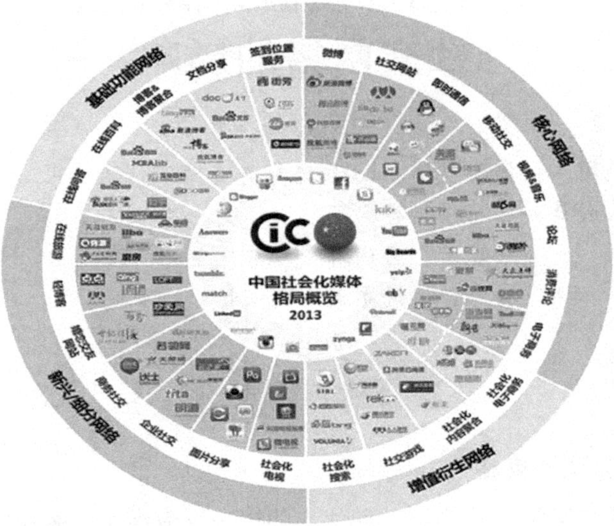

（二）微信朋友圈

早几年的大学校园中，比较流行校园论坛和人人网，到后来人人谈论的QQ、微博，再到今天这个时点，最火爆和离不开手的就要数微信了。男女老少，只要是手里有手机的，打开他们的手机桌面，其他App可能因为个人的喜好有所不同，但是有一个App绝对是必不可少的，那就是微信。自微信问世以来，简便良好的用户使用体验为它赢得了大量的用户，并且数量仍然在爆发式增长中。“朋友圈”作为微信的功能之一，因其即时的图文共享形式，实现了不同时间、不同空间中的人们进行日常生活互动的需求。“朋友圈”一词，几乎成了微信的代名词。可以毫不夸张地说，现在的人已经完全离不开朋友圈了——注重人际关系的朋友圈远远胜过同样具有图文信息共享的微博，成了一个人们获取各种生活信息的地方，咨询、购物、美食、娱乐……似乎有了微信，整个人的生活都不用发愁。微信对空间的无限度扩张和对时间的无节制消费，是以往任何社交媒体难以企及的。而微信朋友圈对朋友时空上的无限拉近，实现了一对一、一对多、多对多等多种方式的交流，它集私人交往与公共交往于一体，使人际关系摆脱了传统意义上的时空局限，实现了微时代的即时“信件”交流。

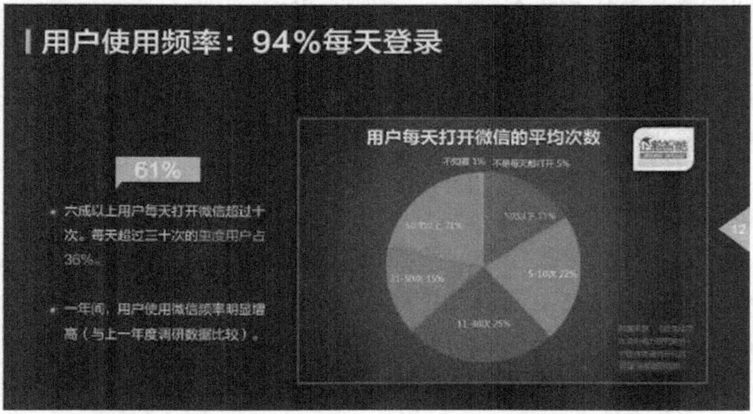

（三）微信朋友圈现状

随着近三年的火热发展，微信已经由当初名不见经传的普通网络社交媒介蜕变成了一个月用户活跃量超 3 亿的巨型网络社交平台。其影响力之大、发展之快出乎所有人的预料，如今已经变成智能手机的必装软件，热度远超当年的微博。热门词语也从当年的“织围脖”变成了“刷朋友圈”。据腾讯官方的运营数据，微信已经覆盖全球 200 多个国家，发布了多种语言版本，微信公众账号在 15 个月内就增长到 200 多万，并且日增长量保持在 800 个。

在微信朋友圈给人们带来娱乐、方便的同时，隐藏在它背后的许多问题，值得我们去进一步思考：人们能从朋友圈分享心得体会、好的文章或思想，但是消极的影响也在不知不觉中发生着，甚至出现刷朋友圈“成瘾”的现象——有多少人每天醒来第一件事，就是打开手机微信看看朋友圈有什么更新，每天睡觉前的最后一件事情，不管有没有，都要“习惯性”地再刷一遍朋友圈，像是有种饥渴难耐的感觉，不去拿起手机刷微信，会有如坐针毡的感觉；人与人面对面，无话可说，只是低着头不停来回刷动着屏幕——占据了生活中与亲人、朋友、恋人等直接沟通交流的时间，使得人与人之间的感情淡化和疏远，人与人面对面无话可说，比起眼前的人，似乎手机总是有着无穷的吸引力，多能看到一群人静悄悄都在无比专注地刷屏，却见不到大家滔滔不绝地聊天，然后，时间到，大家拍拍屁股走人。

所以，简单地总结，朋友圈火爆盛行的背后所存在的问题，我们根据目前社会上反映出的现象，认为可能主要涉及以下两个方面：一是个人的自我异化，二是个人与他人的疏离。朋友圈的日益泛化，背离了朋友交往和人群之间团结的本质，降低了网络社交的情感价值。

朋友圈里真的有“朋友”吗？微信朋友圈的出现，真的是有利于人与网络的发展吗？它到底是信息科技带给人类的“糖果”，还是一颗“定时炸弹”？

二、实践目的

扫一扫、摇一摇、抢红包、朋友圈、聊天，越来越丰富、越来越人性化的微信功能，正在改变着我们的沟通方式，逐渐对我们的社交网络产生深刻影响。这种新潮的生活方式便捷了沟通交流，加快了资讯信息的传递，无论身在何处都能随时随地即时通信，增进了联系，强化了感情。

然而，我们应当以辩证的角度思考，社交网络的快速发展也是利弊同时存在的。新潮的“社交网络”沟通交流方式对传统“人际网络”——也就是我们常说的“人情味儿”的影响也是冲击式的。

“世界上最远的距离就是我在看你，你却在看手机”，在社交网络高速发展的过程中，不少人也产生了这样的忧虑。的确，过度依赖让不少人在现实的人际交往中变得冷漠起来，产生了不少“微信控”“微博控”，他们在朋友聚会、家庭聚餐时无暇顾及他人，一门心思沉迷于手机。

不可否认，微信是一个很好的交流平台，但是凡事都要有个度，使用微信，但不能让它给自己的日常生活造成负面影响。如果过度依赖微信而使我们与他人的沟通有了障碍，降低了自身沟通交往的能力，那就得不偿失了。

正是基于社交网络发展过程中的利与弊以及对传统人际网络的冲击这样的背景，我们小组将采用一系列研究方法深入探讨这一问题。

三、实践方法

（一）调查法

我们主要采用问卷调查的方式，向外界发放调查问卷，并根据所获得的数据进行分析。

（二）查找文献法

在研究过程中，我们积极查阅有关文献来获得资料，全面正确地分析问题。

（三）模拟法

通过模拟没有互联网的空间模型，对问题进行直接研究。

四、社交网络现状分析——以朋友圈为例

（一）交往广度拓宽

尽管微信主打的是熟人社交平台，但“附近的人”“摇一摇”等功能拓宽了用户与陌生人的联系渠道，而朋友圈允许陌生人之间阅读对方最近的十条动态，使得双方对彼此生活有了初步了解，为进一步交往创立了相关兴趣话题。同时，用户可以通过查找陌生人建立聊天窗口。

（二）交往深度加深

朋友圈允许用户晒出自己的生活信息，好友间通过互览朋友圈参与到对方的生活，及时了解彼此的兴趣及生活习惯。有利于促进交往对象的彼此认知，加深交往深度。

（三）公众号推送

1. 内容参差不齐，推送信息真假难辨

有关消极谣传容易加重公众对社会的负面认知，影响其正常生活与政府诚信度，加大社会秩序管理成本。

2. 舆论事件升级发酵，“键盘侠”横空出世

某些恶性公众号渴望通过社会热门新闻博取关注，其过激言辞以及对有关事实的夸大和擅自揣测极易误导受众，造成不必要的恐慌和对有关部门的讨伐。同时由于网络传播的匿名性，一部分公众以发表极端言论来发泄私欲，不利于绿色网络文化的建设。

3. 交友邀请层出不穷

某些交友平台经常组织针对不同层次群体的交友活动，难以核实真假及活动性质。

4. 微商群体强势崛起

由于低廉的运营成本及相对广的覆盖范围，微商群体如雨后春

笋般涌现，造成朋友圈营销信息的繁杂，影响了用户的使用体验及对该好友的好感度。

（四）隐私信息危机

通过对有关平台的回复与评论，用户等同于将自己的账号告诉了所有关注该平台的受众，提高了自己对陌生人群体的可见度，容易发生信息泄露危机。

（五）信息厌倦

微信朋友圈成为用户晒出自己生活的场所，催生了一批“晒娃”“秀恩爱”“自拍”等“狂魔”，可能为双方交往造成负面影响（譬如屏蔽）。

五、以朋友圈为例研究社交网络的影响调查分析

本次问卷结果显示，填写问卷的人群主要情况如下：

女性占58.37%，略高于男性的41.63%。

年龄主要集中在18—25岁，占到了86.27%。

学历和职业也主要是本科学历，在校大学生占到了89.32%。

第1题　您是通过何种渠道了解并开始使用微信的？

本题有70%的填写问卷人员选择了“家人、朋友介绍”，其余的均选择了“其他”。由此可见，网络社交的兴起本身就是建立在传统社交方式之上的。

第2题　您平时使用微信主要是用来干什么？

本题有92.11%的人选择了“与朋友家人联系”。由此可见，网络社交工具极大地便利了我们的社交方式，是传统社交方式的发展和延伸。

第3题　您每天花在微信上的时间是多少？

本题有26.32%的人选择了“1小时以内”；36.84%的人选择

了“1—3 小时”，其余36.84%的人选择了“3 小时”以上。由此可见，人们日常花在以微信为例的网络社交平台的时间其实是比较多的，这说明：一方面，网络社交平台的出现充分调动了大家的社交积极性；另一方面，我们现在存在着过度依赖网络社交的问题。

第4题　您觉得在使用微信后，您的社交生活有改变吗？（比如社交圈子、社交方式）

本题仅有13.16%的人选择了“没有改变”；42.11%的人认为有改变，但并不太明显；44.73%的人认为有非常大的改变。由此可见，网络社交平台虽源于传统社交，却不同于传统社交，甚至很大程度上改变了人们的社交方式。

第5题　您是否喜欢通过朋友圈这种方式了解到朋友的动态？

本题仅有7.89%的受访者表示不喜欢；61%的人表示喜欢；另外30%的人表示无所谓。由此可见，朋友圈这种新社交方式相对来说还是比较受欢迎的。一方面由于其依托于手机，非常便利，大家随时可以打开手机刷朋友圈；另一方面由于它可以将很多遥远的朋友的动态呈现在我们的面前，这比传统社交方式要更具有吸引力。

第6题　您使用微信“摇一摇”功能吗？

73.68%的被调查者选择了“从不用”选项，仅有5.26%的用户“经常使用”，2.63%的用户“偶尔使用”。这说明“摇一摇”功能作为一种陌生人交友工具，在日常生活中并不普及，大部分人或是因为害怕被骗，或是不愿与网络中的陌生人相交，抑或其他原因，并不使用微信“摇一摇”。

第7题　您会选择将“摇一摇”内出现的用户添加为好友吗？（此题在前一题中选择“使用”选项后出现）

使用“摇一摇”的被调查者中66.67%的用户选择“会”，并且均为经常使用用户，而剩下选择“不会”的均为“偶尔使用”

的用户。这说明偶尔使用的用户仅只是尝试一下新玩法，而并不是想要结交朋友；而经常使用的用户是带有目的性地使用该功能，而不是玩玩而已。

第 8 题　您有通过“摇一摇”功能认识的朋友吗？

仅有 5.26% 的被调查者有，并且彼此之间不怎么熟悉，而“有，我们关系很好”这一选项没有人选择。剩下的均为“没有”。这说明作为一种交友手段，微信“摇一摇”并没有实际扩大用户的交友圈，反而存在泄露个人隐私的风险。

第 9 题　您会从公众号里的推荐店铺里（如附加链接）买东西吗？

7.89% 的被调查者选择了“经常在信任的公众号里买东西”，36.85% 的用户选择了“虽然经常看推送，但还是选择自己去别的地方购买”，而剩下的 55.26% 的被调查者认为“这是假的，因此不会购买”。超过一半的用户质疑公众号的真实性，这间接说明通过微信宣传产品可能并不奏效，实际并不能带来收益，同时也说明目前用户对网络购物仍存疑，我国电商产业仍需大力监管。

第 10 题　您觉得微信对现实生活的影响如何？

44.74% 的被调查者认为其让他（她）与朋友之间联系更紧密，31.58% 的用户则认为沉迷于手机的世界致使人们疏忽了现实生活的交往，更多的用户认为微信使他们交友更密切。这说明以往公众对于“交友 App 实际上使交友圈缩小”的认知可能存在偏差，同时也验证了我组之前的“朋友圈允许用户晒出自己的生活信息，好友间通过互览朋友圈参与到对方的生活，及时了解彼此的兴趣及生活习惯，保证了交往的持久度”这一说法。

根据对各项回答数据的统计，可以看出目前微信这个聊天工具在人们生活中所占分量与比重。只有近 8% 的调查对象选择了不喜欢，36% 以上的人每天使用微信 3 小时以上，更多的人认为微信对自己的生活有很大的影响，甚至于改变了人与人之间交流的方式和频率。调查还对人们对微信中某些功能的看法做了了解，比如朋友圈、“摇一摇”和各类公众号。统计结果表明，朋友圈是人们用微信除聊天之外使用最多的模块，刷朋友圈是大家的共有习惯，大多数人也都认为在朋友圈互动是一种增进感情的好方法。普遍来说，大家并不喜欢甚至不信任“摇一摇”功能，对公众号的内容可信度也持怀疑态度，从中可以看出，大家对于微信的使用也是相当理性的。最后的问题涉及微信对生活的影响，主要的矛盾还是集中在利弊两个方面。在我们的调查对象中，更多的人同意、赞成微信带来的便利。

六、社交网络的影响

（一）社交网络的正效应

1. 满足个人情感需求

社交网络以现实社会的人际关系为基础，将虚拟世界与真实的人际关系结合起来。在社交网络上，人们的交往更容易，频率更高，而通过朋友圈分享个人生活更是加强了人与人之间情感上的交流。通过高频率、有深度的社交网络交流，人们更易获得情感上的满足。尤其在当下快节奏生活中，这一点更是社交网络无处不在的重要原因。

2. 获得自我认同

人们通过社交网络分享日常所看、所想，使自己的好友在第一时间接触到个人生活的观点、态度、动态等，并加以评论。根据美国心理学家米德“主我与客我”理论，人们渴望认识作为他人的社会评价和社会期待之代表的“客我”，希望得到他人的肯定，而社交网络恰好为“客我”提供了这样一个空间。

3. 减少社交成本

相对于传统社交方式，社交网络为人们提供了更加方便、快捷的社交方式。人们通过微信、朋友圈等与好友进行交流，相对于面对面交流大大节约了时间成本。从某种意义上说，社交网络确实会直接或间接地节约社交成本。

（二）社交网络的负效应

1. 沉溺于社交网络，造成现实社交障碍

社交网络某种程度上可以为人们释放压力，方便交流，但是如果过度依赖社交网络，而忽视现实生活中与人社交，那么就会形成畸形的社交关系。社交网络上的亲密与现实生活的疏远形成鲜明对比，而因为沉迷网络社交而疏远亲人的例子已屡见不鲜。沉溺于“拇指社交”中，长此以往，必将造成社交障碍，危及正常社交关系甚至身心健康。

2. 过度依赖社交网络，造成人格异化

社交网络在为人们提供更加便捷的交流方式的同时，也为人们提供了很多新颖的功能，如“摇一摇”以及手机游戏等。这些功能的添加原本只是为了给人们增加乐趣、释放压力，但是如果使用不当就会造成严重后果。通过“摇一摇”功能结交陌生人而诱发犯罪、因沉迷游戏而生活颓靡的案例无时无刻不在发生。只有正确看待并使用社交网络，才能避免人格异化，拥有健康生活。

七、实践结论

1995 年全球第一个社交网络 Classmate. com 出现，从此社交网络平台飞速发展。从这次人与网络实践结果来看，微信最重要的作用是沟通交流。网络社交工具极大地便利了我们的社交方式，是传统社交方式的发展和延伸。它为人际交往提供了极大便利，开创了现实社会之外的全新社交方式。

微信交流方式的多样化，极大地丰富了大学生的交往方式，提供给当代大学生无限的选择空间。从另一个角度上来说，有了微信之后，才使“海内存知己，天涯若比邻”这句话不再只是诗人的浪漫，而有了更加实质的内涵。对于大学生来说，微信成功集成了现有通信方式的众多优点，突破了单一通信工具的局限性，很快便为大学生所接受。当代的中国大学生，大多数正处于18—22岁这一黄金时期，对新兴事物的接受能力较强，其中又有不少人受好奇心理驱使而有着强烈的交友需求。同时，大学生接受高等教育，有一定的学历基础，作为中国网民中最为活跃的主力军，他们无疑也将成为微信的主要用户群体之一。

然而，不少人在微信以及其他社交网络上花费了太多的时间。对社交网站的过度沉迷，不可避免地加剧了人与人之间某些方面的社会疏离，而这种疏离更使部分用户患上了“虚拟社交依赖症”，越来越多的交往从现实社会转移到了网络上。过度依赖网络会使人们社会交往的能力降低，这对处在社会化过程中的青少年人群伤害尤甚。因此，我们应以正确态度对待朋友圈这一类网络社交平台，取其精华，去其糟粕，让它们更好地服务于我们的生活。

参考文献

［1］王瑶．社交网络对大学生人格发展影响的研究［D］．青岛：中国海洋大学，2014.

［2］李晨旭．微信“朋友圈”交往方式的社会学分析［D］．大连：东北财经大学，2014.

［3］蒋建国．微信朋友圈泛化：交往疲劳与情感疏离［J］．现代传播，2016（8）．

［4］朱隽．我能离开“朋友圈”吗？［N］．人民日报，2014-6-20（018）．

［5］胡晓萌，李心雨．浅析微信朋友圈之人的异化［J］．文化学刊，2015（12）．

附录一：采访记录

（本次采访了本校的一个大二的同学）

Q：你好，我们正在做实践调查，主题是“以微信朋友圈为例研究社交网络的影响”，下面我将问你几个问题。

A：好的，没问题。

Q：你平时用微信吗？

A：当然用啊，很方便嘛。

Q：你用微信的时间主要是花在聊天上还是“朋友圈”上？

A：聊天多一些，偶尔会跟家人和朋友视频，特方便，而且还省钱。平常跟朋友的联系，或者是班级的通知也大多通过微信。

Q：有的人认为朋友圈的内容与自身关系不大，没太大意义，也有人认为朋友圈是联系自己和朋友的一个纽带，很有意义。你怎么看？

A：我觉得朋友圈还是挺私密的，大多是朋友，所以平时通过朋友圈来了解朋友的近况，增进感情，挺方便的。

Q：你平时发朋友圈是出于什么心态？

A：想跟朋友分享喽。

Q：你觉得朋友圈的存在对于社交网络的影响是有利还是有弊？

A：我觉得这个还是看人，对我个人而言我觉得挺有利的，因为朋友圈相较于微博、QQ什么的还是挺私密的，而且环境也比较干净，没有过多的广告和多余的信息，陌生人骚扰较少，通讯录中大多为生活中的好友，所以平常的交流还是很方便；但是对于手机依赖比较强的人来说，可能适得其反，本来能节省交流沟通的成本，结果却浪费了大把时间。

Q：那你在和关系好的朋友见面时，会把更多的时间用于面对面聊天，还是各自用手机聊天和刷朋友圈？

A：呃，关系好的朋友，大部分时间应该还是面对面聊天多一些，毕竟会有很多话想说嘛，可能偶尔还是会翻翻“票圈”。

Q：如果让你关闭朋友圈，你能不能接受？如果可以接受，你认为自己最多可以维持多久？

A：应该可以吧，平常对它其实也不是特别依赖。至于维持多久这不好说，毕竟很多通知消息之类的还是要借助“票圈”才能更广泛地传播。

Q：你对我们本次实践有什么建议吗？

A：没有，挺好的。

附录二：小组讨论纪要

参与人：小组全体成员 12 人

研讨时间：2016 年 12 月 3 日

研讨地点：主教 301 教室

主持人：穆研

记录人：穆研

主题内容：本小组于 2016 年 11 月 25 日召开“人与网络——以微信朋友圈为例研究社交网络的影响”实践的讨论会议，与会人员包括小组全体成员 12 人，会议由组长主持。本次会议针对实践期间发现的微信朋友圈对于大学生（以中央财经大学学生为例）的影响现象，讨论应如何正确对待社交网络平台。

发言内容：

穆　研：我认为，隔着互联网的鸿沟，戴上电脑荧屏的面具，对于社交网络平台里的陌生人我们很难全面地对他们的良莠状况进行判断。针对如微信朋友圈这一类的社交平台所带来的双面影响，我们应该正视，客观地面对。在日常生活中多与身边的人沟通交流，或者可以多开展、参加一些集体性趣味活动，提高我们的交往能力，去发现现实生活中的美好。社交网络是我们的工具，我们不能反被它控制。

杨　哲：没错，过多地使用社交网络已经让我们有些忽略自己身边实实在在的人和事了，这是一个危险的信号。我们身边如果只剩下在冰冷的屏幕间的交流的话，恐怕很难保证我们能够融入这个社会，能够有一个健康的心理。而且我认为除了参与集体活动外，对适当使用社交网络的教育宣传也必不可少。

白若怡：我同意，现在的大学生对社交网络依赖性普遍过高。没有多少人能“残忍”地一天不刷朋友圈，能大胆地卸载掉微信。继 QQ、微博、人人网之后，微信成为人们最常用的网络社交工具。从最初的好奇到其后的依赖，到现在的欲罢不能——这大概是大家接触朋友圈之后，最深切的感受吧。

许界天：对于朋友圈，最初我会觉得它拉近了感情，是生活状态有了温度，似乎拉近了朋友、亲人之间的距离，“圈子”越来越大，内容也越来越广泛了。然而，与此同时带来的是复杂的圈子和信息泛滥，平添了困扰。同时，它就像是魔咒一样，欲罢不能，让人“抬起头来”要多难有多难。

温　昊：我同意白若怡的看法，朋友圈毕竟是虚拟的社交圈子，和生活里的柴米油盐酱醋茶息息相关，但和面对面交流下的真实世界相比，存在美化和距离感，不能太过依赖。真实生活要更加可贵，我们应该提倡让更多的低头族抬起头来。

廖梦瑶：大家说了这么多问题，我来谈谈朋友圈这些社交网络平台的优点吧。首先，它们很好地满足了个人的情感需要。在社交网络上，人们的交往更容易，频率更高，而通过朋友圈分享个人生活更是加强了人与人之间情感上的交流，使人们更易获得情感上的满足。尤其在当下快节奏生活中，这一点更是社交网络无处不在的重要原因。其次，很容易使人们获得自我认同感，看到自己的好友在第一时间接触到自己的心情、动态等，并加以评论，会让自己觉得受到了关注和肯定。

徐靖东：我来补充一点。相对于传统社交方式，社交网络为人们提供了更加方便、快捷的社交方式，极大地减少了社交成本。人们通过微信朋友圈等与好友进行交流，相对于面对面交流大大节约了时间成本，使距离不再是阻碍交流的隔阂。

章晓萌：可是客观来说，朋友圈为我们的生活提供便捷的同时，也带来了非常多的问题。比如一些大而无实、做作浮夸的文章经常泛滥，严重影响了同学们的自我意识与判断。另外，朋友圈也是各种谣言的传播地，一些恶性公众号散播的过激言辞以及对有关事实的夸大和擅自揣测极易误导受众。

司语琳：晓萌分析得很对！现在微信里陌生交友邀请层出不穷，许多人借此进行传销、欺诈甚至传播不良信息等，严重影响了绿色网络环境的建设。而且很多微商群体借机崛起，造成朋友圈营销信息繁杂，很大程度上降低了用户的使用体验。

周心悦：不知怎么我想到了“寡姐”斯嘉丽的电影《她》——一段在开朗体贴得堪比完美女友的人工智能与失意老男人间的罗曼史。现实生活中的男人一觉醒来，蓝牙女友就会叽叽喳喳地说起昨晚她又在网上看到了什么新鲜事。

起初它像一部午时偶像剧：每当男主人公遇到麻烦，头脑计算速度达到百千次每秒的女主人公就会以命中天女的姿态出现，救男人于水火。然后，女主人公出轨了。

What？人工智能已经聪明到自悟何为“出轨”了吗？

男人或许也这么想：他诘难爱人的不忠，对方却满腹委屈。

——为什么？

——我可以一边和你对话，一边同时与其他 800 个人交流，我们的不同决定了我们容纳爱的方式，人类的爱是愈加自私的。但对我来说，每多接纳一个人，我对爱的理解就越深刻。

孰对孰错，不得而知。

于立超：我也看过，没错，这多么像人和网络的关系，彼此帮助又互相提防。人类依赖于网络的便捷，同时又对其发展暗中警惕；网络得益于人类研究，谁能说它不会生出自己的智慧呢？不管怎样，欲戴皇冠，必承其重。

刘　瑾：所以说，微信朋友圈有其正负效应，我们应正确对待，在保证其服务于我们生活的同时不能被其所控制，在生活中不忘多与身边的朋友交流沟通。

穆　研：谢谢大家的意见看法，今天的讨论就到这里。

（指导教师：刘刚）

关于网络信息碎片化对人们认知能力的影响的调查研究

实践团队：国际经济与贸易学院　2015 级贸易经济专业
团队成员：汪宜璟　王雪薇　周欣荻　朱若嘉　余武信
陈浩丰　梁　元　丁　慧　徐海潮

一、实践的背景

（一）互联网的发展

互联网的出现给人们的生活带来了前所未有的影响。互联网问世以来，它就以极快的速度渗透到人们生活的每一个层面。谁也设想不到，最初用于战争的互联网现在已深入人们生活的不同方面，经济、文化、政治、社会。互联网无孔不入，它改变着人们的购物、学习、娱乐等生活方式。互联网给人类提供了另外一个延续文明、发展自己的崭新生存空间。计算机、手机、平板电脑、手持设备等智能终端充斥在人们的办公室、书房、客厅、咖啡厅、商场、候机大厅里，人与外界的每一次交互几乎都离不开这些工具。

（二）信息碎片化的产生

人们的碎片化生存状态也开始显现。网络信息平台提供的搜索引擎、即时通信工具、社交网站、购物网站等日益丰富的服务，不断消耗、转移、分散着人的注意力，人们从一类信息跳跃到另一类信息，知识被分割成碎块，时间被分割成碎块，工作被分割成碎块，交往被分割成碎块。碎片化是信息化带来的产物，信息化的生产力催生出新型智能工具，正是这些智能工具把人们带入碎片化的生活中。

（三）碎片化带来的影响

高度的碎片化已经深刻地改变了人们的生活方式，人们渐渐没有耐心来完整地读完一本书、看完一场比赛。更多的时候都是刷着手机，看着包含很多碎片化信息的微博、朋友圈等。虽然碎片化使信息更加浓缩，扩大了信息的广度，但是同时也使信息的深度受到了影响。人们在各式各样的信息前短暂停留，以为自己获得了更多更新的信息，然而事实却是，对每一则信息，人们都只是了解了皮毛。由此，浅尝辄止的阅读习惯越来越普遍，影响了人们思考的深度，以至于对人们的认知能力产生影响。

二、实践的意义

本研究旨在调查人们在碎片化背景下生活习惯的变化以及获得信息的碎片化的程度，同时了解人们对于碎片化的意见与看法。通过这样的研究，我们可以了解人们在碎片化时代的一个整体感受。同时更进一步，分析碎片化对人的思维方式等深层次上的影响。最终，我们可以对碎片化有一个整体而全面的认知，并给出意见与建议。

我们的研究目的在于帮助人们更进一步看清碎片化的种种特征以及其对自己产生的影响，并根据我们的意见与建议调整自己的生活方式以更好地在碎片化时代中生活。

三、实践过程

（一）前期准备

1. 确定实践题目

在第一次的小组会议中，组员们就“人与网络”这一大的实践方向进行深入探讨，并结合我们的生活实际详细讨论了网络在我们的生活中存在的意义、优缺点等内容。我们发现，网络与我们的生活密切相关，在便利我们生活的同时，也存在着一些潜移默化的影响，比如网络碎片化问题。相较于研究网络的益处，网络碎片化阅读这一主题更值得关注，因此最终我们将题目定为：人与网络——网络信息碎片化对人们认知能力的影响。

2. 人员分工及策划书撰写

确定了实践主题之后，我们大致进行了人员分工：

问卷设计与制作：汪宜璟、王雪薇；

数据整理与分析：朱若嘉、周欣荻；

采访：余武信、陈浩丰；

策划书撰写：徐海潮；

实践报告撰写：梁元、丁慧、徐海潮。

在分配完成组员任务之后，大家就策划书的部分内容进行了讨论，接着由徐海潮同学撰写了实践策划书。

（二）问卷调查结果分析

网络碎片化阅读怎样影响你的认知能力？

1. 您所受的教育水平［单选题］

选项	小计	比例
本科或本科在读	95	86.36%
本科以上学历	5	4.55%
其他（初中、高中、专科）	10	9.09%
本题有效填写人次	110	

此次问卷共记有110人次的有效填写人数，调查人数较多，数据较为可靠。但由于我们的交际圈有限，有效填写人次中本科学历占比过大，达到了86%，因此，此次调查更多地能反映本科学历人

群对于网络碎片化阅读的态度。

2. 您的阅读方式偏好［单选题］

选项	小计	比例
网络	49	44.55%
纸质	61	55.45%
本题有效填写人次	110	

X\Y	网络	纸质	小计
本科或本科在读	41（43.16%）	54（56.84%）	95
本科以上学历	2（40%）	3（60%）	5
其他（初中、高中、专科）	6（60%）	4（40%）	10

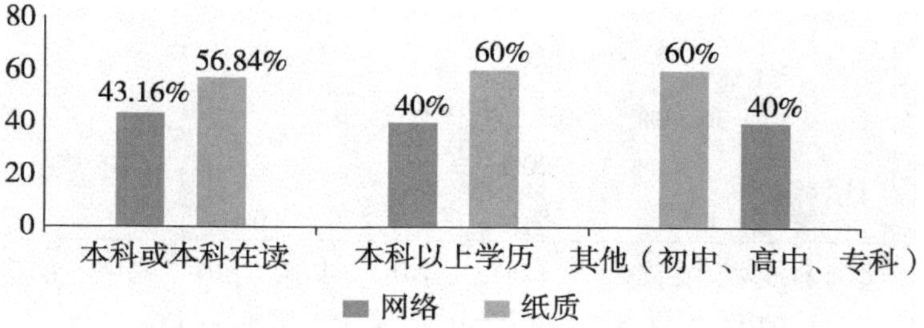

首先在阅读方式上，对于本科及以上学历的人群，虽然偏爱网络阅读的占有很高的比重，但是纸质阅读仍旧占有优势，是大约60%的人的偏爱选择。而本科以下学历的人群，则更偏向于网络阅读，结合本科以上学历的人群中偏好纸质阅读的比例大于本科学历的人群，一定程度上说明了，随着学历的上升，人们更倾向于回归纸质阅读。

3. 您每天用手机浏览网络信息所花的时间［单选题］

选项	小计	比例
1 小时以内	12	10.91%
1—3 小时	54	49.09%
3 小时以上	44	40%
本题有效填写人次	110	

X\ Y	1 小时以内	1—3 小时	3 小时以上	小计
本科或本科在读	11（11.58%）	49（51.58%）	35（36.84%）	95
本科以上学历	1（20%）	2（40%）	2（40%）	5
其他（初中、高中、专科）	0（0%）	3（30%）	7（70%）	10

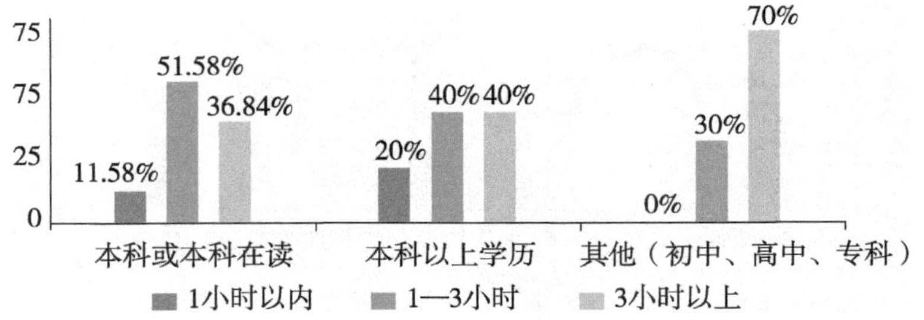

其次在每天网络阅读的时间方面，也部分印证了对第 2 题的分析。数据显示，本科学历以下的人群花在网络阅读上的时间明显超出本科及本科学历以上的人群，且大部分每天网络阅读在 3 小时以上，这与他们偏好网络阅读相符。而在本科及本科以上学历人群中，较大部分人每天会花 1—3 小时在网络阅读上。

4. 您在网络上的阅读内容［多选题］

选项	小计	比例
熟人社交（朋友圈、QQ 空间等）	98	89.09%
其他社交平台（微博、知乎、贴吧、论坛等）	85	77.27%
新闻网站	47	42.73%
小说网站	25	22.73%
本题有效填写人次	110	

接着在网络阅读内容方面，绝大多数人将时间花在社交领域，如微信朋友圈、QQ 空间、微博、贴吧等，阅读新闻网站、小说网站的人数则明显减少，只有半数不到的人次。这显示了人们网络阅读的目的，更多的是与人交流，而非单方面的接受。人们想通过网络来了解身边人的生活、心路历程，通过网络来与他人建立联系、完成交际。

5. 您觉得碎片化阅读存在哪些特点？［多选题］

选项	小计	比例
文化快餐，没营养	48	43.64%
信息量大，满足高效获取信息的需求	62	56.36%
不系统、不连续，不利于整合积累、形成知识体系	76	69.09%
方便快捷，充分利用了零碎时间	64	58.18%
令人产生思维惰性，懒于思考、咀嚼	68	61.82%
本题有效填写人次	110	

在此题中，调查者对所提出的五种特点的支持率几乎持平，也就是说碎片化阅读同时存在以上五种特点。

6. 您对待碎片化阅读的态度？［单选题］

选项	小计	比例
继续阅读，已经养成习惯	22	20%
有选择性地阅读，记下重要内容	60	54.55%
试图减少此类阅读	21	19.09%
试图戒掉碎片化阅读	7	6.36%
本题有效填写人次	110	

这一题主要调查了人们对于碎片化阅读的态度。半数以上的被调查者认为应该“有选择性地阅读，记下重要内容”，这一做法可能是相对平衡的一种举措。我们确实应该辩证地看待碎片化阅读，充分利用它的优点，同时也要时刻提防它的弊端。

另外，我们发现20%的人选择“继续阅读，因为已经养成习惯”。可能长期形成的这种阅读习惯对于他们来说已经根深蒂固，无法改变，在零散时间进行自己喜欢的这种碎片化阅读也不失为一种利用时间的好事情。接近20%的人表示将“试图减少此类阅读”。可见，他们对于之前自己的这种阅读方式进行了反思，认为自己应进行高效的阅读，而减少一些“机械化滑动手机屏幕”的举动。另外，极少数的人表示自己将“试图戒掉碎片化阅读”。不过想起来，在当今网络与信息都如此发达的时代，这一举措还是十分具有挑战性的。

（三）个人采访内容分析

在本次采访当中，我们分别采访了对于网络信息碎片化持不同态度的人群。从被采访人的回答当中我们不难发现，这些网络碎片化信息对于人们生活的影响是毋庸置疑的，但仍旧有不少人选择读一本书，毕竟纸质化、系统化的阅读在现代社会中还是有人有所偏好的。但也有人觉得浏览知乎微博比上课来的更有吸引力，正如老师上课曾经说过："我怎么能和手机比呢?!" 由此可见，碎片化信息确实很有吸引力，并且易引发共鸣。

总的来说，网络信息的存在在人们的生活中已经根深蒂固了，碎片化信息存在的同时，一定程度上影响了纸质化、系统化阅读的比重，但并未完全覆盖。

（四）实践报告书撰写

最后，结合我们所搜集到的材料信息，我们将报告书内容分为三个部分：实践背景及意义、实践过程以及实践结论与总结。分别安排3位同学进行撰写。

四、实践结论与总结

（一）现状阐述

1. 移动互联网带来的信息碎片化

第37次《中国互联网络发展状况统计报告》显示，截至2015年12月，我国网民规模已达到6.88亿人，互联网普及率为50.3%。其中手机网民规模达6.20亿人，占全部网民规模的90.1%。人均周上网时长达26.2小时，平均每天上网3.74小时。在互联网应用中，网络新闻的网民使用率达80.0%。

由以上数据可以看出，互联网在我国的普及率已经很高，其中手机网民的占比之大更是表现了我国在移动互联网方面的发展。正是移动互联网的便携性和即时通讯的特性，造成了信息碎片化。信息的总量过多，之间关联性却很少，这使人们难以将其串联成一个完整的结构，对信息的了解只停留在表面。

2. 个人时间的碎片化

在当前高度追求快速高效的背景下，人们的时间似乎也被高度碎片化。每天忙碌于工作学习，属于自己的时间在不断被压缩、被切割。更多的人似乎只有在上下班路上、睡觉之前拥有自己的时间去了解世界、了解社会。在这样被切割的时间里，人们难以完整地了解一件事情的始末，难以完整地思考一个问题，这也是造成目前碎片化信息被广泛接受的重要原因。

（二）碎片化信息带来的影响

1. 人们的注意力难以长时间集中

信息碎片化的一个重要特征是信息的精干短小、信息的不断刷新。以现在流行的微博和朋友圈为例，每个人在平台上分享自己的生活与心情，信息始终以很小的篇幅出现。而新闻的发布者为了能及时地发布信息，也常常以较小的篇幅报道一件事件。在长期这样的阅读情况下，我们越来越习惯于接受碎片化的信息，以至于难以将注意力长期集中于一件事情上，反而喜欢不断地接受新的事物，获得新的信息。

2. 人们迷茫于信息的辨别与筛选

信息量过大、信息来源过多往往会导致同质化、无用化信息泛滥的情况出现。目前的碎片化信息存在模式常常可以进行转发或者转载操作，这样就会带来同样的一条信息被过度地传播，人们常常接收类似信息的问题。另外，过多的信息量也常常会导致虚假信息的产生与传播。人们在信息海洋中，面对各式各样的信息，不仅会产生对于信息的阅读疲劳，也会迷茫于信息的真假。在这样的情况下，人们所接收到的信息可能会造成人们认知上的错误。

3. 人们对事物的了解停留于表层，不进行深度的思考

正是因为碎片化信息的不断刷新，并且内容大多以“是什么”为主，导致长期接收该类信息的人们也习惯于不断地接收，对信息的了解习惯于停留在表面，而不进行深层次的思考。因为对于一个

问题的深层次思考常常会被正在更新的新信息打断，人们的注意力又将被新信息所吸引。这样长期以来，会影响人们的思维模式，使人们的思考深度变浅。在这样长期的浅层认识下，没有自己的思考，人们的思维创新能力也将受到影响。

总之，以上影响将会对我们认知事物的能力产生影响，主要在于影响我们对事物认知的深度。

（三）应对碎片化信息的建议

在以上内容中，我们主要阐释了碎片化信息的负面影响，但是我们也不能忽略其带来的正面影响。碎片化的信息虽然缺少深度，但有其广度存在，易于扩大人们的认知范围。同时，信息碎片化已成为当今一股不可阻挡的浪潮，我们应学会如何应对，而不是仅仅停留在对其的批判。

1. 选择自己感兴趣的信息进行深度了解

虽然信息是大量的、冗杂的，但对于信息的选择仍在于我们自己。面对大量的信息，我们可以从中找到我们感兴趣的话题，并就这一话题，自己进行深入的了解。而对于那些自己不感兴趣，觉得没有用的信息，我们无须费神。这样既可以了解到有用的信息，又免于阅读过多信息所带来的疲劳感。

2. 多多选择权威发布的信息进行浏览

面对目前网络上各式各样的信息，虚假与真实同时存在，我们要尽量选择具有权威性的信息进行阅读，这样才能免于虚假信息的困扰。选择更加具权威性的信息发布者，可以使我们了解到信息的最真实面目，以免造成不正确的认知。

3. 多多培养自己独立思考问题的能力

虽然，在信息极其发达的网络社会，我们想要了解什么信息、什么知识，都能直接从网络上获得，但是，我们不该仅仅满足于知识的获取，更要加强对问题的思考。我们要尽量免于受网络信息的影响，拥有自己独立思考问题的能力；避免人云亦云，拥有自己的观点。

后 记

此次的调查研究让我们对目前中国的互联网的发展以及信息碎片化对人们的影响有了更深的了解，在更深的层次上了解了碎片化信息，也能够以此来警醒自己不要过度沉迷于碎片化信息之中。

但同时，此次的调查研究也存在许多问题。首先是时间上的紧张。几周的时间并不足以让我们对信息碎片化有更加深入、更加全面的了解。同时，在研究过程中缺少更加科学的研究方法。“信息碎片化对人们认知能力的影响”，这是一个在科学度上要求比较高的话题。然而因为条件和个人能力的限制，对这个问题的研究，我们难以进行更加科学的探究。

总的来说，此次研究虽存在许多缺陷，但也有其成功的地方，至少加深了组员们对信息碎片化的认识。

附 录

（一）调查问卷

1. 您所受的教育水平

本科或本科在读　本科以上学历　其他（初中、高中、专科）

2. 您的阅读方式偏好

网络　纸质

3. 您每天用手机浏览信息所花的时间

1 小时以内　1—3 小时　3 小时及以上

4. 您在网络上的阅读内容（多选）

新闻网站　小说网站　熟人社交（朋友圈、QQ 空间等）

其他社交平台（微博、知乎、百度贴吧、论坛等）

5. 您觉得碎片化阅读存在哪些特点？[多选题]

文化快餐，没营养

信息量大，满足高效获取信息的需求

不系统、不连续，不利于整合积累、形成知识体系

方便快捷，充分利用了零碎时间

令人产生思维惰性，懒于思考、咀嚼

6. 您对待碎片化阅读的态度？[单选题]

继续阅读，已经养成习惯

有选择性地阅读，记下重要内容

试图减少此类阅读

试图戒掉碎片化阅读

（二）采访记录

1. 马同学

采访者：刷朋友圈与读一整本书相比，哪个会让你觉得更有意义？

马同学：读一本书。

采访者：为什么这么认为呢？

马同学：因为朋友圈的内容很杂而且多数是日常相关的，只能作为了解朋友的手段。然而读书的话就比较高级了，个人认为出书的前辈在思想和文笔上都有比较高的造诣。

采访者：那浏览知乎与上课相比，哪个对你的启发更大？

马同学：浏览知乎收获更大。

采访者：为什么会有这样的想法呢？

马同学：因为很多知乎大咖对于某些问题的见解比较独到，而且知乎聚集众多思想。（PS：主要是我不喜欢听课觉得上课超级无聊。）

采访者：实时更新的网络信息，对你来说最大的作用在哪？

马同学：网络信息帮助我掌握最新热点内容，能够跟得上潮流，也就是俗称的知道某个梗。小伙伴之间的对话会更有趣。比方

说，我说一个梗，对方不知道，我会觉得有点没趣。

采访者：日常生活还是网络阅读，会更容易引起你的思考？

马同学：我是觉得都会引起我的思考。但是相对来说，网络文章更会一些。有些文章的表达能力和表达的内容，引起了我的共鸣，我就会去想一些相关的事情。不过这个引起的思考比起日常生活中实实在在发生的事情来说不那么深刻。因为这个思考，大部分是别人文章中已经给出思路了，自身思考起来就会按着文章的思路走。源于生活的话，就都是自己想的了，根据时间总结的思考和根据思考得出的思考又是有差别的。

采访者：谢谢你接受我们的调查。

2. 薛同学

采访者：刷朋友圈与读一整本书相比，哪个会让你觉得更有意义？

薛同学：我感觉读一整本书更有意义。

采访者：为什么这么认为呢？

薛同学：现在的生活几乎人人都被手机牵着走，每时每刻都在看着手机朋友圈，可朋友圈更新的大都是他人的生活动态，有意义的信息毕竟少数，比起从书本上学来的知识少很多。

采访者：那浏览知乎与上课相比，哪个对你的启发更大？

薛同学：上课吧，我几乎是没有浏览知乎、微博什么的，偶然看看 UC 新闻，大都是娱乐方面的新闻，真正有价值的很少。

采访者：实时更新的网络信息，对你来说最大的作用在哪？

薛同学：能够让我们不会脱离社会的潮流，了解某些方面的最新信息。

采访者：日常生活还是网络阅读，会更容易引起你的思考？

薛同学：发生在我们日常生活的事件，大都是生活琐事，值得思考的毕竟很少；而现在是信息网络的时代，网络言论的自由让每件事有许多不同的看法，这可以让人看清当前人们各个方面的现状，更容易引起思考。

采访者：谢谢你接受我们的调查。

3. 陈同学

采访者：刷朋友圈与读一整本书相比，哪个会让你觉得更有意义？

陈同学：我觉得是读一整本书更有意义。

采访者：为什么这么认为呢？

陈同学：刷朋友圈所知道的是碎片信息，大脑对于碎片信息不能全部吸收，可以说是过目即忘，对自身而言只能是一种放松；读一整本书是将自己的思想完全投进一个思想体系，书中的前后逻辑可以慢慢构建出属于自己的知识，形成深刻的印象，至少对一个领悟点起到长久的记忆（作用）。

采访者：那浏览知乎或者微博与上课相比，哪个对你的启发更大？

陈同学：浏览知乎对于自己的启发大。

采访者：为什么会有这样的想法呢？

陈同学：微博我更倾向于看一些有趣并且能让自己放松的内容，而上课仅仅是对于某一学科的深入了解，或者是为了应付期末的考试，当然发自内心地喜欢一门学科并且能应用其进行实践的除外。而浏览知乎时，我会偏爱于刻意地搜索自己想了解的一些问题，了解他人的看法，最后在其他人的见解下，自己琢磨出属于自身所认可的观点，成为问题的解决方法。

采访者：实时更新的网络信息，对你来说最大的作用在哪？

陈同学：实时更新地网络信息能让我了解各地发生的一些情况，我可以从中筛选到自己想要的信息，或者自己感兴趣的信息，进行深入的了解。可以说，实时更新的网络信息能让我拓宽知识面，让我有了解自身兴趣的基础信息。

采访者：日常生活还是网络阅读，会更容易引起你的思考？

陈同学：日常生活能引起我的思考，当然我所说的日常生活并不是在宿舍吃喝拉撒睡这样的生活。网络阅读仅能让我存在于作者虚设的环境下进行感悟。然而真正的认识来源于实践，现在对进行学生工作的我而言，我能从很多的社交场合以及工作中出现的种种问题进行不断的反思，比如会去思考如何解决问题，会去思考如何在下次避免错误，会思考如果让我负责此项活动策划，我需要注意承办方此次没有想过的细节，等等。

采访者：谢谢你接受我们的调查。

4. 高同学

采访者：刷朋友圈与读一整本书相比，哪个会让你觉得更有意义？

高同学：读一本书。

采访者：为什么这么认为呢？

高同学：我不喜欢刷朋友圈，太多“标题党”了。

采访者：那浏览知乎与上课相比，哪个对你的启发更大？

高同学：知乎。

采访者：为什么呢？

高同学：要是高中我肯定选上课，大学的话老实说课上都不是很容易学到东西，所以我选知乎。

采访者：实时更新的网络信息，对你来说最大的作用在哪？

高同学：实时更新对我最大的作用……看直播。

采访者：日常生活还是网络阅读，会更容易引起你的思考？

高同学：网络阅读吧。阅读才会引起思考，日常生活只会引发情绪。

采访者：谢谢你接受我们的调查。

参考文献

[1] 中国互联网络发展状况统计报告［R/OL］. 中国互联网络信息中心，2016.

［2］原琳．微博信息碎片化对受众信息认知的影响［J］．新闻传播，2014（5）

［3］文晓欢．浅析以微博为代表的信息传播碎片化——以“新浪微博”为例［J］．北方文学，2011（6）

［4］陈艳，吴霁乐．网络碎片化环境对大学生成长的影响及对策［J］．长春教育学院学报，2013（11）

（指导教师：刘刚）

网络审判角度下的人与网络舆论关系

——基于对药家鑫与简稚澄案的分析

实践团队：会计学院　2015 级会计专业

团队成员：李芳菲　张筱祎　高天翔　李振壮　黄　宇

彭　穷　葛　泓　王　辉　游　傲　韦程元

一、实践方法及流程

本次社会实践活动，我们从人与网络舆论关系的主题出发，通过多种方法对网络舆论给人们带来的影响进行了研究。

1. 问卷调查：通过问卷调查的方式，了解我校同学对网络喷子现象的看法及对此现象的应对措施；

2. 实地访谈：采访有关方面专家学者、老师、同学等，加深对网络喷子现象的理解和认识，并对如何避免此类现象的发生向专家学者及我校老师咨询建议；

3. 案例分析：搜集近年来网络恶意言论攻击案例，集中讨论分析，找出网络“喷子”的典型特点，客观全面分析其言论及此现象产生的原因，从而对症下药，努力寻找解决措施；

4. 观察法：通过观察身边的人的言行举止，大致了解人们与网络舆论的关系；

5. 网上资料搜集法：我们从网络上的知识库中搜集与主题相关的资料，并得出结论。

二、案例分析

（一）案例概述

案例一：从药家鑫案看舆论审判

药家鑫，西安音乐学院大三学生。2010 年 10 月 20 日，因驾车撞人后又将伤者刺死、驾车逃逸一案被起诉。在法院审理案件之前，舆论对药家鑫就已经喊杀声一片。原因之一是网络各种信息的传播让人们深感事件双方当事人之间社会地位反差之大：药家鑫是“富二代”“军二代”，而被害者张妙则身处城市边缘苦苦挣扎。舆论中，其他谣言也引发了普通百姓的强烈不满。

2011 年 4 月 22 日，西安市中级人民法院一审判处药家鑫死刑，但网络争议并未停息。5 月 20 日，药家鑫案二审开庭。与此同时，网友的态度几乎呈现出“一边倒”的趋势。当天，陕西省高级人民法院就做出维持一审判决的终审判决，并依法定程序报请最高人民法院核准。二审判决一出，几个小时内，仅某微博上关注药家鑫二审的信息就达到 100 多万条。大家都表示，药家鑫被判死刑说明法律还是公正的，6 月 7 日药家鑫被执行死刑后，这场舆论风波才暂时告一段落。在这场声势浩大的舆论风波中，药家鑫本人并不是人们攻击的唯一目标，他的父亲被贴上军队高官的标签，也成为社会公众质疑的对象。

尽管药家鑫的犯罪手段残忍，同时造成了非常恶劣的社会影响，按照刑法判处药家鑫死刑符合法律的规定。在一个法治的社会，司法活动是独立的，舆论只能对司法活动进行监督，要求司法机关公正审判，但决不能干预司法，形成舆论审判。

案例二：简稚澄案件：倒在键盘侠口水下的年轻女兽医

简稚澄，中国台湾“国立台湾大学”兽医系的高才生，六年前，以特考第一名的成绩考上兽医师，毕业后选择去一家偏远的收容所工作。

因为收容所条件有限，狗狗通常只能待 12 天，12 天还没有被收养，就会被执行安乐死。园里给狗狗执行安乐死的就是简稚澄。尽管每次来了新狗狗，她都会尽心尽力给它们打扮，然后拍好照放到网上希望有人领养，但每年还是有很多狗狗会被执行安乐死。

面对越来越多被迫安乐死的宠物，简稚澄坐不住了，在 INS 和脸书上面发布照片阐述事实和无奈，希望有爱心人士看到了以后能够到这家宠物收容所领养动物。然而，就是这一次网络求助让她陷入了巨大的舆论旋涡。

简稚澄的求助不但没引来社会上的爱心人士，反而被键盘侠们在其社交账号后留言辱骂，甚至有些人还展开了人肉搜索，曝光了简的个人信息，让简在每天都面对数百次的电话骚扰和辱骂。究其原因，正是简的单位选择了让狗狗安乐死。她的同事称“她一开始来的时候执行安乐死都会落泪，这种压力和质疑对她的打击是毁灭性的”。

时间一长，辱骂非但没有减少，反而增多，导致她喘不过气。

5 月 5 日她晚上一直没回家，丈夫报了警。在找寻过程中，她被发现早已晕倒在地，最后抢救无效死亡。

她的遗言里写道：生命没有什么不同，就像我服用了狗狗的安乐死，我也同样会死亡。

（二）案例分析

王辉：从药家鑫事件中我们看到，从对案件实体结果的监督来看，新闻舆论监督起到了正面的作用；但在审判前，网络对案件的大量评论、广泛报道，绑架了公众的舆论，在一审开庭之前就已经给出了审判结果——药家鑫罪该万死，形成广泛的社会共识，给一审及二审造成舆论压力。网络舆论监督就此走上异化之路。其结果是严重削弱了司法的权威，危及社会主义法治社会的构建。

对于简稚澄事件，这无疑是药家鑫事件的进一步恶化，舆论从正面的作用完全推到了负面的影响，产生了不可挽回的严重后果。对于简稚澄作为兽医进行安乐死的行为，网络喷子们用毫无理性的思维，对简稚澄进行了人肉搜索和人身攻击。究其原因，是喷子们没能理性地认识安乐死，而是凭着个人感性进行判断。

张筱祎：在网络技术的巨大发展过程中，网络舆论的力量实在不容小觑，而面对这些，我们作为使用网络技术的一员，应当如何对形形色色的事件进行判断与抉择，成了人类参与网络活动的一大重要问题。正确地解决这个问题，首要的是学会思考，学会用辩证的思维去思考。如马克思所言，认识的感性形式和理性形式及其辩证关系是从感性认识到理性认识，再从理性认识到实践。认识对实践具有能动作用。认识不断反复和无限发展，是主观和客观、认识和实践的具体的历史的统一。

高天翔：实践是认识的来源和动力，在开庭审理药家鑫案前，法院向旁听者分发调查问卷，征求了公众的看法和对庭审的建议，通过实践了解了药家鑫案的社会危害程度，不断深化对该案件的调查，形成了与公众相统一的认识。实践是检验真理的唯一标准，对药家鑫的判决不应被舆论所导向，而应根据我国法律依法判决，按照刑法判处药家鑫死刑符合法律的规定。实践是认识的目的和归宿，法院经过不断的努力做出正确的判决，这正是为了维护我国法律的权威，推进我国的法制化。

三、采访记录

问：在当下，网络舆论的力量是可怕的，轻微地煽动便可使舆论铺天盖地。如药家鑫一案消息刚发出，无数网友便呼吁要给他施以死刑，您对这样的现象有什么看法？

答：我认为这种现象就体现了融贯论。人们特别容易接受与自己的先入为主的观念相一致的观点，人们不愿意相信给其开脱的言论，这体现了认识过程中的片面性，是一种典型的感性认识。你看，在药家鑫事件中人们由批判他的犯罪行为最后上升到批判他的父母、家庭状况，舆论铺天盖地。这就反映出人们在认识的过程中，尤其是社会的风气中的仇富心理，对富家子弟、官家子弟的仇视，正是心中先有这样的观念，在媒体的煽动下，才会大量出现这样的舆论。

问：那您认为这反映出了什么问题呢？

答：这反映出当下我们整个社会的社会心态是不够理性的，尤其是很多网友，在认识的过程中不够客观，也不够理性，人云亦云，在他人的煽动下很容易“一边倒”，自我判断能力弱。

问：那您认为政府和媒体在解决这个问题上应当扮演怎样的角色呢？

答：这个问题不好回答。因为我觉得政府很难有明确的解决方法，公民有言论自由权，在网络上发表自己的观点也无可厚非，政府很难在这个问题上起直接影响作用，但是政府也不应忽视网络舆论。习主席最近讲话中也提到了要守好网络阵地，网络阵地守不住，其他各方面也难以发展。我们要注意，网络舆论不客观理性和我们网民整体文化素质不够高有很大关系，文化素质不高的网民在判断问题时很容易受主观因素影响，盲目跟从，缺少理性思考。因此，我觉得政府可以加强网络宣传教育，加深网民对网络的认识，提高网民整体素质。对于媒体来说，他们肯定是舆论的直接影响者，甚至有许多网络舆论是在媒体的煽动下产生的。我认为媒体应当正确地引导舆论，这是他们不可推脱的责任，而不应为了制造噱头而对网民进行恶意的误导。

问：我们都说舆论起到监督司法的作用，但是在当下舆论充斥整个社会，有人认为舆论的影响超越了“监督”。如在药家鑫案件中，有些人认为巨大的舆论压力干预了司法判决，您同意这种观点吗？

答：我不大同意这种观点。在药家鑫事件中，网络舆论给的压力确实很大，但是是否真的干预了司法，我们不能妄下结论。你能说判决不够公正吗？基于各种情况，我认为判处死刑也是合乎法律规定的。我认为网络舆论压力固然很大，但是舆论是主观的，司法是客观的，舆论是感性的，司法是理性的。因此，我认为司法有其独立性，这种观点站不住脚。

问：社会中也出现不少受舆论压力自杀的案例，您认为网络舆论与他们的自杀是因果关系吗？

答：我认为不是。很多这样的案件中受害者本身是有心理疾病的，如抑郁症。所以我觉得这样的事情最终发生很大程度上与他们自身的心理因素密不可分。但是我们不能否认，网络舆论起了推波助澜的作用，这也是我们一直在讨论的网络舆论的最大危害。

问：现在有些网民被称为“标题党”，即利用极度夸张的标题来吸引网友的注意，但内容与标题严重不符，您怎么看待这样的现象？

答：我觉得这是现在这个信息高速发展的时代下产生的一种“怪胎”现象，这正是网络的消极影响，我们应当正确地认识网络，认识网络与我们的关系，不应任由自己被网络扭曲。

四、问卷调查

（一）问卷样卷

您好，我们是中央财经大学的学生，正在进行《马克思主义基本原理概论》课程的有关人与网络的社会实践。随着信息时代的来临，互联网已经是一种信息交流的主流方式，为了了解网络舆论对社会的影响，特设此问卷。本调查会严格保护您的隐私，不记真名，只求真实，希望您能如实表达自己的想法，期待您的参与。

1. 您的性别＊：□男 □女

2. 您的文化程度＊：□初中以下 □高中

□本科 □硕士及以上

3. 下列媒体您更关注哪一类？＊

□网络平台（微博、微信、论坛等） □广播

□报纸 □电视 □杂志

4. 您平常上网的频率高吗？＊

□经常 □偶尔 □很少 □从来不上

5. 对网络舆论您更关心哪类问题？＊

□政治 □经济 □文化 □社会 □娱乐及八卦 □其他

6. 您平时在网上看到新闻或帖子是否会评论呢？＊

□经常评论 □偶尔评论 □有时评论 □从不评论

7. 请问您在发表网络言论时扮演什么样的角色？＊

□受害人 □发帖讨伐者 □跟风盲从者

□有自己看法的理智人 □网络看客，不发表、不参与

□其他

8. 您发表的评论是否是在认真了解事情的所有经过后发表的？＊

□很不了解 □略有了解 □基本了解 □清楚地了解

9. 简稚澄，台大兽医系高才生，六年前，以特考第一名的成绩考上兽医院，毕业后选择去一家偏远的收容所工作。因为收容所条件有限，按照他们接受狗的速度和接受能力，狗狗通常只能待12天，十二天还没有被收养，就会被执行安乐死。园里给狗狗执行安乐死的正是简稚澄，尽管每次来了新狗狗，她都会尽心尽力打扮，然后拍好照片放到网上希望有人来领养，但是每年还是有很多狗狗会被执行安乐死。于是她开始遭受网上那些“爱狗人士”的抨击：“刽子手”“残暴杀狗狂魔”“美女杀手”。从此，辱骂不但没有减少，反而增多，导致她喘不过气来。5月5日她晚上没有回家，丈夫报了警。在线寻过程中发现她晕倒在地，最后抢救无效死亡。

对于以上案例你觉得对她的谴责过分吗？＊（请打分）____

不过分（0）　　　　非常过分（100）

10. 您认为网络舆论对你认识社会的帮助大吗？＊（请打分）

____

很小（0）　　　　非常大（100）

11. 您认为网络舆论发挥的作用如何？＊

□很好，能正确引导我们的思想

□一般，看看而已

□很差，会误导我们对事情的认识

□其他：____________

12. 您认为网络对社会的影响大吗？＊（请打分）____

很小（0）　　　　非常大（100）

13. 在您看来，网络舆论出现的原因有哪些？＊［多选题］

□网上可以自由表达自己的想法

□网名的匿名性

□网络缺乏道德和制度的约束性

□网民对社会的不满和发泄

□法治和精神文明落后

□其他：____________

14. 您认为网民们一般是在什么情况下发表意见和看法的？＊［多选题］

□经过自己理性、客观判断后

□易受到别人舆论的煽动，发表主观的看法

□在吸收各种不同观点与意见后并且与自己的价值观相符后

□很武断地凭自己的想法随意发言

□人云亦云，没有主见，盲目跟随舆论走向

□其他：____________

15. 您认为舆论暴力的危害有哪些？* [多选题]

□颠倒是非，混淆真假

□影响网民的道德价值观

□影响建设和谐的社会

□削弱司法的权威，危及社会主义法治社会的构建

□其他：________________

16. 您对网络舆论的看法？

____

（二）调查报告

我们小组特设“关于网络舆论和审判的调查问卷”进行调查，其基本情况如下：

1. 调查目的：为了了解人们对网络舆论和审判的看法，以及出现这种舆论暴力的原因。

2. 调查方式：此次调查是随机问卷调查，发放问卷的形式是以微信朋友圈转发问卷链接为主，以发放纸质版的问卷为辅，其收回率达到80%左右。

3. 调查时间：2016年12月14日—2016年12月15日

4. 调查内容：主要调查了网络舆论产生的原因、危害以及对社会的影响、对建设社会主义和谐社会的影响。本次问卷共设了16个问题（见样卷）。

5. 调查结果：

从发表评论之前对事情认知度的角度来看，对事情只有略微的认识就开始评论的人占比最多，占69%。由此说明，人们对事情的认识仅仅局限于较低感性层面，并没有对事情进行深入了解，更没有以理性认识的角度看待事情。

就网络舆论出现的原因，网络的匿名性和网络缺乏道德和制度的约束性占比最多，分别占62%和81%。为了构建和谐的社会，我们也许应该对网络的制度采取有效的措施对其施加一定的约束力

来全面地改善网络环境。

有81%的人认为，影响网民的道德价值观是网络舆论的主要危害。可见，网络舆论非但会对某些个人或集体产生很大的影响，还会对整个社会的道德价值观也有很大的影响。可以说，网络对我们社会的影响重大，必须予以重视。

五、实践收获与感悟

1. 舆论和司法应该保持一个怎样的关系？在两个案例之中，舆论僭越了司法的权力范围，干预了司法的判决，甚至是代替司法进行了审判。但是同样，舆论监督对于司法公正性的保障也是一种重要的力量。那么在网络时代来临之际，我们应该怎样应对愈加汹涌澎湃的舆论？

当前，网络上传播消息与浏览消息、评论消息的人文化程度大多都不高，他们没有通过自己的判断，属于盲从。高校学者又因很少上网而盲目传播。有的标题党热衷于炒作发酵吸引关注，不论是通过立法还是其他手段，要改变这一社会现状，引导社会舆论向正确的方向发展。

司法的理性不能因为群众舆论而改变，两个案例反映出了我国法治建设还不完善。法在群众心中的意识不足，且认识的广度、深度也不够。

2. 老师的一个问题令我们陷入思考。群众的舆论力量对这两个事件结果的影响有多大，他们之间是否存在着因果关系。仅从案例文字的表述上来看，舆论影响大，但缺少了从认识论上对于本质的探究。从哲学的角度理性地来分析的话，是否真正有因果关系还要具体问题具体分析。网络暴力对无辜者肯定造成了巨大伤害，但是否有足够大的影响力，大到使其自杀的程度，这是值得我们探讨的话题。

3. 马克思主义哲学要求一切从实际出发，实事求是。从实际出发，要求我们根据事实来了解事件的真实情况，通过实践这一唯一标准来检验真理。一方面，公众通过网络的舆论和报道来了解事件，没有经过检验，容易盲从，导致形成错误认识；而另一方面，人们特别容易接受与自己的先入为主的观念相一致的观点，在认识的过程中存在着主观上的片面性。在我们的研究中为了避免受到认识主观性的影响，我们参考了调查问卷的数据和客观性的新闻报道，以此得出结论，但在研究初期，我们也受到了“网络舆论畸形”这一主观判定的影响。在与老师探讨之后，认识到了网络舆论有其益处，不能因为主观臆断而否定，但更重要的是需要对其进行适当的引导。

（指导教师：庞晓光）

网络对人身权利的影响

实践团队：财税学院 2015级财政专业
团队成员：张 渤 王福祥 余 舸 陈钰佳
刘依霖 李必武

一、选题背景及意义

近年来，网络信息技术的不断进步对人与社会的发展产生了巨大影响，深刻改变着人与社会生活的各个方面。人们可以轻松跨越地理的界限，与远在万里之外的朋友进行聊天；也可以足不出户，即可了解世界上各个角落的新闻。但是不可否认的是，网络是一柄双刃剑，对人类社会发挥着积极作用的同时，如不加以合理地应用、管理和引导，必然带来许多负面的影响。例如，近年来利用网络上查找资料的便利性剽窃他人论文、盗取他人图片等行为数不胜数，严重侵犯了作者的著作权以及肖像权。此外，近来“人肉搜索”侵害当事人隐私权、名誉权的案例也时有发生，对当事人的生活造成了重大影响。网络，以其参与人数众多且发表言论匿名的特性使网民产生了法不责众的心理，以其传播速度快的特性对受害人的生活产生了重大影响。网络，在一定程度上俨然成为一些人肆无忌惮侵犯他人人身权利的平台。基于这种原因，有很多专家学者对人与网络的关系问题进行了研究，但大多都停留在探讨网络对整体社会的作用或笼统分析其对人全面发展的影响上。即便有具体层面的研究也仅仅集中于对某种具体现象的讨论，如“网络‘人肉搜索’参与者的动机探究”“网络人肉搜索与侵犯个人隐私权问题研究”等等。然而，随着网络在当今时代发挥着越来越大的作用，尤其是面对现今网络暴力屡屡发生的情况，对于网络与人的研究应更加详细深入。基于此，本次课题研究集中讨论网络对人身权利的影响，即对生命权、身体权、名誉权、隐私权、姓名权、健康权等具体权利的影响，试图为净化网络环境、促进人与网络和谐发展提供有价值的实证性资料，丰富相关理论研究。这样有利于唤起人们对人身权利的重视，尊重他人的人身权利，划分网络世界与现实世界的界限，共建和谐、文明、绿色的网络环境。

二、选题目的及特色

本课题研究的目的是通过分析网络这把双刃剑对人们带来的有利影响以及不利影响探讨合理利用网络的方法。一方面，网络极大地解放生产力，方便人们交流联系，使地球就像一个村庄；另一方面，网络容易使人沉迷于虚拟世界，使人们尤其是青少年满足于虚拟世界带给他们的权力感，忽略现实世界中与人面对面的沟通与交流，拉开了人与人之间的距离。同时，一些人对网络的不当利用也对公民的生命权、身体权、健康权、姓名权或名称权、肖像权、名誉权、隐私权等人身权利造成了一定的侵害。我们小组希望通过对人们利用网络现状的分析，得到促进网络健康发展的方法，从而使人们合理利用网络，对网络取其精华去其糟粕，建立绿色和谐的网络环境。

本课题的研究特色为切合实际，基于近年来发生的具体案例、具体数据以及专家学者的文献，运用文献检索法、数据分析法、案例分析法等具体研究方法，得出自己的结论。此外，我们的研究对象也很有特色，很多专家学者都对网络对人的具体权利的影响进行了相关研究，如“人肉搜索”对人隐私权的侵犯、网络“人肉搜索”与侵犯个人隐私权问题研究等，但几乎均集中于网络对具体权利的影响，并未加以概括。在这里，我们将网络可能侵犯的相关权利进行了整合，将其概括为人身权利，这也是我们的研究特色之一。

三、研究内容

我们小组决定先采用资料收集的方法，研究网络对人身权利的不利影响。我们研究发现，这些不利影响可以统称为一个新的名词——网络暴力。

随着近些年中国网络的迅速发展，越来越多的国民开始走入网络世界，但是过热的发展必然会存在很多问题。人们在享受网络带来的便利的同时也会受到网络暴力对自身权利的侵害。人身权利包括生命权、身体权、健康权、姓名权、肖像权、名誉权、隐私权、荣誉权等几个方面。我们研究发现，网络暴力对人身权利的影响主要集中在名誉权和隐私权两个方面，对其他权利也有一些间接影响。下面我们先对这两种权利做出解释：

名誉权。公民和法人的名誉不受非法侵害的权利。名誉是社会对公民的人品、道德、功绩，对企业的信誉、产品等的综合评价。它关系到公民和法人的社会地位与尊严，因而法律禁止用侮辱、诽谤等方式损害公民、法人的名誉。如果侵害公民或法人的名誉，造成一定影响的，受害者有权请求法律保护，如请求停止侵害，赔礼道歉、赔偿损失。

隐私权。公民依法享有的不公开与其私人生活有关的事实和私密的权利。包括私人生活安宁权、个人信息保密权、个人信保密权。基于此，公民个人的、于社会公共利益无涉的正常生活可以不受他人非法干涉，涉及个人的有关事项可以不受他人擅自公开。

（一）网络暴力对人们名誉权和隐私权的侵害

网络暴力对人的名誉权的侵害的案例有很多，比如当时河北容城的“艾滋女”事件，当时女子的前男友在博客上蓄意诽谤她携带艾滋病毒并故意传染给200多人。那些博文和图片最早仅在论坛上转载，然而此事经媒体报道后，迅速提升网络搜索量，“闫德利”成为搜索热词。在各大论坛几乎都能找到相关信息，数千网友跟帖痛骂这位名叫“闫德利”的女子，并因听闻艾滋女闫德利向如此多人传播艾滋病而感到恐慌。又如药家鑫父亲药庆卫起诉张显侵犯名誉权一事。当时药家鑫杀人案被媒体炒得沸沸扬扬，在其受审期间，作为张妙家属代理人的张显在其开设的多个微博、博客上，捏造事实，散布了针对药庆卫及其家人的系列言论，刻画原告“官僚”“军队蛀虫”等社会形象，“其中部分事实陈述性言论未经调查核实，大都纯属虚构”，严重侵犯了药父的名誉权，最终被判连续30天在报纸等媒体上致歉。另外，相关事件还有：宋祖德、刘信达在著名导演谢晋死后在搜狐和网易博客上发表各种文章进行造谣，污蔑谢晋有私生子。诸如此类，奇虎360董事长周鸿祎在自己博客上放出大量言论污蔑金山公司，对其进行恶意诽谤。后来这些文章在网络上疯传，对金山公司的社会评价造成了严重影响。

除此之外，网络暴力对人身权利的影响还主要体现在隐私权方面。一般在网络暴力事件中涉及隐私权问题的时候，往往是当事人的各种信息都被曝光在网上，这会使当事人的正常生活受到影响。这种情况往往跟“人肉搜索”类似。比如当时的成都女司机被打事件。事件发生不久之后，当事人的私人资料被人全部挖出来，不仅两辆车的车牌号被曝光，大量未经证实的违规行车记录、酒店开房记录、家庭住址甚至生理期等个人隐私信息也都被“晒”在网上。而就事件本身而言，只涉及交通事件，当事人的隐私不应该掺和其中。又比如乔木举报何炅在北外“吃空饷”的事件，举报人乔木的手机、邮箱、微信、女儿照片等个人隐私被网友公开，遭到众多网友辱骂乃至人身威胁。还有2006年那场惊天动地的“铜须门”事件：一位悲情丈夫在网上声称自己的妻子“幽月儿”有了外遇，并且公布了妻子和情人长达五千字的QQ对话，慷慨激昂地痛斥与妻子有染的学生“铜须”。随后数百网民自发组成了“人肉搜索游击队”，并且就在短短数天之内，这支“人肉搜索游击队”发展到了数万人之多。网民们搜出“铜须”的真实身份和地址，用各种方式羞辱其尊严，把他逼出大学校园，甚至迫使其家人不敢出门和接听电话，对当事人的健康权和生命权也造成了严重危害。为何在现实生活中少有的集体性、侵犯性暴力事件，在虚拟的网络社会中会如此猖獗？

（二）网络暴力事件频发的主要原因

基于上述案例及其他材料，我们对网络暴力事件的性质与特点进行了分析，认为网络暴力事件频发的原因主要有：

1. 网民朴素的正义观。“铜须门事件”中，达数万人的“人肉搜索游击队”不分青红皂白就对可能破坏他人婚姻的“铜须”展开全方位的权利侵犯。女司机被打后，更是有很多网民自发地搜集关于当事人的全部资料。他们可能不是为了自己的利益在行动，而是出于“伸张正义”。殊不知每个人所谓的“正义感”，都会对当事人造成极大的侵犯。另一方面，网民在对不道德行为表示愤慨的同时，往往忽略了不道德行为实施人原本具有的人身权利而对其肆意批判，意图最大限度地惩罚之，这也会对他们的权利造成侵犯。①

2. 网络的虚拟性。在虚拟的网络世界中，人们都减轻了对自己行为的责任感，快感替代了理性，加之网络使每个人有了匿名的身份和无须承担责任的错觉，导致人们的暴力动机更为明显，即使穿着“正义”的衣服也十分过分。

3. 与网络相关的法律法规不完善。由于法律法规不完善，人们对自己的行为不充分负有责任，无须考虑可能得到的惩罚，对于

① 陈秀丽. 网络暴力现象内涵及原因分析［J］. 成都大学学报：社会科学版，2007（5）：77－79.

不法行为更加肆无忌惮。

4. 责任形态复杂多样，责任认定难度大。《中华人民共和国侵权责任法》第 36 条是为网络侵权特别是侵犯人格权而专设的责任条款。其中，第 1 款规定了网络用户和网络服务提供者直接侵权情形下应当承担的直接侵权责任，属于一般侵权责任形态。第 2 款、第 3 款规定了网络服务提供者的间接责任，其中第 2 款规定了网络用户在网上实施侵权行为，网络服务提供者“知道”后，没有采取必要措施的间接责任。责任的分水岭是是否接到“通知”，网络服务者接到移除通知后没有采取必要措施的，对因此导致扩大的损失和网络用户负连带责任。第 3 款的责任在于“明知”，网络服务提供者在明知网络用户利用网络侵权而没有采取必要措施的情况下，和网络用户一起承担连带责任。网络侵权的特殊性，导致侵权主体的复合性以及责任形态的复杂性。

5. 网络运营商的逐利性。网络的普及和发展，使网络媒体意识到高点击率即意味着高利润。受到商业利益的支配调控，一些网站为了保持新闻的“新鲜度”，往往忽视作为媒体所应履行的审查信息的真实性的义务，第一时间发布侵权信息。一些网站单纯追求经济利益，无视大众和社会利益，通过发布刺激性视频、图片和表达煽动性观点来赚取高点击率。对网民明显偏执的言论，不但不及时删除，反而屏蔽掉具有正能量的理性言论，刻意往非理性、偏激、负面方面引导，甚至起舆论引导作用的网络暴民就是由网络的管理者充当的。网络媒体把关人的责任缺失，是形成网络暴力的重要原因。

6. 网民的草根性。通过分析近些年中国互联网络信息中心（CNNIC）发布的《中国互联网络发展状况统计报告》，可以得出这样一个结论：地域结构方面，农村网民规模增长速度高于城镇；年龄结构方面，不满 30 岁年轻群体占中国网民总数的半数以上；职业结构方面，学生网民的比例在 80% 以上，除了学生之外，依次是个体户和自由职业者、公司一般职员、无业失业下岗人员；文化层次方面，高中以下学历的网民比例占到80%以上，而且呈继续向下扩散的趋势；收入水平方面，低收入者占网民的大多数。网民的年轻化、低学历化，势必表现出不理性、盲目热情、爱冲动的特点，极易形成群体极化、观点高度一致的势态，而且容易被别有用心的网民和网络媒体利用，成为网络暴力的帮凶。网民的低收入化，也势必会把对现实社会的不满情绪和诉求通过网络这一无门槛媒体表达出来，从而导致网络暴力泛滥和蔓延。

（三）网络暴力事件产生的过程及实例分析

我们通过对众多网络暴力事件发生的整个过程的分析发现，这些网络暴力事件产生的一般机制可以被概括为以下四点：

1. 事件触发。如应受谴责的不道德事件，令网民感到愤怒或反感的事件或言论等。这些事件有可能是虚假的、杜撰的，但网民暂时没有能力或没有动机去证实这一点。

2. 舆论发酵。网络运营商的逐利性导致此类事件的传播速度很快，通过微博、各大新闻网站等媒体迅速传播，同时网民的评论和转发使得事件热度不断上升，高点击率导致网民的情绪在一时间达到极高的程度，人们开始声讨甚至攻击当事人。①

3. 搜索侵犯。愤慨的网民开始搜集当事人的有关资料，由于没有相关法律法规的束缚，网民能够无所顾忌地公开当事人的隐私信息。同时，追逐利益和高点击率的网络媒体争相发布更多的“爆炸新闻”，导致对当事人造成了极大的负面影响。一方面，对于网民而言，参与对不道德行为的谴责使他们获得了很大的满足感与成就感，激励他们继续进行类似活动；另一方面，得到高点击率和大量流量的新闻媒体也继续竞争着网络暴力带来的资源。因此，此类行

① 姜方炳．“网络暴力”：概念、根源及其应对——基于风险社会的分析视角［J］．浙江学刊，2011（6）．

为愈演愈烈，悲剧成了狂欢，进而酿成了更大的悲剧。

4. 事后问责困难。此类事件对当事人造成了很大的伤害，但由于网络的匿名性与虚拟性，与法律法规的缺失，事后很难对网络暴力实施者进行问责，同时复杂多样的责任形态使得其他的间接责任人（如不顾当事人权利的新闻媒体）得以逃脱问责，并可能继续从类似的事件中获利。例如用“艾滋女”事件去解释这样一个模型。“艾滋女”事件起于一则实际上是恶意诽谤的大意为容城“艾滋女”开博曝光数百性接触者的消息。然而此事经媒体报道后，迅速提升网络搜索量。有网友表示，希望能早点把传染的人找到，防止病情扩散。虽然容城县贾光镇贾光村确有闫德利其人，而当地盛传其前男友不满二人分手，遂以闫德利名义开博毁人。2009 年 10 月 18 日，闫德利回到家乡并接受容城县疾控中心的体检，她坚称自己没有艾滋病，博客里说的不是真的。经容城警方调查，初步认为“艾滋女开博曝光 279 性接触者”的博客并非闫德利亲手所写，而是“幕后黑手”闫德利前男友蓄意诽谤之作。而那些原来众多跟风的网友也在权威新闻发布后一夜间销声匿迹。模型分析如下：

事件触发：一则实际上是恶意诽谤的大意为容城“艾滋女”开博曝光数百性接触者的消息进入人们视野。

舆论发酵：此事经媒体报道后，迅速提升网络搜索量，以至于“闫德利”成为搜索热词。在各大论坛几乎都能找到相关信息，数千网友跟帖痛骂这位名叫“闫德利”的女子，并因听闻艾滋女向如此多人传播艾滋病而感到恐慌。

搜索侵犯：网友“人肉搜索”发现确有其人，并把当事人情感信息、家庭信息曝光在网络上。

问责困难：舆论的主要推动者，侵犯当事人隐私权和名誉权的人在真相浮出水面后却不知去向，难以问责。

（四）针对网络暴力的解决方案和设想

通过对网络暴力事件基本机制的分析，我们发现可以从机制入手，探寻一套合理的解决方案。这一方案主要有以下几个具体的方面：

1. 区分网络公共领域与私人领域，对网络传播领域进行监管。应该在网上进行公共领域和私人领域法律上的区分。作为网民，应尽可能不让私人信息流入大众传播领域；而网络媒体，应尽可能加强自身监管，防止私人领域信息流入公开信息领域。

2. 加强网络法制建设，力争建立健全网络法制。到目前为止，我国仅制定了《计算机信息网络国际互联网安全保护管理办法》等寥寥几部网络方面的法律法规，网络许多领域还无法可依。因此，加强相关立法是防止网络暴力的关键因素。

3. 实行网络实名制。网络暴力的兴起，正是因为网络所固有的虚拟性，致使网民常常做出不负责任的事，说不负责任的话，而不会受到任何追究。如此自由度当然会导致网络暴力事件越来越多。一个人如果做任何事都不用承担责任，他就可能敢于做任何事。因此，推行网络实名制是解决网络虚拟化的最好办法，要让任何违法行为承担他应有的法律后果，防止网络暴力的发生。

4. 对侵权者进行必要的制裁。法律让侵权者承担民事责任，这就是对侵权行为的制裁。“制裁不法行为是法律对漠视社会利益和他人利益、违背义务和公共行为准则的行为的谴责和惩戒，它意味着法律依据社会公认的价值准则和行为准则对侵权行为所做的否定性评价，也是矫正不法行为的重要措施。”

5. 规范网络新闻媒体。真实性依旧是新闻媒体的第一准则。

另外，我们还针对我国网络暴力事件频发的事实情况提出了自己创新性的解决方案。我们设想通过政府与各大网络运营商制定一个关于网络实名制的协议，从根本上制止网络暴力事件的发生。

我们的基本设想为：由国家主导的、倡议各大网络运营商加入的自愿性网络协议，要求所有用户在使用协议内运营商产品时，将个人账户关联至一个经认证的协议账号，该协议账号是唯一的。协议账号：个人将自己的身份证号（可由银行卡号等代替）、姓名、电话等最基本信息注册至一个协议账号中，用于关联其他的运营商产品，如微博、微信、QQ、各大论坛等。该协议账号也可以通过国家对散布在各种社交媒体的个人大量踪迹信息进行大数据分析自动生成。协议账号由国家统一管理，协议账号并不影响个人在任何平台上的账号的独立性。

在此基础上，用户在网络上的不良行为（如重复恶意且过分地人身攻击、造谣传谣、导致重大不良后果的关键“人肉搜索”行为、不良言论引发种族或宗教矛盾等）都会由协议账号的主人负责，个人在各种平台上的不良行为会被各平台管理员标记，并会被综合到协议账号上，但该账号的监控范围不涉及政治方面，这是出于对个人言论自由权利的考量。

该协议账号是完全保密的，只有直接负责的国家机关才有权限接触到用户个人信息。

所有未加入或未经过大数据识别自动加入该信用协议的网络账号，其言论都会被标注“未实名”或“anonymous”来警示其他用户。这种情况下，未加入信用协议的平台账号的行为将不会与个人信用关联，但其行为或言论的可信度往往会受众人质疑。或者对于某些特殊话题或平台，未加入该信用协议的网络账号没有权限发表评论，只有查看的权利。

（五）设想中需要解决的问题和国内外参考经验

经我们分析，该设想还存在着一些需要解决的问题。我们经过查阅相关资料，在国内外找到了一些相关的经验供参考。

1. 大数据分析在现今技术水平条件下能否实现？成本如何？

现在网络上不乏很多相类似的机制存在，如腾讯QQ、微信、新浪微博账号可以直接登录众多小型游戏平台、论坛等。在QQ、微信、新浪微博的个人中心又可以直接看到这些“子账号”的信息，即“母账号”和“子账号”一起构成了一个类似协议账号的系统，“子账号”的一些权限会受“母账号”控制和监管。所以我们认为，当今的技术水平是可以满足我们的设想的。而且由于有类似先例存在，国家可以借用原有的类似的模式加以改造，这样在成本方面是可控的。①

2. 各大网络平台与政府统一合作的难度有多大，是否能最终达成一个让各方都满意的协议？

韩国政府于 2005 年 10 月决定实行网络实名制，2007 年 7 月，立法规定韩国各主要网站在网民留言之前，必须对留言者的身份证号码等信息进行记录和验证，否则对网站处以最高金额达 3 万美元的罚款。2006 年开始，美国相关法律规定，拥有 500 个以上读者的博客必须进行注册，并且每个季度要向国会做一次报告，否则将面临监禁。2007 年，德国通过一项法令，规定邮件服务提供商必须保存每个邮箱用户的个人身份确认资料，这被视为德国的邮件实名制手段。由多国经验可以分析得出，国家对于这种关乎社会稳定的问题，大可直接进行立法，但要注意这是个渐进的过程，不可急功近利。而且这些法律制定的前提往往是实名制得到了多数公众的认可和理解，具备较好的民意基础，这在中国也是符合条件的。②

四、研究结论

综上所述，网络暴力作为近些年一种新兴的侵权行为，对公民的人身权利尤其是隐私权和名誉权造成了很大的伤害，如果不加制止，任由其蔓延，将会对我国网络环境和社会的稳定造成持久的伤害。因此，国家和相关机构应加大关注度，通过各种法律手段和政

① 吴其聪，顾健，陆臻．数字证书技术在网络实名制中的应用研究［J］．信息网络安全，2011（6）：91－96.

② 高一飞，蒋炼．网络实名制的发展及其规制［J］．广西社会科学，2016（2）：102－108.

策手段加以预防，同时还要针对问题的特殊性和现代科技的水平辅以其他的一些特殊的创新性方法；个人也应该懂得“言论自由”不是想说什么就说什么，懂得在网络环境中对言行的自律。这样，我们的网络环境才能保证健康，人民的人身权利才能得到保障，社会秩序才能维持长久稳定，人民才能实现和谐和幸福社会的目标。

附　录

附录一　小组会议记录和总结

第一次会议记录

议题：实践主题、形式、组员分工

会议内容（发言记录）：

张　渤：今天我们来讨论一下我们小组的社会实践。首先，请问大家是如何认识网络的呢？又是如何看待网络人的影响呢？

王福祥：我认为网络是一把双刃剑，应取其精华，去其糟粕。我们的重点应放在不受网络的负面影响，趋利避害。

李必武：人类现在已经离不开网络，我们到底应不应该接受网络作为人类的存在形式之一呢？即把它融入生活中而不是刻意地加以控制，承认网络作为人类社会的必需品之一，人类完全地接受网络。

王福祥：网络和人工智能可以对等吗？

李必武：不能，人工智能是一个很高端的东西，二者不能对等。

王福祥：也就是说，我们现在主要研究的对象为互联网，是吗？

众　人：对的。

余　舸：我认为应该辩证地看待网络，网络对于解放生产力有很大的贡献，但是我们不能让网络占用我们过多的时间。

陈钰佳：我觉得选题让我们探讨的是网络对人和社会的影响，我认为我们应该从最近的网络热点问题，诸如网络暴力之类来探讨它的影响。

刘依霖：我认为对于这个问题应该辩证地看待。一方面，网络拉近了人与人之间的关系，我们可以利用社交工具等方便快捷地联系到空间上相距很远的朋友；另一方面，网络又拉远了人与人之间的关系，虽然我们可以通过网络快捷地与朋友联系，但是缺乏心与心的联系。

张　渤：网络对人的影响因群体而异，每一个群体对于网络的认识都有不同，比如说整天接触网络的人和几乎不接触网络的人对网络的认识相差很大，这是我的看法。听了一下大家的发言，发现大家对网络的看法其实是网络对人的影响的不同方面，那么我们要研究每一个方面还是其中的一个方面呢？

李必武：如果研究每一个方面的话，可能会重点不突出，观点过于散乱。

张　渤：那我们就研究一个主要方面吧。其他的方面可以简要涉及，但是要与主要方面有一定联系，这样可以主次结合，更能反映问题。接下来，让我们讨论一下我们实践的形式吧。

李必武：我们选第二种吧。大家都比较擅长理论研究。

张　渤：但是理论研究都是用别人的东西，如果采用第一种也不会花太多的时间，问卷相对来说也比较容易做。

李必武：问卷做起来比较耗时耗力。

王福祥：而且问卷范围过窄，我们周围的群体都是我们这个年龄段的。

张　渤：视频怎么样？

王福祥：视频的剧本不是很好写，而且我们没有剪辑视频的大神。

张　渤：其实最快最简便最权威也是最能反映问题的方式也就是课题研究了。

王福祥：我们可以先写对问题的解读，再写怎么解决问题，最后还可以写网络的发展方向、现在的乱象等等。

张　渤：如果我们搞课题研究的话，需要有专家访谈，你们有认识的老师吗？

李必武：有啊，我可以通过邮件的方式联系信息学院的老师。

张　渤：那我们就决定用第二种了吧。

众　人：好的。

张　渤：我们来分一下工吧。会议记录交给刘依霖，选题意义交给陈钰佳，研究目标交给王福祥，研究方法交给李必武，研究特色交给余舸，研究程序和大纲交给我吧。选题意义要把当前研究情况和现状加上去；研究目标要将内容以及要解决的问题涵盖进去；研究方法要写上采用的实践方法还有可行性分析；研究特色要写上我们的与众不同，如从法律的角度研究；研究大纲就将我们研究的程序写下来。然后我们确定一下主题，研究网络对人的隐私权、名誉权之类权利的侵犯怎么样？

李必武：好啊。网络上“人肉搜索”之类的都是通过一个虚拟的东西侵犯现实中的权利，每个人都不必负责任，但是每个人的行为加总就会对人造成很大的伤害。

刘依霖：隐私权、名誉权之类的权利都可以概括为人身权利，我们的主题可以概括成“网络对人身权利的侵犯”。

张　渤：好的。我们的主题就确定为“网络对人身权利的侵犯”，以一些网络热点问题为切入点，大家认为怎么样？

李必武：我认为这个主题很可行。

张　渤：刚才我搜索了一下网络，发现人身权利包括生命权、肖像权、隐私权、名誉权、健康权、身体权。网络对这些权利或多或少都构成了侵犯。我们可以找出其中的几个权利进行分析，以一些网络的热点问题为切入点。

李必武：那我们的主题最终就确定为“网络对人身权利的影响”吧。

众　人：好的。

张　渤：今天的讨论就到这吧。散会。

会议总结（纪要）：

1. 组员分享如何认识网络及网络对人的影响的观点

2. 确定实践形式——理论研究法

3. 确定访谈老师

4. 确定策划书分工（①会议记录——刘依霖；②选题意义——陈钰佳；③研究目标——王福祥；④研究方法——李必武；⑤研究特色——余舸；⑥实践开展程序、研究大纲——张渤）

5. 确定最终主题——网络对人身权利的影响

第二次会议记录

议题：实践报告格式、实践报告内容、实践报告分工

会议内容（发言记录）：

张　渤：我们先理一下框架，选题背景意义作为一点，目的特色作为一点，内容和方法作为一个大项，研究结论作为一项，在研究结论后再加上常见的情况，举一些身边具体的贴近生活的案例，这样一来，研究结论已经把我们想论证的说清楚了，一些具体的案例可以进一步印证我们的观点。然后在最后加上访谈的记录，在报告写完问题都找出来后，再去进行访谈。访谈之后进一步完善结论，最后在结尾加上附录，这样大概就结束了。你们看这样可以吗？

众　人：可以。

李必武：那中间的内容主要是数据吗？

张　渤：对。内容不是生命权、健康权、隐私权、身体权、肖像权、名誉权吗，隐私权和名誉权是在网络上最容易被侵犯的，但是剩下的四个方面是不经常被曝出问题的，它潜在的问题大不大我也不敢确定。可能通过我们查资料可以确认，也就是说可能剩下的四个权利也很容易被侵犯，但是没有人注意它。

刘依霖：那重点就研究隐私权和名誉权，其他的权利写成一段就可以了吧。

张　渤：对。但是它们都不是独立的，而是互相联系的。比如说隐私权被侵犯，同时生命权、健康权、肖像权也受到威胁，而生命权、健康权也是互相联系的。可以这么说，隐私权一旦受到威胁，其他所有的权利都会受到影响。

刘依霖：那就主要论述那两个权利，然后论述的过程中把其他权利都带上。

李必武：是以事例为主，还是以什么为主？

张　渤：还是以事例和数据为主，事例的话我们可以从身边去找，数据的话我们可以找专业论文。

李必武：我们的结论大概是什么样的呢？是对事现状的评估吗？

张　渤：对。是对现状的评估，然后提出一定的解决方案吧。

李必武：解决方案是怎么提出？是我们自己想还是通过网络？

张　渤：这个我们可以结合案例提出，然后我们可以让每个人都提出自己的想法最终再总结一下，不要太中规中矩要有创新性，但是一定要有可行性，不要太理想化。涉及具体实践内容的话，背景意义可以参考上次的策划进行深化，从人身权利的几点进行分析，目的可以加上解决方案，方法可以和上次的策划书保持一致。

李必武：那方法和我们上次写的有区别吗？

张　渤：方法应该没什么区别。但是进行每项研究的时候第一版块是通过查证文献得出的结论，这样就把方法带上了。其实，我们主要的方法就是数据研究法。然后还有一个方法就是专家访谈。

李必武：访谈我们是单独找到一个时间把老师约出来，还是怎么样？

张　渤：看他方便吧。直接给老师发邮件把问题说清楚，然后等老师回复吧，或者直接约老师出来在一个办公室进行采访。

王福祥：我们要找几个老师啊？

张　渤：最少一个。

王福祥：我们大一的时候“思想道德修养与法律教程”课上有一个小组约到了人大的教授，就用的邮件访谈的方法，来回了三次吧，感觉挺厉害的。

张　渤：其实也可以诶。我们可以编辑一个邮件，然后像多个老师发过去，回复越多越好嘛，多多益善，实在不行就当面找那个老师。然后研究内容主要是这两个权利的范围和程度，这些需要一些数据、新闻的支撑。但写这个东西最多两个人去写，要不然前后逻辑就会混乱。但是资料可以大家一起去收集，去比较权威的网站上找一些有思想的资料，不要直接在百度上搜索。

李必武：我们分一下工吧。

张　渤：好。一个人负责背景目的意义特色，两个人负责内容，另外三个人负责查询资料吧。谁想要做什么？

刘依霖：我负责第一部分吧。

李必武：我负责第二部分吧。

张　渤：好，那我和你写第二部分，剩下的三个人就负责收集资料吧。

王福祥：好。

张　渤：我们可以先写完内容，然后再开会讨论结论，再确定访谈的问题。

王福祥：我们可以分成两个结论，访谈前得出一个初步结论，访谈后得出一个最终结论。

张　渤：那就这样吧。这周日之前把素材找好，下周二将初稿写好，下周三讨论初步结论，然后讨论访谈问题，下周五之前搞定所有内容。散会。

会议总结（纪要）：

1. 确定实践报告格式

（1）选题背景及意义

（2）选题目的及特色

（3）研究内容（内含有研究方法）影响的范围、程度、内容

（4）研究初步结论+知名人士访谈（邮件、面谈）

（5）最终结论

（6）身边常见事例继续论证。

（7）附录

2. 确定实践报告研究侧重点

重点（隐私权、名誉权），非重点（生命权、健康权、身体权、肖像权。非重点但是要有适当提及，这些权利本身就是互相联系的）。

附录二　访谈记录

基于对我们设想的模型存在的几点问题，我们用邮件联系了信息学院的涂艳副教授，并于28日上午第3、第4节课前对其进行了简单的访谈。以下是访谈记录。

Q：涂艳老师好！

A：哦，我看了你们的模型，设想非常不错，针对你们提出的问题我也深有感触。

Q：嗯，我们首先想确认一下，大数据识别账号归属权是否可行。

A：这个在当前的信息技术条件下，我只能说非常难以完成。

用大数据的方式来完成账号认证，技术困难还很大、成本非常高，会直接影响到方案的可行度。

Q：如果大数据行不通的话，我们就只能通过传统的身份证认证的方式来完成后台实名制了。那还想问问老师，政府机构是否有能力管理好后台的网络数据库而保证用户信息的安全？

A：这就和政府机构的投入有关了。如果预算不足，政府机构不一定就比网络运营商做得好，但投入过多的话又会降低方案的效率和可行度。政府机构要在这方面做一个权衡：究竟投入多少来做网络实名制并保证其安全。

Q：老师，最好还想问您一下，您个人是否支持网络实名制？

A：网络实名制是必需的，而且也是大势所趋，但我不会支持全网的、绝对的实名制。一方面，这很难实行；另一方面，这又反过来构成了对个人权利的过度干涉。实名制只需要在重要的舆论环节、新闻媒体、论坛上推行，并且一定要是官方管理的、后台的实名制，这样才能既明晰问责，又不至于侵犯公民权利。

Q：谢谢老师！

（指导教师：王森）

“网红”对大学生行为的影响

实践团队：金融学院　2015级国际金融专业
团队成员：崔光辉　张东侯　徐　备　林家豪
赵梓钧　李牧阳　李镇宇　徐　蕾
韩杨君　庄蕙璟　杜子薇

一、“网红”发展的历史背景

1994年4月20日，随着一条64K国际专线的接通，中国的互联网时代正式到来。中国互联网络信息中心（CNNIC）发布的第36次《全国互联网络发展状况统计报告》显示，截至2015年6月，中国网民总数已达6.68亿人。

有人的地方就有江湖，有江湖的地方就有角儿。互联网催生出了一大批网络红人，依托时代背景，他们有着自己独特的成名方式和商业模式。

（一）“网红”1.0时代

在网速还只有几K的年代，网民更多的是靠文字来获得互联网中的信息。而此时的“网红”也大多靠文笔起家。90年代末，痞子蔡的《第一次亲密接触》跨越海峡在大陆的各大网站疯狂转载，成为第一部网络畅销小说，开启了中国网络文学的先河。在痞子蔡之后，其他网络写手纷纷涌现。宁财神、安妮宝贝等都曾在网络发表帖子或作品，积攒了不少人气。

在那个出版商还没有疯狂进军网络文学的年代，“网红”的商业轨迹大都相似。红于互联网社区，积攒一定的粉丝基础，然后依旧是按照传统的行业规则来进行商业套现。可以说，“网红”1.0时代是一个互联网商业的“纯情时代”。“网红”的成名大多都是靠着自己的才情与文笔，而其商业模式也循规蹈矩，成了传统作家抑或是其他类型的文字工作者。

（二）“网红”2.0时代

跨入千禧年之后，网速的进步，让互联网开始成为一个图片信息时代，成名之路也开始变得相对容易起来。而猫扑等大型图片网络社区也让原本凭借文笔才情才能知名的“网红”之路开始走向博人眼球的炒作之旅。大众对于“网红”的印象也开始转向恶搞和低俗。

2003年，念初二的钱志君因为一张斜视的脸被人拍下在网络上传播并被恶搞而走红，开启了恶搞创作的先河，他也被网友称为“网络小胖”。“被走红”的小胖没有刻意签约经纪公司进行更深度地商业推广，“网红”之路并没有给他带来经济上丰厚的回报。

而之后芙蓉姐姐的到来，将“网红”2.0时代推向了高潮。2004年，“芙蓉姐姐”史恒侠将自己的照片传到了网络社区，开始了她的“网红”之路。成名后，芙蓉姐姐积极配合各种商业推广，从单纯的网络社区火到了网络媒体，再从网络媒体火到了娱乐圈。

芙蓉姐姐之后，另一位“网红”罗玉凤“凤姐”也是“网红”2.0时代的翘楚。2009年10月下旬，她在上海陆家嘴地铁站散发征婚传单，列出的七大征婚条件令人汗颜。之后，又在网络媒体和电视台的采访中提高征婚条件并频出雷人语句。

在互联网信息可视化的浪潮下，“网红”2.0时代的网红们更能对网民造成视觉冲击和更频繁的心理震撼。同时，“网红”市场也变得成熟化，从炒作到推广，再到变现，造星的生态链已经完全专业化，行业规则也已经发展全面。“网红”的人气套现手段也由1.0时代的传统出版物获利变成了结合商业演出代言活动等方式套现。

（三）“网红”3.0时代

随着网络营销公司和“网红”推手市场竞争的白热化，“网红”门槛变得越来越低。“网红”也由原来的靠博人眼球全民皆知变成了在特定领域有过人之处。

“网红”的人气套现手段也日新月异，不再局限于2.0时代的商演代言活动等，而开始依托微博等互联网社区积攒粉丝和人气，并借机为各种品牌宣传而获利。例如猫力Molly主要在微博上传各种旅游照片和旅行文章而走红，并依托和各种品牌的合作进行植入式营销获利。

直播平台也是网红经济的新战场。以欢聚时代公司YY直播平台为例，YY中的女主播大都依靠在直播平台中的才艺表演，吸引男用户在平台中消费并借此疯狂套现。而直播平台与淘宝的结合则为“网红”变现提供了更多的方法，淘宝店主往往因为直播平台上粉丝的支持而获得不菲的营业额。

与2.0时代相比，此时的“网红”市场发展更加灵活，而各个“网红”更是如雨后春笋在不同的平台和领域涌现。“网红”的成名之路也更加便捷，依托各种不同的规则实现利益的最大化。

二、“网红”的类型及其对社会的影响

（一）“网红”的类型

“网红”的分类方式有很多种，但很多分类方式往往都有其局限性，我们倾向于使用一种立足于“网红”的消费者的分类方式。“网红”之所以存在，是因为有其受众，而人们之所以接受，是因为有需求。因此从人们的需求出发，运用马斯诺需求理论进行分类，我们能得到这样的分类：

颜值类“网红”：具体来说，指的是通过其高颜值、外表分来

获得受众喜爱的“网红”。

情绪类“网红”：我们个人在日常生活中常常需要情绪宣泄，在“网红”出现之前，大家通常在KTV、游乐场等各种娱乐场所中进行情绪宣泄。而现在，很多人用观看情绪类“网红”的直播视频等来代替。情绪类“网红”往往通过各种吐槽、发表情绪化的观点来吸引受众。这类“网红”往往利用各种自媒体进行运营（如自制视频、微信公众号文章等等）。

达人类“网红”：达人类“网红”往往有其过人的技艺，而且这些技艺往往都是大家关注的东西。事实上，现在很多的电竞“网红”都可以归为这一大类。达人类“网红”的运营方式取决于其技艺，如电竞“网红”一般通过直播平台运营。

领袖类“网红”：他们满足于受人们尊重的需求，通过自我代入满足自我需要。领袖类“网红”往往在现实中就已经有了一定的社会地位，而“网红”往往只是一种补充。领袖类“网红”的运营平台不局限于某种类型，而是在各种传播媒介都会进行经营。

虚拟IP“网红”：这类“网红”不指定于某个人的“网红”形象。举例说明，像熊本熊这种形象性“网红”，具体扮演这个形象的人并没有实际意义，人们的关注点在于这样虚拟化的形象。同样地，虚拟IP“网红”的运营主体存在广泛性，并不局限于某一平台。

（二）每一种“网红”类型的一些具体代表

颜值类“网红”：熊猫TV中的李哥、Skm破音

情绪类“网红”：毒舌电影、张大大、昌记负食

达人类“网红”：艾克里里、papi酱

领袖类“网红”：小米创始人雷军，北京普思投资董事长、熊猫TV创始人王思聪

虚拟IP“网红”：《暴走漫画》中的王尼玛、暴龙电竞中的爆炸龙

（三）“网红”对社会的正面和负面影响的一般分析

为了能更好地理解“网红”对大学生这一特定群体行为的影响，我们首先通过具体的事例来了解并总结归纳了“网红”对社会的正面和负面的影响。

在网络红人中，许许多多的人通过网络平台向社会输入乐观、励志的正能量，激励我们积极向善、努力奋斗！正能量的影响主要有：

1. 示范效应：在网络上，一些正能量的“网红”为网络上的人提供了成功之道和行为规范，让人们通过这些人来树立正确的价值观。例如：2014 年曾经因为火灾救人的时候梯子不够长，而把梯子顶在自己身体上的“顶梯哥”，就在网络上掀起了一阵助人为乐的热潮，甚至网络上有评论说：“顶梯哥，你顶起来的不是梯子，而是生命的希望。”

2. 激励效应：由于“网红”更贴近生活，给人的感觉更加真实，所以一些具有高尚品格和拼搏精神的“网红”就激励着人们去拼搏，奋发向上。例如：年龄最大的体操运动员丘索维金娜于 2016 年第七次参加奥运会，原因是为了给身患白血病的儿子筹集到足够的治疗费用。在一个本该退役的年纪坚持参加世界上最高级别的运动会，仅仅这份精神就足够让人们感动。

当然“网红”带给人们的影响并不单单是正能量的影响，还存在着很多负能量的影响主要有：

1. 错位效应：现在越来越多的“网红”出现在了网络上，甚至一些“网红”进行了无底线的直播来提高自己的知名度，从而也让一些人认为当“网红”是很简单的事情，殊不知大部分“网红”背后都有自己的幕后推手，经过了一系列有目的有计划的炒作才得以获得大量人气，然而这导致一些人过分注重享受，不注重提升自己的内在竞争力。

2. 扭曲效应：青少年在网民中占有了相当大的一部分比例，

而一些“网红”通过自己的穿着打扮以及做事方法，给了这些心智不成熟，审美正在建立的青少年错误的指向，让他们对这些东西有了扭曲的认识。例如：一名叫作刘梓晨的网络红人就是通过各种P图整容等一系列的东西来博出位，吸引观众眼球，以尖到不能再尖的下巴和大到不能再大的眼球为审美标准，人送外号“蛇精男”。虽然在网上骂他的人居多，但是不可否认的是一些人确实被刘梓晨影响，认为这些东西是好的，做成了非常不良的影响。

三、“网红”对大学生行为影响的问卷调查结果及分析

我们通过向各高校大学生发放网络问卷的方式调查了“网红”对大学生行为的影响情况，共回收了有效答卷89份。调查问卷涉及大学生对“网红”带来的社会影响的看法以及“网红”对大学生行为影响的实际情况。以下是调查问卷中具体的问题设置和结果分析：

第1题 你有喜欢的“网红”吗？[单选题]

选项	小计	比例
有	29	32.58%
没有	60	67.42%
本题有效填写人次	89	

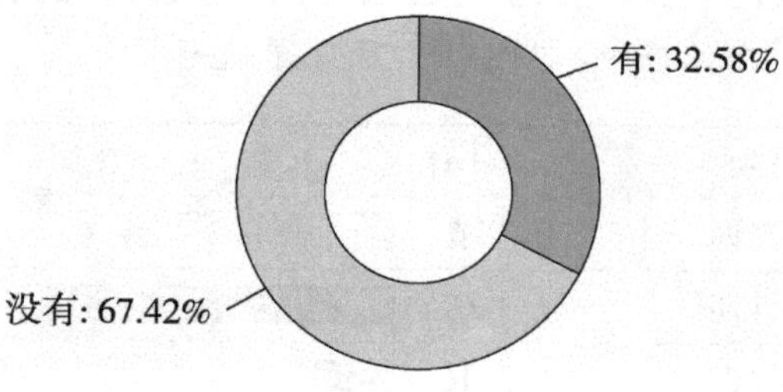

第 2 题　你每天都会关注你喜欢的“网红”的动态吗？［单选题］

选项	小计	比例
会	10	11.24%
不会	79	88.76%
本题有效填写人次	89	

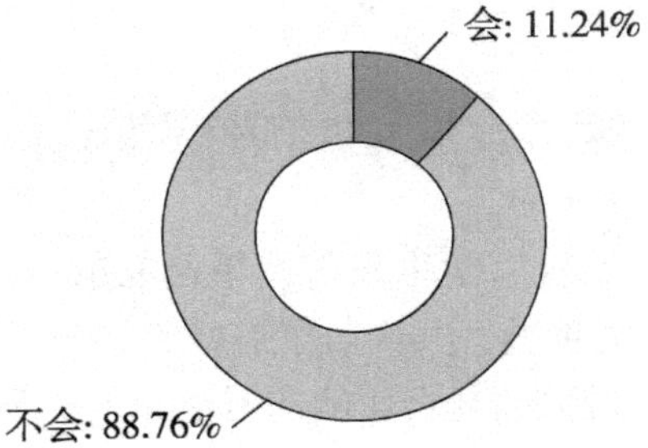

从第 1 题和第 2 题的调查结果中，我们可以看出三分之二的大学生没有自己喜欢的“网红”，但也有三分之一的大学生有自己喜欢的“网红”，在这三分之一的人中，绝大部分都不会每天都去关注自己喜欢的“网红”的动态。从这一结果我们可以发现，大学生对待“网红”并不像对待各类明星偶像之类的，会产生疯狂的追星行为。这一方面是“网红”本身影响力不足的结果；另一个方面，也是随着时代的进步、文化的发展，人们愈发理性的表现。

第 3 题　在你眼中，“网红”是［单选题］

选项	小计	比例
褒义词	6	6.74%
中性词	67	75.28%
贬义词	16	17.98%
本题有效填写人次	89	

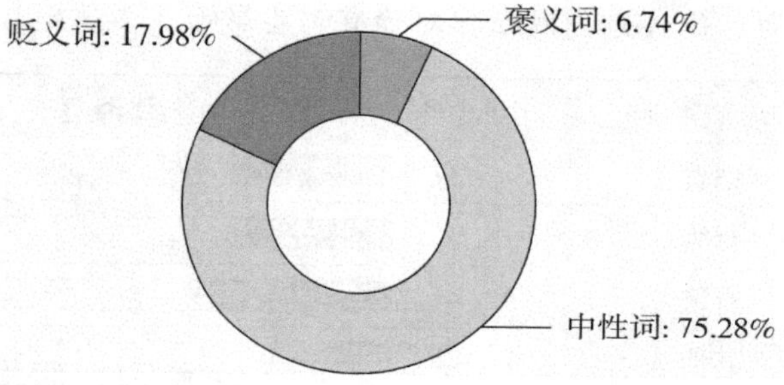

从第3题的调查结果中我们可以看出，对于“网红”这一词，在被调查的对象中，绝大部分认为这是一个中性词，只有少部分将“网红”归入褒义词或者贬义词。这说明更多的大学生采取了日益开放包容的态度，但这并不意味着只是叫好。大学生对于“网红”这一词理解不以偏概全，而是更重视每个“网红”之间的差别。

第4题 你认为“网红”对社会的影响怎么样？[单选题]

选项	小计	比例
积极	26	29. 21%
消极	37	41. 57%
没影响	26	29. 21%
本题有效填写人次	89	

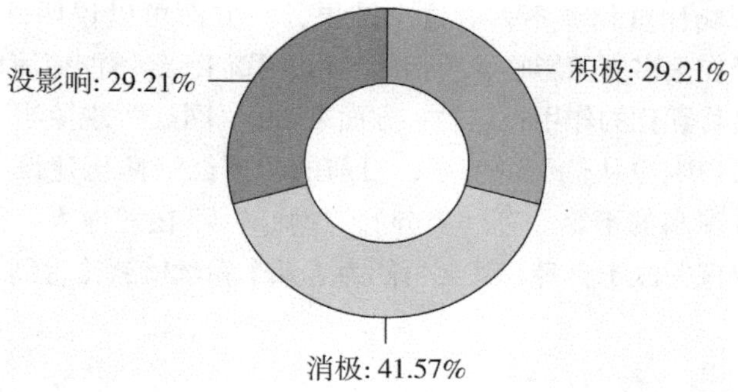

第 5 题 你认为“网红”对你有哪些影响［多选题］

选项	小计	比例
消费	37	41.57%
行为	36	40.45%
言谈	44	49.44%
其他	28	31.46%
本题有效填写人次	89	

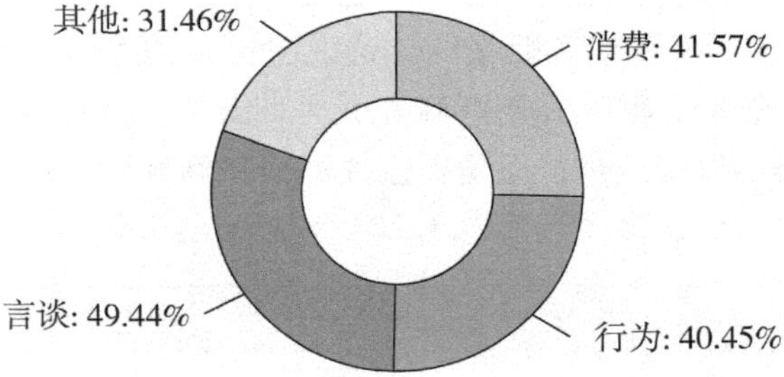

从第 4 题与第 5 题的调查结果中，我们可以发现在目前大学生认为“网红”对社会产生的影响还是以消极为主，积极的影响还不足。“网红”对人们的影响主要体现在言谈、行为、消费等方面。从调查结果可以看出，“网红”对大学生言谈、行为、消费等各个方面的影响比重相差不多。这个结果，一方面可以说明，“网红”现象已经在很多方面影响着我们的生活，我们已经不能简简单单地忽视这一潜移默化的作用；从另一方面来看，“网红”现象当下主要体现的消极影响也从侧面说明了，目前的“网红”队伍建设方面还存在着许许多多的不足。有一部分的“网红”不在意他人、社会的利益，而仅仅关注于自身，甚至可能为了几个粉丝就唇枪舌剑，污染精神世界。

四、“网红”对大学生行为影响的采访结果及分析

采访对象：在校大学生

采访地点：中央财经大学沙河校区

采访时间：2016年11月24日星期四

我们采访的问题主要为下列几个：你对“网红”的理解和定义、平时接触“网红”的渠道和方式，以及你认为“网红”对当代大学生的影响。

在采访之前，团队小组制定了详细的工作计划和做了前期准备，确定了林家豪为组长，李牧阳为副组长，崔光辉同学负责录音，赵梓钧同学负责拍摄。

在采访的过程中，我们随机采访了学校里面的同学。在对采访资料进行整理之后，我们得出了如下结论：

从我们对同学们的实际采访结果来看，大多数同学对“网红”这一词的理解是十分相似的。我们随机采访的同学都普遍将“网红”定义为依靠网络而走红的人。在问及平时接触“网红”的渠道时，绝大多数同学是通过微博、知乎等手机App来接触“网红”，一部分同学是通过看网络直播而接触“网红”，而少数同学回答时说自己平时不怎么接触或者关注“网红”的动态。在对最后一个问题“你认为‘网红’对当代大学生的影响”的回答中，几乎所有的被采访者都认为“网红”对大学生的影响是消极的。大家都认为“网红”在网络平台上发布的内容或多或少会给青少年带来价值观上的影响。当然，也有人提出“网红”不能被一棒子否决，虽然大多数“网红”都给大家传导着不良的价值观，但如papi酱等少部分“网红”在给大家带来欢声笑语的同时还能带来积极的正能量。类似于papi酱这类似“网红”应该值得肯定。

五、总　结

如今，互联网快速发展的时代催生出大量网络红人，他们或是通过外貌才艺的直播，又或是通过吐槽、情绪的发表等吸引了大批粉丝，积攒了人气。而当今大学生在很大程度上将网络作为获取信息的途径，这就导致了多数大学生会通过多种网络途径接触到“网红”，其言谈、行为、消费等多个方面会受到“网红”的影响。然而“网红”既存在着正面效应，也存在着负面影响。为了避免“网红”给大学生的行为带来负面影响，大学生自身应注意培养质疑精神，增强对“网红”的辨别能力，坚决抵制有暴力倾向、提供庸俗内容的“网红”。

（指导教师：王森）

关于“大学生与网络”问题的社会实践调查报告

实践团队：政府管理学院 2015级行政管理专业
团队成员：唐双月 郑宏鑫 尹兴龙 何友维
马启智 梅云锋 王伟光 王子豪
夏 合 蔚为豪 高钰天 徐 林

一、实践背景

随着信息技术革命的迅猛发展，互联网的全球性打破了国际与地域的限制，并已经取代了以往电视、报纸、杂志，成为一种新的媒介。据中国互联网络信息中心（CNNIC）发布的第36次《中国互联网络发展状况统计报告》，截至2015年6月底，中国网民数达6.68亿人，而其中大学本科学历占比11.8%，大学生网民达到6000多万人。网络作为大学生生活的重要组成部分，深刻影响到大学生的方方面面。对大学生的上网情况进行实践调查，能够对大学生使用网络的情况有充分的了解；在此基础上进行分析研究，能够更好地总结当前大学生使用网络的状况，提出切实有效的意见建议。网络的即时性和多样性给大学生带来丰富的信息，使大学生的生活与外界紧密相连。通过网络，学生们可以获取新闻资讯，结交新老朋友，观看电视电影，进行评论讨论、网上购物，娱乐放松自己。可以说，网络已成为自成一体的虚拟世界，几乎现实世界的所有事情都可以通过网络完成。网络给大学生的生活带来极大便利，丰富了大学生的眼界，为大学生提供更多的机会。但不可否认的是，网络也给大学生带来许多消极的问题。沉迷游戏、荒废学业早已不是新鲜的话题，为游戏动辄花费上万元人民币的也大有人在。网络暴力等错误行为也影响了大学生的身心健康，甚至造成了现实中的行为混乱。所以，对大学生上网情况进行规范引导已刻不容缓。

结合课程实际，我们需要指出的是：随着社会变迁的加剧，社会冲突不断涌现，越来越浮躁的人们也将网络作为情绪的宣泄口，大学生也是其中重要一员。一部分人凭借网络身份的不确定性，加上责任意识淡薄，在网上胡乱攻击他人，批评政府，散播谣言，这些都成了社会的不稳定因素。大学生作为民族未来的希望，在面对这些问题时必须保持清醒的头脑，维护社会稳定。

同时，当今世界东西方文化交融加快，文化对立冲突也明显加剧。西方文化通过网络不断渗透进大学生的日常生活。如何在开放的环境下既接受西方文化又保留传统文化也成为重要的研究内容。同时，境内外反华势力通过网络进行反华宣传，煽动国内暴力的事件更加不容忽视。大学生必须保持警惕，坚决抵制通过网络从事反动活动。

二、实践方法

本次实践遵循理论联系实际、深入贴近实际的原则，综合运用文献法、问卷法、结构性访谈法等研究方法，以北京地区高校为样本，并注重由特殊到一般，增强本次社会实践的现实指导意义。

（一）文献法

实践小组成员主要通过中国知网、中央财经大学图书馆和国家图书馆等获取近五年来有关网络与大学生关系、网络对大学生影响和对大学生与网络建议对策等的文献资料，分类整理，比较分析，不断凝练，在理论指导下进行了本次实践。

（二）问卷法

小组成员将在资料查找、咨询老师等基础上设计出关于当代大学生与网络的调查问卷初稿，随后发放20份进行预调查，回收后进行再修改，最终形成调查问卷终稿。本次社会实践一共发放有效问卷70份，考虑到大学生群体特点和实践主题，问卷发放和收集主要在线上进行。

（三）结构性采访法

小组成员将对数位大学生、高校老师和相关专家学者等进行采访，重点了解他们对大学生如何利用网络的看法，同时听取了他们对于如何引导大学生理性文明使用网路的建议，并且做了详细的记录和分析。

三、网络对大学生的积极影响

（一）有利于拓展获取知识的渠道 ，促进信息更新

大学的学习主要以自主学习为主，由于教学条件和课堂时间的限制，老师在课堂上无法将所讲的内容系统地传授给学生，主要是形成一种以点带面的知识网。网络技术的出现，使得学生尤其是大学生学习不再局限在上课时间，网络传输的即时性使得学生在任何时间都能获得所需要的知识，从一定程度上也使大学生摆脱了对知识权威的从众心理，更有利于创造性的发挥，进一步使学生意识到脑力劳动和创造性劳动的重要性，从而增强培养创新能力的自觉性和主动性。

（二）有利于缓解心理压力，加强人际交流

随着社会的发展，当代大学生面临着来自社会、家庭、就业等方方面面的压力，而网络的虚拟性、开放性、平等性，为他们提供了一个充分发挥自己潜力的公平竞技场。互联网的运用变革了大学生社会交往的方式，使大学生的社会交往由原来与人面对面、实打实的直接交往转变为网络虚拟世界里一对一、一对多、多对多、多对一的全方位、多角度的交往，而且摆脱了身份、种种礼节性交往规范的约束。在任何地点都可以自由地表达观点而不会受到压制，他们拥有足够的自信心证明自己的资质，甚至改变他们对待实际生活的态度，奋发向上，积极进取，追求美好人生。

（三）有利于促进个性化发展

网络交往与现实交往的最大不同在于对人本身的关注，个人成为真正自我的主体。在互联网中，每个人都是一个独立的主体，在网络交往中，大学生可以充分地发表个人的见解，开展民主平等的讨论。在此过程中，学生可以找到自己的兴趣和发展方向，也可以找到相关资料，使人自觉自愿地发展成为可能，个人聪明才智和创造性得以更好地发挥，人们更活跃，个性更自由。作为中国主要网民之一的大学生，其个性随着信息网络化的发展而得到不断丰富和充分发挥。

（四）有利于培养创新意识，促进创新创业

异常庞大的网络信息资源、迥然各异的观点思想、便捷迅速的交流手段，为信息时代下创新创业提供了天然沃土，而作为创新创业重要主体的大学生无疑更具优势。如今，国家积极推动“双创”活动，鼓励创新创业，大学生虽然身在校园，但通过互联网能了解某一方面最新发展动态，寻找最具价值的观点想法，并以此不断深入，将理念化为实际，这不仅对自身综合素质提升意义重大，而且对于整个社会、整个国家也有深远影响。梁启超说过：“故今日之责任，不在他人，而全在我少年。少年智则国智，少年富则国富，少年强则国强，少年独立则国独立，少年自由则国自由，少年进步则国进步，少年胜于欧洲，则国胜于欧洲，少年雄于地球，则国雄于地球。”作为当代大学生，我们应以此共勉，充分利用网络，发挥网络积极作用，促进自身发展，并以此推动社会进步。

四、网络对大学生的消极影响

（一）网络成瘾影响大学生身心发展

网络成瘾症是随着网络电脑不断地深入到千家万户而出现的一种新的心理疾病。一份对在校大学生的调查表明，几乎75%的被调查者有网络成瘾的倾向。美国心理学会曾对469名长时间上网的网民进行了问卷调查，网民中有6%的人患有网络中毒症。当代大学生正处于身心发展的高峰期，接受新事物的能力较强，但辨别力较弱，容易意气用事、感情冲动，自制力差。网络上一些迷人的形象、刺激的场面和离奇的情节，对青年大学生的诱惑力较大，一些大学生容易网上交际成瘾、色情成瘾、游戏成瘾和信息收集成瘾等，致使他们想方设法请假或旷课离开教室走进网吧，甚至部分学生最终出现“玩物丧志”的严重后果。网络不仅影响学习，还会影响个性形成、价值取向等深层次的东西，从而改变大学生的人生之路。随着互联网使用人数的迅速攀升，网络成瘾症的危害性应该引起人们足够的重视。

（二）过度依赖网络影响大学生人际交往能力

网络把世界联成一个纵横交错的整体，个体只要进入网络，就进入了“人—机—人”相对封闭的环境中。过度依赖网络，大学生们在很大程度上失去了与他人、与社会接触的机会，人际交往的时间越来越少，很有可能影响他们的社交能力。思想、情感的日渐封闭，久而久之，会形成网络与现实相反的双重性格，驱使他们更依赖网络来找回自我，逐渐与现实生活产生距离感。当他们脱离了网络，面对虚拟的网络大相径庭的现实生活时，极易产生情绪紧张、孤僻、冷漠以及其他不健康的心理问题。

（三）过度依赖网络会造成大学生道德缺失和违法犯罪

在现实生活中，人们的言行都要受到法律、法规、道德行为准则的约束和监督；而虚拟的网络，由于监督措施不完善，为大学生的“劣根性”的滋生提供了土壤和空间，致使一些得到“自由”的大学生在虚拟环境的掩护下从事种种不正当的活动。如发布虚假信息欺骗他人；利用互联网造谣中伤他人，败坏他人名誉；非法进入他人的网络系统，破坏他人的数据和资料；非法窃取机密，制造、传播病毒等。这不但严重地影响着社会的稳定和网络自身的发展，而且毒化了社会的伦理道德风气，严重的还会构成违法犯罪。

五、实践数据综合分析

（一）结构性采访记录定性分析

小组实践采访了包括同学、老师和专家学者等在内的多方主体，为后面多元主体分析问题、得出多样化建议对策提供理论来源与参考。

全部受访者都明确表示，网络时代已经来临，网络与大学生生活密切相关。同时也指出现阶段我国网络发展不到位，网上环境需要整治。比如受访者刘庆东老师认为“首先要承认现代生活已经进入信息化、网络化时代，网络是最快的物质基础。从这个角度来说，大学生离不开网络。大学生所处的世界有两个部分，一个虚拟世界，一个现实世界。”另外老师和专家学者从实际角度也鲜明指出沉迷网络的危害，用事例说话：受访者罗海元老师谈到“我带过的一个学生，他过度沉迷于网络游戏。他在大学期间花了很多钱。我去过他们宿舍三次，每一次他都在打游戏。结果到毕业的时候，他还有两门课没过。”

但在关于如何净化网络环境、解决大学生过度依赖的问题上，受访者意见出现了较大分歧，各位受访者分别从不同角度看待问题，提出的看法与建议也各有特色。刘庆乐老师认为政府应该建立多元价值观下的一个底线，要求网络平台不能超越法律界限、伦理和道德底线，对信息进行分级管理，但不能过分强调主流，扼杀网络多样性，不然会造成逆反。刘老师还提到大学生自我管理与约束问题。罗海元学者认为网络建设的重中之重就是国家要加强对网络的监管，还举了搜索引擎的例子说明，“首先，主流的搜索引擎对用户的消息推送，对大学生来说具有一定的引诱性；其次，网络信息平台未能正确发挥对用户的积极信息的引导以及规避不良信息的作用。比如前一段时间发生的百度‘莆田系医院’竞价事件，在社会公众之间造成了恶劣的影响，使得社会公众对网络信息等平台的信任度大打折扣，也对网络的发展造成了负面影响”。

对于收集到的大量文献，我们首先按主题进行了大致梳理、分类，再深入文章中，以“网络对大学生的积极影响”、“网络对大学生的消极影响”、“大学生与网络文化”、“大学生如何合理使用网络”和“如何引导大学生合理使用网络”等主题摘录、整理，最后全组同学开会讨论分析。在整理分析文献中，我们小组发现高校在大学生与网络问题中发挥着重要作用，同时也是高校对大学生进行思想政治教育中应大力加强的重要问题，值得深入研究。

（二）问卷量化分析

本次社会实践共发放 75 份问卷，有效回收 70 份，回收率 93.3%。问卷共 16 道客观题、1 道主观题，主要围绕大学生使用网络各项基本情况、自我对网络的认识以及网络对大学生的影响和对策。问卷进行过预调查（预调查 10 份问卷数不计入回收数），根据预调查结果和老师指导意见最终确定了问卷终稿。

有关基本情况的调查表明，有一部分学生可以有效地控制上网时间和上网次数，而且上网的主要目的在于搜集学习资料。在问题 5“您上网的主要目的是什么”，近 73% 的同学选择了“听音乐看电影”，只有45.71%的同学选择“看新闻”，当然也有71.43%的同学选择“学习、查资料”。这突出反映出网络的两面性：一方面，信息资源丰富多样，环境宽松自由，虚拟无现实压力；另一方面，由于它的即时性、跨越时空性，发展而来的网上自主学习、网上教育等对大学生而言也是一笔宝贵的财富。

有关网络的主要积极影响方面，调查者认为网络可以开阔视野、拓宽对外交流和促进青少年个性化发展的同学占绝大多数，其中认为网络“可以开阔视野”“可以拓宽对外交流”的分别占据到91.43%、84.29%。但是在大学生自己看来，网络并不能促进自身学业进步，这一点所反映的问题很深刻，为什么前面大学都怀着上网查资料学习的目的，但结果却对自身学习没有益处了？一个重要原因便是大学生自制力不够强，抵制诱惑能力还需要锻炼，需要将目的与行为相统一，达到知行合一。

有关网络的消极影响方面，第12题“您认为迷恋于虚拟网络最主要的负面影响是什么”，高达97.14%的人选择“影响睡眠，体力透支”，这与大学生熬夜上网习惯密切相关，也确实是当今大学生的一个通病。很多学校通过晚间断电、断网等措施预防，但实践证明，效果仍然不佳，这值得深入思考。还有一个需要注意的是，大学生自身并不认为网络不会影响到自己的心理层面，对自己的道德和价值观影响也小（认为“心理健康受到了影响”的占比为38.57%，认为“产生消极的道德和价值观念”的占42.86%）。这一点与我们查到的大部分资料内容存在出入，经过我们调研，发现大部分是因为大学生对自身心理认知不全面，缺乏明确标准，没有专业老师指导，属于系统误差。

第15题中“你对网络的迷恋程度”，74.29%的同学选择“是生活中的一部分”选项，这印证了网络已然成为大学生生活中重要的一部分，不可或缺，也说明了本次社会实践的重要意义与价值。

六、多元主体视角下对策建议

（一）大学生自身角度

1. 自觉树立主体意识，提高认知力

大学生学习动机需要自己调整，要从自我提高的角度进行网络学习，克服各种学习困难并抵制网络诱惑。唤醒主体意识，增强责任感和使命感，端正自己的上网动机，面对自己所需的信息，要具备检索、评价、评估和有效利用信息的综合能力。在利用网络之前，首先给自己设立一个坚实有效的“防火墙”。

2. 积极参加课外活动，培养高尚志趣

课余生活是大学生生活的重要组成部分。据小组调查了解到，大学生之所以沉迷于网络，一个重要原因便是受到宿舍、食堂、教室三点一线的单调学习生活的束缚和压抑。通过参加多种多样的课外活动，劳逸结合，宣泄学业压力，施展自己的才华，广交朋友，分散对网络的注意力。

3. 了解国内外大势，培养网络安全意识

在信息化大背景下，伴随着全球化、多极化的不断推进，世界形势处于快速变化转型进程中。我国现阶段进入全面深化改革的“深水区”，面临的国内外压力异常严峻，需要大批勇于创新、坚持改革和具备国际视野的新生人才。大学生作为社会主义事业接班人，必定要担起历史重担，“眼观六路、耳听八方”，在时代的改革浪潮中不断砥砺前行。习近平总书记在主持召开网络安全和信息化工作座谈会时鲜明提出国家网络安全观，其中重要一点便是构建具有全球竞争力的人才制度体系，“网络空间的竞争，归根结底是人才竞争”，这对我们青年学子加强网络安全意识培养提出了更高要求，迫切要求我们从现在开始就自觉树立网络安全意识，学习网络安全知识，掌握网络安全技术，为国家网络安全战略贡献一份力量。

（二）高校角度

1. 将网络教学与思想道德教育有机结合

学校应高度重视思想政治教育进网络的工作，将思想道德教学融入网络教育之中。随着网络社会的日益发展和渐趋成熟，学校可以借助于多种多样的网络载体，对广大学生进行网络道德教育，培养学生信息甄别能力和是非判断力，鼓励学生进行网络道德教育的创新，养成道德自律，从而规范学生网络行为，使学生在学习网络技术、提高网络应用能力的同时，达到提高个人思想道德素质的目的。

2. 制定相应管理措施，规范网络行为

所谓“没有规矩不成方圆”，针对大学生上网成瘾、贻误学业等现象，学校应制定相应管理制度及措施，引导学生积极学习，养成良好的学习及生活习惯。同时，针对网络上的不良信息，学校应该加大网络安全技术开发力度，充分发挥科学技术的力量，采取技术性防范措施，实时监控，充分利用监控软件剔除网上不良信息，有效控制不良信息的传播，净化学校内部网络环境。还有，学校应该加强大学生网络法律及道德教育，引导学生规范自己的网络行为，争做文明网民。

3. 重视大学生网络心理教育，引导健康上网

重视网络心理教育，主要是帮助大学生网民化解心理矛盾、减少心理冲突、缓解心理压力、优化心理素质，使他们保持良好的心理状态，形成良好的个性和思想品质，促进人格的成熟及人的全面发展。大学生网民的“网络孤独症”“网络饥渴症”等心理疾病问题逐渐增多，必须以网络为依托开展网上心理教育，如开设心理咨询网站，或者将网络文明、网络道德、网络交往方式等引进课堂，让同学们各抒己见。加强正面引导，注重对大学生的情感教育等等，及时地发现问题和解决问题。

（三）社会角度

1. 净化社会环境，净化网络环境

从本质上说，网络环境是社会环境的再现，网络属于意识形态，决定于社会经济基础。从这个角度出发，我们认为净化网络环境的根本对策在于净化社会环境。当然，社会十分复杂，而且与网络环境有很多不同之处，仅仅靠大学生自身提升来抵御社会方面的不良影响显然是不够，需要整个社会重视起来，需要的是对社会未来负责的态度，需要的是呵护大学生的社会切实行动。

2. 规范互联网行为，完善互联网法制建设

利用技术和法律手段来规范互联网行为，优化和净化互联网环境，把自由市场化的互联网空间现状改变为有一定秩序且能够管理、监控的互联网环境。首先，采用先进科学技术对互联网信息进行审查、选择、监督，构筑互联网“防火墙”。其次，加强法律控制，用法律手段震慑互联网犯罪行为，鼓励规范的互联网行为，净化互联网环境。最后，加强网络法制宣传，让学生具备网络法制意识，合理利用网络资源，加强自身抵抗力。

附　录

（一）关于网络对大学生影响的调查问卷全文及分析

1. 您现在大几（　）［单选题］

选项	小计	比例
A. 大一	22	31.43%
B. 大二	46	65.71%
C. 大三	0	0%
D. 大四	2	2.86%
本题有效填写人次	70	

2. 您平均每天上网多长时间（　）[单选题]

选项	小计	比例
A. 半个小时以内	2	2.86%
B. 1 个小时	6	8.57%
C. 1—2 个小时	16	22.86%
D. 2 小时以上	46	65.71%
本题有效填写人次	70	

3. 您上网的频率？（　）[单选题]

选项	小计	比例
A. 经常	54	77.14%
B. 一天一次	11	15.71%
C. 几天一次	2	2.86%
D. 一星期一次	3	4.29%
本题有效填写人次	70	

4. 网费来源（　）[单选题]

选项	小计	比例
A. 打工，外快	4	5.51%
B. 节衣缩食	3	4.29%
C. 零花钱	48	68.57%
D. 其他	15	21.43%
本题有效填写人次	70	

5. 您上网的主要目的是什么？（　）［多选题］

选项	小计	比例
A. 学习、查资料	50	71.43%
B. 聊天交友	50	71.43%
C. 看博客空间社区	22	31.43%
D. 看新闻	32	45.71%
E. 听音乐、看电影	51	72.86%
F. 其他	28	40%
本题有效填写人次	70	

6. 您是否认为自己沉迷于网络？（　）［单选题］

选项	小计	比例
A. 是	14	20%
B. 有一点	43	61.43%
C. 没有	13	18.57%
本题有效填写人次	70	

7. 您上网的主要场所？（　）［单选题］

选项	小计	比例
A. 网吧	1	1.43%
B. 宿舍	59	84.29%
C. 电子阅览室	1	1.43%
D. 其他	9	12.86%
本题有效填写人次	70	

8. 您是否难以控制自己的上网时间？［单选题］

选项	小计	比例
A. 经常	12	17.14%
B. 偶尔	46	65.71%
C. 从不	12	17.14%
本题有效填写人次	70	

9. 您是否认为自己在网络世界和在现实世界中有很大差别或判若两人？（　）［单选题］

选项	小计	比例
A. 没有	30	42.86%
B. 有点	32	45.71%
C. 较明显	6	8.57%
D. 很明显	2	2.86%
本题有效填写人次	70	

10. 您除了上网有其他兴趣爱好吗？（　）［单选题］

选项	小计	比例
A. 有	67	95.71%
B. 没有	3	4.29%
本题有效填写人次	70	

11. 您认为网络的发展对青少年的积极影响是（ ）［多选题］

选项	小计	比例
A. 可以开阔视野	64	91.43%
B. 可以拓宽对外交流	59	84.29%
C. 可以促进青少年个性化发展	50	71.43%
D. 可以促进学生的学业	34	48.57%
本题有效填写人次	70	

12. 您认为迷恋于虚拟网络最主要的负面影响是什么？（ ）［多选题］

选项	小计	比例
A. 影响睡眠，体力透支	68	97.14%
B. 人际关系的淡化	38	54.29%
C. 产生消极的道德和价值观念	30	42.86%
D. 成绩下降，学业荒废	50	71.43%
E. 心理健康受到了影响	27	38.57%
F. 其他	16	22.86%
本题有效填写人次	70	

13. 您认为网络能否代替你的一切兴趣爱好吗？（ ）［单选题］

选项	小计	比例
A. 能	2	2.86%
B. 不能	66	94.29%
C. 不知道	2	2.86%
本题有效填写人次	70	

14. 您有通宵上网的经历吗？（　）［单选题］

选项	小计	比例
A. 从没	28	40%
B. 有过一两次	23	32.86%
C. 偶尔	15	21.43%
D. 经常	4	5.71%
本题有效填写人次	70	

15. 您对网络的迷恋程度（　）［单选题］

选项	小计	比例
A. 一天都离不开	6	8.57%
B. 是生活的一部分	52	74.29%
C. 可有可无	12	17.14%
D. 完全不需要	0	0%
本题有效填写人次	70	

16. 您是否认为没有网络生活将无法继续？（　）［单选题］

选项	小计	比例
A. 没有	12	17.14%
B. 轻微	36	51.43%
C. 较明显	16	22.86%
D. 很明显	6	8.57%
本题有效填写人次	70	

17. 请您谈谈大学生如何才能避免网络带来的危害而更加有效地利用网络资源？[简答题]

（二）针对“大学生与网络”的采访记录

1. 采访刘庆乐老师的相关记录

（1）您觉得大学生和网络处于一种什么样的关系才能更好地促进大学生的成长？

答：首先要承认现代生活已经进入信息化、网络化时代，网络是最快的物质基础。从这个角度来说，大学生离不开网络。大学生所处的世界有两个部分，一个虚拟世界，一个现实世界。那么，大学生怎么去面对现实世界，怎么去面对虚拟世界呢？对于虚拟世界，如果过于投入，就会逐渐沉迷于其中，无法自拔。我认为网络交往具有平面性，例如人和人之间的关系，人人生而平等，愿意你就交往，不愿意你不交往，它不会受现在的等级观念的束缚。为什么虚拟世界和现实世界有距离呢？就是因为它不受世俗观念的约束。所以，一旦你把网络当成现实，可能在网络上你生活得很好，但现实生活中你就不能体会到这种美好。如果大学生完全生活在一个网络社会中，他们会成为一个特殊的群体，迷失现实，对个人和社会的发展都是不利的。归根结底，面对网络，大学生自我的能力是非常重要的。

（2）基于当前大学生与网络之间的关系，您对今后的网络建设有什么建议吗？

答：社会价值观的多元化是一个常态。但政府应该建立多元价值观下的一个底线。网络和现实是一样的，在网络中过度宣扬主流价值观，大学生在心理上就会产生逆反。大学生很特殊，他们可上可下。政府应当要求网络平台不能超越法律界限、伦理和道德底线，对信息进行分级管理，不同的群体有不同的标准，例如大学生的信息成人化。我不认为将大学生作为小孩子去培养，非礼勿听，非礼勿视，这样培养出来的人是有问题的，因为他需要一直保护。

对于大学生本身而言，他们应当努力做到这几点：具有明辨是非的能力，在价值观和世界观塑造过程中，从老师和专业中学习，学好专业；形成网络平等观念，每个人都有权利加入；塑造小环境，洁身自好，改变小环境，例如微信群等；建立客观公正的标准，不要受网络的过度情绪化影响。

采访照片

2. 采访罗海元老师的相关记录

（1）您认为大学生和网络之间应当处于一种什么样的关系，才能更好地促进大学生的成长？

答：网络对大学生的影响是显而易见的。我举个例子吧，我带过的一个学生，他过度沉迷于网络游戏，他在大学期间花了很多钱。我去过他们宿舍三次，每一次他都在打游戏。结果到毕业的时候，他还有两门课没过。

从例子里我们就可以看到网络对大学生的影响。但是从某种程度上来说，网络对大学生的促进作用越来越明显。那么，怎样正确引导大学生运用好网络呢？首要的一点是大学生要明确自己的主业。比如利用网络做文献搜索，图书馆的数字化信息检索等。对于网络的运用方面存在的问题，我认为主要是大学生自我的关注度不够，投入不够，其次是学校、家庭、老师等外部力量的引导不够。大家都知道网络的正面作用和负面作用，要良好地运用网络，不仅取决于个人的自律，也和他人的引导有关。大学生群体中的个体对群体的影响很大，因此要多管齐下，才能改善大学生和网络的关系。

（2）基于当前大学生和网络之间的关系，您对今后的网络建设有哪些建议呢？

答：我认为网络建设的重中之重就是国家加强对网络的监管。在这方面，以各大主流搜索引擎为例。首先，主流的搜索引擎对用户的消息推送，对大学生来说具有一定的引诱性。一些不良信息在经过筛选后可能对大学生用户造成不好的影响，不利于他们的心理健康发展。其次，网络信息平台未能正确发挥对用户的积极信息的引导以及规避不良信息的作用。比如前一段时间发生的百度“莆田系医院”竞价事件，在社会公众之间造成了恶劣的影响，使得社会公众对网络信息等平台的信任度大打折扣，也对网络的发展造成了负面影响。简而言之，网络上的信息传播、交流等平台商业性氛围浓厚，这样不利于整个社会的信息流通和交互，更不利于整个社会的健康良好发展。

（指导教师：王淼）

网络直播及对大学生行为影响探究

实践团队：财税学院　2015级国际税务专业
团队成员：何　熙　王永明　张超前　张跃耀　彭　帆
张宝华　朱肖岳　王永旭　烟宏波

一、网络直播发展历程及现状分析

（一）网络直播概念界定

网络直播是新兴的高互动性视频娱乐。这种直播通常是主播通过视频录制工具，在互联网直播平台上，直播自己唱歌、玩游戏等活动，而受众可以通过弹幕与主播互动，也可以通过虚拟道具进行打赏。

（二）网络直播发展历程

如果要给国内互联网行业进行一次梳理的话，网络直播必然是其中较为古老而又步履蹒跚的行业。作为很早就有的互联网形态，自从电脑大面积普及摄像头之后便悄然诞生。在聊天室后期出现的房主视频聊天模式，几乎可以被看成秀场直播的雏形，而之后的“平民秀场”，正式让网络直播形成一个独立的产业。

网络直播行业的演进过程可以划分四个阶段，直播1.0时代、直播2.0时代、直播3.0时代到直播4.0时代。

直播1.0时代——传统秀场/重度秀场

网络直播起源于视频聊天。在最初的QQ聊天室里，网络主播为自己的聊天形象装饰打扮，粉丝为虚拟商品付费，这种形式就是网络直播1.0时代。

网络直播行业的演进过程①

直播2.0时代——游戏直播 & 移动直播

这个阶段以《英雄联盟》《DOTA》等游戏为代表，形成了一种多人同时在线竞技的游戏模式，于是产生了社交需求，学习、提升游戏水平/提高段位的需求，游戏视频本身内容的可观赏性等因素催促了游戏直播平台的诞生。

直播3.0时代——泛生活“直播+”

现阶段，直播向“直播+”演进，如社群经济、移动直播等。即：随着智能手机和无线网络的发展，网络直播不再限制于固定场景，直播平台也向更广泛的文化娱乐消费领域渗透，网络直播进入越来越多的细分行业，如直播+医疗、直播+旅游、直播+购物等。

直播4.0时代——VR直播

这个阶段，视频直播与VR技术结合，网络直播进入新阶段。与普通视频平面化的特点相比，VR直播图像丰富，情景逼真，用

① 资料来源：产研智库。

户能够沉浸到直播现场环境，直播质量提升。

（三）网络直播的商业模式

网络直播商业模式

商业模式	说明	直播 1.0	直播 2.0	直播 3.0	直播 4.0
虚拟道具	道具打赏、社交等级体系	+ + +	+ + +	+ + +	+ + +
互动营销广告	品牌广告，类似在线视频	+	+ +	+ + +	+ + +
游戏联运	和游戏厂商合作，观看游戏直播时候可以进入联运游戏，更有可能做分发		+ +	+ +	+ + +
会员订阅	支付一定费用，享受去除广告会员等特权		+	+ +	+ +
电子商务	粉丝经济，推销商品	+	+	+ +	+ + +
购物	现场直播版淘宝			+ +	+ + +
前向收费	用户付费将发展到后向付费同等规模		+	+ +	+ + +
O2O	移动直播版英团视频直播版 OTA 教育医疗安防 ETC				
赛事竞猜	投注，竞猜		+	+	
平台专用硬件（播/看）	直播摄像头/麦克风或更高阶 VR 设备			+	+ +

（四）网络直播的市场现状

1. 市场规模

近两年来，网络直播迅速发展成为一种新的互联网文化业态。

2015 年，全国在线直播平台数量接近 200 家，其中网络直播的市场规模约为 90 亿，网络直播平台用户数量已经达到 2 亿，大型直播平台每日高峰时段同时在线人数接近 400 万，同时直播的房间数量超过 3000 个。

2. 市场新态势

（1）明星 + 视频直播，放大叠加品牌价值及宣传效果。

从 2015 年开始，视频直播软件已在大众的娱乐生活中悄然走红，网络主播们通过手机摄像头，即时与粉丝聊天互动，让网友见识到移动直播的魅力。到了 2016 年，越来越多的明星也开始参与到这场狂欢中来。

毫无疑问，直播是一个将明星 IP 品牌价值放大的平台，是继博客、微博、小咖秀之后兴起的又一绝佳的自媒体平台。明星 + 视频直播的方式，将会成为娱乐界的一大“吸粉利器”。

（2）PC 端用户大量转向移动端

随着智能手机硬件的不断提升，手机、ipad 等移动设备已经逐渐成为人们日常使用最为频繁的硬件，用户体验度也越来越好，使得网民活跃度有较为明显的提升，重度用户数量也在剧增。2016 年，大量的 PC 端用户基本已经完成向移动端转移。

（3）资本的迅猛注入

在资本市场的支持下，网络视频直播市场也开始了烧钱大战，已达到快速占领市场的目的。其中对于内容上的投入更是各家投入的焦点，尤其是拥有粉丝量的优质主播，将是未来两年游戏直播行业争夺的重点。

（五）网络直播的发展趋势——“直播 +”将成为新常态

目前网络直播大多是以“网红”直播为主的泛娱乐直播，但网络直播的巨大前景在于直播与现有平台、领域、商业模式结合后的应用场景。不仅在形式上丰富了行业产品的展示内容、提高了用户体验，更能帮助商家将用户的直播观看行为转化为购买行为。通过在行业与平台中加入直播功能，突破时间、空间限制，用户能产生身临其境、所见即所得的现场体验感，更加沉浸到直播现场中，更能提起用户的兴趣和互动欲望。这种嵌入直播功能或垂直化直播业务不仅能够有效地提升用户在线时长，还能扩大平台边界，使平台资源最大化。

二、研究目的

随着时代的发展，互联网已经越来越多地融入了人们的生活当中，现在的我们已经步入了“互联网 +”时代。相信在不久的未来，网络媒体完全有可能发展为同现在的电视媒体一样甚至全面超越电视媒体的主流媒体。到那时候，网络直播作为网络媒体中的一项“泛娱乐”节目必定会受到更多的关注、被发掘出更多的利益，成为整个社会的热点。而大学生又是参与直播现象的主力军。我们进行的该项探究，将有助于当代大学生了解该产业。我们通过对资料的整理和分析发现，现阶段网络直播行业虽然在高速发展，整个网络直播市场也在不断扩大，但是在这繁荣的景象背后却暴露出诸多的问题，网络直播的规范化问题亟待解决。在近年来的网络直播中，淫秽信息传播不断、违法现象频发、言论过激不和谐、市场竞争机制不健全。对于一个刚刚起步的行业来说，这些问题的解决方案都需要慢慢地摸索并不断地进行尝试。在此，我们试图提出一些帮助性建议：一是要建立健全相关的法律法规，从立法的方面来保证网络直播的规范化运行，同时以便在解决部分问题的时候有法可依，有据可循；二是要严格执法，一旦发现问题要尽快妥善处理，新的问题更是可以作为以后执法的经典案例；三是各大网络直播平台需要严格控制主播数量，提高主播素质，严格执行相关规定，良性竞争，合作共赢；四是社会各界需要辅助有关部门对网络直播进行监督，防微杜渐。只有政府部门、网络直播平台、所有的主播和观看直播的各位网友通力合作，网络直播的规范化才能得以保证。

三、问卷调查与采访调查及相关分析

针对网络直播存在的现实问题和直播与大学生生活的关联性，我们设计并发放了调查问卷，希望以身边的同学为调查样本，根据设计问题的思路得到有关直播在当今大学生生活中的影响以及大学生对之的态度等一手资料。并且针对问卷调查中的问题以及问卷中没有展现的问题，我们对一些同学进行了深入采访。

（一）部分问卷内容及相关分析

第 1 题　您何时开始接触直播？［单选题］

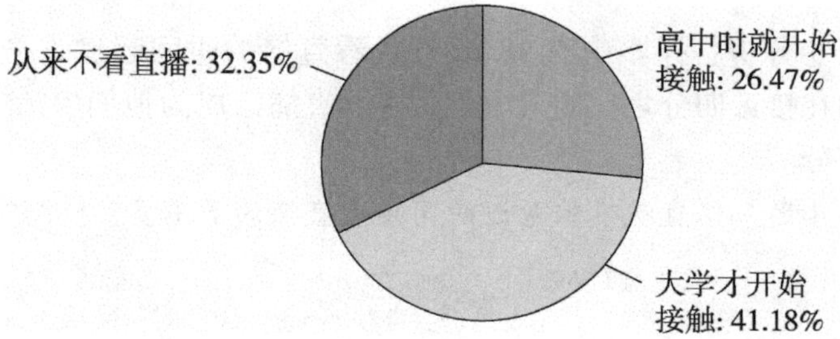

第 2 题　什么时候喜欢上了直播？［单选题］

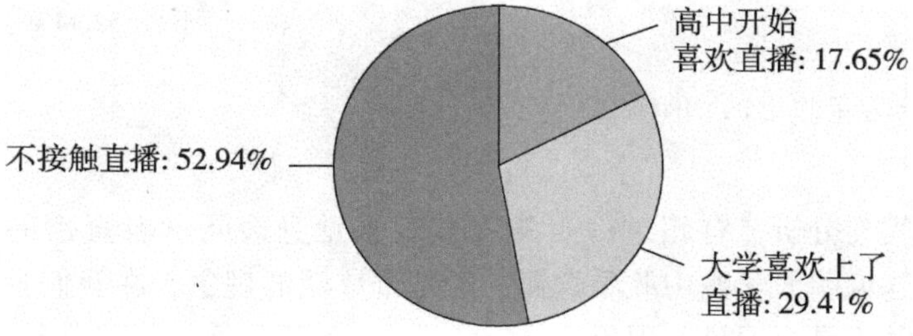

问卷分析：综合第 1、第 2 题，大部分人是从大学开始接触直播的，约为高中接触直播的 1.55 倍。同样，大部分人是从大学喜欢上直播的，约为高中喜欢上直播的 1.66 倍。这说明大学时期是接触直播并喜欢上的主要时期。当然，有超过一半的人并不喜欢看直播。

第 3 题　您每天接触直播的时间大约是多少？［单选题］

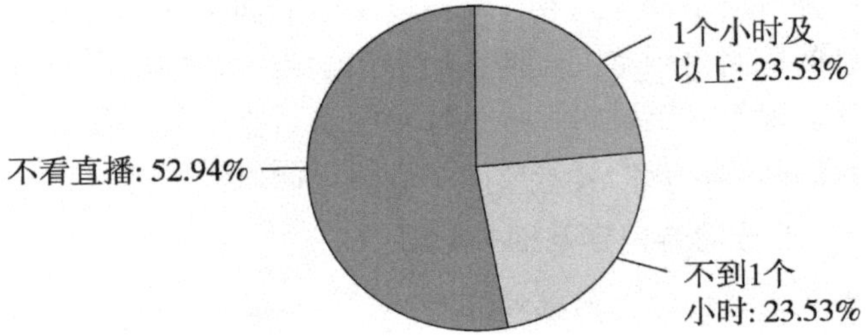

问卷分析：样本中有 23.53% 人看直播的时间超过 1 个小时，这说明在接近四分之一的人群中，观看直播已成为他们生活中重要的一部分。

第 4 题　您直观感觉身边的同学看直播的多不多？［单选题］

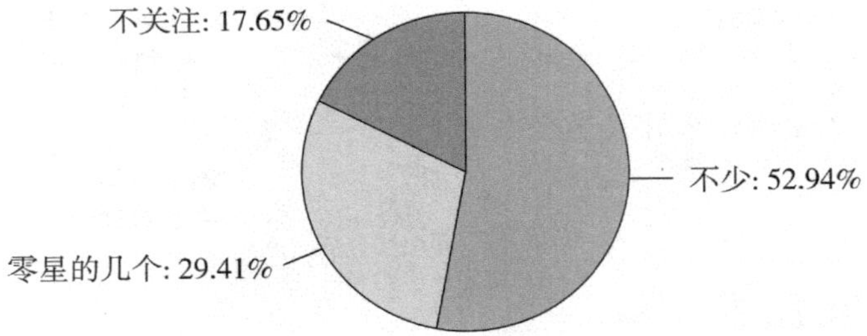

问卷分析：有超过一半的人直观感觉身边同学看直播的有不少，这说明大学生中敢看直播已经是个广泛的现象，在我们日常生活中并不是个罕见的现象。

第 5 题 身边同学都是什么时候开始看直播的呢？［单选题］

问卷分析：结合第 2、第 5 题，综合了本人的基本情况与周围同学的观察判断，大学时期是接触直播的主要时期。

第 6 题 您身边的同学每天大约花多长时间在直播上？［单选题］

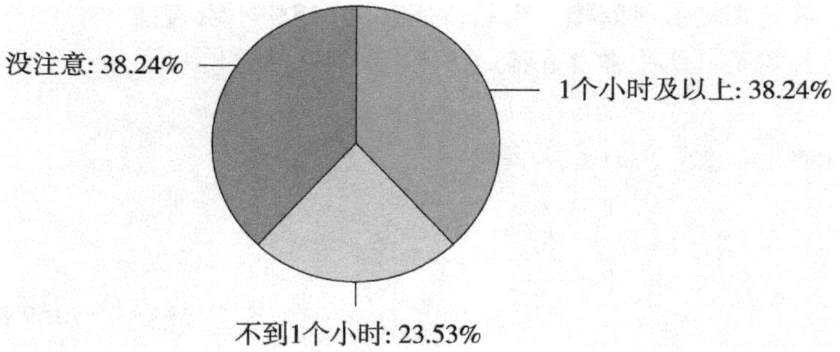

问卷分析：排除 38.24% 的“没注意”的样本，有关注的 61.76% 的样本中，身边同学花在直播时间超过 1 小时的占 61.91%。不过，在“没注意”的样本的数据中身边的同学花在直播上的时间值得商榷，因为如果看直播的时间长，应该很难注意不到。但综合来说，直播已成为许多大学生生活中不可分割的一部分。

第 7 题 您和您身边的同学一般都什么时候看直播呢？［多选题］

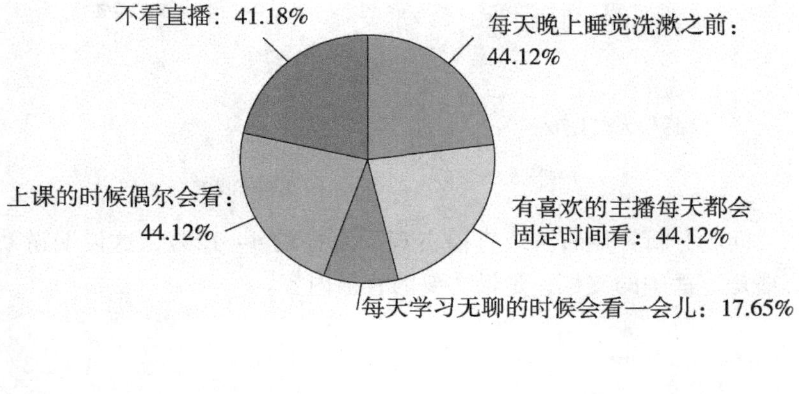

问题分析：从观看直播的时间中可以看出，有接近一半的人有喜欢的主播，固定时间观看直播，这说明观看直播已成为有些大学生的习惯。有44.12%的人学习无聊之时看直播，洗漱之前看一会儿直播，这说明直播是大学生课余之间休闲的一种重要方式。有17.65%的人在上课时还偶尔看直播，这说明直播影响之深重，其对学习的影响值得商榷。当然，还有41.18%不看直播。

第8题　您平常看直播的方式？［单选题］

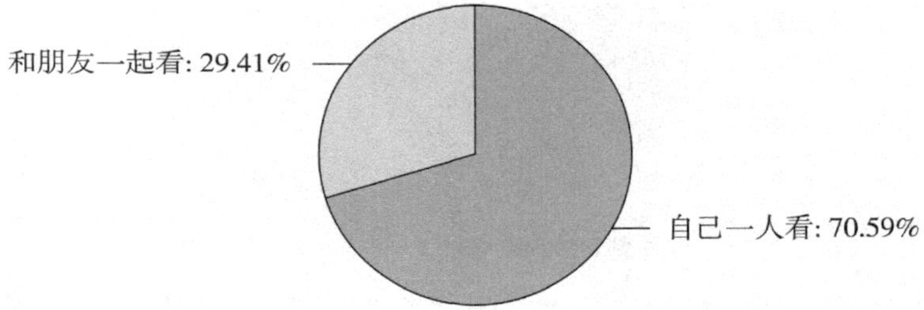

问卷分析：70.59%的人是独自观看直播，这说明独自观看直播是大学生观看直播的最主要方式。

第9题　您观看直播的内容？［单选题］

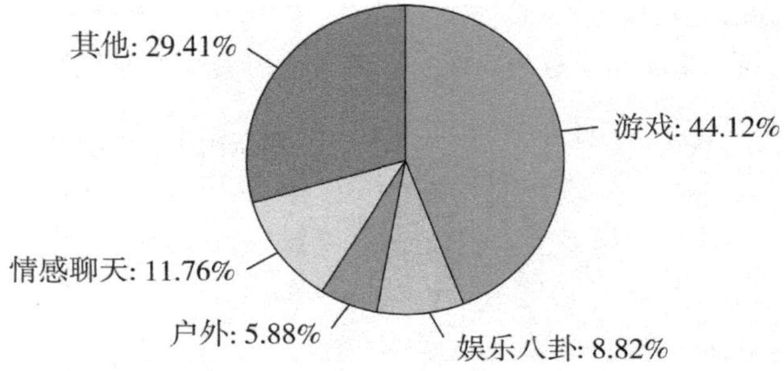

问卷分析：观看游戏直播占观看直播的44.12%，这说明游戏直播是直播中的支柱，是最主要的直播内容。

第 10 题　您觉得一起看直播比独自看好吗？［单选题］

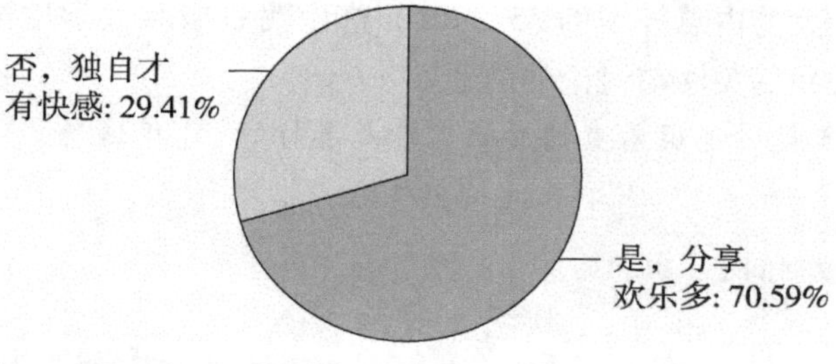

第 11 题　您注重直播内容的分享吗？［单选题］

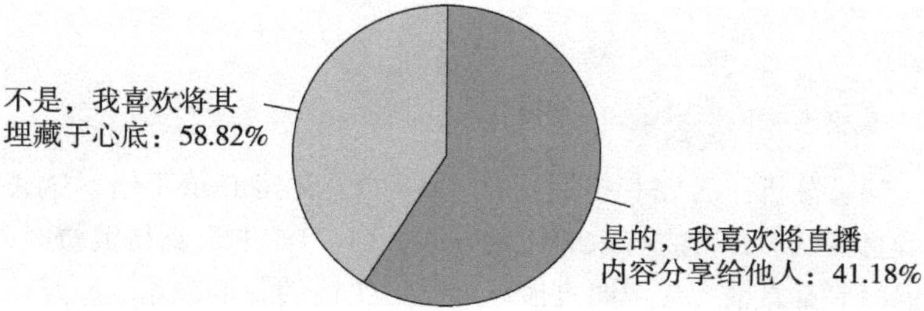

问卷分析：结合第 8、第 10、第 11 题，虽然绝大多数人独自观看直播，但是 70. 59% 的人认为一起观看直播的观感较好，58. 82% 的人喜欢将直播的内容分享给他人。从中我们或许可以得出一个结论，观看直播可能成为一种群聚行为，类似一起看球赛，交流直播内容或许成为大学生交流寒暄的方式之一。

第 12 题　您觉得观看直播对您生活的影响程度？［单选题］

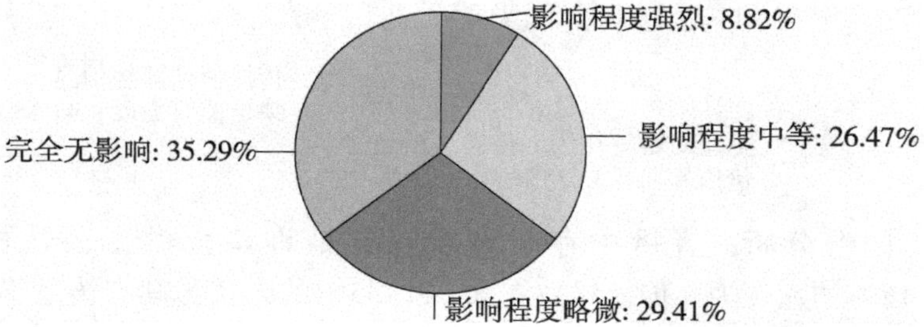

问卷分析：观看直播对 64. 71% 的同学有影响，直播对生活影响程度较大的占总样本的 35. 29%，这说明直播对大学生生活的影响是值得我们关注与讨论的问题。

第 13 题　您观看直播后的心情是怎样的？[单选题]

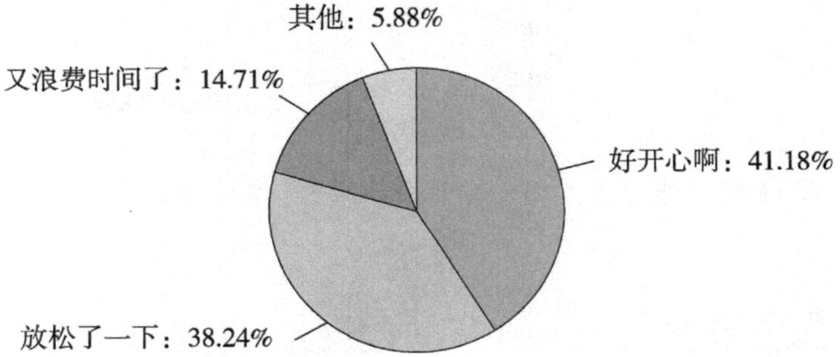

问卷分析：看完直播后，41. 18% 的人觉得心情不错，这说明观看直播是一种行之有效的休闲方式。14. 71% 的人觉得浪费时间，但依旧要看直播，这说明直播对大学生生活的影响深重。5. 88% 的人在该问题上选择“其他”。

第 14 题　您觉得直播中存在什么问题？[单选题]

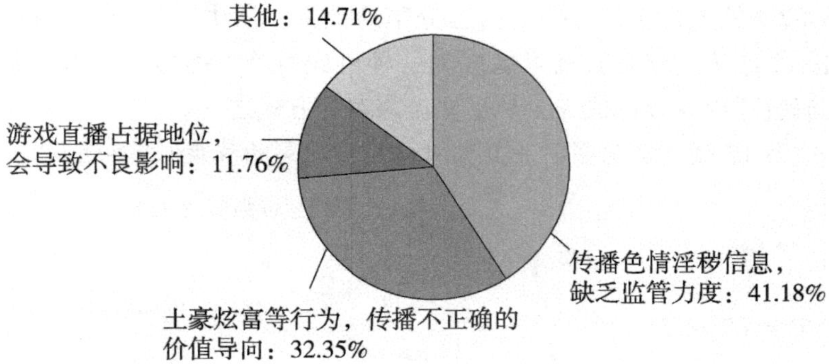

问卷分析：直播中存在许多问题是许多大学生公认的，41. 18% 的人认为其传播淫秽信息，32. 35% 的人认为其有传播不正

确价值导向的害处。这说明直播必须加强监管与审核，同时对网友的某些行为应有监督。

第 15 题 您认为观看直播对大学生的利与弊？[单选题]

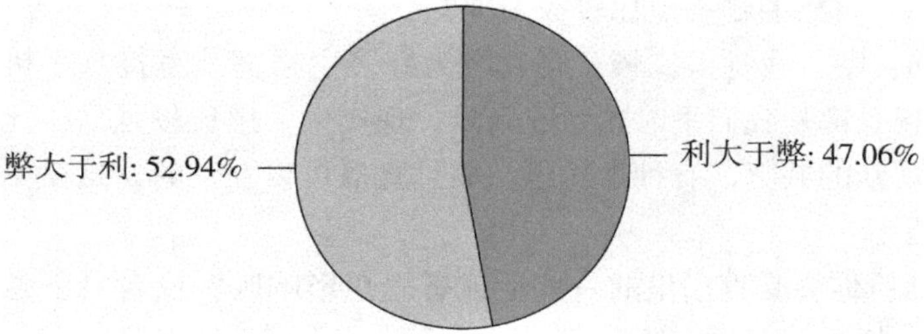

问卷分析：有超过一半的人认为观看直播是弊大于利，与不看直播的人数相同，所以这个问题缺乏分析的空间。不看直播的人认为弊大于利，看直播的人认为利大于弊。

第 16 题 您一般在哪一家平台观看直播？[单选题]

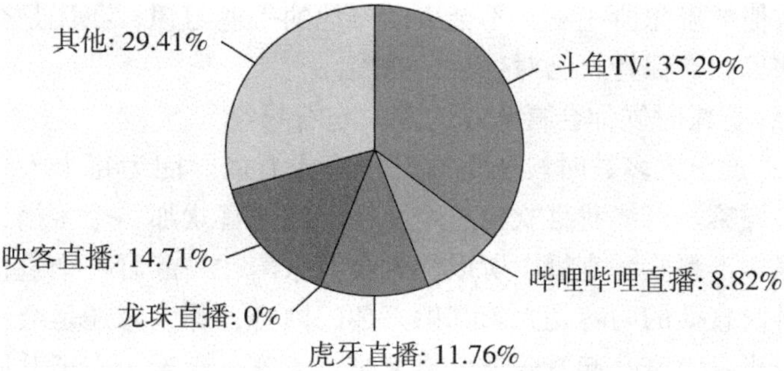

问卷分析：这说明直播平台五花八门，观看直播的渠道多样，直播行业目前发展情况是百花齐放。

（二）采访内容

A：采访者 B：被采访者

A：你每天看直播吗，如果看的话每天花费多久时间？

B：会啊，因为有我喜欢的主播嘛。没什么事的话，在每天固定的时间我都会去看。具体时长的话，看情况吧，一般 1 个小时左右，忙的时候少一点，闲的时候就多一点喽，休闲娱乐嘛，主要还是看有多少时间空闲。

A：直播的哪一点比较吸引你？

B：嗯，我觉得比较真实。因为好多主播都是直接拿手机录制的，场景都是我们平时熟悉的场景，现实生活感比较强烈，比较能引起观众的共鸣，有种亲切感。而且直播可以互动嘛，这就更有亲切感了。

A：你会受直播里的一些话或者思想影响吗？或者会下意识地学习主播的一些语言吗？

B：不会啊，因为我看主播主要是为了消遣娱乐，放松一下，不会带入自己的生活。但是直播都是比较贴近生活的，有很多场景很多事都会好像在自己身上也有类似的情况，这种时候就会比较有共鸣。所以，如果要说完全没影响的话，也不太贴切。但是至少是不会被他的思想所左右，不会去学习他的一些习惯，我还是会保持自己的思想，保持自己对生活的态度。

A：直播时候你会喜欢和大家一起看吗？

B：这个大多数时候还是自己一个人看的，因为每个人兴趣爱好不一样嘛。可能我喜欢看这个主播，但他喜欢那一个主播，抑或是她根本不喜欢看直播，所以很难会大家凑在一起看一个直播。但是有时候直播的内容是大家都感兴趣的内容，那大家还是会一起分享的，毕竟大家一起看乐趣也更多嘛。大家一起看，有了共同的话题，也更能增进大家的感情。

A：自从接触直播之后，你的其他业余生活受到了怎样的影响？

B：业余生活也没有太大影响吧，主要就是消遣娱乐方式的一种转变嘛。比如原来我一旦闲下来就刷刷剧、逛逛论坛，但是现在就把这些刷剧、逛论坛的时间用来看直播了。对于其他方面的话，应该是没什么影响，我也不会说因为要看直播而占据我原来工作学习的时间，也不会因为直播中的一些内容而改变我自己的生活方式。直播对我来说就是一种娱乐消遣的方式，也不会受太大影响，我看直播也主要是抱着一种看客的姿态，完全就是轻松娱乐一下自己，并不会受到太大的影响。

根据问卷采集到的样本以及采访内容，我们得出了如下结论：

1. 大学时期是接触并习惯看直播的主要时期。大部分接触直播，约为高中的1.55倍。

2. 直播已成为很多大学生生活重要的一部分。大学生中观看直播已经是个广泛的现象，接近四分之一的大学生观看直播超过1小时。

3. 固定主播具有一定的用户黏性。在固定时间观看某一主播的直播，已成为有些大学生的习惯。该时间段多是学习无聊之时、洗漱之前，观看直播是大学生课余之间休闲的一种重要方式。

4. 直播在对大学生的日常生活有双重效应。一方面是大学生集体活动的重要途径，另一方面对大学生的日常学习生活造成负面影响。很多同学在上课时还偶尔看直播，而且造成了极大的时间浪费，且直播中混有极多的暴力色情信息，对大学生造成不好的影响。

5. 游戏直播是大学生观看直播的最主要对象。游戏直播是直播中的支柱，是最主要的直播内容。我校大学生没有固定的观看直播方式，观看直播的渠道多样。

四、网络资料分析

我校学生的样本在社会中仍属于少数，因此我们小组在论坛、贴吧等网络平台选择各类与直播相关的内容进行归纳与分析，总结得到了与直播收入、直播现状与未来发展相关的大众看法。

游戏直播行业身价 TOP 主播排行（不包含现役职业选手）

编号	主播昵称	直播游戏	类别	当前身价（万）
1	若风	LOL	职业选手	2000
2	Miss	LOL	视频解说	1700
3	white	LOL	职业选手	1500
4	小智	LOL	视频解说	1500
5	董小飒	LOL	草根大神	1500
6	dopa	LOL	草根大神	1500
7	小苍	LOL	职业解说	1500
8	JY	LOL	视频解说	1000
9	草莓	LOL	职业解说	1000
10	微笑	LOL	职业解说	1000
11	PDD	LOL	职业解说	1000
12	Buming	DOTA2	职业解说	1000
13	Pis	DOTA2	职业解说	1000
14	YYF	DOTA2	职业解说	1000
15	zhou	DOTA2	职业解说	900
16	longdd	DOTA2	职业解说	900
17	西门	LOL	草根大神	800
18	2009	DOTA2	职业解说	800
19	洞庭湖	LOL	草根大神	700
20	Zippoo	DOTA2	职业解说	600

针对直播的收入，网络呈现两极分化的情况。曾有媒体爆料一线网络直播收入排行，但招致很多网友的质疑。根据自称为二线主播的介绍，直播平台本身的盈利模式是“广告＋礼物”，这两个赢

利点都需要流量的支撑。提高流量最常规的办法，就是去做引流推广。因此，网络直播最大的收入点与关注点是直播的观看人数。但有些网友不相信这些主播能有这么高薪水，即便是相信了，也不觉得这个主播能创造这么大的价值，觉得是整个行业的虚假繁荣。针对直播现状，多数网友承认直播的繁荣现状。近来直播平台进入一片红利期，先是国民老公王思聪投资入驻熊猫 TV，随后映客、花椒等平台也开始不断崛起。随之而来的便是一群“网红”，人们的生活也快速地进入“脸盲时代”，网络直播市场越发走向成熟。未来，网络直播行业规模将会从“有增无减”变成“有减无增”，往日的繁荣昌盛也将回归净土。近几年，在互联网大力普及的大背景下，网络直播这把火被点燃了。越来越多的人群涌入网络直播行业，资本看到网络直播市场的潜力后，开始进场大肆撒钱，短短几年时间整个网络直播行业便迎来一片昌盛繁荣的景象。但是如今从统计的数据来看，直播平台早已过百，“百团大战”的时代已来临。直播平台是大势所趋，在阵势逐步摆开后，俯瞰整个局面，移动直播已经产生泡沫，泡沫化的内容只会淹没在互联网的浪潮中，我们认为只有精致有价值的内容才会持续性地衍生下去。

结束语

何　熙：直播的发展还在继续，直播对大学生的影响也日渐深入生活的点点滴滴。但直播只是生活的辅助调味料，真正让生活多姿多彩的，还是日常的点滴精彩。我们这次实践，主动去了解主播，目的是在了解之后更好地将之为我们所用。深入现象最终高于现象，这是我们实践的目的。

张跃耀：此次实践活动，我们从大家都在接触的网络直播现象入手，经过查找资料、采访调研、分析研究等方法对网络直播在大学生中的影响进行了调查，提出了大学生应该如何正确看待网络直播这一现象以及如何利用好网络直播这一现象等问题。实践过程中，小组成员分工协作，团结一心。在这个团队之中，我收获了很多，受益匪浅。

王永明：现在网络直播作为网络媒体中的一项“泛娱乐”节目已经受到相当多的关注、被发掘出相当多的利益，并成为整个社会的热点。因此，我们当代大学生一定要擦亮自己的双眼，理性看待网络直播并参与到网络直播的规范化中来。网络直播的空间介于虚拟和现实之间，但绝不是法外之地，也不是低俗消极之源。我们的实践活动帮助了大学生更加正确地看待网络直播现象以及隐藏在其背后的利益链条，为大学生思想道德建设添砖加瓦。

张超前：本次实践活动历时了三周，我们用不同方法、从不同角度对“直播现象对大学生的影响”进行了调研。锻炼了我们的实践动手能力，体会到小组合作的重要性，同时也明白了网络新兴直播给我们带来的各种影响，好的方面我们可以接受，但坏的影响要坚决抵制，也给自己以后的直播观看提了个醒。

朱肖岳：这次实践是从我们身边看直播这一常见现象入手，从小处细节着手，编制了一份问卷，搜集了一些非常有意思的数据。这次实践收获颇丰，与同学合作编制问卷，一起想有实际意义的问题，分析 100 多份数据，提升了数据分析的能力，同时也观察了同龄大学生的生活状态，相当有意思。

张宝华：这次实践我们做的是有关于直播的话题，在本次实践过程中，我们小组齐心协力，在制作问卷、设计问题、数据汇总和数据分析等方面付出了很多汗水。通过这次实践，我也知晓了有关直播行业的内容，直播行业逐渐兴起，无数人想在这个行业内分得一块蛋糕，但是通过数据分析，我们可以明显地得到一个结论，2% 的人拿着 98% 的财富，而更多的 98% 的直播者却只有那仅仅的 8% 。

王永旭：直播行业并不是看起来那样简单，更多的人需要明白，这块（蛋糕）并没有想象中那样好分。总而言之，入行需警谨，投资有风险。我们在做任何事情不能只看到表面，我们还要往深里研究，不要被表面现象所迷惑。在以后的生活中，我们要看透本质以后再做决定。

烟宏波：真正伟大的、能为国民经济的发展做出贡献的行业，一定是历经风雨之后最终沉淀下来，成为在经济、思想、社会层面都产生深刻变革的行业。现在直播已经在人们的生活方式上产生了深刻影响，但真正成长为能够为历史铭记的行业，直播行业还有很长的路需要走。

彭　帆：说到直播，归根结底，它不过是历史发展中的又一股浪潮，像手机的兴起、淘宝的应用、“网红”的出现，都在一时激起全民轰动，而终归是要归于平静。到底是成为人们日常生活的一部分，还是昙花一现后被永久地掩埋，这些我们说了都不算，等其成为历史，终有人来给它一个位置。然而实践的过程是有趣的，亲手去感受、研究某一事物的兴起，像种下一颗种子，见证其生根发芽。实践的意义，就蕴含在这过程中了。

参考文献

崔秋霞. 网络直播的模式分析及未来发展趋势［J］. 新媒体研究，2016（17）.

（指导教师：王淼）

中央财经大学的“六度分离”实验与分析

实践团队：管理科学与工程学院　2015级管理科学专业
团队成员：范文博　安叙晓　陈奕先　凡晓夏
黄钰瑛　李　涵　李　天　李文君
李蔚然　王宜婧　辛周莹　张　悦

引　言

网络由节点和连线构成，表示诸多对象及其相互联系。在数学上，网络是一种图，一般认为专指加权图。网络除了数学定义外，还有具体的物理含义，即网络是从某种相同类型的实际问题中抽象出来的模型。在计算机领域中，网络是信息传输、接收、共享的虚拟平台，它把各个点、面、体的信息联系到一起，从而实现这些资源的共享。网络是人类发展有史以来最重要的发明，促进了科技和人类社会的发展。

在1999年之前，人们一般认为网络的结构都是随机的。但随着Barabási和Watts在1999年分别发现了网络的无标度和小世界特性并分别在世界著名的《科学》和《自然》杂志上发表了他们的论文之后，人们才认识到网络的复杂性。①

① Barabási, Albert - László. Linked: How Everything is Connected to Everything Else and What It Means for Business, *Science, and Everyday Life*. New York: Plume, 2003.

复杂网络的研究者在大量网络现象的基础上抽象出两种复杂网络：一种即小世界网络，另一种即无标度网络。这两种网络都同时具有两个基本特征：高平均集聚程度、小的最短路径。对这两种网络的研究，可以帮助人们理解现实世界中的网络现象。

近年来研究发现，很多实际的复杂网络既不完全规则也不完全随机，而是介于完全规则和完全随机这两个极端之间，既具有类似于规则网络的较大集聚系数，又具有类似于随机网络的较小平均路径长度，这就是小世界网络。人际关系网络中的“六度分离”就是小世界网络的经典例子。小世界网络以简单的措辞描述了大多数网络尽管规模很大但是任意两个节点间却有一条相当短的路径的事实。

一、六度分离理论与小世界网络

Guglielmo Marconi 在 20 世纪早期基于对无线电的研究提出了一个猜想。他在获得 1909 年诺贝尔奖时将这一猜想公之于众。受这一猜想启发，匈牙利作家 Frigyes Karinthy 说他可以通过至多五个人联系到世界上的任何一个人。[①] 他也许是最早提出“六度分离”概念以及对小世界问题进行研究的人。

简单地说，该理论认为在人际交往的脉络中，任意两个陌生人都可以通过“亲友的亲友”建立联系，这中间最多只要通过五个朋友就能达到目的。这个看似非常简单，却又很玄妙的理论引起了数学家、物理学家以及电脑科学家的关注。他们研究发现，世界上许多其他的网络也有极相似的“六度分离”结构，例如经济活动中的商业联系网络结构、生态系统中的食物链结构，甚至人类脑神经元

---

① Milgram, Stanley. “The Small World Problem”. *Psychology Today*. Ziff - Davis Publishing Company, 1967.

结构，以及细胞内的分子交互作用网络结构。

这里所说的六度分离，并不是说人与人之间都必须通过六个层次才会产生联系，而是表达了这样一个重要的概念：任何两位素不相识的人，通过一定的联系方式，总能够产生必然联系或关系。显然，因联系方式和联系能力不同，实现个人期望的机遇也有明显的区别。

那么六度分离理论能给我们带来什么？它告诉我们每一个人要充分相信和利用自己的人脉。因为只需要小小的六步，它可以让你认识这个地球上的每一个人。

Stanley Milgram 及其他研究人员为研究美国社会网络特征路径长度（characteristic path length）进行了一系列实验。这些实验被称为小世界实验。这项研究是开创性的，因为它表明人类社会是一个小世界网络，具有特征路径长度小的特点。小世界网络实验经常与名词“六度分离”相关联，尽管 Milgram 并没有使用过这个词。

在数学、物理学和社会学中，小世界网络是一种数学之图的类型，在这种图中大部分的节点不与彼此邻接，但大部分节点可以从任一其他点经少数几步就可到达。若将一个小世界网络中的点代表一个人，而连接线代表人与人认识，则这小世界网络可以反映陌生人由彼此共同认识的人而连接的小世界现象。

小世界网络使用两个特征来衡量：

特征路径长度：在网络中，任选两个节点，连通这两个节点的最少边数，为这两个节点的路径长度；网络中所有节点对应的路径长度的平均值，为网络的特征路径长度。这就是网络的全局特征。

聚合系数（clustering coefficient）：假设某个节点有 k 条边，则这 k 条边连接的节点（k 个）之间最多可能存在边的条数为k（k－1）/2,用实际存在的边数除以最多可能存在的边数得到的分数值，为这个节点的聚合系数。所有节点的聚合系数的均值为网络的聚合系数。聚合系数是网络的局部特征，反映了相邻两个人之间朋友圈子的重合度，即该节点的朋友之间也是朋友的程度。

对于规则网络，任意两个点（个体）之间的特征路径长度长（通过多少个体联系在一起），但聚合系数高（你是朋友的朋友的朋友的概率高）。对于随机网络，任意两个点之间的特征路径长度短，但聚合系数低。小世界网络，点之间特征路径长度短，接近随机网络，而聚合系数依旧相当高，接近规则网络。

发现规则网络具有很高的聚合系数，大世界（large world，意思是特征路径长度很长），其特征路径长度随着 n（网络中节点的数量）线性增长，而随机网络聚合系数很小；小世界（small world，意思是特征路径长度短），其特征路径长度随着 log（n）增长。这说明，在从规则网络向随机网络转换的过程中，实际上特征路径长度和聚合系数都会下降，到变成随机网络的时候，减少到最少。但这并不是说大的聚合系数一定伴随着长的路径长度，而短的路径长度伴随着小的聚合系数。例如小世界网络就具有大的聚合系数，而特征路径长度很短。实验表明，少量的捷径的建立能够迅速减少特征路径长度，而聚合系数变化却不大，因为某一个捷径的建立，不仅影响到所连接的节点的特征路径长度，而且影响到他们邻居的路径长度，而对整个网络的聚合系数影响不大。这样，少量的捷径的建立就能使整个网络不知不觉地变成小世界网络。

实际的社会、生态等网络都是小世界网络，在这样的系统里，信息传递速度快，并且稍微改变几个连接，就可以剧烈地改变网络的性能，如对已存在的网络进行调整，如蜂窝电话网，改动很少的几条线路，就可以显著提高性能。

二、本次社会实践的主要内容

（一）模拟实验

2016 年 11 月 26 日，小组成员中的范文博、黄钰瑛、李涵、王宜婧、张悦负责模拟实验，李天和辛周莹对实验过程进行拍摄记录。我们首先为全班25位同学各准备了一个信封，信封内有一个纸条，写有我们班一位同学的所属学院、班级以及姓名等信息。我们还在信封上画了一个表格用于记录该信封所经手的人数。

下一步是随机发放我们准备好的这些信封。我们选择在图书馆门口对过往的人进行发放。今年的冬天格外寒冷，在图书馆和主教学楼之间的风格外凛冽，过往的同学们捂紧了大衣，加快了脚步。在我们发放信封的过程中难免有一些同学拒绝了我们。我们也理解他们的苦衷。然而还是有不少热心的同学耐心地听完了我们的讲解，并很乐意地收下了信封，配合我们的实验。我们对他们表示由衷的感谢。经过我们不懈的努力，大约10分钟后，我们发完了所有的（25个）信封。

图1 小组成员黄钰瑛同学（右）在发放信封

接下来要做的就是等待这些信封传回到我们班同学的手里。经过两三天后同学们已经开始陆陆续续地收到了自己的信封。凡晓夏和安叙晓负责信封的回收工作。截至2016年12月8日，我们共收回了12个信封。经统计，这些信封中有4个经过三个人传到我们班同学手上，有 6 个经过两个人传到我们班同学手上，有 2 个经过一个人传到我们班同学手上。

这些回收的信封所经手人数的平均值略高于 2，但考虑到还有一部分尚未回收的信封，而这些信封有的也许被放弃传送，有的也许因需经手人数过多而尚未送达，所以真实的平均人数应该比我们得到的结果稍大。经过估算，我们得出最终的结果是 2.5 人。

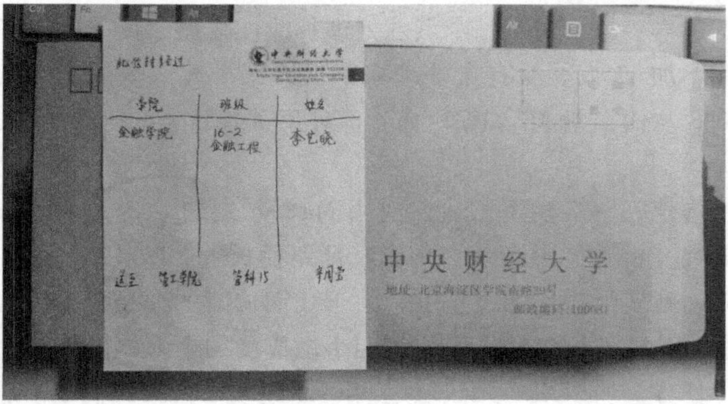

图 2 回收的信封

（二）问卷调查与 Matlab 建模

下面我们使用 Matlab 对小世界网络进行建模。我们的基本想法是：首先假设我校有 1.5 万名学生，以学院为横坐标，年级为纵坐标生成 1.5 万个点，每一个点代表一位同学。接下来，我们把每个点跟与其距离最近的 K 个节点连接，表示他们互相认识，K 满足 $1.5 * 10^{4} >> K >> \ln (1.5 * 10^{4})$。然后，我们要随机将每个点与距其较远的点连接。这样就得到了一个有关我校学生人际关系模拟的网络。

在将每个点与距离远的点相连时，为了获得一个较好的模拟效果，我们针对我校学生进行了一个网上问卷调查，以获得一些建模所需要的关键数据。问卷由陈奕先制作，李文君负责问卷结果的整理。问卷内容及结果详见附录。

通过问卷调查，我们获得了三个关键数据：我校学生平均认识的同学院不同年级学生人数、不同学院同年级学生人数、不同学院不同年级学生人数。问卷结果表明这三个数据分别为 42.09、33.96 和 22.59。那么，我们在建模时可以将每个点跟与其横坐标接近但纵坐标相差较大的 21 个点连接，而且已经连接过的两点不能重复连接。这样一来，对每一个点的处理都能使模型中所有人认识人数的总和增加 42 人。所有点处理完毕后，每个人认识的人数又不完全相同，从而更加符合现实情况。对于其他远点的连接方法以此类推。

在构建好网络模型之后，使用 MatLab 中的 CCM_ AvgShortest-Path 函数（源代码见附录）求出特征路径长度。

然而在实际操作的过程中，由于我们构建的模型过于庞大，稀疏索引表达式速度过慢，仅凭我们小组成员的个人电脑无法完成这一计算任务。所以最终无法通过 Matlab 建模来检验我们之前进行模拟实验所得到的结论。但是我们可以通过前人对小世界网络的研究来检验我们的结果。前文提到过小世界网络的特征路径长度，其中的节点个数是呈对数增长。假设世界人口按 70 亿人算，中央财经大学学生人数按 1.5 万人算，六度分离理论指出，世界上所有人作为节点组成的网络其特征路径长度为 6，那么我们可以预计以中央财经大学学生为节点组成的网络其特征长度在 6 * ln（1.5 * 10^4）/ln（7 * 10^8）左右。经计算，结果约为 2.545，这与我们之前的模拟实验结果是相符的。

结束语

通过本次实践活动，我们小组成员分别从实践与理论的层面上检验了小世界网络的特性。在我们的模拟实验中，有的同学表示信封是一位仅有一面之缘的同学送来的。其实在社会中，这种类似的弱联系起着巨大的作用。个体间一旦建立起强联系，便意味着其朋友圈子的重叠程度较大，群体内部相似性较高，群体内部个体所了解的事物、事件的相似性较高，因此通过强联系获得的信息的重复性很高。弱联系更多地发生在群体与群体之间，由于弱联系的分布范围较广，它比强联系更能充当跨越其社会结构与阶层的界限去获得信息和其他资源的桥梁，可以将其他群体的重要信息带给不属于这些群体的某个个体，进而创造出更多的社会流动机会。这就是“弱联系的力量”。

我们在理论验证的过程中，还是遇到了不少的麻烦。为了建立这一模型，以及其在数学软件 Matlab 中的实现，我们通过查找文献、资料等手段自学了很多知识，我们依靠团队的智慧才完成的编程工作，其最后结果却是不可行。但我们转换了思路，运用了已有的结论，最终还是在理论的层面验证了自己之前的结论。这也体现了牛顿的那句至理名言：“如果我看得更远，那是因为我站在巨人的肩膀上。”

附 录

中央财经大学社交网络调查

第 1 题 请问您的性别［单选题］

选项	小计	比例
男	33	44.59%
女	41	55.41%
本题有效填写人次	74	

第 2 题 请问您目前所处年级［单选题］

选项	小计	比例
大一	16	21.62%
大二	51	68.92%
大三	3	4.05%
大四	4	5.41%
本题有效填写人次	74	

第 3 题 您自认为自己是哪种社交类型的人？［单选题］

选项	小计	比例
社交活跃型	15	20.27%
社交理智型	34	45.95%
社交冷淡型	25	33.78%
本题有效填写人次	74	

第 4 题 您认为自己是否善于社交？［单选题］

选项	小计	比例
极其善于	4	5.41%
比较善于	12	16.22%
善于	10	13.51%
不太善于	42	56.76%
不善于	6	8.11%
本题有效填写人次	74	

第5题 请您估计下您所认识的人数。

选项	平均值
同学院不同年级	42.09
同年级不同学院	33.96
不同年级不同学院	22.59
	小计：98.65 平均：32.88

第6题 您认为在中央财经大学您和一个陌生的同学之间平均隔着几名认识的同学（连续通过几名同学可以认识到陌生的同学）?［单选题］

选项	小计	比例
1	10	13.51%
2	9	12.16%
3	32	43.24%
5	13	17.57%
7	2	2.7%
9	1	1.35%
11人及以上	7	9.46%
本题有效填写人次	74	

CCM_ AvgShortestPath 函数源代码

function [D_ Global, D_ Nodal] =CCM_ AvgShortestPath (gM at - rix, s, t)

% CCM_ AvgShortestPath generates the shortest distance matrix of source nodes% indice s to the target nodes indice t. % Input:

% gMatrix symmetry binary connect matrix or weighted connect matrix % s source nodes, default is 1: N% t target nodes, default is 1: N% Usage:

% [D_ Global, D_ Nodal] =CCM_ AvgShortestPath (gMatrix) returns the mean

% shortest - path length of whole network D_ Global, and the mean shortest - path % length of each node in the network % Example:

% G = CCM_ TestGraph1 ('nograph');

% [D_ Global, D_ Nodal] =CCM_ AvgShortestPath (G);% See also dijk, MEAN, SUM

% Written by Yong Liu, Oct, 2007 % Modified by Hu Yong, Nov 2010

% Center for Computational Medicine (CCM),% Based on Matlab 2008a

% $Revision: 1.0, Copywrite (c) 2007 % ###### Input check #########

error (nargchk (1, 3, nargin, 'struct')); N = length (gMatrix);

if (nargin < 2 | isempty (s)), s = (1: N) '; else s = s (:); end

if (nargin <3 | isempty (t)), t = (1: N) '; else t = t (:); end

% Calculate the shortest - path from s to all node D = dijk (gMatrix, s);% D (isinf (D)) =0; D = D (:, t);% To target nodes

D_ Nodal = (sum (D, 2) ./sum (D > 0, 2));% D_ Nodal (isnan (D_ Nod al)) = [ ]; D_ Global = mean (D_ Nodal);

参考文献

[1] 张兵．关系、网络与知识流动 [M]．北京：中国社会科学出版社，2014.

（指导教师：董良杰）

新媒体在大学生思想政治教育中的作用

实践团队：文化与传媒学院　2015级广告专业
团队成员：孙如馨　孙雨馨　韩美奂　夏佳鑫
谷正凯　张鹤年　罗　凯　黄　越
赵容鑫　陈荣光　罗梦琦　尚　腾

一、实践背景

网络是现代人生活中必不可少的一部分，在新时代的发展中，如何处理好人与网络的关系、如何更好地利用网络促进人类的发展十分重要。新媒体是大学生群体接触最为密切的一种网络形式，再加上思想政治教育课程是大学生课堂不可或缺的一部分，通过研究新媒体在大学生思想政治教育中的作用，可以更好地利用新媒体进行教育、发挥新媒体的教育作用，从而创造出一种更高效、更受大学生喜爱的思想政治教育方式。

二、实践目标

了解大学生平日关注的教育类型的微信公众号及微博，并且通过采访、调查等方式了解大学生对教育类新媒体的看法及关注程度，以此研究如何最大限度发挥新媒体思想政治教育作用。

三、实践安排

主要采取调查、采访、小组研讨三种形式。通过设计调查问卷与随机采访了解学生们关注的教育类新媒体及他们的看法，再通过小组研讨的形式，整合各种资料，通过头脑风暴为新媒体教育作用的提升提出进一步解决方案。

四、实践分工

1. 总体策划：孙如馨、孙雨馨
2. 调查
（1）设计调查问卷：韩美奂
（2）分发调查问卷：赵容鑫　陈荣光　罗梦琦
（3）统计调查结果并分析：夏佳鑫　谷正凯
3. 查找资料：张鹤年　尚　腾
4. 采访
（1）确定采访主题：罗凯
（2）联系采访人：黄越
（3）进行采访：孙雨馨　韩美奂　罗梦琦
（4）记录汇总：夏佳鑫　黄　越
5. 全过程记录（摄影、摄像、录音）：孙如馨

五、实践过程

在正式实践开始前，小组成员对于实践主题进行了激烈讨论，我们想将“人与网络”这一大主题与我们正在学习的马克思主义基本原理概论课程相结合，再加上微信、微博之类的新媒体已经成为

当代大学生学习生活中不可或缺的一部分，因此我们最终决定通过实践调研新媒体在大学生思想政治教育中的作用。

首先，我们设计了关于新媒体在大学生思想政治教育中的作用调查问卷，通过简单却全面的10个问题来了解同学们对于新媒体教育作用的看法及个人见解。

因为此次时间紧迫，参与我们问卷的人数不多，但我们依然可以从少数样本量中了解到大多数人的想法。以下是我们对于此次调查问卷数据的分析结果。

第1题　请问您的性别是［单选题］

选项	小计	比例
男	9	23.08%
女	30	76.92%
本题有效填写人次	39	

第 2 题 请问您的年级是［单选题］

选项	小计	比例
大一	15	38.46%
大二	20	51.2%
大三	3	7.69%
大四	1	2.56%
研究生	0	0%
本题有效填写人次	39	

分析：设置此题的目的在于分析参与此次问卷的样本分布。在此次调查问卷中，由于使用问卷星技术，问卷在传播中更多地流向经常使用社交软件的年轻人。其优点是样本的数量较多，不足是在样本选取上年龄段较为集中，样本广泛性无从体现。

第 3 题 你认为新媒体对大学生价值观塑造的影响程度有多大［单选题］

选项	小计	比例
很大	16	41.03%
一般	22	56.41%
很少	1	2.56%
没有	0	0%
本题有效填写人次	39	

分析：此题与调研主题相关，使填写问卷的人能够尽快进入关于新媒体思想政治教育的思考。新媒体在大学生生活中占比很大，无论是娱乐还是教育都对大学生产生很大影响。通过此题我们发现，绝大部分人对于新媒体在大学生价值观塑造过程中所具有的作

用都持肯定观点，为利用新媒体对大学生进行教育提供了有力支持。

第 4 题　您平时会关注什么类型的公众号［多选题］

选项	小计	比例
娱乐类	26	66.67%
新闻类	25	64.1%
教育类	18	46.15%
体育类	6	15.3%
时尚类	22	56.41%
情感类	14	35.9%
美食类	21	53.85%
影视类	18	46.15%
其他	8	20.5%
本题有效填写人次	39	

分析：从结果我们可以看出，大部分学生对媒体信息的关注在娱乐、新闻、生活类，对思想类、理论类、政治类的信息关注比例较低，这一定程度反映了学生的思想现状，但也反映了如何利用新媒体对大学生进行思想政治教育任重而道远。

第 5 题　经过“罗尔事件”后你有什么感受［单选题］

选项	小计	比例
感觉受到了欺骗，以后不会再关注募捐这种事了	2	5.13%
对自己是一个提醒，以后会更关注信息来源	31	79.4%

续表

选项	小计	比例
无所谓，帮助孩子治病才是最紧要的	2	5.13%
营销成功也是一种本事	4	10.2%
本题有效填写人次	39	

分析：此题以案例入手，此案例时效性强、影响力大，可以了解到同学们对于新媒体传播的最新思考。通过此题我们发现，大部分人经过“罗尔事件”后都会选择更加关注信息来源。因此，我们可以在针对大学生的思想政治教育中加入更多此类案例，让大学生增加思考，起到更好的教育作用。

第6题　如果看到不符合自己价值观的推送您会怎样［单选题］

选项	小计	比例
“果取关”	10	25.6%
留言评论和作者争论	3	7.69%
一笑而过，置之不理	18	46.15%
进行辩证的思考	8	20.5%
本题有效填写人次	70	

分析：此题主要想调查大学生在遇到和自己价值观相反的观点时会如何处理，从结果我们可以看出，大部分人面对和自己价值观相反的观点时都不会采取行动，而是选择置之不理。因此，我们应该在对大学生的教育中提倡辩证思考，以便更好地利用新媒体进行思想政治教育。

第 7 题　您平时会看网课吗？（如 TED、网易公开课）［单选题］

选项	小计	比例
会	21	53.8%
不会	18	46.15%
本题有效填写人次	39	

第 8 题　如果“马克思主义基本原理概论”“思想道德修养与法律基础”等课程开设网课或网上教学您如何看待［单选题］

选项	小计	比例
感觉形式很新颖，会支持	3	7.69%
本质上没有区别，不会看	24	61.54%
如果能替代线下教学会看	12	30.77%
本题有效填写人次	39	

分析：这两道题选择了新媒体的另一种方式，就是网课。可以看出，看网课与不看网课的同学占比几乎相同，这为我们利用网课进行教学的想法增加了一些难度。并且，如果将“马原”这类课程利用网络进行教学的话，绝大部分同学还是会选择不观看。因此，在利用新媒体进行思想政治教育的时候，形式上的改变是一方面，而内容上的创新则更加重要。

第 9 题　有关注“共青团中央”等政治微博吗？［单选题］

选项	小计	比例
有	5	12.82%
没有	34	87.1%

续表

选项	小计	比例
本题有效填写人次	39	

第 10 题　你如何看待“共青团中央”微博抽奖送辣条［单选题］

选项	小计	比例
赞同，觉得很亲民好感度增加	37	94.87%
不赞同，政治微博就应该严肃	2	5.13%
本题有效填写人次	39	

分析：这两道题将着眼点放在微博上，从结果我们可以看出，在微博上关注政治教育类型微博的人还是少数，大部分人主要还是通过微博进行娱乐。并且，对于“共青团中央”微博抽奖送辣条的活动，多数同学还是持肯定态度。因此，在微博上，可以让平时严肃正经的政治教育变得有趣，给同学们留下一个好印象，使他们更乐于主动接受教育。

通过此次调查我们不难发现，新媒体在众多大学生中占据了相当重要的地位，通过新媒体接收思想政治教育的人也不在少数。但是如何运用新媒体进行更高效、更实用的思想政治教育是我们要着重考虑的问题。

接下来，我们小组成员在查阅完相关资料后，进行了相关探讨，以下是部分组员们关于此次实践调研题目的思考。

“如今，传播媒体日益发达，媒体传播活动涉及社会的政治、经济、文化等多个领域，在当代大学生中占据了越来越重要的地位。而思想政治教育更是大学课程中不可或缺的一门课程，只有通过良好的思想政治教育才能更好地服务于社会。因此，在此次‘行走的课堂：人与网络’教学实践活动中，我们小组的选题是‘新媒体在大学生思想政治教育中的作用’，希望从普通大众的眼中找到答案，并提出可行的解决方法。在实践活动进行之前，我们几次聚集起来，讨论开会、确定主题、设计问卷，这些集体的活动让我真正有了一种小组合作的团队感，也让我明白了个人的力量是单一的，个人的想法也只是单一的，但是多个人的想法是多元的，12个人的想法聚合起来就是很好的创意。在活动进行过程中，一起查阅资料，泡图书馆，上网检索论文，发布调查问卷，更让我们加深了对新媒体这个与我们本专业相关的媒介渠道的了解，这对于我们来说是一个很好的机会。在进入大学的第二年，我们再次为了一个实践活动去自主的学习，这是大学与高中最不同的一点，也是对于大学学习很有力的学习方式。我在小组中负责的主要是总结分析部分，一个是对问卷统计调查结果进行分析，另一个是对高校学生所进行的采访做记录与汇总。这些工作让我的思考能力得到了提升，我也学会了如何在数据面前分析填卷人的动机，并根据数据分析原因。在整理高校学生的采访视频时，我更深深感受到了学生性格的不同特点，以及专业对于思维方式的影响。更重要的是，我感受到了不同的思想能激发我们对于一个问题不同角度的思考，这也是我在这次实践活动中的最大收获。”

——夏佳鑫

“现代社会中，新媒体越来越热门，大学生的思想政治教育也逐渐成为社会热点问题，因此我们小组选择了‘新媒体在大学生思想政治教育中的作用’这一课题进行研究，希望能将两者相结合，从而研究出更高效的教育方式。在此次实践过程中，我担任了组长，负责布置任务、指挥全局。在实践之初，我要将所有的任务合理地布置给组员，并在过程中与我的组员们一起查资料、做问卷调查、进行采访，这让我明白了做一个组织者的不易，同时也大大提高了我的领导能力。通过上网查阅相关资料、论文，在图书馆借阅书籍，我对于新媒体有了更为全面的认识，从而巩固了我的相关专业知识。这次的实践活动，是我们依靠自己的力量完成的，这也提高了我们的独立思考与实践能力。从这次的‘人与网络’调查研究中，我发现，新媒体是一个值得深度发掘的资源，如果能好好利用网络、利用新媒体，将会比传统课堂产生更大的影响力。”

——孙如馨

“在研究过程中，我们热烈讨论，多次进行线上沟通和线下的头脑风暴，提高了我们的思维能力和沟通合作能力。我们实地去采访，积累了很多经验，提高了自己的实际操作能力。为了深入了解新媒体的思想政治教育作用，我们在网上和图书馆积极查找各方面资料，增长了自己的专业知识，锻炼了自己学以致用的能力。同时，在实践中，各个队员都积极主动地承担工作任务，律行精进，各司其职，让一切有条不紊的运行，实现了团队力量的优化组合，让我切身体会到团结的价值，培养了自己与他人的协作共事能力，锻炼了自己的各项能力。问卷与商议培养了我与人沟通的技巧与韧性，构思与设想等环节培育了我的耐心和思辨力，实践中的曲折和挫折让我愈行愈勇。”

——罗　凯

“近年来，新媒体已经进入了快速发展的阶段，它的应用范围也愈加广泛。通过参与此次‘新媒体在大学生思政教育中的作用’实践活动，我感想颇多。新媒体对于大学生思想政治教育有积极的影响，也有消极的影响。从积极方面来看，新媒体打破了传统的教育形式的禁锢，以更加多元的方式向我们展示了课堂内容，创新了表现形式，拓展了知识内涵。同时，也让学生们更加乐于去学习。从消极方面来看，新媒体这种新型的传播手段让课堂内容变得更加碎片化，当大学生有选择的时候，注意力往往容易分散。更重要的是，新媒体网络课程的师资力量是保证学生的思想价值取向正确性的关键一环，而面对网络课程这种新型的传播方式，囿于传统课程的教师往往很难在极短的时间内进行改变。因此，网络上鱼龙混杂的教师很容易对大学生进行误导性的教育，这对于新媒体行业在教育上的发展也是巨大的挑战。综上所述，新媒体给大学生的思想政治教育带来了新的发展机遇，同时也给我们留下了未解的难题。”

——韩美奂

六、实践结论

最后，我们通过分析调查问卷和小组讨论得出以下结论：

国内的对于在新媒体环境下大学生思想政治教育规律的探讨还处在起步阶段。学界已关注到了新媒体对高校学生及高校思想政治教育的影响，并较及时做出反应，从新媒体的基本认识入手，研究新媒体与大学生思想行为的关联性及新媒体背景下高校思想政治教育的创新点，并提出了一些可行性对策。但是，由于新媒体发展演变飞快，概念的界定还缺乏确定性，有的研究范围过于狭窄。新媒体时代高校思想政治教育是一个新课题，目前国内的研究还比较滞后，有价值的研究成果还不多，从目前存在的问题来看，主要有以下几个方面：

一是在研究主体方面，注重对思想政治教育教师的研究，而忽视思想政治教育的生态系统性研究，忽略了与教育理论和信息技术理论研究者协同作战的课题性研究。

二是在研究内容方面，比较多的是以网络为载体对思想政治教育的影响，有个别观点涉及新媒体的特征以及对思想政治教育的机遇和挑战研究。但由于思想政治教育教学层次多及种类庞杂，专门、系统而深入的理论研究比较缺乏，尤其是关于如何利用新媒体转变教育观念、改革教育方法、更新教育内容、拓展教育渠道、创新教育模式的研究较少涉及。

三是在研究方法方面，重视对思想政治教育影响的具体现象的搜集、整理、分析，而缺乏新媒体环境下思想政治教育的整体性研究。

我们还分析了如何利用新媒体的不同特点进行思想政治教育，最终总结如下：

博客：博客的基本特征是操作简单、管理便捷、形式新颖、沟通方便。利用博客进行思政教育，其创新点包括：构筑基于博客的网络虚拟教室。虚拟教室可以由学习课堂、学科论坛、资源中心、聊天室等几个模块构成。教师在博客中构筑虚拟教室，供学生随时进入自主学习；构建基于博客的学生研究性学习协作平台。可以由学科教师根据课程内容设计若干研究专题并将其发布在博客上，然后引导学生根据兴趣爱好组成研究小组。教师适时在博客中提供相关信息和背景材料，并根据学生发布的研究进展、疑难问题、解决办法等来了解学习状况和研究动态，同时通过博客留言、点评、提问等方式，将讨论和研究引向深入。

微博：利用微博创新高校思政教育，有利于师生以及学生间的互动交流，改变了传统教学模式，学生易于接受，也符合以学生为主体的现代教育理念。从事思政工作的教师，应主动通过微博与学生建立起“双向关注”的沟通模式，在“双向关注”的基础上，利用微博中的“评论”功能深化与学生的互动交流，针对思政教育中的热点问题展开讨论。每个教师的个人微博发挥的作用有限，因此要着力建立高素质的课程微博团队，扩大课程微博的影响力。课程网站在传播区域、信息容量、开放性等方面具有优势，课程网站和课程微博应注重相互配合并充分发挥各自的优势，从而整体提升课程影响力。

微信、QQ 等即时交流工具：微信、QQ 等即时交流工具适宜文字、图片、语音、视频等全方位交流及互动支持，圈内人际关系稳定，信息沟通及时便捷。但利用微信、QQ 交流工具教学不同于课程教学，其内容、形式和方法应更加贴近学生的实际生活，因此必须注意处理好生活化与导向性的关系。利用微信、QQ 辅助课堂教学，根本目的是借助QQ空间在信息传播、互动交流与情感沟通等方面的优越性能，创新教学手段，以期更好地完成课堂教学应当完成的教学任务和应该达到的教学目的。理论讲授仍然是高校教学的基本组织形式和现实操作方式，在应用实践中应处理好教学手段与教学目的间的关系，明确微信、QQ在教学过程中的“辅助”功能。

微信公众号：微信公众号不仅是跨平台即时通信软件，而且是移动个人信息库。微信公众号以“微阅读”的形式向受众传递更为丰富翔实的校内外资讯，信息接收由被动转为主动，可以通过开通特色“微”账号，引导一批热点“微”话题，营造一批“微”活动，增强用户使用黏度。

（指导教师：董良杰）

大学生互联网信用消费行为探析

实践团队：管理科学与工程学院　2015 级投资班
团队成员：刘　洋　张雅寻　张嘉齐　李　霄
陈昱萌　杨宇博　雪罗力卓　杨沛松
吴心怡　邹马小叶　宋欣宇　郑榆凡
袁相豪　夏克拉·努尔买买提

由于互联网的快速发展，校园网贷借互联网之风迅速“吹进”大学校园，不论是线下还是线上，随处可见校园网贷消费的推广。有调查显示，70.89%的大学生听说过校园网贷，18.54%的学生使用过，且这个数据还在不断增长。大多数学生的生活费是由家长按月转账，很难有能力一次全款购买电脑、相机等大额消费品。有限的生活开支限制了大学生的购买力。而校园网贷消费采用分期付款方式，且审核方便、操作简单，恰好能满足大学生的消费需求。

也许是因为现在的大学生生长于富足的时代，在父母身边过惯了有求必应的生活。家庭、学校都欠缺消费观方面的培养教育。校园网贷消费平台近年来快速发展，线上线下推广覆盖率极广，宣传也相当诱人。学生有需求，网贷消费有市场。学生一旦离开父母，缺乏消费自控能力，很容易被网贷消费吸引，从而背上债务，甚至酿成悲剧。而从某种程度上来说，互联网的出现改变了大学生的消费观和对于债务的看法，所以探究大学生网络信贷就显得很有价值。

校园网贷消费平台可以满足解决大学生的消费需求，为大学生的消费提供了便利。但同时，新兴行业尚未出台规范，监管不严，诸如消费平台高利率使学生背负巨额债务、学生恶意骗款等行业乱象丛生。

这是非常贴近我们大学生生活的热点问题，互联网金融也与我校的学科基础相关度高，而这个题目又完全在“人与网络”的研究范围之内。这个主题能够让我们在专业所学范围之内很好地探究网络对于自身的影响，所以我们开始了本次实践。

准备初期，组织小组成员认真查阅有关大学生信用消费方面的文献，温习共青团中央会同国家发展改革委、中国人民银行三部门印发的《青年信用体系建设规划（2016—2020 年）》，通过注册并使用目前以大学生为主流消费群体的网络信用消费产品，于网络上查阅了解目前大学生信用消费需求现状，并联系资深研究专家学者，对本次社会实践活动的内容有了清晰明确的认知。经过团队多次开会研究，最终确定了详细的实践路径，选取了互联网金融公司趣店进行企业咨询。同时，我们进行了有关大学生信用消费需求的问卷调查，作为后期理论研究活动的数据基础。

不同信用消费平台试购记录

爱学贷						
iphone6S 64G	官网价格：￥6088			平台标价：￥5188		
	总额/期	本金/期	服务费/期	实际付款	中间费用	手续费率
3 期						
12 期	474.25	432.34	41.91	5691	503	0.008
24 期	259.83	216.17	43.66	6235.92	1047.92	0.008

OPOR9	官网价格：￥2499			平台标价：￥2499		
	总额/期	本金/期	服务费/期	实际付款	中间费用	手续费率
3 期						
12 期	208.25	208.25	0	2499	0	
24 期	128.87	104.13	24.74	3092.88	593.88	0.01

红米 3s 高配版	官网价格：￥899			平台标价：￥739		
	总额/期	本金/期	服务费/期	实际付款	中间费用	手续费率
3 期	253.96	246.34	7.62	761.88	22.88	0.01
12 期	68.61	61.59	7.02	823.32	84.32	0.01
24 期	38.11	30.8	7.31	914.64	175.64	0.01
京东						
iphone6s 64G	官网价格：￥6088			平台标价：￥5299		
	总额/期	本金/期	服务费/期	实际付款	中间费用	手续费率
3 期	1766.33	1766.33	0	5298.99	0	
12 期	454.83	441.58	13.25	5457.96	158.96	0.0025
24 期	247.29	220.79	26.5	5934.96	635.96	0.005

OPPOR9	官网价格：￥2499			平台标价：￥2499		
	总额/期	本金/期	服务费/期	实际付款	中间费用	手续费率
3 期	833	833	0	2499	0	
12 期	214.5	208.25	6.25	2574	75	0.0025
24 期	116.62	104.12	12.5	2798.88	299.88	0.005

红米 3s 高配版	官网价格：￥899			平台标价：￥899		
	总额/期	本金/期	服务费/期	实际付款	中间费用	手续费率
3 期	304.16	299.66	4.5	912.48	13.48	0.005
12 期	79.41	74.91	4.5	952.92	53.92	0.005
24 期	41.95	37.45	4.5	1006.8	107.8	0.008

趣店						
iphone6s 64G	官网价格：¥6088			平台标价：¥5888		
	总额/期	本金/期	服务费/期	实际付款	中间费用	手续费率
3 期						
12 期	539.81	490.67	49.14	6477.72	589.72	0.008
24 期	293.95	245.33	48.62	7054.8	1166.8	0.008

OPPOR9	官网价格：¥2499			平台标价：¥2499		
	总额/期	本金/期	服务费/期	实际付款	中间费用	手续费率
3 期	833	833	0	2499	0	
12 期	208.25	208.25	0	2499	0	
24 期						

红米 3s 高配版	官网价格：¥899			平台标价：¥879		
	总额/期	本金/期	服务费/期	实际付款	中间费用	手续费率
3 期	304.8	293	11.8	914.4	35.4	0.013
12 期						
24 期						

要研究互联网对于大学生消费观念和信贷观念及大学生信用消费行为的影响，最直接有效的方式就是探访相关互联网金融企业，与相关人员直接对话，深入了解此行业的内部状况。

所以，我们走访了以大学生为主要客户群体的互联网金融企业趣店，通过实地探访，面对面访问交流，深入了解互联网对于当代大学生消费理念和对债务的看法的影响，并从宏观和微观层面上分别分析大学生信贷这一市场。在 11 月 23 日中午，我们实践团队来到位于北京互联网金融大厦的趣店。该公司刚刚品牌升级为趣店，原品牌名为趣分期，是国内领先的面向大学生提供分期消费的金融服务平台，覆盖全国近3000万的大学生用户，是国内非常成功的分期购物创业公司。

工作人员非常热情地招待了我们。我们先在工作人员的带领下参观了趣店。进入趣店，映入眼帘的是繁忙的工作景象和墙上的励志标语，还有一些很有新意的员工福利，无处不体现着这个创业公司奋进的力量和青春的朝气与活力。之后，我们对相关问题进行了提问。

首先，我们询问趣店为何看中大学生市场。工作人员解释：大学生有很强烈的消费需求，可以培养早期市场。同时，由于生活质量的提高，现在的大学生可支配收入相较于以往明显增多，为还款能力提供了一定保障。另外，趣店是青年团队，本身就对大学生了解更多，选择大学生市场也就更有优势。目前，趣店正处于品牌升级阶段，市场定位也将从校园逐步向外拓展。

关于趣店的盈利点，主要有两个：一个是服务费，这个是网购时向同学们收取的；另一个是卖方的渠道费，该公司作为卖方的销售渠道，向卖方收取的。部分商品还会有利息，但很多商品是免息的，每月还有一天是会员日，会员日的商品也都是免息的。工作人员表示，更健康的状态是低成本、多销量，以向商家收取费用为主。

之后，我们就行业规范的问题进行探讨。工作人员表示，他们坚决拥护党的领导。两个月前教育部和银监会刚刚发布了《关于加强校园不良网络借贷风险防范和教育引导工作的通知》，提出了一些指导性的要求。但目前还是处在只有通知没有细则的阶段，要警惕一些不良校园网站。趣店团队作为行业中的优秀代表非常注意行业自律。趣店也曾经想要与其他友商一起组建一个行业联盟，来共享数据、共同监督，但由于无法找到权威第三方而搁置。每一个新兴行业规则的出台总是落后于发展的。国家层面也在推动规范的出台，但进程相对缓慢。所以就目前来说，只能依靠行业自律，在国家大框架下坚持自我企业的操守。在与工作人员合影留念之后，我们结束了本次拜访。

走访趣店集团

趣店内景

趣店标语之二

与趣店员工交流

为了更好地调研本次实践主题研究对象大学生群体，我们通过设计、发放、回收、统计问卷，以科学的方式获得科学调查结果，并进行问卷分析得出相关结论。

在问卷设计过程中，我们尽量避免出现设计者主观态度，反复修改问题预设，力求问卷的科学性与合理性。在实践开展过程中，我们结合走访企业的结果进一步完善了问卷，使问卷问题和选项更贴合大众想法。

关于大学生信用消费的调查问卷

1. 您的性别

A. 男　B. 女

2. 您的教育背景

A. 专科　B. 本科　C. 硕士　D. 博士

3. 您学校所在的城市

A. 一线城市（北京、上海等）　B. 二线城市（武汉、成都）

C. 三线城市（兰州、石家庄）　D. 四线城市

4. 您的婚恋状况

A. 单身　B. 恋爱　C. 已婚

5. 您的生活费范围

A. 800 元以下　B. 801—1500 元

C. 1501—2000 元　D. 2000 元以上

6. 您的生活费来源

A. 父母给予　B. 勤工俭学　C. 奖学金　D. 兼职　E. 其他

7. 您的主要花费在（多选）

A. 衣服饰品　B. 日用品　C. 学习方面　D. 娱乐消费

E. 数码产品　F. 奢侈品　G. 运动消费　H. 旅游方面

I. 感情支出

8. 您购买商品时最注重哪些属性

A. 外观　B. 质量　C. 品牌　D. 价格　E. 其他

9. 对于您比较喜欢但是比较贵的商品，您会

A. 省吃俭用买下来　　　　　　B. 等降价再买下来

C. 借钱购买，以后再还　　　　D. 放弃购买

10. 以下产品您现在拥有的（多选）

A. 电脑　B. 手机　C. 数码相机　D 平板电脑

E. PSP/XBOX360　F. kindle　G. 价值较大的音乐播放器

H. 其他价值较大的产品

11. 短期资金不足时，您会考虑

A. 向父母请求支援　B. 向朋友借钱　C. 自己兼职赚钱

D. 考虑信用支付（信用卡、网络借贷）

12. 您是否有过超前消费的经历

A. 有　B. 没有

13. 您接受网络信用消费吗

A. 接受　B. 不接受　C. 视情况而定

14. 如果您获得了网络信用消费的机会，您希望您的信用透支额度是

A. 500 元以下　　　　　　B. 501 元—1000 元

C. 1001 元—3000 元　　　　D. 3000 元以上

15. 如果您获得了网络信用消费的机会，您会将之用在（多选）

A. 衣服饰品　B. 日用品　C. 举习方面　D. 娱乐消费

E. 数码产品　F. 奢侈品　G. 运动消费　H. 旅游方面

I. 感情支出

16. 如果网络信用消费需分期付款，您会选择

A. 3 期　B. 6 期　C. 12 期　D. 24 期

17. 您觉得大学生网络信用消费前景怎么样

A. 很好，可以提前消费，符合大学生的消费观

B. 不好，可能会因为没有及时还款而对个人信用产生影响

18. 您不喜欢网络信用消费的原因有哪些（　　　　）

19. 您喜欢网络信用消费的原因有哪些（　　　）

之后，结合我们“马克思主义基本原理概论”课程实践前期有关大学生信用消费和互联网金融公司的资料以及网络对于当代大学生影响的相关论文，综合实践活动的感悟收获、对相关公司职工的采访交流以及实践过程中发放并回收的大量问卷，撰写实践报告。再通过电子邮件形式，将初期成果与指导老师、专业学者汇报交流。根据反馈结果，论证研究成果，丰富实践报告，提升个人感悟。

我们尝试对“大学生互联网信用消费行为探析”这一主题进行总结。从大学生的角度来看，互联网快速发展，网络技术被其他行业大量引进，互联网与其他行业的不断结合，催生出新的行业模式。互联网与金融的结合更是创造出很多新的领域，互联网金融以一种前所未有的姿势站到了人们面前，它越来越受到人们的关注，大学生网络借贷就是互联网金融的一种体现。

互联网的信息流通之快，远超我们的想象，当代大学生在享受互联网带来的方便之时，同样也受制于互联网，再加上互联网存在严重的信息泄密问题，几乎我们大多数大学生在互联网上或主动或被动地留下了联系到我们的方式。

在大学生没有独立还款能力，没有自控能力，没受过信用教育的情况下，在我国关于大学生信贷的法律法规不明确、政策导向不明朗的前提下，在家庭算不得富裕而只是一般的环境下，我们大学生在信贷方面应该量力而行，不能超出自己能力范围而勉强行事。

从企业的角度来看，将信贷消费服务的对象集中在大学生群体，是有战略意图的。

首先，根据速途研究院 2015 年针对大学生分期消费所做的报告来看，61% 的大学生更青睐分期消费，而更倾向于选择一次性付款的大学生只占到 39%①。在当今的互联网时代下，人们的消费观

① 速途研究院 . 2015 年大学生分期消费市场调查报告 .

念正在发生着变化，这对青年人的影响尤为巨大，这一点从此项数据就可以看出。趣店正是抓住了这一机遇，在相关政策扶持之下，开展了专门针对大学生信贷消费的相关服务。

其次，根据速途研究院的报告，大学生信贷消费的主要商品为数码电子产品，在所有产品中占比达到65.7%①。当今互联网时代下，大学生等青年群体追求时代潮流，高科技数码电子产品往往更新换代快，且价格不菲，对于几乎没有自主经济来源的大学生群体来说，信贷消费是最合适不过的选择。因此，各种互联网金融企业纷纷在数码电子产品的营销上做文章，针对大学生开展信贷消费与分期消费的服务，也是抓住时代潮流的体现。顺应时代的改变，抓住天时，是这些互联网金融企业的基本战略。

趣店看重了大学生的未来发展极力市场。当代大学生，意味着高水平、高学历、高资质，平台起点高，因此等这批大学生毕业之后，其所前往的就业领域，一定程度上也被认为是高薪资、高素质的。现在的大学生市场，往往会变成之后的高薪白领的市场。针对现有的大学生市场以及这些预计的潜在市场，从长远发展考虑，所调查的互联网金融企业都有意向，除了提供特定产品信贷消费的服务之外，还开展其他的增值服务，例如出国留学的信用贷款服务等。

不论从短期角度还是从长期角度看，针对大学生的信贷消费都是互联网金融企业所开展的重要服务，此项服务也是企业拓展市场的重要战略之一。大学生这样一个拥有着强大的消费能力与消费欲望，但同时又没有太多的自主经济来源的群体，在今后定会被更多的互联网金融企业关注。从大学生本身来说，他们的消费观念也正在不断改变。殊途同归，互联网金融行业将会蓬勃发展。

作为马克思主义基本原理的课堂实践，我们尝试用马克思主义的观点来解释这个现象。

---

① 速途研究院.2015年大学生分期消费市场调查报告.

我们用一张流程图来展示我们从实践课程的研究中所总结得出的结论性的东西，并将其与马克思主义基本原理相结合。下面我们来进一步进行解释。

从物质与意识的辩证关系的角度来看，互联网金融体系的种种现象与大学生信贷消费的种种行为、理念两方面正是物质与意识辩证关系的体现，也就是社会存在与社会意识的辩证关系的体现。

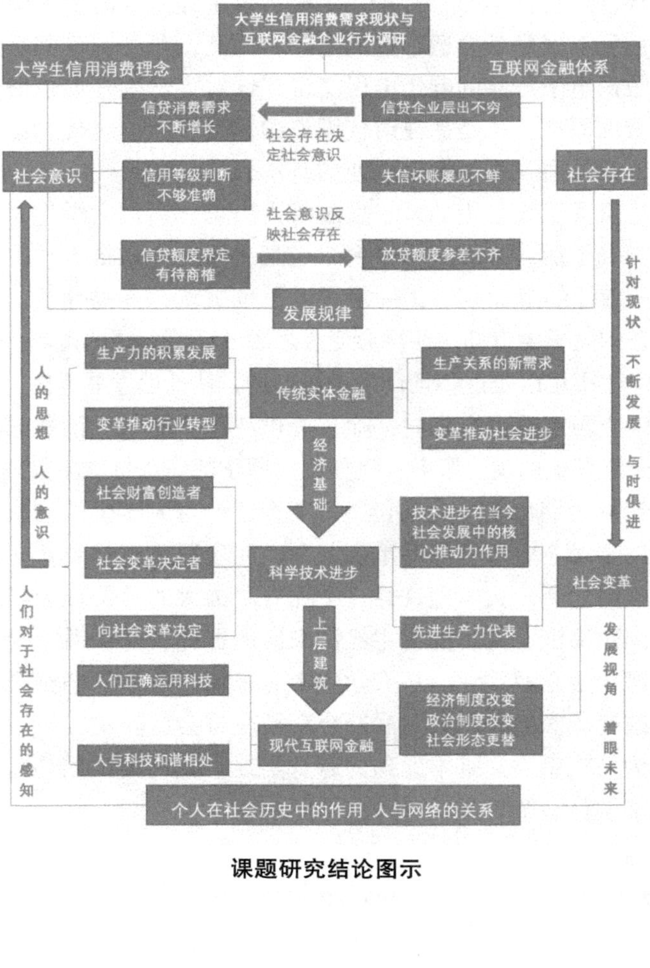

课题研究结论图示

在当今时代，网络飞速发展，无处不在，网络是客观世界的反映，网络的种种方面反映了现实世界最真实的情况。互联网金融为很多企业的融资筹资提供了方便，同时为投资者进行投资提供了便利的渠道。因此，互联网金融相关企业层出不穷，人们对消费的需求也随着社会的发展越来越高，潜在的消费机会、消费渠道激发了人们的消费需求，因此信贷消费的额度也在不断上涨。由于互联网金融行业为新兴行业，很多行业规范没有传统金融业那样成熟，监管机制不够健全，监管部门尚未建成体系，没有了行业规范的监督，因此失信的坏账屡见不鲜；新兴的互联网信贷企业向大学生放贷没有固定的标准，放贷的额度参差不齐。正是这样的消费渠道、消费机会的存在影响、改变、决定了人们的消费意识以及消费手段；正是失信坏账居高不下，惩处措施不够严厉明确，才助长了人们失信消费的意识与态度；正是由于放贷额度的不确定性存在，才使得许多人对于互联网金融企业信贷消费的额度预期的不确定性，产生一些投机心理。同时，人们的一系列思维与意识又反作用于社会存在，两者互相影响，存在循环加剧的效应。

从社会的进步发展规律来看，网络是伴随着社会的不断发展而出现的。本质上，社会的不断进步，同时也是生产力的不断进步，生产力是人类在生产实践中形成的改造和影响自然以适应社会需要的物质力量。生产力具有复杂的系统结构，其基本要素包括劳动资料或者劳动手段。它是人们在劳动过程中所运用的物质资料或物质条件，其中最重要的是生产工具，科学技术也是生产力中的重要因素。现如今，网络已经成为重要的生产力要素，生产力的不断发展，让网络出现在了人们的生活中。

生产力和生产关系是社会生产不可分割的两个方面，生产力决定了生产关系，生产关系又反作用于生产力。人与网络的关系亦是如此。人们的生产活动形式，例如对于网络的利用，具体到本实践，大学生对于信贷消费的心理和意识，对于网络信贷的利用情况，又会反作用于网络，影响着网络今后的发展。

从传统金融业到现代互联网金融业，我们还可以看出科学技术对社会经济形式的推动。在过去漫长的时代，传统实体金融都占据主导地位，经过潜移默化、日积月累的改进，传统实体金融的体量不断增大。科学技术的发展带动了网络产业，网络又为金融体系的更新改善提供了技术支持，大大促进了金融业乃至整个社会经济的发展。

如果用唯物辩证法看待这个问题，互联网金融企业是网络发展的副产物，它已经成为人们日常的学习工作生活中不可或缺的一部分；大学生群体是当今社会人群的一部分，当今的“90后”伴随着网络时代的普及，是与网络渊源最深的一代。我们研究大学生群体在互联网时代下的信贷消费问题，可以有效地反映人与网络的关系。这正是哲学中所提到的局部与整体的关系，有代表性的局部的现状能够反映整体的现状。

马克思主义唯物辩证法告诉我们，抓问题要抓主要矛盾，要运用矛盾分析法进行分析，善于观察和分析各种事物的矛盾运动，并根据这种分析，寻找解决矛盾的办法。这也正是我们团队想要通过实践课程学习领悟之处。

结束语

我们小组认为，人与网络关系的主要矛盾在于人与网络是否能够融洽相处，人们能否利用好网络的问题。这个问题的本源一方面在于网络的利弊分析，另一方面在于人们对于网络等身边资源的利用。利弊分析便是唯物辩证法的应用，我们要从多角度、多方面去审视互联网的出现给人们所带来的利弊，综合分析比较，才能得出中肯的结论。紧接着，人们要带着批判与继承的眼光去看待这个问题，互联网这一新兴事物，互联网给我们所带来的一切，哪些我们应该去学习、保留、借鉴、发展，哪些我们又应该去批判，取其精华、去其糟粕才是最明智的选择。

参考文献

[1] 段炼，黄侨彬，郑坤．大学生创业网络信贷风险规制法律问题研究［J］．福州大学学报：哲学社会科学版，2016（3）．

[2] 李研，曾怡，李瑞，肖亦遥，腾宇航．大学生网络信贷消费情况分析与建议［J］．商业故事，2016（9）．

[3] 谭祖谊．网络信贷对大学生经济活动的影响［J］．中国青年社会科学，2016（5）．

[4] 孙航，冯黎．大学生网络信贷消费市场现状及应对措施探究［J］．商业故事，2015（34）．

[5] 吕腾．互联网背景下大学生信贷畸形消费现象探析［J］．知音励志，2016（21）．

[6] 李丽华，李娜，李建红．大学生信用评价系统的设计与运用［J］．河北科技师范学院学报，2007（4）．

（指导教师：董良杰）

大学生利用网络阅读国际新闻情况调查

——以中央财经大学学生为例

实践团队：文化与传媒学院汉语言文学15班
团队成员：樊筱雪　杨　娟　吴璠琦　张　倩　曹　雯
邵明兰　李海晗　张新艳　余思航　何少莹

一、实践背景

随着经济社会发展与科技进步，社会大众对于“网络”一词早已不再陌生。尤其是近几年，随着智能手机的普及，人们可以随时随地上网、刷微博、刷朋友圈、看空间动态、进行视频聊天等等。网络丰富了人们的生活，拓展了人们的视野，缩短了时空距离，极大地改变了人们的生活。

在互联网得到普及之前，人们查阅资料、获取新闻资讯主要是依靠纸质媒体，如报纸、杂志、周刊等。但是随着网络的普及，毫无疑问，纸质媒体受到了极大的冲击，进入举步维艰的困境。追求快捷便利生活的现代人，不仅喜欢食物快餐，也喜欢文化快餐。每天早晨起来的第一件事就是拿起手机，查阅已收到的信息。走路看手机、工作看手机、吃饭看手机、睡觉看手机，这对于现代人来说已经成为一种约定俗成的生活方式。

网络最大的好处就是资源共享。通过网络，人们不仅可以查询到各种各样的资料，而且能够大大地节省查阅资料的时间。可以说，网络给现代生活带来了极大的便利。其中，新闻是很重要的网络资源。每天，在世界的各个角落都会发生大大小小的事情，产生大量新闻。网络所起的作用就是将一些比较重要的新闻在短时间内传播到全球，让“角落里的人”能够看到世界的变化，改变“两耳不闻窗外事”的现状。网络新闻，让人们走出“自我的世界”，关心“他人世界”，同时能够给人们提供多元化的思维方式，以拓宽视野。

最近的美国大选更是展现了网络的力量。由于网络的存在，大部分中国人关心起了美国大选，并且通过网络发表看法，讨论观点，让美国在中国又“火”了一把。这使我们感受到了网络的力量，尤其是网络新闻的力量。所以，我们小组对大学生如何利用网络阅读国际新闻产生了兴趣，并以此为课题展开了社会实践。

二、实践目的与意义

2016 年，英国脱离欧盟、美国大选、韩国总统事件等国际新闻都引起了大学生的高度关注，而大学生阅读国际新闻主要借助于各种网络渠道。那么，在网络时代下，大学生阅读国际新闻与以往通过报纸、广播等传统媒体渠道获取信息有哪些不同呢？它们是否也存在共性？再者，大学生利用网络阅读国际新闻会有哪些好处，又是否存在弊端？

我们的实践便是在中央财经大学校园里通过调查与访谈等形式，研究中央财经大学学生在网络时代阅读国际新闻的现状，从内外因两方面对中央财经大学生阅读国际新闻所存在的一些问题进行归因分析，并找出这种阅读方式的特征及其带来的利弊。

同时，经过严密的逻辑分析与深入的探讨，提出克服网络阅读国际新闻所存在的弊端的对策，从而提高中央财经大学学生利用网络渠道阅读国际新闻的有效性与科学性，也明确人在网络阅读中的定位，帮助大学生树立正确的网络观念，提高大学生的网络阅读素养，也使之能利用网络平台对国际新闻合理发声，不盲目不随从，坚持人的主体性，不被泛滥的网络信息吞噬。

同时，通过强调网络世界与现实世界的联系，启示大学生学会将网络新闻中的有效信息运用于实践，从自身现实生活出发，结合专业所学知识，得出更科学合理的认识，放大网络对人的积极影响而尽可能地规避消极影响，使人能通过网络更好地改善而非摧残现实生活。

三、实践方式

1. 收集相关资料

查阅书刊、报纸、网络。图书馆、网络上的相关资源丰富，查找便利，成本低。

2. 进行问卷调查

问卷调查是一种被广泛采用的调研方法，制作成本低，网上问卷调查波及范围广，能够收集到更多信息；线下问卷调查，能够增强学生的社会实践能力、人际沟通能力。

3. 进行线下采访

通过一对一、一对多采访能够收集到更加真实具体有效的信息，同时能够增强沟通协调能力。

4. 资料整合分析

将通过上述三种方法收集的信息进行有效整合，不仅可以把日常学到的知识运用到现实生活中，并且可以提高我们的整合分析能力，加深我们对人与网络的认识。

5. 制作实践报告

在资料整合分析的基础上制作实践报告，既能够增强团队协作能力，又能够反映我们的实践成果。

四、实践安排

实践环节	时间	内容	地点
前期准备（11月12日—11月23日）	11月12日	初步确定以社会实践的方式进行调研	线上
	11月13日	决定以“网络对大学生对政治认识的影响——以美国大选为例”为主题开展社会实践。确定了实践意义、目的、方法、特色、程序和大纲，并以此为基础进行文案撰写	教室 线上
	11月14日—11月22日	综合老师给出的建议，小组将选定的主题稍作修改，改为“大学生利用网络阅读国际新闻情况调查——以中央财经大学学生为例”，并由此重新进行实践方案的撰写。同时，确定了社会实践过程中小组成员的分工，开始为社会实践的开展做一系列准备	线上
	11月23日	重新确认了社会实践各个细节方面的问题，并进行了更加具体化、合理化的分工	食堂
中期实践（11月24日—12月2日）	11月24日—12月2日	确定了问卷调查的内容，以此制作出网上问卷，并在微信、QQ等公众平台发放	线上
	11月26日	线下采访校内同学并拍摄视频	校园内
	12月3日—12月4日	问卷回收，根据问卷结果显示的数据和线下采访的情况展开深入分析，得出初步结论	线上
后期整理（12月3日—12月9日）	12月5日	小组成员交流实践过程中的一系列问题和实践结论，再次根据收集到的相关资料、数据开展探讨，对实践进行查漏补缺，由此抒发自己的实践感想，并做相关记录	线上 教室
	12月5日—12月8日	开始分工编写社会实践报告，对一系列资料进行整合	线上
	12月9日	进行PPT制作	线上

五、实践特色

（一）紧跟时代，贴近生活

当今世界风云变幻，网络与我们息息相关，科技的进步为我们了解世界提供了便捷的途径。本次实践以“大学生利用网络阅读国际新闻情况调查”为主题，紧跟时代步伐，以中央财经大学学生为主要调查对象，贴近我们的校园生活，方便我们更好地了解我校学生如何使用网络以及对国际新闻的关注度。

（二）以小见大，由表及里

当代大学生是网络的主要使用者，深受网络影响。本次实践以小见大，将焦点聚集在我校学生身上，通过实践调查，更深入了解我校学生对国际新闻的阅读情况；由表及里，从“通过网络阅读国际新闻”的小课题到“人与网络”的大主题，更加明晰该主题的意义，加强对两者关系的理解。

（三）巧用媒体，创新方法

本次实践巧用网络收集相关资料、设计调查问卷，线上问卷调查和线下视频采访双管齐下，在一定程度上了解大众的认知、倾听大众的声音，增强研究的普遍性，为研究提供具有说服力的数据。

六、实践过程

（一）实践前

在最初的小组讨论过程中，本小组在认真而慎重的选择之后，确定了此次实践的课题，并根据成员特长及兴趣进行了人员分工的统筹安排。考虑到本次调查偏重对大学生通过网络阅读国际新闻的现状考察，所以小组成员一致同意借助网络方便快捷的优势开展社会实践。在前期准备中，我小组充分利用网络资源和校图书馆资源，通过查阅网络资料和相关书刊、报纸，积累了相关理论知识，为社会调查做好了基础准备工作。

（二）实践中

在实践过程中，小组确定了问卷调查的形式。成员通过网络问卷平台问卷星网站，精心制作了符合本调查课题的问卷，并通过QQ、微信等网络途径在中央财经大学同学圈内进行投放，在获取一定量的样本之后进行了回收。在保证收集的问卷真实可靠的基础上，小组成员结合收集统计的数据对相关问题进行了细致的对比分析。同时，我组利用课余时间，设计了一些简单有料的问题，在中央财经大学校园内采用线下随机采访的形式，对部分中央财经大学学生进行了抽样采访。通过一对一、一对多的采访形式获取了一部分真实可靠的信息，这部分信息也将作为后期材料分析的重要信息源。

（三）实践后

在前期仔细规划、中期有序调查的基础之上，整体工作得以顺利开展。通过线上线下等各种形式，重要的材料收集工作也基本完成，由此本次社会实践进入收尾阶段。在小组对资料认真整合和分析，并结合当下趋势进行分析的基础之上，撰写了社会调查报告，并精心制作了PPT，以此展示实践成果。小组成员将社会调查中的所见所闻所感写入实践报告，在小组成员共同商讨、提出意见之后，社会调查报告逐步完备，本次社会调查圆满结束。

七、实践结论

（一）实践总结

本次社会实践经历了前期的筹谋、中期的行动和后期的整理，在多渠道调研、线上线下活动之后正式告一段落。“大学生利用网络阅读国际新闻情况调查——以中央财经大学学生为例”这一主题，以网络环境覆盖为前提，在学生群体中探究“学生”这一主体与“网络”这一载体和“新闻信息”这一时代产物的关系。查阅资料、线上问卷、线下采访、小组讨论都是实践的有效形式，通过实际样本数据和理论分析的结合，在排除干扰因素和适当考虑不可控变量的前提下，小组给出如下结论：

（1）网络的发展加速了新闻的传播速度，但是由于网络平台上的一些负面环境不可控地造成新闻信息的内容失真和时限失效的后果，甚至违背主流意识形态，成为操纵言论风向的工具；

（2）民众作为具有主观能动性的群体，在当下网络平台准入门槛和发言成本较低的情况下更要自觉提高甄别信息的能力和基本的道德素质修养。利用网络看新闻与其他关注形式本质上并无区别，但因为网络平台的复杂环境，这就对关注新闻的群体提出了更高的要求。尤其是大学生群体，要在积极主动关心国际时事的大趋势下，将自身专业所学活学活用，运用专业眼光理性客观地看新闻。

（二）实践感悟

“为期一个月的课程实践活动已经结束了，但社会实践给我们带来的巨大影响却远没有结束。它使我们走出课堂，走进社会，走上了与实践相结合的道路，到社会的大课堂上去见识世面、施展才华、增长才干、磨炼意志，在实践中检验自己。课程实践虽然比较辛苦，回想起来，才发觉原来乏味中充满着希望、苦涩中流露出甘甜。

“通过本次实践活动，一方面，我们锻炼了自己的能力，在实践中成长；另一方面，我们为团队做出了自己的贡献，但在实践过程中，我们也表现出了经验不足、处理问题不够成熟、书本知识与实际结合不够紧密等问题。通过此次社会实践，我对网络与大学生的关系有了更深层次的了解和认知。知道了利用网络关注国际新闻的便利，也知道要敢于运用自己所积累的知识主动分析现实中的问题，不能片面听取所谓的专家或者知名学者的观点。‘机遇只偏爱有准备的头脑’，我们只有通过自身的不断努力，拿出百尺竿头的干劲，胸怀会当凌绝顶的壮志，不断提高自身的综合素质，在与社会的接触过程中，减少磨合期的碰撞，加快融入社会的步伐，才能在人才高地上站稳脚跟，才能扬起理想的风帆，驶向成功的彼岸。”

——余思航

“当今社会，互联网迅速发展，逐渐渗透到人们的生活中，成为日常生活中的一个重要部分。如今的信息化时代，越来越多的人倾向于利用碎片化的闲暇时间通过网络了解世界。然而，网络是一把双刃剑，有利也有弊。被视为年轻力量的大学生需要趋利避害，广泛阅读，不断拓展视野，关注社会，同时不断提高自身明辨是非的能力，在了解世界之际合理恰当地评论，树立正确的价值观，拒绝错误偏激的观点。深受网络影响的我们需要合理挖掘网络这份宝藏，合理利用这个广阔的平台，让自己更加优秀，来服务社会。

本次实践，团队合作、安排妥当、分工合理，各成员参与度都很高，能积极地发表自己观点，高效地完成任务，营造了良好的沟通协作氛围。本次实践贴近生活，利用课余时间在校园内深入调查，不仅更深入地了解我校学生利用网络阅读国际新闻的情况，还锻炼了自身沟通交往能力，掌握与新媒体有关的新技能。

感谢有这样的机会可以与大家一起合作、一起进步、一起成长，虽有些许不足之处，但值得我们反思，吸取经验教训，为下次实践做更加充分的准备。”

——樊筱雪

“通过对‘大学生利用网络阅读国际新闻情况’这一课题的调查研究，我认识到了在当今社会，网络对于信息传播的重要性。

随着信息技术的发展，全球互联网的通行，信息的传播早已突破时间和空间的限制。通过网络，人们可以准确获取过去的信息，悉知当前的新闻以及预测未来；人们可以足不出户，在全球范围内了解当前世界范围内的政治、经济等各种类型的新闻消息。

处于经济全球化的今天，我们大学生自然也不能‘两耳不闻窗外事，一心只读圣贤书’，对于国内、国际社会发生的重大新闻事件，我们都要有一定的了解，并运用自己所学的知识进行分析，给出自己的观点，以开阔视野、增长见闻，培养遇事独立分析的能力。只有这样，才能成为一个与时代发展紧密相接、跟得上时代发展的人，才能更好地为社会的发展而努力。

而网络就给我们提供了这样一个信息共享的平台，使‘不出隆中而天下事皆知’成为可能。身为大学生，我们更要运用好、把握好这一平台，丰富自己的阅历。

然而，网络所提供的新闻有真伪之分，而且毕竟这些网络平台所提供的消息文本是由媒体所提供的，一些媒体在发表评论分析时难免会带有主观性思想，也容易受各种社会舆论导向影响，所以我们就需要在阅读新闻的过程中自己去判断，选择性地接受信息。这就要求我们要具备良好的素质，能够去鉴别信息、筛选信息、做到择优去劣，这也是极为重要的。”

——杨　娟

“一直以来，我们习惯用微信传递消息，上知乎寻找疑难解答，接收来自全世界各地的新闻消息……网络渗透到我们生活的每一个角落，也自然而然地改变了我们大学生阅读国际新闻的渠道与方式。从前，我只把这些当作理所当然，从未问过为什么这些网络渠道发展得如此迅速，也从未深入思考过这些我们习以为常的行为背后，是怎样一种力量在驱动，我们人到底充当着什么角色，这样的网络生活于我们大学生又有何利弊。而这次我们小组对中央财经大学学生通过网络阅读国际新闻的调查研究，则给了我们这样一个机会。我们探究网络时代大学生阅读国际新闻方式的变化与其特征，细致分析这种方式存在的利弊，从而有针对性地提出规避弊端的方法。

通过实践，我们锻炼了自身的实践能力。而通过研讨，我们拓展了自己的思维，自由地阐述观点。我们相互启发，有逻辑地辩证问题；我们共同分析，得出较为科学合理的结论。可以说，我们在整个实践中学会了从内外因、利弊双方多角度看待和分析问题，更加明确了作为大学生我们应该如何去主动吸收和有效吸收各种国际新闻，也更全面地认识人与网络的关系。”

——张　倩

“如今，网络已经成为我们身边不可或缺的存在，可以说，我们生活的方方面面都离不开网络，我们生活的方方面面也都可以通过网络解决。那么，如何面对网络，正确处理与网络的关系，正确地运用网络这一工具，就显得非常重要。

马克思主义基本原理课程这次的实践主题‘人与网络’无疑是这个信息化时代里非常值得探究的问题，而我们小组把问题锁定在‘大学生利用网络阅读国际新闻情况调查——以中央财经大学学生为例’的主题上，重点探究网络对大学生的影响。我们的研究结果也正与我们日常所感受到的一样，网络已经是大学生日常生活包括阅读新闻的最主要的工具，而这更要求我们必须具备去伪存真、筛选辨别的能力，让网络能够真正为我们所用。

在本次的实践中，除了得到了结论，我想更重要的是进一步意识到了团结协作、团队合作的重要性。这次实践过程中，团队里的每个人都非常积极努力地为这次实践做出自己的贡献，每个人的分工任务都按时按量地完成，而大家之间互相激励、思维碰撞的感觉更令我十分喜悦。希望在接下来的学习生活中，我们能保持这次实践的状态与态度，正确利用网络这个工具。”

——李海晗

“本次课程实践使人受益匪浅，结合前些日子的美国大选这个热点问题，我更加深刻地理解了网络作为一种介质对于国际政治这样一个重大问题的影响。它不仅体现在提高了公众对于讨论的参与度上，也体现在其他各个方面，使得这些本是很遥远的问题都变得可以碰触。

同时，此次课程实践也使我又一次感受到了团队分工协作的力量。队伍中按照预定的计划各司其职，将大的目标细分为若干易于完成的任务，每个人再各取各自的长处，进行分工，使得任务在预定的时间内能够在最高的水平下完成。”

——吴璠琦

“从大一到大二，思政课的社会实践已经做过许多次了，但是每次的社会实践都能带来不一样的感悟和体验。此次探究‘人与网络’主题的实践，不仅给我带来了知识层面的收获，还有实践层面的体会。首先，‘人与网络’无疑是当下信息化时代里值得探究的问题，而我们小组把问题锁定在‘大学生利用网络阅读国际新闻情况调查——以中央财经大学学生为例’的主题上，重点探究网络对大学生的影响。结果不出所料，网络已经成为当代大学生不可取代的生活方式。然而以阅读国际新闻为焦点来看，网络的传播对大学生对事实的认知起到了引导甚至扭曲的作用，这或许是网络时代下应该反思的问题。其次，此次的社会实践再次让我感受到团队合作的重要性，不论我们的调研做得是否优秀，但是集体合作的成果已经让我受益匪浅。不仅是齐心协力，更是相互思想碰撞时畅快淋漓。社会实践给了我们一个拓展思维的机会，这是我觉得社会实践的意义所在。”

——曹　雯

“本学期开展了以‘大学生利用网络阅读国际新闻情况调查’为主题的社会实践活动，虽然说是一次作业，却也从中发现一些乐趣，得到一些有益的启发。国际形势、世界格局，每天都在我们不自觉中改变着，反过来影响着每一位世界的居民。很庆幸网络的存在，使我们每天足不出户，空闲的间隙就可以观看到最新最全的国际新闻。我是极为赞同每日阅读国际新闻以广见闻、明时局的，在我看来，它的重要性远远大过娱乐。阅读新闻使人从浅薄地关注自身扩展到了解这个日新月异的世界。

身为新媒体浪潮的原住民，我们有着得天独厚的优势，也有着敏锐的洞察能力，我在实践中更加明白，人是不能把自己局限在自己的小范围圈子里的，眼光放远，很多东西都不一样。原先怀有执念的，可能也就放下了。看着天灾人祸在世界各地发生蔓延，谁还能对自己的一点小苦恼抓心挠肝呢？国际新闻是可以有这个功能的，它改变人。中国要走向国际化，必先关注国际。而中国人自改革开放以来便不再闭门造车，因为开放包容才是正道。

现代网络技术的发达，便捷了居民的生活，对国际新闻的阅读者更是幸事。然而，新闻鱼龙混杂，这时就需要具有较强的辨别真伪虚实的能力。不受恶意引导的蛊惑，用理智判断事实真伪，这需要时间，也需要经验。”

——邵明兰

“网络日新月异的发展，对现代人的生活产生了不小的影响。从2G时代过渡到4G时代，从旧式手机到功能强大的智能机，网络恰到好处嵌入到现代生活。看着手机上不断闪烁的光，便知道是家人、朋友、同学在给我传输一条条简讯。打开手机，连上互联网，便能够看到一条又一条发生在世界各地的新闻，或好或坏，或赞同或反对，或怜悯或警醒，不管我需不需要，它总是按时出现在我的手机里。没错，这就是网络时代的生活。网络新闻按时出现，我也不由得点开看一看，除了看到新闻事件本身，还可以看到有趣的评论，五花八门的评论。评论人站在不同的视角对同一新闻事件评论，确实很有意思，能够让自己从不同的视角看待世界，有时胜于读书。

作为一个还未入世的小孩，观看新闻能够让自己提前熟悉那个将要进入的世界，让自己走出小世界，进入大世界，获取更多的知识，了解更多的世事。通过网络，我们可以阅读国际新闻，了解国际上的经济、政治、社会、科技、文化等方面的事件，培养全球化观念，助力社会的发展。”

——张新艳

“在当代社会，政治一直是人们关注的焦点，对于立足现在的大学生来说，了解时事是每个人应有的素质。而网络又逐渐成为现代社会的主流，随着纸媒的衰败，大学生利用网络阅读新闻渐趋频繁。

经过本次的社会实践，我对大学生网上阅读国际新闻的有了新的认识。阅读国际新闻可以给我们带来很多好处，可以增长知识，学到很多东西，了解世界动态，更好地为未来考虑，深入思考，增加思维的广度和深度。但是事物都有双面性，网络也不例外，在网络这个复杂多变的市场中，资源丰富，令人应接不暇，这对刚进入大学不久的我们——仍未塑造一个完整的价值观来说，的确是一个不小的挑战。如何从网络中获取需要的信息，获取正确的信息，做到不受偏见误导，并且拥有识别真伪的能力，这是我们应该思考的问题、我们应该具有的素质。

本次实践，我对同学们利用网络阅读国际新闻的现状有了大致了解，然而，除此以外，更深的感受是团队的合作。由于以前的课程曾经做过社会实践，我们已经有了足够的经验，这次在分工上配合良好，实践上也保持了一个较高的效率，这是一个很大的进步，也让我们的积极性更高。我想社会实践给我们带来的影响正是体现在这些潜移默化的地方。”

——何少莹

八、实践反思

本小组此次课程实践结束了，我们取得了一些调查结果，并对其进行了应有的具体分析。同时，小组成员也在各个方面得到了能力上的锻炼。但必须承认，仍有美中不足之处值得认真反思，以求今后的学习、实践中能够取得更加丰硕的成果。

（一）调查方式

本次课程实践我小组采取了发放回收网络电子问卷的形式对数据进行搜集，形式较为单一枯燥，覆盖的调查人数较少，答卷的积极性也不高。同时，人群的近似性较大，难以取得十分客观直接的数据支持，为结论的总结带来了不小障碍。今后应多多完善调查方式，线上线下相结合，同时完善问卷的细节，使设计的问题更加贴近同学们的生活，提高同学们的答题积极性，使调查的覆盖面积更广，结论更具普遍性。

（二）分工安排

小组的分工有重叠的部分（如“活动意义”与“活动目的”的设计等等），使大家浪费了时间去完成相同的工作。今后在分配任务时应更加细致地划分任务、内容，从而避免这种做无用功的情况发生。

（三）课题设置

调查前课题的设置较为草率，对调查和分析的难度没有做相对客观的预估，导致整个调查的可行性和所得成果没有达到预期水平。同时，课题设置的范围与调查范围不大相符，导致结论的特殊性大于其普遍价值。今后的实践中在课题调查开始前应先做好预调查并对计划的可行性进行充分讨论，确保其可以达到我们预设的调查目的，得到期待中的调查结果。

附　录

附录一：线上线下调查数据及分析

线上线下调查数据及分析关于大学生利用网络阅读国际新闻的情况调查

第 1 题　您的性别：[单选题]

选项	小计	比例
男	28	22.22%
女	98	77.78%
本题有效填写人次	126	

由于中央财经大学的男女比例为 3 : 7，而本次关于大学生利用网络阅读国际新闻的情况调查，主要调查人群是中央财经大学的学生，所以男女比例差距较大，男生较少，女生较多。

第 2 题　您所在的年级：[单选题]

选项	小计	比例
大一	29	23.02%
大二	92	73.02%
大三	3	2.38%
大四	2	1.59%
本题有效填写人次	126	

本题可见，大一、大二回答问卷人数较多，大三、大四人数较少。因为大一、大二的学生在学校的活跃度较高，大三、大四的学生几乎不参与活动，所以数据上局限在大学里而尚未进入社会的大

学生。

第 3 题　您通常通过哪些网络渠道阅读国际新闻？［多选题］

选项	小计	比例
新闻客户端	75	59.52%
网页	79	62.7%
微博	74	58.73%
微信	80	63.49%
QQ	51	40.48%
本题有效填写人次	126	

本题可见，大学生利用微信阅读相对较多，利用 QQ 阅读新闻人数相对较少，但是每一种网络渠道的阅读人数都几近半数，且其总和远远超过 126 人，这说明了大家使用多种网络渠道来阅读新闻，并且网络渠道成为主流。

第 4 题　您每周通过网络阅读国际新闻的频率为？［单选题］

选项	小计	比例
每天	52	41.27%
4—6 次	23	18.25%
1—3 次	49	38.89%
从不	2	1.59%
本题有效填写人次	126	

本题可见，人们通过网络阅读国际新闻的频率较高，其中，每天阅读的人数最多，1—3 次的人数次之，而从未阅读的人数仅仅 2 人，这说明了当代大学生对国际新闻的关注度很高，能与时代接轨。

第 5 题　您阅读国际新闻后参与度（留言区互动等）为？［单选题］

选项	小计	比例
80%以上	5	3.97%
50%—80%	10	7.94%
20%—50%	25	19.84%
20%以下	86	68.25%
本题有效填写人次	126	

本题可见，学生阅读国际新闻后的参与度并不高，半数以上在20%以下，同学们多数不愿意在留言区发表言论，参与讨论。其中有很多原因，一部分是同学们对政治问题不敏感，没有深究和发表见解的意图；一部分是留言区的言论缺乏思考，评论虽多，但没有质量，学生更愿意在其他地方发表言论。

第 6 题　您通常通过网络阅读的国际新闻类别为？［多选题］

选项	小计	比例
政治类	98	77.78%
财经类	61	48.41%
社会类	100	79.37%
娱乐类	82	65.08%
体育类	36	28.57%
本题有效填写人次	126	

本题可见，同学们通过网络阅读的国际新闻主要有社会类新闻、政治类新闻以及娱乐类新闻，对于财经类新闻也有近半数同学涉猎，而阅读体育类新闻的同学相对较少，这反映出同学们对于社

会问题、政治问题和娱乐问题都有比较高的关注度，对于和我们学习息息相关的财经新闻也有着一定的关注，对于体育新闻则关注较少，倾向性非常明显，这也反映出了大学生们的兴趣偏好。

第 7 题　您阅读国际新闻通常是主动还是被动的？［单选题］

选项	小计	比例
主动	85	67.46%
被动	41	32.54%
本题有效填写人次	126	

本题可见，大学生对国际新闻的阅读主动远多于被动，但尚未成为绝对趋势，这说明大学生大部分都有了解国际新闻的主动性，但是主动性需要继续培养，还有不足。

第 8 题　您通常阅读新闻是出于什么目的？［多选题］

选项	小计	比例
自身兴趣爱好	92	73.02%
拓展知识	79	62.7%
锻炼思维	38	30.16%
关注社会	103	81.75%
完成某一特定任务	27	21.43%
本题有效填写人次	126	

本题可见，大多数同学阅读新闻的主要目的是关注社会、拓展知识，少部分同学的目的是锻炼思维或者完成某一特定任务，这表明大学生们阅读新闻主要建立在自己的兴趣需求上，而不是将阅读新闻作为一种不得不为之的手段，体现了大学生们的时代性。同时，多项选项的比例都远超半数，说明阅读新闻对同学们起到了多方面的作用。

第 9 题　您阅读国际新闻后是否会结合自身专业知识深入思考？[单选题]

选项	小计	比例
会，经常性	22	17.46%
会，但较少	83	65.87%
不会	21	16.67%
本题有效填写人次	126	

本题可见，大多数同学阅读国际新闻后会结合自身专业知识进行思考，但是这种情况较少发生，这说明同学们对于国际新闻能够去联系与思考，但是大部分情况下还是读过就放下了。这表明大学生对于国际新闻还需要有更深的思考。

第 10 题　您是否会受知名人士对新闻评论的影响？[单选题]

选项	小计	比例
会，总是	26	20.63%
会，只是偶尔	87	69.05%
不会	13	10.32%
本题有效填写人次	126	

本题可见，绝大多数同学阅读国际新闻时都会受到知名人士对新闻评论的影响，虽然其中大部分同学都表示只是偶尔会受到影响，但这仍然反映出了知名人士的评论对大学生的影响力，这也使我们更加需要强调大学生坚持独立思考的必要性。

第 11 题　请您为自己辨别以及提取网络有效新闻信息的能力打分：[单选题]

选项	小计	比例
5	11	8.73%
4	39	30.95%
3	63	50%
2	11	8.73%
1	2	1.59%
本题有效填写人次	126	

本题可见，绝大多数同学给自己打了 3—4 分这一比较中肯的分数，认为自己拥有比较强的辨别以及提取网络有效新闻信息的能力，这说明当代大学生对于阅读国际新闻以及辨别分析国际新闻有着基础的能力，并且对此持有积极乐观的态度。

从这份问卷中我们可以看出，当代大学生对于国际新闻的关注度很高，绝大多数同学都能够主动积极地阅读国际新闻，并且网络阅读已经成为大学生们阅读国际新闻的主要途径。在阅读国际新闻的过程中，大多数同学能够自发自觉地关注政治社会等方面的新闻，并且与自己所学知识联系起来进行独立思考，也有较好的辨别能力及提取有效信息的能力。这都显示出当代大学生利用网络阅读国际新闻的能力比较强，情况比较令人欣慰。当然，大学生阅读国际新闻的情况也依然存在一些问题，比如不常联系专业知识进行思考、容易受到知名人士的意见影响以及评论较少等。

我们接下来又实地采访了几位同学，从线下受访者的回答中也可以看出，及时并充分地了解时事已经成为现代人一项不可缺少的基本素质。随着网络的发展，人们越来越依赖手机、电脑等电子设备，而传统纸媒已经被远远抛在脑后，再不复当年。但是报纸阅读的减少并没有使同学们对新闻的吸收减少；相反，人们获取新闻的途径反而越来越多，越来越方便，随手一点，打开手机 App 就有无数的资源、无数的内容，一部手机可容纳的知识是数不尽的。

由于网络带来的方便性，同学们对国际新闻的接触愈多，对国际新闻的思考也愈多。资源的便利使我们能快速地寻找自己所需的信息，不局限于一隅，使我们的思考愈深入。一旦遇到我们感兴趣的话题，我们可以很轻松地找到途径去研究它，不会受到过去信息闭塞的困扰。这对于我们培养个人性格，自主学习、独立思考的能力有很重要的影响。

然而，网络也是一把双刃剑。资源繁多，往往让我们应接不暇，更容易在种类多样的篇目中迷失了自己。对于什么是有价值的内容，什么是无意义的糟粕，有时候难以分辨。而人们的看法，例如留言区一些偏激的、具有煽动性的看法，也可能对我们造成不好的影响。所以，这给大学阶段的我们以很大的挑战，如何获取信息，如何正确抉择，都是时下我们非常迫切需要思考的问题。

附录二：资料收集成果及分析

人民网讯 “人民网奖学金”优秀论文奖评选结果日前揭晓，武汉大学共有 10 篇论文获奖，《当代大学生阅读网络新闻的态度及行为特征分析》获得二等奖，以下是论文全文。

摘要：在互联网技术飞速发展的今天，网络新闻传播已成为一种新的阅读趋势。根据武汉地区高校大学生的问卷调查显示，网络已成为大学生获取新闻信息的重要媒介，大学生比较认同网络新闻但信任度不高。大学生在媒体、新闻及阅读方式选择中具有偏向性。人民网在大学生中具有一定受众，浏览大学生满意度较高，但需要在大学生中进一步扩大影响力、增加受众。

关键词：大学生；网络新闻；态度；行为特征；人民网

一、引 言

互联网是继报纸、广播、电视之后的第四媒体。近年来随着网络信息技术发展迅猛，互联网日渐融入人们的学习与生活当中，对他们的各个方面产生了一定的影响。第23次《中国互联网络发展状况统计报告》显示，截至2008年底，我国网民数达到2.98亿，20—29岁人群是上网的高峰人群，约占总调查对象的31.5%，且在历次调查结果中都属于网民中的主要人群。在这一群体中，很多属于大学生。

网络新闻，是报纸、杂志社、广播电视台、通讯社等大众传媒，政府机构、行业协会、企业等机构以及个人在互联网上利用网络技术和网络功能对最新发生、发现或正在发生的事实的报道。其中，大学生阅读网络新闻是大学生日常网络生活的重要组成部分，研究大学生对待网络新闻的态度和基本行为特征，对于相关网络新闻媒体具有重要参考价值，对于了解大学生思想状况和加强大学生思想教育具有重要意义。

二、研究对象和方法

本文以武汉地区的大学全日制本科生为调查对象，采用问卷调查和半结构访谈两种实证研究方法，对大学生群体阅读网络新闻的状况进行研究分析。

基于文献研究，本问卷设计采取两个部分对大学生进行调查。第一部分是基本信息，由9个问题组成，包括性别、年龄、年级、专业、家庭位置、家庭背景、家庭经济状况、上网时间及目的。第二部分由24个问题构成，针对阅读网络行为的基本态度和行为特征进行调查。

问卷采取无记名随机抽样方式，并现场回收。问卷总计发放230份，回收问卷218份，其中有效问卷为203份，有效回收率为88.3%，达到问卷的基本可信度要求。问卷中的所有问题都提供选择项，每题可选单项或多项作答。数据分析使用 SPSS13.0 进行操作处理。

样本中，男生占 51.23%，女生为 48.77%；出生年份集中在 1985、1986、1989 三年，占据样本总量的 72.41%；从年级分布来看，大一、大二、大三、大四年级学生分别占样本总量的 26.8%、31.2%、17.4%、24.6%；从家庭位置来看，来自于大城市及省会城市、地级市和农村地区的学生分别占样本总量的 27.5%、22.66%、21.67%；从家庭经济状况来看，72.91% 的学生家庭条件一般，11.33% 的学生家庭环境比较宽裕，10.34% 的学生经济条件比较困难；从每天上网时间来看，54.68% 的学生每天花费在网络上的时间超过 3 小时，33.05% 的调查人群表示他们每天花费在网络上的时间介于 1—3 小时。

三、大学生对待网络新闻的基本态度

1. 浏览新闻是大学生上网的主要目的之一，大学生普遍非常关注新闻。

这可以从两个方面看出，一是浏览新闻成为大学生上网的主要目的之一，二是大学生关注新闻程度较高。调查显示，63.05% 的大学生上网目的包括“浏览新闻”，这一比例次于“查找资料和信息”、“休闲娱乐”和“交友/聊天/收发邮件等”居第四位（如表 1 所示）。而大学生对新闻的关注程度中，非常关注的占 16.75%，比较关注的占 62.07%，两项合计占到大学生比例的 78.82%，可见绝大部分大学生关注新闻。

2. 网络媒体成为大学生获取新闻的主要途径，但信任度不高。

技术的进步，传播手段的发展，使得满足受众获取新闻信息要求的渠道越来越多，由于社会条件、个人特性及其他相关因素的综合影响，个体对新闻的获得途径有不同的选择。对于获得新闻途径及各自的调查结果见表 2。

调查显示，网络、报纸杂志和电视是大学生获取新闻的三个主要途径。其中，网络是大学生获取新闻的最主要途径，达到83.74%，而报纸杂志和电视则在40%上下。但是大学生对各自的信任程度，则显示出极大差异，最高的是电视，信任程度达到51.72%，而报纸杂志和网络则分别为21.67%、17.24%（如表3所示）。

在网络途径中，大学生首选也是最信任的新闻来源是网络媒体网站，其次是论坛、社区类网站。

单独对大学生进行关于网络新闻的信任程度进行调查，发现大学生认为“完全可信”和“基本可信”的比例分别为0.99%、34.98%，大部分人（61.58%）认为部分可信，而有2.46%的大学生则认为“不可信”。访谈得知，网络新闻是由于管理不规范等造成虚假新闻较之其他媒体更多，从而总体上影响了大学生对网络新闻的信任程度，从而降低了相对信任程度。

3. 网络新闻的优势和影响力得到大学生认可，大学生基本满意网络新闻。

在问卷中，大学生能清晰地认识到网络新闻传播的优势，他们认为网络新闻的优势排列在前五位的分别是更新速度快(82.76%)、新闻数量多（59.11 %）、检索方便（56. 65%）、可以自由发表评论（53.20%）和新闻表现手法丰富（37.93%）。

调查显示，只有 0.49%的大学生认为网络新闻对社会“几乎没有 ”影响，6.40% 的大学生认为网络新闻对社会影响“不大”，而93.1%的大学生认为网络新闻对社会影响比较大或者很大。可见，网络新闻的社会影响力得到大学生的高度认同。

虽然影响力和优势得到大学生的认同，但是大学生对于网络新闻的满意程度并不高。对于能否在网络媒体上快速找到所希望看的新闻，53.20%的大学生认为“总是可以”，而41.87%的大学生认为“有时可以”，但是没有人认为“很难”。

表1 大学生上网目的调查

选项	查找资料和信息	辅助学习	浏览娱乐	休闲娱乐	交友/聊天收发邮件等	网上购物	浏览博客、个人主页及同学录等	其他
比例	73.89%	47.29%	63.05%	71.92%	64.53%	26.11%	56.16%	7.88%

表2 大学生获取新闻的途径及信任度

选项	报纸杂志	广播	电视	网络	手机	其他
了解途径	40.39%	8.87%	41.87%	83.74%	18.72%	3.45%
信任程度	21.67%	3.45%	51.72%	17.24%	0.99%	4.93%

表3 网络途径中大学生选择的新网来源及信任度

选项	网络媒体	个人博客	论坛、社区类网站	网络聊天	其他
获取途径	87.19%	14.78%	54.19%	16.24%	2.96%
最信任的选择	73.89%	1.48%	15.27%	3.45%	5.91%

表4 大学生对网络新闻优势的认同

选项	更新速度快	新闻数量多	检索方便	自由发表意见	表现手法丰富	服务周到	其他
比例	82.76%	59.11%	56.65%	53.20%	37.93%	4.93%	1.97%

四、大学生对于网络新闻的基本行为特征

1. 大学生喜爱社会新闻、时事政治及娱乐新闻，关注国际和国家宏观新闻，注重网络新闻的时效性、专题性和权威性，最喜欢图片新闻。

大学生在进行网络新闻阅读时，对于新闻类别有一定的偏向性，其调查结果见表4、表5所示。在所有上网看新闻的调查对象

中，他们比较关心的新闻类别排列第一位的是社会新闻，其次是时事政治、娱乐新闻、财经新闻和体育新闻，而军事外交和科技教育则关注不是太高。

此外，从新闻类型来看，54.68%的大学生经常关注国际新闻，75.37%经常关注国内新闻，而对地方新闻关注的只有29.06%的大学生。调查显示，大学生最关注的网络新闻特征包括时效性、专题性、权威性、特色性和互动性，其中最重要的是时效性、权威性和专题性。

从新闻的形式类型来看，大学生最喜欢图片新闻，其次是文字新闻，最后是音频/视频新闻和Flash新闻。访谈得知，图片活泼、具有很强的直观性，比较受欢迎，但是由于受网速和配置影响，音频/视频新闻和Flash新闻播放时往往很不流畅，影响了视听，因此不太受喜欢。可以预计，一旦技术更成熟，后者将会超越文字新闻的受喜好程度。

2. 大学在选择新闻网站时具有较强主动性，注重权威性，偏好于商业类综合新闻网站。

调查显示，大学生倾向于商业类网站。85.71%的大学生倾向于商业网站（如新浪、雅虎），而倾向于电子媒体网站、机关网站（校园网、政府网）和报纸网站的大学生调查比例分别为24.63%、24.63%和15.27%，而通讯社网站最低，只有7.88%。

从选择方式来看，87.68%的大学生喜欢“自己浏览并选择”，而11.82%和19.70%的大学生则是依靠“别人推荐”和“自动链接得到”，大学生则选择网络新闻网站具有很强的主动性。

表5 最关注的网络新闻类型

选项	娱乐新闻	时事政治类	军事外交	社会新闻	体育新闻	科技教育	财经新闻	健康休闲
比例	58.62%	59.11%	18.72%	70.94%	30.05%	22.17%	33.99%	30.05%

表6　最关注的网络新闻特征

选项	专题性	互动性	权威性	时效性	特色性
比例	47.29%	27.59%	47.29%	62.07%	37.93%

表7　大学生对新闻类型的喜好选择

选项	文字新闻	音频/视频新闻	图片新闻	Flash 新闻
比例	48.77%	36.45%	62.56%	13.30%

表8　大学生选择网络新闻网站的标准

选项	权威性	新闻信息量	阅读习惯	多方观点评论	口碑评奖	网页视觉效果	新闻版块设计	读者互动功能
比例	62.07%	46.80%	34.48%	28.08%	26.60%	22.17%	16.75%	14.29%

表9　大学生经常访问的综合性新闻网站

选项	百分比	选项	百分比
新浪新闻	63.55%	中国新闻网	5.91%
腾讯新闻	53.69%	中国网	5.42%
百度新闻	44.33%	联合早报	4.43%
搜狐新闻	31.03%	FT 中文网	3.94%
网易新闻	19.70%	中国广播网	2.96%
新华网	18.23%	国际在线	1.97%
CCTV 新闻	14.78%	路透中文网	1.48%
凤凰网资讯	12.81%	中华网新闻	1.48%
雅虎资讯	12.32%	TOM 新闻	0.99%
人民网	11.82%	星岛环球网	0.99%
环球时报	7.39%	/	/

3. 大学生阅读新闻时偏好浏览固定网络媒体，阅读后参与互动的积极性很高，查看评论会对评论人具有选择性，连续关注新闻的积极性视新闻的性质和特征而定。

对于网络新闻的阅读方式，大学生偏好于浏览固定的网站，其次是阅读弹出式新闻和搜索特别关注的新闻，最少的方式是订阅网络媒体新闻。

在网络媒体阅读新闻后，您是否愿意进行评论、转贴、进入相关论坛讨论。1.97%的大学生“全部参与”，而“经常参与”、“偶尔参与”的大学生分别为13.30%、64.04%，仅20.69%的大学生“从不参与”。在查阅评论时，大学生偏好于如下评论人：网友(51.23%)、权威专家（45.81%)、官方记者（25.12%)、专栏作家（23.15%）和自由撰稿人（18.23%)。

而参与的具体形式，最多的形式是转告其他人，占48.28%，而评论、进入相关论坛讨论、转贴分别为39.90%、24.14%和18.23%。

此外，对于社会热点或新闻的连续关注习惯，15.76%的大学生总会连续关注，39.90% 的大学生经常连续关注，43.35%的大学生偶尔关注，而只有 0.99%的大学生从不连续关注。针对“经常连续关注”和“偶尔连续关注”的同学进一步访谈，发现他们倾向于非常热点或轰动性的新闻才会连续关注，取决于新闻的性质和特点。

4. 人民网是大学生经常访问的综合性新闻网站中的中等选择，近四成大学生浏览过人民网，浏览过人民网的大学生基本满意。

人民网几乎伴随着中国互联网共同成长，短短10年，在中国网络媒体的发展历程中创造了多个第一，开创了如《强国论坛》、《人民时评》、《两会博客》等经典栏目。人民网的定位是综合性新闻网站，在人民网首页上，80%为新闻，在人民网的40多个频道中，80%为新闻频道。因此，调查大学生对人民网的了解和满意是研究网络新闻的重要内容。在关于大学生选择的、经常访问的综合性新闻网站调查中，人民网排名第十，仅有11.82%的大学生经常访问。

调查显示，经常浏览和偶尔浏览人民网的大学生分别为11.82%和27.86%，而近四成听说过但没有浏览，两成大学生第一次听说人民网（如表12所示）。可见人民网在大学生中市场并不广，这可能与人民网侧重时事政治、较强严肃性有关。

表10　大学生偏好的阅读网络新闻的方式

选项	在固定浏览的网络媒体上浏览	阅读QQ/MSN弹出式新闻	搜索特别关注的新闻	订阅网络媒体新闻
比例	68.47%	51.72%	30.54%	7.88%

表11　阅读网络新闻后大学生偏好的互动形式

选项	评论	转贴	进入相关论坛讨论	转告其他人
比例	39.90%	18.23%	24.14%	48.28%

表12　大学生对人民网了解程度

选项	经常浏览	偶尔浏览	听说过	第一次听说
比例	11.82%	27.86%	38.42%	21.90%

表13　大学生对人民网满意程度

选项	非常满意	比较满意	有些满意	不满意	（空）
比例	3.32%	15.90%	14.63%	5.83%	60.32

五、研究结论与对策

1. 网络新闻具有广阔前景，政府需要采取综合措施加强监督管理，提高网络新闻在大学生中的社会公信力。

在问卷所列的6种获取新闻的渠道中，报纸、电视目前是大学生获取新闻信息的主要渠道，网络排在第三位。有研究者对每一种电子传播媒介从投入商用，到达到5000万用户所花费的时间作过一番比较研究，结果发现，广播用了38年，电视用了13年，而因特网仅用了5年。我国从1996年1月开始进行全国范围的公用计算机互联网络的服务，迄今只有12年，但用户近3亿，大学生的网络新闻阅读行为成为大学生获取新闻信息的主要渠道。中国互联网络信息中心（CNNIC）预见网络新闻获取将成为未来社会主要的新闻信息来源 。但是，由于网络新闻的来源多元化、发布的开放性与不确定性、二次传播性和难以核实性，使得新闻的真实性大为降低，网络新闻在大学生中的信任度比较低。

当前政府需要完善法律法规、加强监管力度、开展业务培训，提高网络新闻从业者素质、倡导业界自我规范，打造网络新闻品牌、强化新闻伦理建设，提高网民的网络道德水平，从法律约束、行业规范和道德建设等方面，提高网络新闻的规范性和真实性，使得新闻的速度、数量、便捷性、形式和服务等优势进步一步凸显，从而提高网络新闻的社会公信力。

2. 新闻网站可根据大学生选择新闻和网站的态度偏好，开发新闻、完善网站，提高网站在大学生中的受众面和影响力。

在问卷中所列出的有关大学生对新闻网站和新闻类型偏好的选项中，综合类网站受到了受众人群的青睐。大学生愿意花费更多的时间浏览社会新闻、时事政治和娱乐休闲类新闻。此外，令人颇感意外的是，相对于音频视频类新闻，大学生更喜欢浏览文字新闻和图片新闻。但是，目前中国网络媒体播发的文字新闻大都来自传统媒体，缺少对其进行适合网络新闻传播规律的结构性编改，致使网络新闻大都呈现出单一的平面媒体新闻的文字描述方式和内容布局结构，并不能完全满足大学生对网络新闻具有高速阅读、主动选择和深度索取的阅读需求特征，从内容上讲也更多适应全社会需要而对大学生新闻阅读需求缺乏充分满足。

当前，新闻网站需要研究大学生网络新闻阅读的需求和行为特征、遵照网络新闻传播的基本规律制作新闻，同时大力经营新闻网站特色，使用专门技术，运用特殊技巧，在内容上满足大学生的新闻阅读需求，在形式上适应大学生阅读网络新闻的个性特征，以保证满足大学生的阅读需求，扩大大学生受众面。比如开设大学生喜欢的新闻版块、精心编排新闻、采取合适丰富的表现方式、提供内容链接、完善搜索功能、集成各种互动手段，从而大力提高网络新闻在大学生中的影响力。此外，突出个性化的特色，特别是坚持新闻网站媒体对大学生人生观、价值观和个人取向的引导力是办好新闻网站不可丢弃的基本原则。

3. 高校及社会可以根据大学生阅读网络新闻的行为偏好，合理引导大学生参与网络新闻互动。

根据本次调查收集数据，我们发现大学生在阅读网络新闻后表现出的互动意愿非常强烈，大部分人愿意参加相关新闻评论和讨论，并且会连续关注某一新闻事件。大学生具有强烈的爱国情绪、正义感和同情心，但是，无可置疑的是大学生在批评社会成弊和丑陋的同时也易为误导，其网络评论在某种程度上渲染了过多个人感情和非理性色彩，使得这种互动并不总是合理的，甚至超出了个人宣泄不满的程度而误导社会舆论。研究表明，缺少理性和清晰度的激愤的情绪型舆论，容易产生非理性的社会仇视心理，如果对非理性情绪型舆论引导不力或出现引导失误，可能导致社会的不稳定 。

高校和社会一方面要充分利用大学生参与社会的积极性和网络新闻媒体的优势，为舆论监督创造自由空间和宽松氛围，构建一个自下而上、多层次开放型、灵活互动、批评和建言献策相融合的媒体舆论监督的全新机制；另一方面，高校和社会需要本着“以正确的舆论引导人”的宗旨，培育意见领袖、强化网络把关，积极分散、转移大学生非理性网络新闻互动行为，提供理性、权威指导，从而合理地引导大学生参与网络新闻互动。

4. 人民网需要根据大学生阅读网络新闻的态度及行为特征，合理调整网站风格和内容，扩大人民网在大学生网络新闻来源网站中的地位。

调查结果显示，被调查的大学生中有四成人群浏览过人民网，并且他们对人民网新闻质量表示较为满意，这表明人民网在大学生网络新闻读者中最大的局限是影响力不够、知晓度不高。人民网最大的特色是建立了以“中国共产党新闻网”为龙头的包括“中国人大新闻”、“中国政协新闻”、“中国工会新闻”、“先锋网”等在内的中央网群，这些版块新闻集中了权威性、时效性和专题性，是党和国家的舆论主流阵地。同时，人民网的网络新闻具有稿源丰富、自采稿较少、同质媒体转帖较多等特点。但是互联网的特性使得网络新闻报道呈现复杂形态，日常新闻、重大新闻、热点新闻、突发新闻在网上传播方式不同，取得的效果也不一样。而且大学生本身对于新闻内容和新闻形式具有偏向性，这使得严肃性、政治性较强的人民网对大学生缺乏广泛吸引力，在大学生中的受众面不广。

大学生是未来社会的精英人才和中产阶级的主要组成部分，人民网立志定位于权威媒体、大众网站，有必要重视大学生受众的阅读需求。当前，人民网需要研究大学生网络新闻受众的阅读需求特色，加强对部分版块的新闻风格和内容的调整，通过各种形式的宣传活动或技术手段，加强人民网对大学生网络新闻阅读的吸引力，扩大人民网新闻在大学生中的影响力，从而更大程度和范围上实现人民网的权威和人民特色。

分析：以上报告与我们的调研有诸多相似之处，并以更全面、准确的数据展示出了当代大学生利用网络阅读新闻的状况，结合我们的调研结果，我们可以得出以下几点结论：

1. 大学生利用网络阅读国际新闻已经成为一个主流渠道。

2. 由于网络上国际新闻的来源广、规范不够严格等问题导致网络国际新闻的可信度低。

3. 大学生对于国际新闻的阅读存在片面化、碎片化的问题，难以对事件保持持续性的关注，这也与网络报道的丰富内容、更新速度快等特点有关。

4. 网络国际新闻的报道需要加以规范，由于网络阅读新闻已经成为大学生主要阅读新闻方式，那么网络的报道方式会极大地引导大学生对事件本身的认识方式及态度，在网络报道下，新闻仍然要保持客观性，怎样规范，是值得思考的。

5. 大学生对于国际新闻的评价亦要理性冷静，网络不应该成为个人发泄不满情绪的场所。

（指导教师：董良杰）

中央财经大学学生对于网络借贷平台的态度与使用情况

实践团队：商学院　2015 级双陪大数据营销专业

团队成员：马昕怡　张　坤　黄　菲　吴　珂　贺山韵

钟夏阳　屈云红　陈彦红　刘京明

近日，大学生通过“借贷宝”借钱时应出借人要求留下的裸照、视频流出，有网友说“前不久在网上疯狂传播的——‘借贷宝’的那个 10G 的裸条压缩包，真心觉得那帮姑娘疯了”，还有网友发微博称，“该不是说她们穷疯了，还是说脑子真的不好”。据调查，借款的女子大部分出生于 1993 年到 1997 年，且大部分都是大学生。女学生这一群体青春活力、积极向上，是美的化身。此次“裸条借贷”涉及范围广、舆论影响深，发生这样令人震惊的事件，我们不禁要问，缘何如此？然而这种因网上借贷而引起社会舆论轩然大波的事件不仅发生在女学生身上，有些男学生甚至因为网上借贷平台使用不当付出了宝贵的生命。但是网上借贷平台并非全是弊端，有很多大学生从网上借贷平台贷款创业，收获了人生的一桶金。

一、网络借贷平台的发展状况及其利弊

随着互联网的快速发展、智能手机的普及，网络变得必不可少，线下实体经济中的很多产业开始在线上发展。网络借贷指的是借入者和借出者利用这个网络平台，实现借贷的“在线交易”。截

至2015年12月底，中国的网络借贷平台有2595家，较2014年增加了1020家。

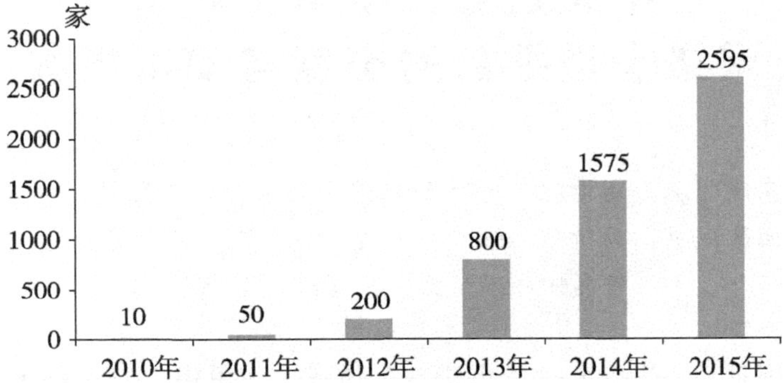

除了专门进行网络借贷的企业以外，有很多上市公司、银行……也开始涌入网络借贷行业，加速了网络借贷的发展和布局。大量资本的涌入使得网络借贷平台的资金也越来越多，交易量也随之快速增加。

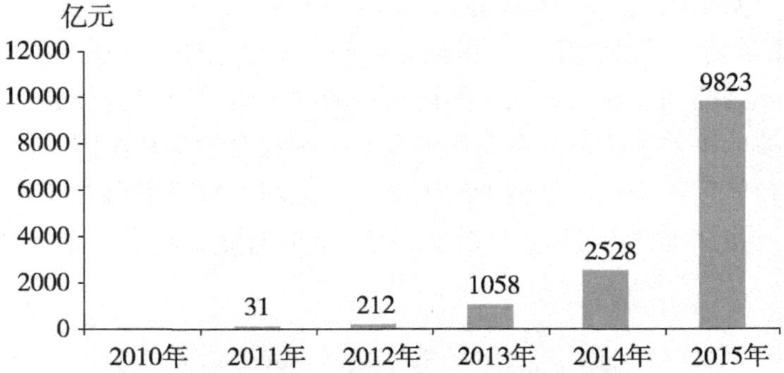

网络借贷快速发展的同时，相关制度也在不断完善，使得网络借贷可以在监管下更加健康的发展。目前，大多数网络借贷平台的借贷方式既有优点，也有缺陷。

优点：

一是快速便捷。由于网络借贷不要担保，因此网络借贷中的借款人可以快速、便捷地获得贷款。二是对象广泛。传统上的民间借贷，其对象是熟人，即亲戚、朋友、邻居、同事、同学等，由于熟人之间借款往往存在某些不便，因此人们希望能方便地从陌生人处获得借款。双方以网络借贷平台为中介，能够迅速地实现交易信息的互通，从而达成交易。

缺陷：

尽管借款时间快、手续简单，但网络借贷有着许多显而易见的风险，相对于亲戚朋友之间的拆借，网络借贷是陌生人之间的借贷，且借款人和贷款人之间素不相识，双方之间只能通过网络借贷平台进行信息交换。此外，“现行的民间借贷存在监管缺位、法律地位不确定、洗钱犯罪等问题”，这些问题在网络借贷中也同样存在。所以，网上借贷平台有益亦有弊，关键在于我们要如何利用。

二、中央财经大学在校学生调研

我们设置了相关问卷，调查中央财经大学学生对于网络借贷平台的使用态度与情况。问卷主要采取网络形式进行发放。在问卷设置时考虑到校园网贷是一个比较敏感的话题，金钱交易往往存在风险。对于这样的平台，一方面用户无法对其完全信任，另一方面某些平台确实存在着监管不力、信息不透明的问题。为了调查大学生对这类平台的信任度和对其各个方面的了解程度，我们设计了量表，从多个角度度量大学生对其的印象。对于校园网贷这类服务，最重要的是其诚信感。所以，我们从平台信用、隐私保护、平台透明度三个维度度量了用户对其的信任，同时也度量了这些维度在大学生心目中的重要程度。对于网贷平台的各类服务，我们将其分为借贷门槛、贷款金额限度和还款期限，度量了这些服务在多大程度上满足了大学生的需求和大学生对其的重视程度。以下是我们对于问卷的设置及统计结果分析：

目前，校园网贷平台在大学生群体中很流行，而通过该平台来获得资金的同学也是数不胜数。我们小组的调查目标是了解现在大学生对于校园网贷平台的认知情况。

通过充分的讨论，我们小组决定选取中央财经大学作为我们的样本采集区域，并且采用随机抽样的方法选取了50名同学作为我们的样本来进行调查。这50名同学来自不同的专业、年级并拥有不同的家庭背景，我们通过采用问卷采访的方式来对他们进行调查。该问卷一共包含12道题，以此充分了解样本的情况。

（一）问卷及分析

1. 您的性别

性别	人数	比例
男	33	66%
女	17	34%
总人数	50	

从性别分布上看，很明显这次调查中我们调查的男生要多于女生。

2. 您所在年级

年级	人数	比例
大一	4	8%
大二	11	22%
大三	10	20%
大四	15	30%
研究生	10	20%
总人数	50	

由上可见，50 名调查者大部分为高年级学生。其中大四学生最多，占总比例的 30%；其次是大二的，占总比例的 22%；而大一的同学只占 8%。因此主观推测，我们样本中大部分为对待事物应更加成熟的同学，进一步推论到他们对校园网贷平台的了解情况，我们认为他们对此的了解情况是更真实且可靠的。

3. 您每月大致花费

每月生活花费	人数	比例
0—500 元	0	0%
500—1000 元	11	22%
1000—1500 元	23	46%
1500—2000 元	10	20%
2000 元以上	6	12%
总人数	50	

由上可见，50 名同学中约占一半的人月生活花费为 1000—1500 元，而大于 2000 元的人数占总体比例的 12%，小于 1000 的人数占总体比例的 22%。整体调查结果呈正态分布状态。因此通过结果可推测，中央财经大学大部分同学的生活花费为中档水平 1000—1500 元，而这种情况与我们学生的家庭状况和自身有着密切的关系。

4. 您每月生活费用来源

每月生活费用来源	人数	比例
家庭自费	41	82%
勤工俭学	23	46%
奖助学金	19	38%
总人数	50	

由上可见，约占总体82%的同学的生活费用为家庭自费，且另有38%的同学将奖助学金作为生活费用。此外，总体中还有46%的同学是通过勤工俭学来赚取生活费用。主观推测这种情况的出现有可能是有些同学无法获得足够的生活费用而通过勤工俭学来获得补充，这种结果也可能是中央财经大学大部分同学生活情况的一个缩影。

5. 您了解校园网贷平台吗？

是否了解校园网贷平台	人数	比例
不了解	8	16%
听说过	28	56%
了解	13	26%
非常了解	1	2%
总人数	50	

由上可见，约占总体56%的同学听说过校园网贷平台，而只有16%的同学不了解，剩余28%的同学则对校园网贷平台了解或非常了解。因此可推测，中央财经大学大部分同学有听说过校园网贷平台并对此有或多或少的了解。

6. 您是否曾利用校园网贷平台借贷？

选项	小计	比例
是	12	24%
否	38	76%
本题有效填写人次	50	

从调查结果可知，大部分学生不会利用校园网贷平台借贷，只有24%的学生会利用校园网贷平台借贷。可见，大学生对校园网贷平台的利用率较低，我们推测可能是因为部分学生对校园网贷平台的借贷不够了解或者是部分学生没有借贷的需求。

7. 平台信用（1 到 5 程度依次加深）

题目\选项	1	2	3	4	5	平均分
满意度	0（0%）	6（12%）	22（44%）	21（42%）	1（2%）	0
重要度	1（2%）	2（4%）	13（26%）	11（22%）	23（46%）	0

由上可见，大部分学生对平台信用的满意度较高，认为平台信用重要。仅有 2% 的学生认为平台信用不重要，没有学生对平台信用不满意。从调查结果上看，大学生对平台信用的满意度和重要度的评分都接近中间分数，其中，重要度的评分较好。我们认为学生对平台信用还是比较看重的，这符合常理。而满意度则集中在中间分数偏好一点，仅有 1% 的学生特别满意。我们认为这一现象的出现，可能是因为现在的借贷平台大都相似，没有什么特别牢靠的措施来提升信用度，所以学生对平台信用没有什么印象。

8. 隐私保护（1 到 5 程度依次加深）

题目\选项	1	2	3	4	5	平均分
满意度	0（0%）	11（22%）	29（58%）	8（16%）	2（4%）	0
重要度	0（0%）	4（8%）	7（14%）	20（40%）	19（38%）	0

在这一项中，大家对平台的隐私保护的满意度认为一般的占 58%，比例较高，而认为其重要的则占大多数，多达 78%。由此可见，学生对自己隐私的保护意识很强，而平台则没有采取什么重要的措施，让学生觉得自己的隐私有被保护。

9. 借贷门槛（1 到 5 程度依次加深）

题目\选项	1	2	3	4	5	平均分
满意度	0（0%）	9（18%）	30（60%）	8（16%）	3（6%）	0
重要度	0（0%）	4（8%）	18（36%）	14（28%）	14（28%）	0

从表中可见，学生对于借贷门槛这项没有什么特殊的感知。认为其重要的较多，而对其满意度则没有那么高。我们分析可能是因为学生们普遍都满足借贷条件，所以对借贷门槛的评分偏向中间分数。

10. 贷款金额限度（1 到 5 程度依次加深）

题目 \ 选项	1	2	3	4	5	平均分
满意度	1（2%）	8（16%）	23（46%）	18（36%）	0（0%）	0
重要度	0（0%）	6（12%）	17（34%）	13（26%）	14（28%）	0

从表中可见，学生对于贷款金额限度也表现出了一种一般偏好的态度。我们认为可能是因为学生们都有生活费，也不会购买一些无力承担的奢侈品，贷款金额比较小，所以对于贷款金额限度不敏感。

11. 还款期限（1 到 5 程度依次加深）

题目 \ 选项	1	2	3	4	5	平均分
满意度	0（0%）	9（18%）	22（44%）	18（36%）	1（2%）	0
重要度	1（2%）	5（10%）	15（30%）	17（34%）	12（24%）	0

由表可见，仅有 2% 的学生对其非常满意，也仅有 2% 的学生认为其特别不重要，大部分学生的评分依然集中于中间偏好。由此，我们分析可能是学生对于还款非常守时，不用拖到最后期限。

12. 平台透明度（1 到 5 程度依次加深）

题目 \ 选项	1	2	3	4	5	平均分
满意度	2（4%）	11（22%）	23（46%）	13（26%）	1（2%）	0
重要度	0（0%）	4（8%）	11（22%）	15（30%）	20（40%）	0

由表可见，之所以对平台透明度有强烈感觉的学生很少，认为平台透明度重要的学生较多，我们分析大部分学生还是比较客观的，有保护自己的意识。而满意度则一般，由此我们分析，平台并没有在透明度上下很大功夫，导致学生对此感觉一般。

（二）现场采访

为了获取更多的相关信息，针对调查主题，我们在校内随机采访了两位同学，听取他们对校园网上借贷平台的看法。以下是我们的采访内容：

同学一（大二，男）

采访者：你对校园网贷平台有什么看法吗?

受访者：我觉得不是一个好东西，父母给自己的钱是够的，但如果说想要网贷的话，等于说已经超出自己可以掌握的经济范围，父母给多少钱就应该花多少钱。如果你要网贷的话，你就要消费平时消费不起的东西，这样在你工作之前就已经把消费水平提高了，所以我觉得这对学生来说是不好的，是没有必要的。等于说你的欲望就已经超过你可以承受的范围，到最后肯定会越陷越深，对学生一定会造成一种隐形的伤害。

同学二（大三，女）

采访者：你对校园网贷平台有什么看法吗?

受访者：嗯……我个人虽然没有用过，但是我觉得看待校园网贷平台应该用辩证的思想。这是一把双刃剑，有好也有坏。对于不同的人来讲，利弊比重也不太一样。比如对一些正在创业而缺少资金的大学生来说，这也许是一个很好的渠道，一个成熟的网贷平台可以迅速为这些人筹集一些资金。但是最近关于网贷的丑闻也层出不穷，令人实在恐慌。

采访者：那么，你会使用网贷平台来借钱吗?

受访者：我平时花钱有节制，一般情况下不会借钱，更不会使用网贷平台来借钱。

采访者：那么，你认为网贷平台的哪些因素比较重要呢？

受访者：也许是……隐私信息。"裸贷"什么的简直太可怕了。真不知道那些选择"裸贷"的人是怎么想的。

随机采访的结果显示，这两位同学对于大学生校园网贷平台的看法并不好，毕竟他们认为虚拟网络还是存在太大的不确定性，不能太相信。关于网贷平台的重要因素之一隐私保护，大家还是比较关心的。

三、结论与建议

结论：

调查结果显示，大部分人只是听说过校园贷而并未亲自试用过。大多数在校学生认为校园贷平台各类环境都很重要，但是满意度并不高。由此看来，校园贷这一项目虽然能够紧紧跟随现代潮流，但是在安全建设、信誉塑造方面还需要进一步的完善。特别是对于我们在校学生而言，对社会的认知能力还不是很强，容易陷入骗局。所以希望在我们学生加强自身防范意识、社会加强精神文明建设的同时，校园贷能够及时反思，改善平台环境，加强安全防范措施的建设，为广大学生提供一个安全放心信得过的网贷环境。

建议：

1. 建立健全校园网贷的市场准入资格审查机制

首先要规范中小金融公司、借贷平台的准入机制；其次应审核在校大学生等借款人的身份证明、偿还能力和信用水平，防止因门槛低而出现不能还款的现象。

2. 严格执行相关法律法规，减少欺诈行为的发生

应严格执行《中华人民共和国合同法》的规定，校园网贷公司不得引诱、欺诈贷款者订立贷款合同，对于涉嫌欺诈的贷款合同，

学生提出撤销合同的，应将合同撤销。此外，校园网贷公司应履行必要的告知义务，将与贷款息息相关的贷款利率、收费标准、滞纳金收缴机制、中介费用等情况真实告知学生。

3. 设立专门的监督部门，建立科学监管机制

政府部门应该依法设立专门的监督机构，消除校园贷的灰色地带，依法确立严格的惩罚标准，严格规范网贷公司的内部运营，加强宣传力度，提高学生还款意识。同时，学校应对大学生进行网贷知识宣传和普及，提高大学生明辨各类网贷的能力，加强学生的责任意识、法律意识和维权意识。

4. 建立多元主体双向交流反馈机制

网贷公司得到政府部门的审批以后，若想进入校园，必须在学校进行登记；大学生若想向网贷公司借款，必须先向学校提出申请，让学校给予网贷公司证明材料，借款之前应向其家长报备；同时，政府建立严格的市场准入机制，建立完善的监管机制和专门的监管机构，对网贷公司的运营加以规范和引导。

5. 给出贷款满意度，方便其他借款人参考

政府出台政策要求网贷公司在网站页面上显示其贷款满意度。此满意度由以前借款的大学生进行打分，打分涉及贷款利率、还款期限、催债方式等多个关系学生切身利益的方面。这种方式不仅可以保护大学生的权利，而且可以提升网贷公司的综合水平，进而规范整个行业，形成良性竞争。

四、结束语

贴近生活的主题——人与网络，从小组成员们一起商定主题、设计问卷、发放问卷到一起在校园中寻找同学做采访、共同写报告，终于在12月7日我们写好了第一份报告，共7445字。报告中的每一句话都是大家努力的结果，但是为了避免报告过于冗长，我

们删减了近2000字，很不舍、很为难，还有着不小的争议。报告不是最终的目的与结果，最重要的是我们在一起学习与实践中共同进步着、成长着。

参考文献

［1］张吉利．论我国“校园消费信贷”发展中存在的问题［J］．商，2016（26）．

［2］石志红．大学生P2P网络借贷风险及其管理对策研究［J］．现代商业，2016（23）．

［3］郑春梅，贾珊珊．国内外校园贷平台比较及规制分析［J］．财经界：学术版，2016（17）．

［4］舒涛，付轲．互联网金融背景下的大学生借贷畸形消费现象探析——基于某学生深陷P2P网络借贷困境案例分析［J］．高校辅导员，2016（3）．

［5］沈源．对校园借贷平台的探究与深思［J］．现代商业，2016（15）．

［6］张研．互联网金融背景下大学生网络借贷乱象分析及应对策略［J］．科教导刊：中旬刊，2017（3）．

（指导教师：董良杰）

当前我国网络教学现状研究

实践团队：国际经济与贸易学院　中澳15－1班
团队成员：陈泽星　刘经纬　胡增玺　冯　林
刘予凝　王琪琪　宁佳琳　林妍昱

一、选题意义

随着网络教学理念的形成和实践的发展，网络教学的灵活弹性、丰富多彩、资源共享、知识共建、良好成本效益等优势逐渐显示出来，为人们提供了一种时时可学、处处可学的终身学习机会。

当前，中国的网络教学模式仍处在起步探索阶段，需要更多的实践以及实证研究，本选题研究对中国网络教学平台的发展具有一定的借鉴意义。

二、研究目标

1. 本研究首要关注网络教学的普及程度及受欢迎程度；

2. 其次关注网络教学的质量以及目前遇到的问题；

3. 针对网络教学目前出现的不足之处提出解决方案。本选题研究旨在为我国教学改革探索出一条有效而有特色的网络教学道路，为我国教育多元化做出贡献。

三、实践背景

伴随信息技术的飞速发展，教育信息化已成为促进教育发展、提高教育质量的主要途径和有力措施。教育资源全球化激发了网课应用的市场潜力，这种技术嵌入式课程无疑已演变为当今最受瞩目的教育新星。与其说信息化沉淀了教育本质，不如说其革新了教育的价值取向。教育信息化的主要内容是课程教学的信息化，而网络教学平台在教学信息化中发挥着基础性的支撑作用。

近几年获得了广泛应用的网络教学平台，在国外被称为 E-Learning 平台。网络教学平台能够承载在线课程，支持网络环境下的教与学。国内外各类网络教学平台不下百种，分为通用平台和专用平台两类，专用的含义包括专门为某个机构开发的和专门为某类学科、课程开发的，通用平台又分为商业平台和开源平台。

从网络教学平台的发展历史来看，一般认为大体经历了三个阶段，从一开始的内容管理系统到学习管理系统，再到学习内容管理系统。内容管理系统侧重学习对象和学习内容的管理，主要用来存储和管理教学资源以支持学习者的自主学习。而学习管理系统侧重于教务教学、行政事务的管理，其目的是简化学习和培训的管理程序。学习内容管理系统则是内容管理系统和学习管理系统功能的集合。学习内容管理系统能够进行教务管理，也可以跟踪与管理学习者的学习过程，还可以帮助教师设计、制作、发布网络课件。

网络教学平台在自主学习中发挥着基础性的支撑作用，近几年获得了广泛的应用。自从国内第一个网络教学平台 4A 出现之后，涌现了十几个类似的软件产品。国外的网络教学支持系统也大举进入中国市场，比如 Black Board。它是目前市场上唯一支持百万级用户的教学平台，技术力量雄厚，平台成熟稳定，但是费用较高。其次是国内的商业化平台，如“清华教育在线”、南京易学“天空教室”等。国内的教学平台比较符合我国或地方高等教育改革、教学管理的需要，适应性较强。再次是各个高校按各自应用需求研发出的在本校范围内使用的网络教学平台，这样的教学平台对于自身高校的特点具有很强的针对性，开发成本较低，但是会出现兼容性和适应性差等问题。最后就是开源软件，如 Moodle 等。由于其是开源代码，使用者可以根据自身情况对软件源代码进行一定程度上的个性化改造。

中国现在的网络教育平台所采用的是“互联网+”开放教育的系统发展模式。该模式框架由三部分组成：基础设施、管理系统、课程和教学系统。在这个模式中有三个一体化：第一，技术支撑的基础设施一体化。从信息单向传递为主要特征的 Web1.0，发展到双向交互为主要特征的 Web2.0。第二，管理系统一体化。基于技术支撑，发展知识管理系统、学习管理系统和教务管理系统三个系统必须是整合一体化的。第三，课程和教学一体化。

在中国，网络教学平台备受政府青睐，教育部也正从政策、资金、平台建设等方面推动中国的网络教学平台发展。“十二五”期间，教育部支持“985 工程”高校率先建设和推广使用中国大学 MOOCs 课程——在国家精品开放课程共享系统（爱课程网）上线，以此推进高校教学改革，为社会和普通高校提供优质课程共享资源。

2014 年，清华大学、北京大学等高校开始与外国知名网络教学平台进行加盟合作。加盟合作体现在两方面，一是引进国外的 MOOC，二是推出中国本土的 MOOC。在课程引进方面，清华大学“学堂在线”与 edX 签署合作协议，获得 edX 课程在大陆地区的唯一授权。目前“学堂在线”共有 120 多门由 edX 联盟高校提供的 MOOC。在课程开设方面，目前 8 所加盟高校一共在国外 MOOC 平台上开设有 50 多门课程，涉及计算机、社会、历史、医学、文学、民俗、艺术、经济、法学、建筑、电子电路、传播、地理、数理化和烹饪等多个专业门类。从学科大类来看，文科和理科课程居多，工科课程较少。

网络教学平台的大规模应用，意味着它有机会创造一个全新的、更公平的教育模式。借助互联网，通过网络教学平台的课程讲座视频、嵌入式课程测试与评估、师生在线互动，教与学随时随地都可以发生，教师尽得天下英才而教之，学生得天下名师而从之。传统上师生关系发生了巨大的改变，而有教无类成了现实。

四、关键问题与创新之处

（一）关键问题

本次研究的关键问题是，现在我国的网络教学平台现状到底如何，是否有功能不足、知识提供较少、不能有效的支持学习者对资源信息的检索、无法满足同学需求等问题。如果有以上问题，又应该如何解决呢？

（二）创新之处

1. 研究问题重要且意义重大

国家教育部2012年发布的《教育信息化十年发展规划（2011—2020年）》明确提出信息化技术与教育深度融合的要求，为学习者提供方便、灵活、个性化的学习环境。如何实现信息技术和继续教育的深度融合，关键是开发和采用有效的网络教学模式。当前，中国的网络教学模式仍处在起步探索阶段，需要更多的实践以及实证研究，本选题研究对中国网络教学平台的发展具有重大的意义。

2. 方式更加新颖

采取线上调查与线下访谈相结合的形式。面向更广大的受众，收集到更多的第一手资料，了解最新的讯息。

五、研究方法与特色

（一）研究方法

1. 采用网上问卷调研，进而做数据分析；

2. 通过文献法，对比分析相关数据库资源与研究成果，结合个案访谈深化研究，分析网络教学的现状与问题，进而通过小组研讨的形式寻找有效解决方案。

（二）研究特色

1. 本研究主题“网络教学”具有时代性、创新性，网络教学是一种新的时代潮流；

2. 本研究主题具有普遍性，网络教学正在被越来越多的高校运用，受越来越多的人欢迎，容易找到相关开展以及接受网络教学的人士；

3. 本次实践采取调查问卷、查询文献、实地采访相结合的形式，可行性极强。

六、实践准备

（一）人员分工

姓　名	分　工
胡增玺	在“问卷星”平台上设计调查问卷及问卷发放回收
刘经纬	分析调查问卷及查阅数据库和文献资料
冯　林	分析调查问卷及查阅数据库和文献资料

续表

姓　名	分　工
林妍昱	综合小组讨论及调研结果撰写实践报告
宁佳琳	综合小组讨论及调研结果撰写实践报告
刘予凝	综合小组讨论及调研结果撰写实践报告
王琪琪	综合小组讨论及调研结果撰写实践报告
陈泽星	负责制作 PPT

（二）实践条件与时间安排

本次社会实践参与人员充足，地处中央财经大学，周边有许多的大学生，方便我们实践团队发放以及收集大量调查问卷。

时　间	实践内容
10 月 15 日—10 月 20 日	小组讨论，确定选题以及实践步骤
10 月 21 日—10 月 28 日	在“问卷星”平台上设计调查问卷及问卷发放回收
10 月 21 日—10 月 28 日	调查问卷分析及查阅数据库和文献资料
10 月 28 日—11 月 5 日	实地采访接受过网络教学的同学，获取最新资料
10 月 28 日—11 月 5 日	查找各种文献资料
10 月 28 日—11 月 5 日	小组讨论
10 月 28 日—11 月 5 日	撰写实践报告
11 月 6 日—11 月 10 日	制作 PPT

（三）实践基础：相关理论

近两年的研究与实践表明，无论对于在线课程的提供者——大学而言，还是对接受者——学生来讲，网络教学平台都存在着一些亟待解决的问题。香港大学的苏德毅比较了网络教学平台的优势和不足，发现“没有先修件”和“没有规模限制”对于学生和大学而言，既是网络教学平台的优势又是其局限性所在。

汪基德、冯莹莹、汪滢指出要正视网络教学平台在发展中所遇到的学习者学习持续性不强、退学率高、交流互动不足以及网络教学难以适应实践教学需要、教学模式单一、学分认证遭到质疑等问题，将网络教学平台与传统课堂教学和其他新型教学模式结合起来，借鉴远程教育的经验，完善学习支持系统。

七、问卷调查结果分析

（一）问卷设计

本次问卷实际调查人数 100 人，收到有效问卷 97 份。本次问卷设置了逻辑题筛选出无效问卷 3 份。在本次问卷的第 3 题以及第 15 题都设置了同样的问题“您认为网络教学平台对您的帮助大吗”。其中，有 3 人前后答案不一致，故为无效问卷。

问卷第 1 题先是询问个人信息，接着几道题是询问受访者对网络教学平台的各种观点和看法，最后几道题是询问受访者对网络教学平台比较关心以及愿意花费时间、精力、金钱的是哪些地方以及建议。（详见附录）

（二）问卷数据及问卷分析

参与此问卷调查的人群中，有 73% 的人参加过网络教学课程，这个数据毫不让人感到意外。尽管现在网课已经十分普遍，提供网课的学校和机构也越来越多，但也还没有普遍到每个人都尝试过的程度。

接受调查的人群中，认为网课有较大帮助的人稍多于认为基本没有帮助的人，而认为帮助非常大的人占的比例非常小。这说明观点主要集中在两类人，一类不用网课的认为基本没有帮助，一类偶尔使用网课的认为有一定帮助，而把网课作为主要学习手段的并且认为网课帮助很大的人只占非常小的比例。对于是否提倡网络教学，大部分人表示提倡或者中立，反对的比例也比较小，只占15%。

人们通常认为网课的一大优点就是灵活，可以在自己方便的时候来参加课程，而不用像面授课一样受制于课程既定的时间。这一普遍看法也被调查结果的数据所证实，认为网课具有时间灵活这一优点的比例远高于其他。其中得票比例第二高的是网课所提供的资源共享，使用者可以分享到其他学员或老师提供的学习资料。

同时，网课存在的问题也是非常明显的。一是灵活性太大，老师不便于管理学生。参加网课的学生要想保证学习效果，多半要靠自觉。二是答疑、反馈不及时，这也是一直都有的问题。网课难以提供像面授课一样老师面对面给学生答疑的条件，这也是笔者认为的网课最大的问题。但是随着技术的不断进步、专业化程度的不断提高，有理由相信这个问题也会越来越完善。参与调查者参加过的网课种类相当分散，从专业考证、兴趣培养、专业课教学到公开课和学校提供的免费网络课程，比例没有十分显著的差距。其中比例最高的是公开课，比例达到62%。

对于人们喜欢的在线资源，最受欢迎的是讲义PPT等资料和重难点的讲解，这反映出网课参与者多数喜欢自学，具有较强的自学能力。对于学员喜欢的课堂活动内容，选择比例也比较均衡，选择教师在线答疑和课程内容讲解的人数较多且持平。当学生选择网课时，根据调查结果，网课最被人看中的因素是学习资源的质量，其次是师资力量，而课程设置和费用相对并不被看中。这让人感到有些意外，因为笔者认为课程设置较为重要，而学习资源在网络上很容易找到，并不一定要在选择网课时如此看中，而且有些网课的费用很高，几千元的都算小数，最高的超过5万元。对于一般愿意在网课上花多少钱这个问题，绝大多数人选择小于3000元，还有一小部分选择 3000—6000 元，6000 元以上的只有 3%。据此笔者分析，选择专业考证类网课的人占的比例非常少，因为这类课程的费用基本都在 1 万元以上，大部分人选择的可能还是网络公开课或者与学校课程内容互补的课程。对于花在网课上的时间，使用网课的调查参与者中多数选择一周学习 1—3 天，每次 2 个小时以内。

由此可见，大部分人没有把网课作为主要学习手段，这从时间上就能看出来。而关于学习的内容，大多数参与者还是会选择和自己专业相关的内容作为补充。

八、采访内容调查及案例分析

（一）典型案例

“腾讯课堂”是腾讯推出的专业在线教育平台，其凭借 QQ 客户端的优势，实现在线即时互动教学；并利用 QQ 的音视频功能，提供流畅、高音质的课程直播服务；同时支持 PPT 演示、屏幕分享等多样化的授课模式，还利用电子白板技术为教师提供提问等功能。

不仅如此，QQ 群有天然的群聚效应，用户可通过“腾讯课堂”加入机构认证的官方 QQ 群，在群内与同学、老师交流，甚至可以添加教师为好友。实现一对一的在线教学指导。通过“腾讯课堂”平台报名并加入 QQ 群的用户，群主可以通过名称判别学生的身份、了解其学习情况等。此外，机构在“腾讯课堂”上绑定 QQ 群后，可以建立课程表，群成员通过课程表发现课程便可直接点击进入网站报名，对群内用户实现长期的维护效果。

目前“腾讯课堂”中涵盖了考证、升学、设计等多领域的课程，并和一些教育机构进行了合作，正努力探索在线教育 O2O 模式。

（二）采访问题设计

采访提纲

采访目的	了解网络课程使用感受
采访时间	2016 年 12 月 18 日
采访地点	北京
采访对象	中央财经大学大二本科生
采访工具	电话
采访问题	1. 请问您使用过哪一类网络教学平台呢？ 2. 您使用这一类网络教学平台是为了做什么呢？ 3. 您一般多少天使用一次呢？一般使用哪些功能？ 4. 您感觉使用效果如何？ 5. 您对这个网络平台以及这个网络平台的发展有一些相关建议吗？ 6. 您一般愿意花多少钱使用这个网络教学平台呢？ 7. 您是否觉得有其他更好的方式代替它？

（三）采访录音稿

Q：好的，那我们可以开始了。同学你好，请问你上的是中央财经大学什么专业的网课？

A：金融学。

Q：金融学啊，那你这学期修了哪些课程？

A：金融学和西方经济学概论。

Q：你可以大致讲一下，网课是通过什么方式授课的吗？

A：就是在一个网络平台上，上面有这两门课的资料，然后可以下载自己看，然后期末会有答疑课之类的。

Q：答疑课是线上的还是线下的？

A：线下的。

Q：那线上的只有资料？那是只有文字资料，没有视频资料吗？

A：对，就跟普通的书差不多。

Q：啊，那你觉得这跟平时上课的课本有什么区别吗？就是它（线上资料）有用吗？

A：它跟课本的区别主要在于它有自己的排版方式，就是有些章节顺序和课本不太一样，然后有一些知识点的讲法有它（自己的特点）。就是它的有些知识点的讲法和课本不太一样吧。

Q：那你觉得它（线上）和老师授课有很大区别吗？

A：授课内容，对于知识点而言还是差不多的；但是就效果而言的话，感觉还是老师授课要好一点。

Q：好的，那你可不可以讲一下，你这学期是学习西方经济学概论和金融学，大概会花多少时间在这个网络平台上呢？

A：其实，你是问在网络平台上吗？在网络平台上我其实只需花点时间把资料下载下来就行。它还有定期的考试。

Q：定期的考试？

A：嗯。那个考试也是限时的，不过不到1个小时就能答完。

Q：定期考试（间隔时间）是多久啊？

A：一个阶段，大概是一个月考一次。

Q：一个月考一次啊。

A：对。

Q：那对于这些，比如说像在线下的课，一个月大概能上4—8次。如果要参加考试的话，相对于你的课程，你会在线下学多长时间呢？

A：这个课程……我想一下。其实花的时间比较少，可能一个月也就6—7个小时。应该不会超过10个小时。

Q：其实，它是比老师在课上讲课的效率高的，是吗？

A：效果不太好吧。

Q：哪方面效果不太好？

A：比如说，有些知识点，自己看了，自己理解的，但是不知道自己理解的是对的还是错的。有的时候，你可能觉得自己理解的是对的，也没有去问老师，然后就记错了，就导致错误加深了。

Q：那你现在，现在是两门课程都学习完了，都考完了？

A：对。

Q：那你在网上平台上课，除了觉得效果不太好之外，还有什么其他的感受吗？

A：（想）总而言之，就是效果不太好。

Q：那比如说，你以后还要学习什么课程啊？

A：是指修这个学分要学的课程吗？

Q：对。你看，你选择的这两门课金融学和西方经济学概论还是记忆性的，理解性的内容可能相对来说较少。比如说，以后要是像……

A：但是记忆性的东西也是需要理解的，不能死记硬背。

Q：那你对中央财经大学第二学位的这种网络平台教育，有什么改进的意见吗？

A：意见？我比较建议像新东方那样的网络平台有视频，就是那些视频老师在讲，在视频里老师没有停歇地讲课。你可以根据自己的需要，在需要的知识点多听听、多看看，你可以调整进度条。这样的效果比自己看资料要好一点。

Q：那你也上过新东方的网课，是吗？

A：听过一点。

Q：什么课程？

A：英语。背单词的那种。

Q：背单词？是怎样教你的啊？

A：就是一个老师，一块黑板。老师有他的单词列表，老师会从头开始讲，教人如何去记忆它，从词根、词缀的角度，记忆法之类的。

Q：那像在学校里，你有定期的考试来督促你学习。那你觉得在新东方，可能上一上课就放下了，没有督促的机制。

A：的确。我觉得这两个结合一下比较好。

Q：那第二学位的费用是多少啊？

A：是按照学分收费的。一学分是 170 元（这位同学记错了，实际是 190 元）。

Q：你觉得你教 100 元左右，学习用文字的方式来授课，你觉得性价比是怎样的？你觉得值吗？

A：其实还好。

Q：还好？如果平台改进，变成视频授课，但是价格会提高，你愿意付更多的钱吗？

A：如果视频比较好的话，可以接受的。

Q：像现在的 App，像 MOOC（慕课），里面就有咱们学校金融学李健老师上课授课的视频。如果你再修一次学分，你会选择用看那个视频的方式来上课呢？

A：如果我愿意花更多时间在这门课上的话，我可能会看。但是，时间如果还是恒定的，还是时间很少，我就不看。这两个平台如果不联通，我的侧重点就不一样。

（四）采访结果与案例结合分析

“腾讯课堂”和中央财经大学的“网课”可以说形成了鲜明的对比，这种对比是多方面的。严格地讲，采访中提到的中央财经大学金融学“网课”不算是网课。按采访中同学所述，该“网课”仅仅是把文本资料上传到网络共享平台，而没有任何视频课程，甚至连期末答疑课都是线下的。由此可见，其对网络这种多媒体平台对教学工作发挥作用的潜力开发的程度很低。如果仅仅是上传一些课件资料供同学学习，事实上一个公共邮箱就可以解决所有问题。说同学用公共邮箱上网课就会让人感到十分奇怪，难以置信，但从本质上来说似乎就是这样。那么视频形式的课程是否是必要的呢？答案是肯定的。采访中同学认为中央财经大学金融学“网课”效果不好，一个重要原因就是只看文字不听老师讲课，使得同学不能确定自己对自学资料的理解是否正确，反而容易加深错误记忆，形成恶性循环，这也显示出了视频形式的网课的必要。网课的初衷就是为了让学生在时间和地点上更灵活地听到老师授课，没有视频的“网课”是一种叛逆和倒退。同时，线下形式的答疑课也给同学增加了一定的安排时间、计划的难度。反观“腾讯课堂”，它充分利用了网络的功能和潜力。必须承认，对于腾讯这样一家世界顶尖网络公司，技术是得天独厚的条件。腾讯充分利用有利条件将“腾讯课堂”的功能开发到了极致。腾讯 QQ 客户端非常容易地实现了在线即时互动教学，腾讯强大的后台服务器保证了课程的质量，流畅、高音质这些优点使得同学对课程更加专心和投入。PPT 演示、白板和提问这些功能更加还原了线下课程的体验感，使得原本不适应网络教学的同学也能尽快适应。由此可见，网络是教学的优良载体，而完善的技术是一切的保障。中央财经大学网课在技术上的落后是十分明显的，也必须承认没有哪个大学的网课能跟腾讯来比拼技术。何况腾讯是营利性的，而大学要更多地考虑成本。但是，提供视频形式的网络课程并不是难以实现的目标，很多大学都提供这样的网课。要想让教学效果更好，让同学的满意度更高，中央财经大学需要加大技术投入、加快开发的步伐，这些是根本上的问题。

九、实践总结网络教学平台存在的问题

（一）问题分类

1. 现有的大多数网络教育平台诊断功能不足，缺少对学习者特征的分析，不能很好地支持教育者实现个性化教学。[①] 在网络教

① 韩小强．浅议网络教育平台存在的问题及改进策略［J］．科技经济市场，2009（7）．

学形式中，学习者的数量庞大且经常变动，其兴趣爱好和能力水平的差异巨大，同时教育者对学习者的了解也十分被动和有限，所以网络教学系统的教育者很难通过传统工作方法针对大多数学习者进行学习者特征分析。

2. 现有的大多数网络教育平台只重视教育者对教学内容的呈现，而忽略了对教育者进行学习环境设计的支持。目前，大部分网络教育平台仍强调教育者对学习者的知识传递，提供的功能只是支持教育者更好地呈现教学内容，而没有重视建立有利于学习者学习的情境。

3. 现有的大多数网络教育平台缺少对学习者学习过程进行有效监控的支持。现在的网络教育平台并没有为教育者提供有效的监控体系，在整个教学过程中，关于学习者之间的交流、作业、考试等缺少有效的监控，同时缺乏对学习者学习内容轨迹的跟踪监控，从而使网络教育的优势大打折扣。

4. 现有的大多数网络教育平台都具备信息发布功能，但对学习者完善和及时更新知识体系的支持较弱。发布的信息具有单一性且久不更新。这会造成学习者掌握的知识无法及时更新，不利于对新知识的掌握。

5. 现有的大多数网络教育平台不能有效地支持学习者对资源信息的检索，学习者难以找到自己真正需要的学习资源。现有的各种网络教育平台提供的搜索方法陈旧、单调，没有很好地吸收智能技术的研究成果，导致学生产生厌学心理，影响教学效果。

6. 现有的大多数网络教育平台能够支持协作小组的群体学习，但对协作小组的智能分组支持功能较弱。教育者很难掌握每一位学习者的学习特征，通过这种硬性指派方式难以考虑到网络学习者的多变性和多样性，小组内的学习者在学习能力方面会存在较大差异，这就阻碍了对学习群体的合理分组。

7. 当前，网络教育平台的管理系统不断地发展和完善，能有效地实现教务管理、学习管理、资源管理及系统管理。但是，网络教育平台管理系统的发展忽视了兼容性和伸缩性，一方面在集成第三方工具产品和资源产品时存在技术障碍，另一方面不利于今后一些管理功能的扩充和变更。

（二）原因分析

1. 针对目前网络教学个性化的问题，卢雪琴[①]认为尽管现有的网络教育平台大部分都集成了 BBS、聊天室、实时聊天、电子白板、讨论区、电子邮件等多种功能模块来完成学习交流任务，但也只能够满足一定程度上的交流。尤其是缺少必要的情境设计，缺少社交性和个性交流的结合，学生都没什么动力或者兴趣参与到这样的交流中。系统记录的学生在网络学习过程中的学习行为和学习历史轨迹，不能应用于学习内容的个性化推荐，也不能应用于同类学生间的相互的“社会化”交流和学习内容推荐。

2. 此外，网络教学平台的信息发布不及时、信息搜索有漏洞等也是网络平台目前存在的重要问题。聂慧[②]认为在网络教育中，教学主要是通过网络进行的，因此，教学管理的信息类客体主要是网络教学信息资源。由于网络环境中的信息来源复杂多样、随意性很大，信息的产生和传播没有经过筛选和审定，普通媒体发布中权威的作用在这种情形中消失了，因此给信息的管理带来了很大的难度。

3. 网络教学最为人诟病的往往是没有传统教学那种可以有效监管学生的机制和对教师等的管理机制。对于这一问题，聂慧认为在网络教学中，由于教师和学生的工作和学习特点，学校每年都有大量的学生入学或转学，教职的流动也比较大，因此，“成员身份”

① 卢雪琴．网络教育环境下个性化教学模型的研究［D］．杭州：浙江工业大学，2012.

② 聂慧．试论网络教育的教学管理［D］．桂林：广西师范大学，2002.

这一概念是模糊的。再者，在社会迅速变化的年代，学校可能很难解释来自外部环境的各种信息和需求信号，也很难处理由此产生的诸多矛盾。这种外来信息的不确定性，必将会增加学校内部决策的模糊性。还有，开放的入学政策、学生层次的多样性、网络技术的迅速发展、知识更新的日益加快等都增加了教学管理的随机性和模糊性。

4. 不论是网络教学还是传统教学，小组学习都是一个很重要的学习方式。刘姗姗、乔海英①认为提出的问题不能引起学生的兴趣，学生讨论不够积极，处于冷场状态，或者只有小组几个成员成为讨论的框架，其他人坐等观看；小组成员在讨论过程中，容易偏离主题，每个人提出的观点零散、片面，不易组织后得出结论；教师不能准确掌握学生心理，成员彼此保留意见，不能畅所欲言，只围绕教师的观点进行讨论，思维不开阔，认为只要是教师说的就是对的。卢雪琴②认为，与传统教育方式相比，网络教育平台上的学生们也因为缺乏相互交流、相互学习、相互督促，会有一种学习的“孤独感”，导致对学习失去兴趣，学习效率低下，也没有达到很好的学习效果。

5. 各种问题的来源最根本的是网络平台的技术问题，只要提高技术，网络教学定会成为主流。陈苏③研究发现：有关学生信息管理系统的设计，已经有不少学者展开了研究，人们运用最终的研究成果的确取得了一定成效。在肯定其作用的同时，还应当清楚地认识到其中的不足，具体体现在：系统软件架构不是很明确、系统

---

① 刘姗姗，乔海英．网络教育小组合作学习模式的管理策略［J］．内蒙古电大学刊，2012（4）．

② 卢雪琴．网络教育环境下个性化教学模型的研究［D］．杭州：浙江工业大学，2012.

③ 陈苏．高校网络教育学生信息管理系统的研究与分析［D］．昆明：云南大学，2015.

开发过程中需求分析不到位、系统的开发缺乏科学的理论支持、系统的核心开发工具相对落后等等。

（三）对策建议

1. 加强平台对学习者特征分析的功能

在网络学习环境中学习者是学习活动的主体，学习者个体之间既表现出一些共性、稳定性的特征，又表现出在认知结构、学习风格、学习动机等方面多样化的差异。

2. 加强平台对教育者进行学习环境设计的支持

虽说网络教学平台是为教育者提供呈现教育信息的工具，但更应体现出网络教育在学习环境设计上的优越性，所以平台应该更多地支持教育者进行学习环境的构建。

3. 加强平台的“学习者网上活动追踪”功能

研究人员或教育者可以通过对学习者网上活动情况的分析，了解学习者的学习过程和学习方式，从而根据不同学习者的需要给予相应的支持和帮助，这对改进和提高网络教育的质量和效果尤为重要。

4. 加强平台对学习信息的智能更新功能

网络教学平台必须加强对学习信息的智能更新功能，使平台可以自动搜索学习信息，在对搜索到的信息进行分析并得到实际需要的信息后，自动对平台内的信息进行更新，并提示学习者。加强平台对智能代理检索技术的运用，促进学习者有效便捷地检索学习资源。智能代理检索技术是根据用户的显性和隐性需求，自主推测用户的意图，制订调整和执行工作计划，从而可以代替用户进行一些复杂的工作，是智能化、个性化信息检索的重要技术之一。

5. 加强平台对智能分组功能的支持

以正确的方式分组既有助于发挥教育者的主导作用，又适合学习者自主探索、自主发现。要实现有效的小组学习必须要满足：分工合作；各自尽力，密切配合；学会互动、学会沟通；必要指导。

6. 实现良好的管理系统关键在平台的角色设定

在深刻了解平台管理需求的基础上，恰当选择目前网络教育中主要的、关键的人员角色，以实现有序、高效的管理。

结束语

网络教学平台的确优点多多。网络教学平台能够拓展和补充教学资源。首先，使用网络教学平台，教师可以突破传统课堂的时空限制，向学生提供更加全面广泛的学习内容，帮助学生更好地理解和吸收新的知识，拓展其思维空间，激发创新能力。其次，利用网络教学平台，使学生随时随地都可以学习。这更好地培养了他们学习的主动性，强调了学习的个性化和研究性。网络学习平台的智能知识库，可以自动保留和分类整理以前的学生在学习中遇到的各种疑问，配合在线答疑、作业等，能够做学生学习的好帮手，实现教与学的互动。同样的问题教师只需回答一次，所有的学生在网上都可以知道答案。再者，网络教学平台作为教学的辅助工具，有助于教学质量的提高。网络教学平台理应得到国家大力的支持和推广。①

在当今的信息时代，信息技术的发展日新月异。网络的存在与人的发展密不可分，它是社会发展的重要组成部分。而网络教学平台作为一个促进人类社会发展的存在，理应得到人们合理评价以及支持。应该正确认识到网络信息时代给人们生活带来的巨大影响，我们应以积极的心态迎接 21 世纪的信息时代，迎接我们的美好未来！

---

① 邵文革．网络教学平台在高校教学中的应用与意义［N］．开封大学学报，2006（3）．

附 录

（一）调查问卷与访谈提纲

1. 调查问卷内容及结果

网络教学问卷调查

第 1 题　您的性别：[单选题]

选项	小计	比例
男	49	49%
女	51	51%
本题有效填写人次	100	

第 2 题　您是否参加过网络教学课程？[单选题]

选项	小计	比例
是	73	73%
否	27	27%
本题有效填写人次	100	

第 3 题　您认为网络教学课程对您帮助大吗？[单选题]

选项	小计	比例
非常大	9	9%
比较大	51	51%
基本没有帮助	40	40%
本题有效填写人次	100	

第 4 题　您提倡网络教学吗？[单选题]

选项	小计	比例
提倡	49	49%
不提倡	15	15%
中立	36	36%
本题有效填写人次	100	

第 5 题　您认为开设的网络教学的课程主要有什么优点吗？[单选题]

选项	小计	比例
1. 良好的交互性：在网络上与同学讨论，向老师提问	7	7%
2. 灵活性：不被时间地点限制，自己掌握学习进度	64	64%
3. 易于管理：用电脑存储学生信息，可以随时查阅	3	3%
4. 资源共享：所有学习资源均可共享，丰富学习内容	22	22%
5. 资源优化：随时更新最新的成果，与时俱进	4	4%
本题有效填写人次	100	

第 6 题　您认为网络教学开展的过程中主要的问题是［单选题］

选项	小计	比例
1. 灵活性太大，老师无法对学生的行为进行有效的监督管理	34	34%
2. 课程所提供的功能、内容过少	9	9%
3. 学生不适应网络教学形式	15	15%
4. 答疑、反馈、评价不及时	33	33%
5. 所有课程界面千篇一律，没有个性	9	9%
本题有效填写人次	100	

第 7 题　您认为网络教学有什么可以提高的方面吗？［单选题］

选项	小计	比例
1. 提高技术，提供大量的学习资源，以满足学生的需要	29	29%
2. 创新网络教学管理形式，加强线下师生交流等	34	34%
3. 加强网络教学的反馈工作，随时跟进学生的需求	37	37%
本题有效填写人次	100	

第 8 题　您参加过哪种形式的网络教学课程？［多选题］

选项	小计	比例
专业类考证教学	27	27%
个人兴趣培养教学	40	40%

续表

选项	小计	比例
专业类课程教学	32	32%
公开课	62	62%
学校内免费的网络教学课程	53	53%
（空）	2	2%
本题有效填写人次	100	

第9题 如果使用网络教学平台，你会比较喜欢哪一类的资源？[多选题]

选项	小计	比例
课后练习题	32	32%
在线考试	21	21%
讲义 PPT 等资料	62	62%
在线答疑	45	45%
名师授课	47	47%
重难点讲解	60	60%
本题有效填写人次	100	

第10题 对于教师把在线学习时间、发帖数量等数据作为评价学生网络学习效果的主要依据这种现象，你怎么看？[单选题]

选项	小计	比例
觉得很必要，支持	14	14%
能够理解，也会积极配合	32	32%

续表

选项	小计	比例
无所谓	11	11%
不赞同这种评价学习效果的做法，但迫于压力也会重视网络学习时间和发帖数量	37	37%
对此反感，自己不会受此影响	6	6%
本题有效填写人次	100	

第 11 题　你比较喜欢教师安排的哪种网络课堂活动？［多选题］

选项	小计	比例
小组讨论	32	32%
布置学习任务	35	35%
教师在线答疑	51	51%
课程内容讲授	49	49%
本题有效填写人次	100	

第 12 题　您认为目前网络教学平台存在哪些问题？［单选题］

选项	小计	比例
在线答疑版块老师回复不及时或质量不好	36	36%
名师授课视频一般	17	17%
在线题库质量及数量不满足需求	17	17%
讲义等资料不够好	9	9%
重难点讲解不够精细	18	18%
在线考试题目太简单	3	3%
本题有效填写人次	100	

第 13 题　在选择网络教学平台时，您最关注的是［单选题］

选项	小计	比例
学习资源	36	36%
师资力量	29	29%
费用问题	15	15%
课程设置	15	15%
评价及反馈体系	5	5%
本题有效填写人次	100	

第 14 题　您愿意一年花多少钱参加网络教学平台学习？［单选题］

选项	小计	比例
小于 3000 元	85	85%
3000—6000 元	12	12%
6000—9000 元	2	2%
9000 元以上	1	1%
本题有效填写人次	100	

第 15 题　您认为网络教学平台对您的帮助大吗？［单选题］

选项	小计	比例
非常大	10	10%
比较大	48	48%
基本没有帮助	42	42%
本题有效填写人次	100	

第 16 题　您多久登录一次网络教学平台？（不使用者不答）[单选题]

选项	小计	比例
每天	7	7%
每周 1—3 次	47	47%
每周 4 次及以上	11	11%
（空）	35	35%
本题有效填写人次	100	

第 17 题　您在网络教学平台主要学习哪类课程？（不使用者不答）[多选题]

选项	小计	比例
经济学类	31	31%
法学类	8	8%
艺术类	25	25%
医学类	10	10%
机械类	6	6%
广播新闻类	6	6%
其他	49	49%
（空）	13	13%
本题有效填写人次	100	

第 18 题　每次登录网络教学平台，您平均学习多久？（不使用者不答）［单选题］

选项	小计	比例
不到 1 个小时	32	32%
1—2 个小时	36	36%
2 个小时以上	5	5%
（空）	27	27%
本题有效填写人次	100	

（二）实践过程记录

参考文献

［1］韩小强．浅议网络教育平台存在的问题及改进策略［J］．科技经济市场，2009（7）．

［2］邵文革．网络教学平台在高校教学中的应用与意义［N］．开封大学学报，2006（3）．

[3] 卢雪琴．网络教育环境下个性化教学模型的研究［D］．杭州：浙江工业大学，2012.

[4] 聂慧．试论网络教育的教学管理［D］．桂林：广西师范大学，2002.

[5] 刘姗姗，乔海英．网络教育小组合作学习模式的管理策略［J］．内蒙古电大学刊，2012（4）．

[6] 陈苏．高校网络教育学生信息管理系统的研究与分析［D］．昆明：云南大学，2015.

（指导教师：郭军）

互联网中的“他”与“她”

实践团队：金融学院　2015 级国际货币与国际金融专业
团队成员：李　菲　张　娟　陆　露　吉余阿衣　全方清
桂平舒　廉鑫泽　韩雨迪　李丙坤

一、选题背景及意义

21 世纪因互联网的普及，我们走进了一个信息爆炸又高度智能化的时代。网络，不仅给我们带来了便利，也在高度影响人类进程的基础上产生了或好或坏的效应。本次实践就是从马克思主义理论的角度清晰辩证地看待网络、认识网络，从而正确地使用网络，以发挥它的最大效用。

二、研究目标和研究内容

此次研究，旨在通过思考和观察生活中人们对网络的态度、网络对我们生活以及思想的影响，从马克思主义理论的角度思考人与网络的关系。一方面，我们希望通过实践，对所学的哲学知识有更深层次的理解和感悟；另一方面，我们还将对此次实践中遇到的问题进行分析，提出自己的见解，并且希望能从中收获知识和快乐。

此次研究的内容是通过小组成员的思考与观察生活中人们对待网络的方式以及网络对人们的影响，并参考相关电影，开动脑筋写一部关于人与网络的剧本，并由小组成员共同参与拍摄一部体现出我们组对人与网络关系的思考的微电影。

本次研究拟解决的问题是应该如何看待网络对人们的影响、人和网络的关系应该是怎样的以及网络对人们的影响究竟是利大于弊还是弊大于利。网络固然给我们带来了远古时代的人们享受不到的便利，与此同时，也给人类带来了诸多问题和麻烦。究竟应该如何看待人与网络，我们还应用辩证的眼光来看待。

三、研究方法

我们小组的成员通过在日常生活中对人们的观察，发现了现代人过度依赖网络的问题，并决定以类似微电影的视频形式向人们展现我们的主旨。运用新颖的视频形式可以更好地吸引观众的注意，扩大人们的感性认识，启发人们的思维和自我反省。为此，我们进行了科学的分工，共同创作剧本，选出男女主角、导演、摄影师以及群众演员，确保了技术的可行性和组织的可行性。

四、研究特色

互联网是一把双刃剑。本项研究以当代大学生的生活为切入点，生动、有效地反映出互联网给学生带来的不少负面影响，尤其展现了网络游戏以及网络智能系统给学生带来的情绪思想的影响。借助活泼而富有启发的视频展示，让大家思考如何正确使用互联网，培养积极健康的生活情趣。

五、实践计划与实施步骤

（1）组长负责资料的收集、查询、整理工作，完成“人与网络”相关文献的综述；

（2）撰写剧本，并拍摄与其相关的微电影；

（3）拍摄完毕后，小组成员讨论这类问题并发表感想；

（4）全体组员对查询和收集的资料进行整理分析，完成研究。

预期成果：微电影、研究报告、实践感受。

表达形式：微电影展示、研究报告幻灯片展示、口头汇报。

六、微电影《互联网中的“他”和“她”》脚本

随着网络的发展，各种网络游戏也变得越来越有吸引力。男主角沉迷于网络游戏，导致女友和他分手。他很伤心，每到一个他们曾经一起到过的地方都会触景生情。直到有一天，他遇到了“她”——世界上最智能的操作系统，“她”陪他聊天，帮他找需要的资料，整理邮箱……渐渐地，他们相爱了，虽然“她”没有肉体，但他们一起度过了一段很美好的时光。突然有一天，他找不到“她”了，在寻找的过程中，他发现所有人都和他一样，在和操作系统谈笑，他突然意识到，他深爱的“她”并不属于他一个人。最后，他崩溃了，认清了现实是不能被网络取代的，他给前女友道歉并送上祝福。

电影结语：

人们在网络的世界里渐渐迷失了人类的本性，大家都用社交软件来表达自己的喜怒哀乐，面对着电脑屏幕的却是一张毫无生机的脸。网络本来是为人所用，到最后却变成了隔离人们的铁网。过度的依赖让我们离创造网络的初衷越来越远，在现实生活得不到情感的满足便向虚拟世界索取。

网络是如此真实，它能满足现实世界的人给不了你的东西，它理解你、支持你、爱你，但同时它又是那么地虚无缥缈。它其实只是一串数字代码的存在，你只是它一张

大网的一个小结点。

一切意识的存在都是以物质为载体的，但无论网络如何发达，它的物质载体都不属于自己，这就是网络和人的区别，也注定了网络是不能代替人而存在的。

无论是在现实中还是在网络中，矛盾都是无处不在的，但是网络使这种矛盾变得越来越难解和捉摸不透。我们所希望的是，网络使人与人之间的交往变得更简单，但结果却是背道而驰了。对现状的不满，让我们能够在否定之否中一直进步，但网络智能却带来了更多精神的麻痹，没有现实物质基础的意识终究只是一串冷冰冰的数字，实物客体是无法被取代的。

（指导教师：庞晓光）

探究网络直播对大学生交往互动的影响

实践团队：金融学院　2015 级互联网金融专业
团队成员：吕海宁　王思滢　刁兴宁　刘　洁　侯鱼凡
陈左宜　吕　涛　秦超汉　张瑜迪　冯　茹
张译文　王　林　罗　京

【实践进行时】

一、实践背景

随着互联网与信息技术的发展，传统社交媒体已不能满足大家的需求，以微信、QQ 为代表的传统社交媒体已趋向实用化，以支付宝、淘宝为代表的实用性软件也趋向社交化，“新”更能吸引广大人民群众的视线，新媒体纷纷以各种形式相继推出。如视频播放网站开创“弹幕”；支付宝加好友来集“五福”；淘宝加入了微淘及直播等。其中基于视频的新型社交媒体——在线直播备受关注。在线直播作为一个新的社交载体，带动了一股“网红”潮流，同时也因为“网红”，使在线直播进入到广大群众的视野。

对于人际交往，可分为面对面的直接交流和借助于媒介的间接交流。直接交流是指通过口头语言、类语言、体态语的传递进行的信息交流。在现代社会里的各种传播媒介出现后，人际交流不再受到距离的限制，网络社交媒体的介入，改变了人们的交往方式，使间接传播成为生活中不可或缺的一部分。

根据现有的研究暂且将在线直播定义为基于流媒体的高级应用，借助专用系统和宽带网络，将信息同步公开面向受众传播的一种及时传播，具有双向流通特征的信息网络发布方式。在线直播是传统社交媒体的间接传播向面对面直接传播的延展。视频直播的热潮始肇于美国，随后在国内的 PC 端和移动客户端涌现出大量的视频直播应用。国内视频正在形成五大阵营，即 YY 阵营、映客阵营、社交阵营、KK 阵营和游戏阵营。曹开研认为当前我国视频直播平台的特点是“网络游戏 + 秀场”，“明星 + 网络红人”是获得用户黏性的主要方式，“弹幕 + 社区”形成围观气氛。在线直播是继文字社交、声音社交、图片社交之后最具现场感、实时性、互动性的网络社交应用。

网络直播以其实时便捷以及双向性赢得了广大网民的青睐，而大学生可谓是网民的中坚力量。直播作为一种新兴的网络传播方式，究竟对网民尤其是大学生的生活带来什么样的改变呢，直播又是否在潜移默化中影响着大学生的价值观，并改变着他们的人际交往方式呢？以马克思主义为纲，本实践团队综合利用问卷调查、实地采访、搜索官方信息、文献调查与分析、观看纪录片与电影、小组讨论、实际做主播等多种形式，对网络直播对大学生人际交往互动的影响做出深入研究。本次实践不仅是对时下热门的网络话题一次探讨，同时也是马克思主义理论在现实中的一次运用和检验。

二、实践意义

随着互联网的高速发展，网络直播凭借其实时性、快捷性以及极强的双向交流性获得了大量网民尤其是以“95 后”为代表的青少年的青睐，逐渐成为主流的网络传播方式，并形成了继“微博文化”后另一有巨大影响力的互联网文化——“直播文化”。

2016 年被称作“直播元年”。中国互联网络信息中心最新发布的《中国互联网络发展状况统计报告》显示，截至今年6月，中国网民规模达7.1亿人，其中，网络直播用户规模达到3.25亿人，占网民总体的45.8%。保守估计，具有即时、鲜活、亲近等优势的直播平台超过500家。在目前尚未出台明确的政策情况下，被好奇、利益、搏出头驱使而走上主播行列的人越来越多，同时也形成了一股“全民直播”的大趋势。

而这股“全民直播”的趋势也对人们的生活方式、思维模式有着潜移默化的影响。对于一部分的网络直播观众来说，观看直播已然成为他们生活中必不可少的一部分。他们利用生活中的时间碎片来观看他们喜爱的直播，或追随主播，或带领一波接一波的“节奏”，创造有别于主流文化的网络亚文化，满足自身打破陈旧规则的欲望和意愿。同时，由于网络充斥着日常生活，原本应用于日常社交的时间被挤压，这些直播用户们更钟情于如直播般实时、快捷、无距离感的分享方式，从而换上了网络依赖症，丧失一些基本的社会交往技能，变成了生活在网络上的“网络人”。而对于网络主播来说，网络直播不仅仅是一个兴趣爱好，更是他们的事业。在展现自身超人一等的才能的同时，还能获得不少的人气和不菲的收入，这等美差让网络主播数量激增。但是随着主播数量的增加，要想获取更大的利益就需要更多的人气，而更多的人气对于没有什么特殊优势的主播来说只能通过一些哗众取宠甚至游走在犯罪边缘的行为来获得。所以近些时间以来，“某网络主播直播GTR飙车致严重车祸”“直播吸毒体验”等乱象层出不穷。

网络直播的走红实际为多方力量共同促成的必然结果。在本次关于网络直播火爆与“95后”大学生的联系的探讨中，我们用辩证的眼光看待“网络直播”这一新生事物，从直播文化对社交方式、生活方式的影响入手，从不同的人物角度，深入讨论直播走红的深层原因，发掘大学生对网络直播热情高涨的真实原因，探讨网络直播对大学生的生活习惯、思维养成和人格塑造的影响。

“网络是把双刃剑。”人与网络密不可分，但网络对人既有正面效应，又会产生负面影响。事物之间都是有联系的，无条件的联系是不存在的。在网络文化环境中，我们用辩证的观点看待事物，既不要趋之若鹜，沉迷其中，也不该将其视为洪水猛兽，唯恐避之不及，而应该学会利用网络的优点，弃其糟粕。通过本次实践，我们更加了解网络文化，明白人与网络的复杂联系，从而能够指导大学生正视网络直播，改善人际交往能力，正确对待网络文化，对网络充满信心。我们应当用辩证的思想和正确的价值观念，指引网络文化的正确发展方向，为减轻网络直播沉迷、实现网络直播规范化、实现网络直播效用最大化贡献我们的力量。

三、实践目的

本次研究主题是“探究网络直播对大学生人际交往互动的影响”。近年来网络直播越来越火，许多大学生都成了网络直播的常客，甚至做了直播主播。在当下直播盛行的结点，我们从直播的产生背景、热门原因、运作机制等方面入手，通过探究直播过程中网络主播与直播观众的心理，结合马克思主义基本原理的研究方法，深入调研网络直播对当代大学生人际交往互动的影响，探讨人类与网络的相互作用，进而明确对待网络、运用网络的态度方法，使当代大学生更加健康向上地利用网络提升自我。

（一）结合实际，深化理解

知识来源于书本，获取于课堂，但倘若一味地被动接受，终究只是纸上谈兵。死记硬背的知识也会随时间流逝，水过无痕。纸上得来终觉浅，绝知此事要躬行。唯有在质疑中反思，在实践中探索，才能将空泛的理论落实于实际，才能从更深层次理解马克思基本原理。本次研究的目的就是将书本的知识与生活中的现象和问题结合在一起。我们将立足现实，从实践的过程中深化对书本内容的理解；学以致用，以马克思基本原理的研究方法指导实践过程。真正做到活学活用，融会贯通。

（二）贴近生活，剖析问题

本次研究我们小组以“人与网络”为主题，贴近生活、立足实际，选取时下热门的网络直播为切入点，深入调研网络直播对当代大学生人际交往互动的影响。我们以马克思基本原理的研究方法为指导，从网络直播的产生背景、热门原因、运作机制等几个方面入手，点面结合构建一个人与网络依存关系与相互作用的框架，从内隐和外显两个角度深入剖析网络直播对大学生人际交互的影响。

（三）创新思路，破解难关

在网络直播走入千家万户的当下，参差不齐的内容使人们对其褒贬不一；其潜在的意义与影响是什么，人们亦是莫衷一是。我们通过本次研究实践，针对网络直播中存在的几点显著问题，发散思维，创新思路，为“人与网络”这一主题的研究提供全新的视角，向对网络直播一知半解或持有偏见的旁观群体提出我们的见解，给沉迷其中的观众或是乐在其中的主播提出建议并给出切实可行的方案，让更多人能够理智看待网络直播热这一现象，让大学生学会正确利用网络提升自我。

（四）丰富见识，积累经验

实践出真知。在本次前期准备、研究讨论、采访研讨等环环相扣的实践过程中，组员不再停留于书本，而是走进实际生活，接触社会。紧跟时代浪潮，活学活用，运用所学知识辩证思考当下的热点。有所思、有所悟，将空泛的理论落实为真知，并在实践过程的不断尝试与反思中积累经验，为我们将来步入职场，走向社会打下坚实的基础。

（五）促进协作，加强沟通

在本次研究实践活动中，我们13位同学组成了一个崭新的团队。我们在这样一个漫长的磨合与适应阶段中，能够培养彼此的团队意识，让每一个人都能高效高质地投入到集体工作中。以团队为舞台施展个人才能，以个人为基础汇聚集体力量，在协作中各抒己见，在矛盾中求同存异，在取长补短中共同进步。

四、实践特色

（一）题材新颖，贴近生活

网络直播，是近年来兴起并广泛流行的一种传播媒体。由于其准入门槛低、收看方便以及娱乐性强，不少大学生成了其中的主播或观众。可以说，网络直播，已经成为许多大学生生活中重要的一部分。

（二）形式多样，丰富多彩

我们综合利用问卷调查、实地采访、搜索官方信息、文献调查与分析、观看纪录片与电影、小组讨论、实际做主播等多种形式，不惧烦琐，以此深入了解网络直播中双方的心理状态，体验并探究网络直播对我们的影响。其中，实际做主播的研究形式充分将小组成员带入实验环境，体现了本组研究网络直播求实、负责的态度和创新、多方位深入研究的实践特色。

（三）双向探究，思维严谨

本组对于网络直播的研究不拘泥于单向的调查，而是分别收集网络直播方和观看网络直播方的基本资料，双管齐下，如此有利于深刻了解网络直播出现和受欢迎的原因。基于此，本组成员才能在掌握可信资料后发散思维，以小见大，深入探究“人与网络”这一课题。这体现了本组实验设计思维严谨的实践作风。

（四）对象明确，重点突出

在确定实验方针和方向的研讨会上，本组成员在讨论过程中紧扣人与网络实践教学中的以“95 后”大学生为主要实践对象的要求，选择当下热门且大学生参与率极高的网络直播作为研究媒介。这体现本组成员在探究过程中善于抓住实践特征的能力和审慎务实的实践特色。

（五）把握当下，联系未来

本组本实践方案的设计上不仅仅要了解当下大学生与网络直播的关系，更要探究出在这样的关系下，网络直播未来的发展趋势。由此，本组因实践形式多样化不仅拓展了研究的宽度，而且延伸了实践的长度，达到了更好的实践效果，深化了研究意义。这体现了本组成员发散的思维、细致的研究态度和研究空间扩散化的实践特色。

（六）生动展示，成果丰富

我们准备在展示阶段运用 PPT 展示讲解和多媒体播放相结合的方式，来生动又详细地展示我们的实践过程，以一种乐于被接受的方式将实践成果呈现出来。

五、可行性分析

（一）对象明晰，结果真实

研究对象多为大学生，问卷形式为网络问卷，回馈速度快，样本容量大，反馈信息多样。通过问卷调查不仅可以直观了解网络直播对“95 后”群体的影响，同时可以通过对调查对象其他信息的统计来了解其对不同群体所产生影响的差异，使调查结果更加真实。

（二）采访翔实，信息有效

通过采访直接了解“95 后”大学生群体对网络直播的参与程度及对其的看法。一方面，网络主播存在于我们的校园，通过对其采访，我们能够了解主播做直播的原因及心理；另一方面，观看直播的大学生人数众多，在对其中一两人的详细采访中，我们能获取更加具体有效的信息，分析网络直播对大学生交往方式改变以及对自我认知转变的影响。

（三）亲身体验，评价客观

网络直播平台众多，直播内容十分丰富。组员通过直接观看网络直播进行体验，对网络主播与观众互动的形式、直播内容以及观众的反馈进行大致的观察了解。与主播进行交流，对主播与观众之间的联系及交流进行主观体验；同时客观审视其他观众，了解“95后”大学生观看直播的原因、感受与氛围，以便更好地为研究网络直播对大学生人际交往的影响提供依据。

【实践进行时】

一、问卷调查分析

（一）问卷题目

1. 您的年龄？

A. 18 岁以下

B. 18—21 岁

C. 21—25 岁

D. 25—30 岁

E. 30 岁以上

2. 您看过网络直播吗？

A. 看过

B. 没看过

C. 我是主播

3. 您看直播的时间长吗？

A. 偶尔看

B. 每天都看，但不超过 1 小时

C. 每天都看 1—2 小时

D. 每天看 3 小时以上

4. 您平时看哪种直播?

A. 网游

B. 手游

C. 主机单机

D. 真人秀

E. 日常休闲

5. 您在看直播时常与主播或其他观众进行弹幕互动吗?

A. 经常

B. 偶尔发几条弹幕

C. 从不发弹幕，安静看直播

6. 请问您看直播时会给主播送礼物吗?

A. 会花钱给喜欢的主播送礼物，但送的不多

B. 会给喜欢的主播送很多礼物，自己送的礼物不会比别人的少

C. 是否送礼看心情

D. 从不额外充钱送礼给主播

7. 您看直播主要是为了什么?

A. 看游戏主播，学习操作，让自己更强

B. 仅为了娱乐，无聊时看的

C. 主播好看啊

D. 其他__________________

8. 观看网络直播如何影响您的日常社交?

A. 这让我更主动地与他人交流

B. 我与别人有了更多谈论的话题

C. 有时候我会在生活中使用网络用语

D. 没有影响

9. 您是否会将主播当作朋友或与他（她）谈论现实生活？
A. 会，我会把他（她）当作真实的朋友
B. 偶尔我会将他（她）当作倾诉的对象
C. 不会，我会把虚拟和现实分得很清楚
10. 您认为就直播来说，目前的网络秩序如何？
A. 挺好的
B. 监管力度稍有欠缺
C. 监管力度差
D. 不关心
11. 假如有观众进行恶意评论，您的态度是？
A. 即使在网络中，也不该对他人进行言语攻击或举报此条评论
B. 我认为这样做不对，但不会采取措施
C. 我认为网络环境言论自由，他人看法与我无关
D. 吃瓜群众，前排围观
12. 您对这么热门的网络直播有什么看法？
A. 支持
B. 反对
13. 您为什么会支持网络直播？
A. 比电视节目有意思
B. 可以从主播那里学到一些技巧（如游戏、美妆）
C. 喜欢和主播的互动
D. 可以自由表达我的观点
14. 您为什么会反对网络直播？
A. 感觉直播就是毫无意义的表演
B. 不支持直播吃饭、睡觉、玩游戏这种赚钱模式
C. 会让很多人沉迷于此，不务正业
15. 您觉得网络直播整体上看是利大于弊的吗？
A. 是的

B. 不是

16. 您是否希望对直播有更严格的监管措施?

A. 是的，我认为这有助于净化网络直播环境，给观众提供更好的体验

B. 我觉得目前观看体验还好，不需要改进

C. 我认为管理过于严格，阻碍了言论自由

D. 监管标准不一，需要统一

17. 平时您直播的主要内容是什么?

A. 网游

B. 手游

C. 主机单机

D. 真人秀

E. 日常休闲

18. 您直播的最主要的目的是什么?

A 赚钱

B. 想和更多的人分享自己的某些技巧、心得或感受

C. 希望提高自己的知名度

D 其他________________

19. 您希望粉丝给您送礼物吗?

A. 当然

B. 不希望，更愿意他们把钱花在其他地方

20. 您如何看待现在的直播环境?

A. 监管不到位，存在恶意弹幕

B. 直播中整体氛围不错

C. 感觉一般

21. 您认为直播需要更严格的监管措施吗?

A. 是的，目前直播行业混乱

B. 不需要，更严的监管会抑制行业发展，对主播产生的负面影响较大

（二）问卷调查数据统计

1. 您的年龄？

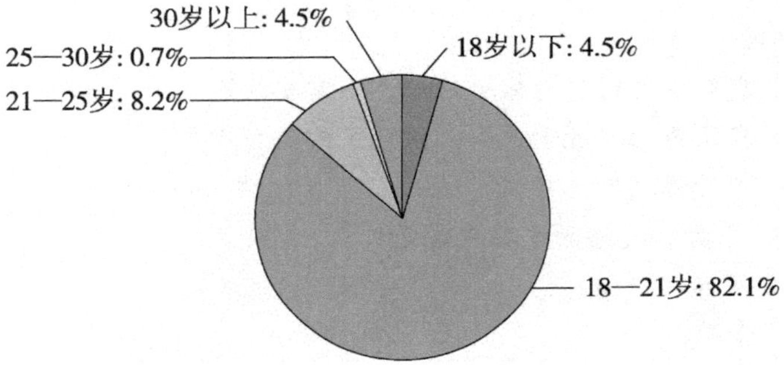

2. 您看过网络直播吗？

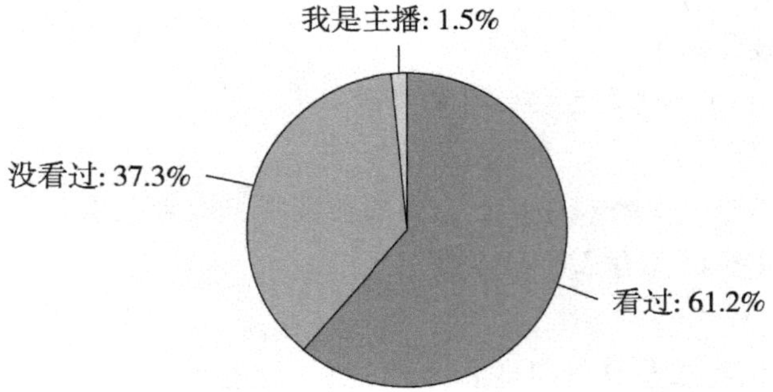

3. 您看直播的时间长吗？

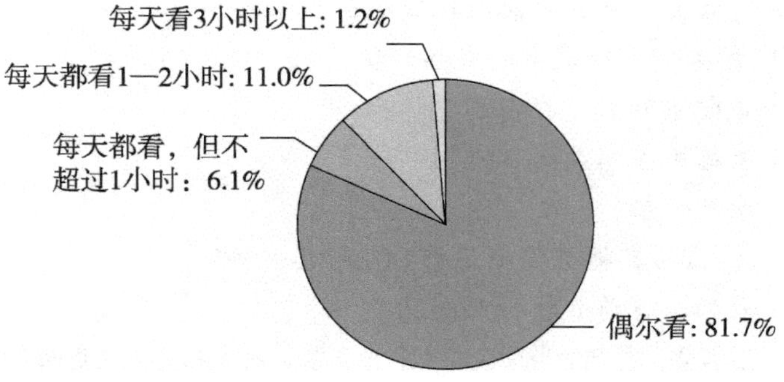

4. 您平时看哪种直播？

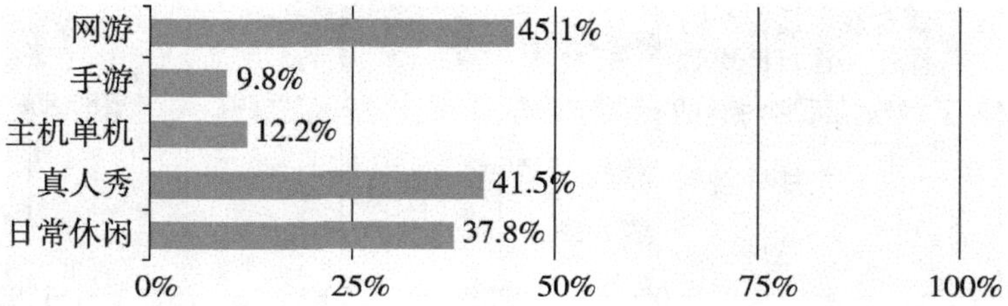

5. 您在看直播时常与主播或其他观众进行弹幕互动吗？

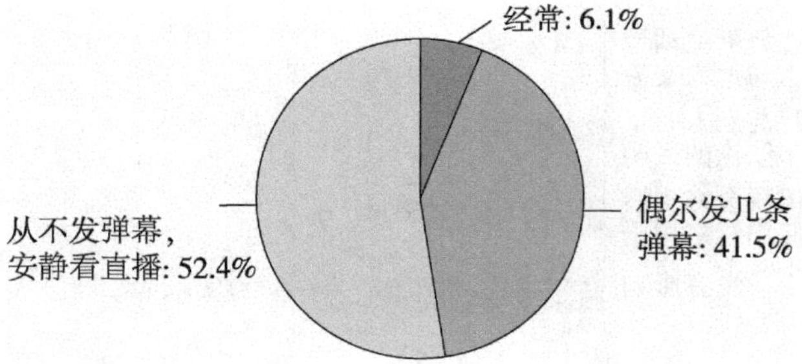

6. 请问您看直播时会给主播送礼物吗？

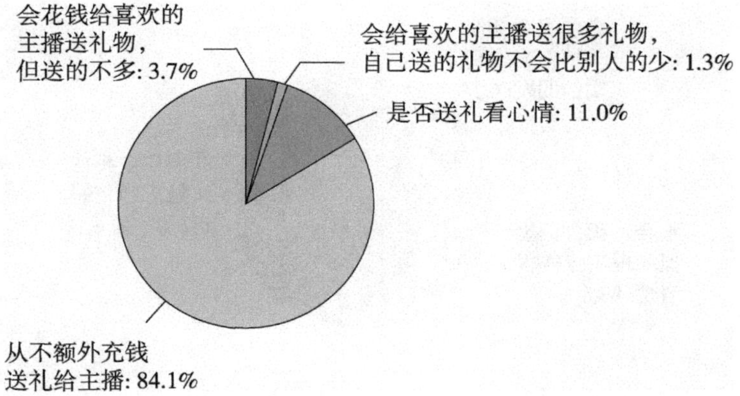

7. 您看主播主要是为了什么?

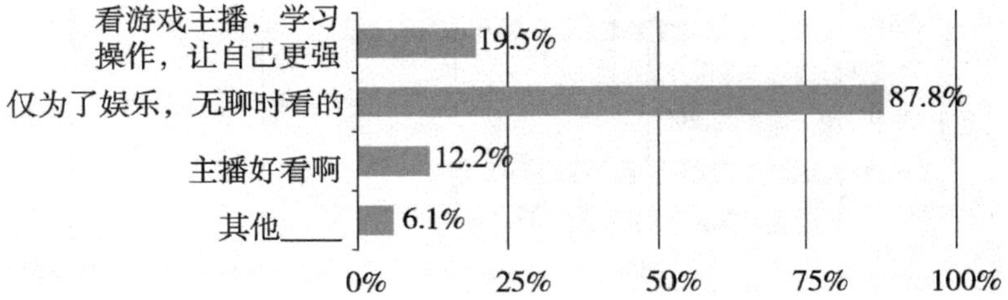

8. 观看网络直播如何影响您的日常社交?

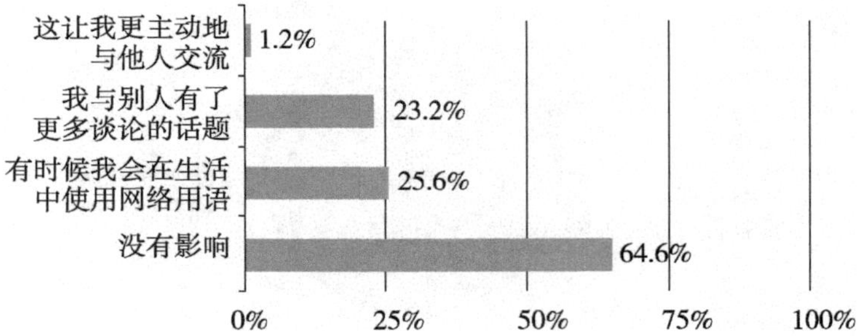

9. 您是否会将主播与当作朋友或与他（她）谈论现实生活?

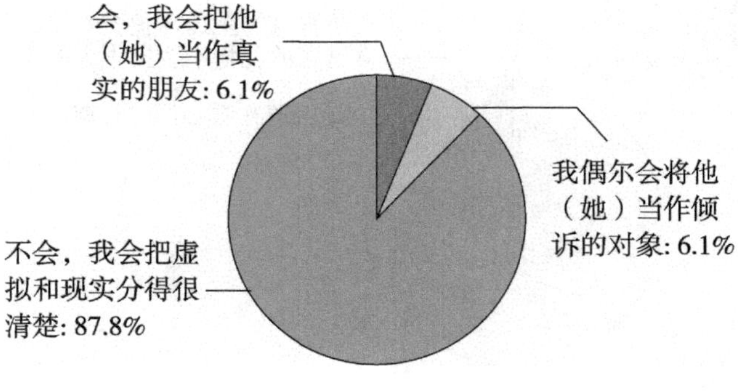

10. 您认为就直播来说，目前的网络秩序如何？

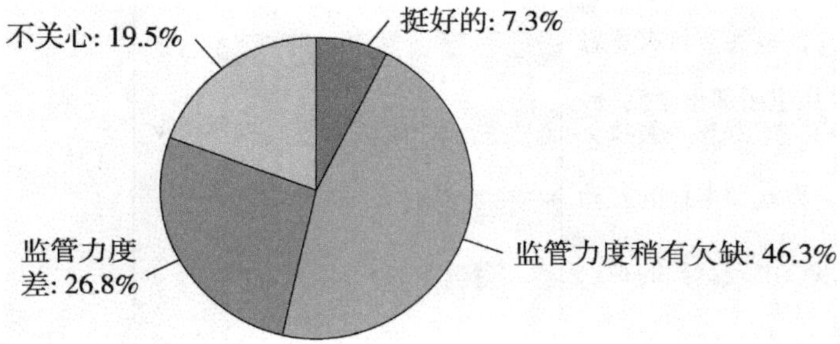

11. 假如有观众进行恶意评论，您的态度是？

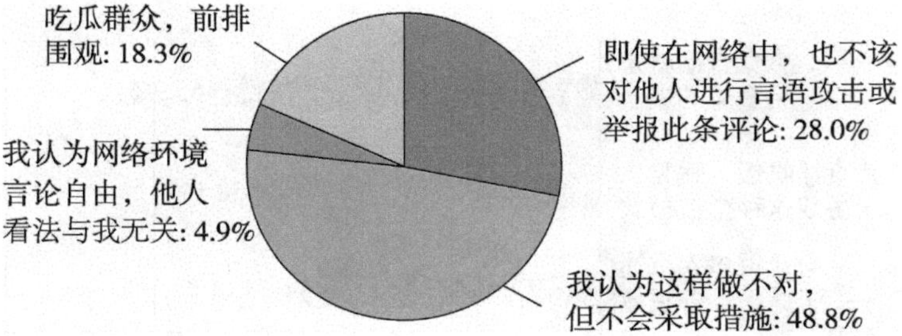

12. 您对这么热门的网络直播有什么看法？

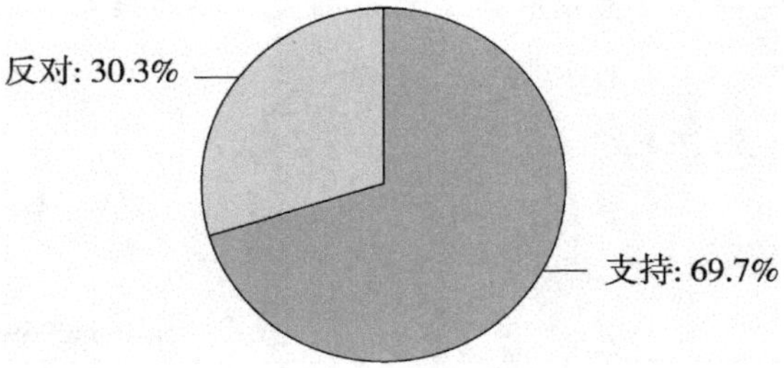

13. 您为什么支持网络直播？

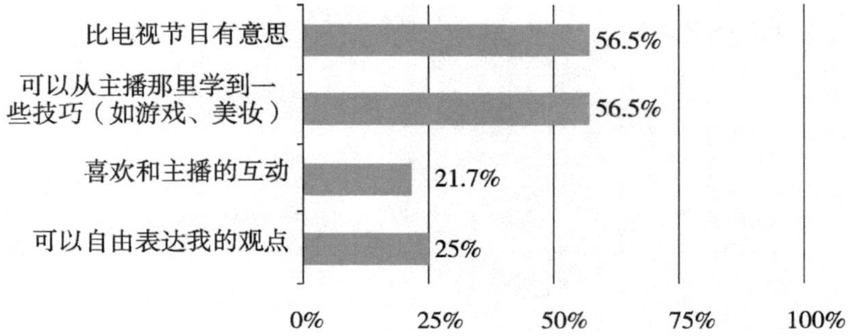

14. 您为什么反对网络直播？

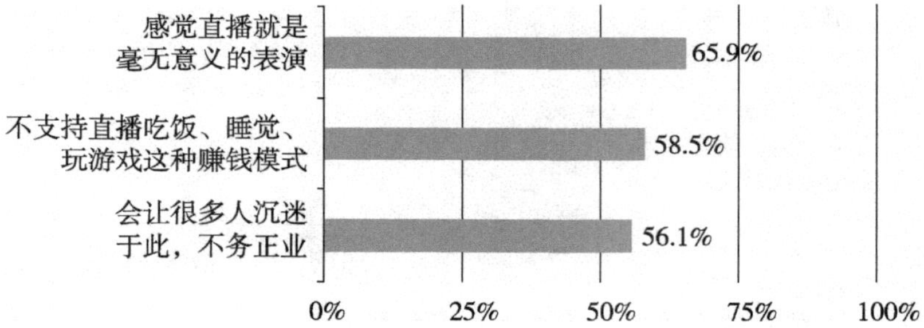

15. 您觉得网络直播整体上看是利大于弊的吗？

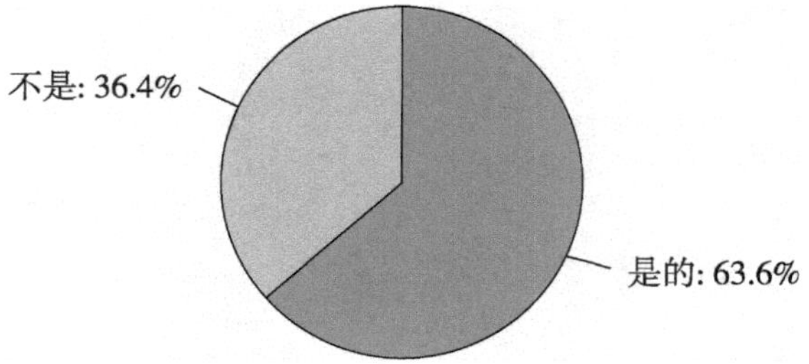

16. 您是否希望对直播有更严格的监管措施？

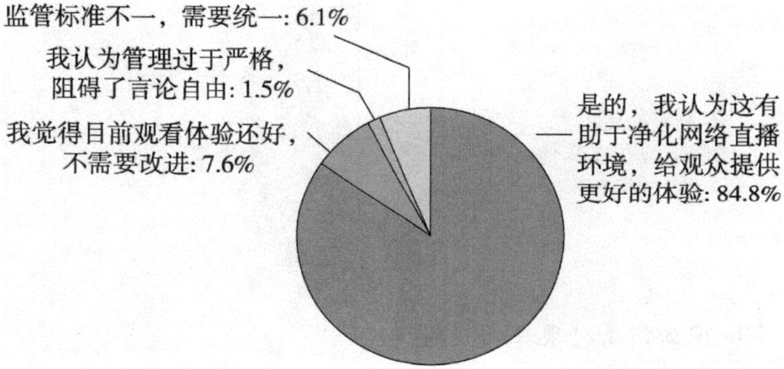

17. 平时您直播的主要内容是什么？

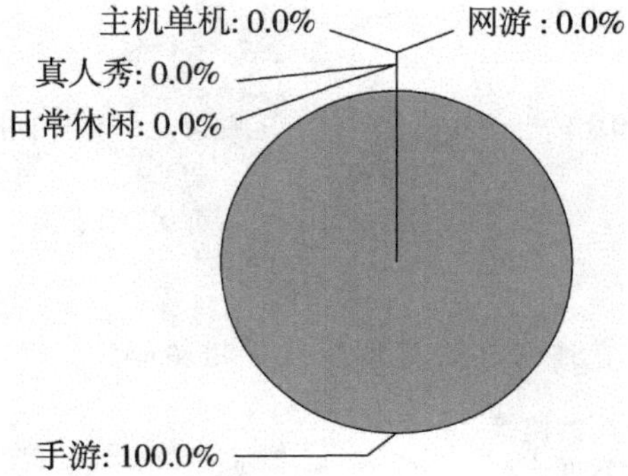

18. 您直播的最主要的目的是什么？

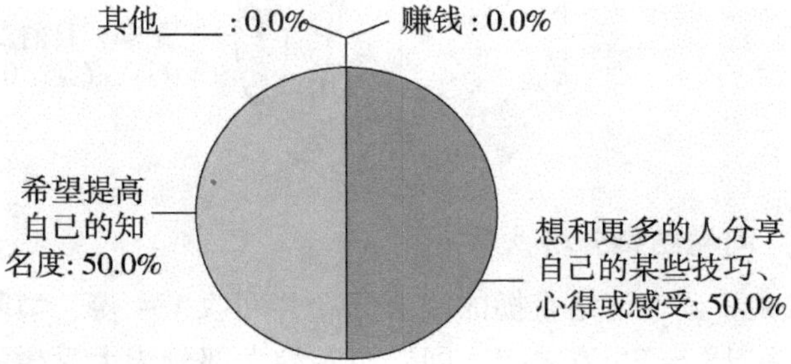

19. 您希望粉丝给您送礼物吗？

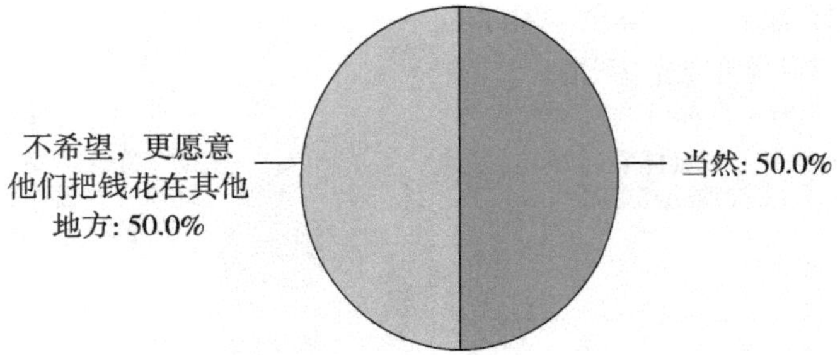

20. 您如何看待现在的直播环境？

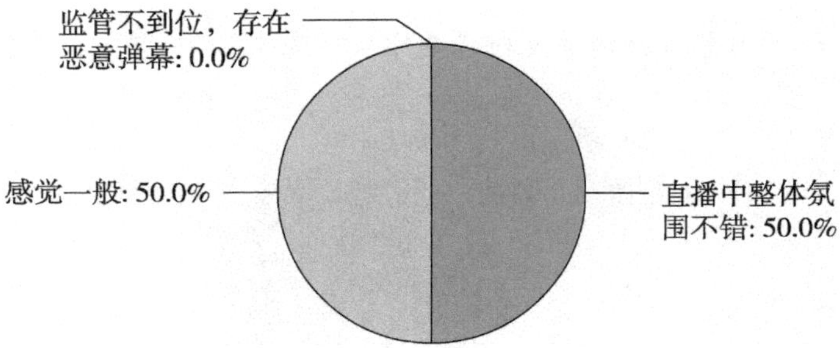

21. 您认为直播需要更严格的监管措施吗？

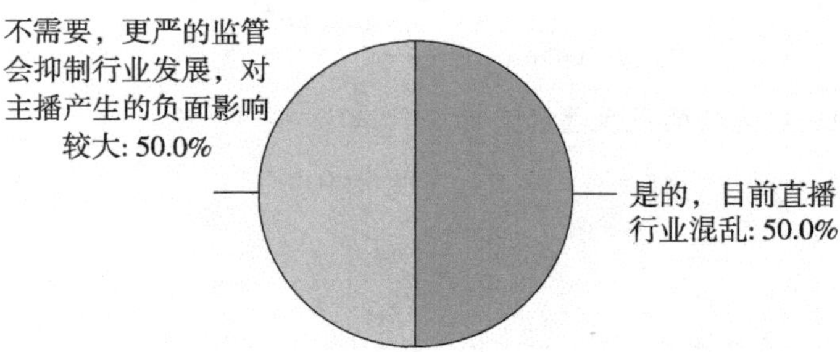

（三）问卷结果分析

本次关于调查网络直播的线上问卷共回收 134 份，填写者年纪主要分布在 18 至 25 岁之间，即受访者绝大部分为大学生群体。回收问卷容量大，有利于对大学生群体的看法进行一些有效分析。

在受访者中，看过网络直播的人约占总体的61%，少数人是主播或曾经做过主播，约占总体的2%。由此可见，网络直播正在逐渐成为信息时代下一种属于年轻人的新型网络文化，其极简化且自由的风格迅速吸引大量受众，获得关注，像传统的电视机一样，成了许多年轻人日常生活中的一部分。

在看过网络直播的人群中，并非每天都观看网络直播的人约占80%，每天都看但不超过1小时的人约占6%，每天都看1—2个小时的人约占11%，还有少数人每天花费在观看网络直播上的时间超过3小时。观看间隔大于一天的情况没有更加详细的数据统计，但从结果来看，选择每天都观看网络直播的人比重不小，并且所花费的时间较长。

对于观看网络直播的种类，在给出的网游、手游、主机单机、真人秀、日常休闲等五大类中，约有半数人选择观看网游直播，选择手游和主机单机的人分别占总体的9.8%—12.29%，选择真人秀节目及日常休闲类直播的人分别占总体的41.5%、37.8%。在结合调查问卷了解观看网络直播的原因后可以发现，大部分人观看网络直播的目的是休闲娱乐、打发时间。在观看直播的人中约有三分之一是为了学习游戏技巧，还有四分之一的人观看直播是受到主播外表的吸引。

在调查观看网络直播是否对日常生活产生影响及产生怎样的影响的问题中，约有65%的人选择没有明显影响，约有23%的人选择观看网络直播可以与别人有更多的共同话题，约有26%的人选择有时候会在生活中使用网络用语等，还有少数人认为观看网络直播促进了与他人之间的积极交流。由此可见，观看网络直播对日常生活的影响也受到观看时间长度的影响，观看时间较短则未感到明显影响，观看时间较长就会受到影响。

那么，大家是怎样看待网络主播及其与自己的关系呢？绝大多数人选择自己会将虚拟网络和现实分得很开，这一部分人约占总体的88%，而选择会偶尔把主播当作倾诉对象以及将主播当作自己现实生活中的朋友的人分别约占6%。

就直播环境及网络秩序来说，大多数人都认为当前网络监管存在问题。其中，认为监管力度稍有欠缺的人约占总体的46%；认为网络秩序差的人约占总体的27%；感觉不明确或不关心此问题的人约占20%；认为网络环境还算不错的人约占7%，人数较少。可见，网络监管的整顿是必要的。

在了解大学生对恶意评论的态度的问题中，认为这样做不对、但不会采取行动的人约占总体的49%；认为即使在网络中也不能进行人身攻击并会对恶意评论的人进行举报的人占28%；选择“吃瓜群众，前排围观”的人约占18%；还有少数人认为网络环境言论应该自由，这样做不该受到批评，选择此项的人约有5%。可见，大部分人仍然支持自由应该受到约束，同时网络监管方面亟待改进。

在对网络直播的总体印象中，认为其利大于弊的人约占70%，认为弊大于利的人约占30%。可见，大部分大学生对网络直播抱有乐观态度，并且网络直播在某些方面的确给大学生带来了益处。

更具体地，在支持网络直播的群体中，认为网络直播比电视节目有趣及可以从游戏主播那里学到技巧的人分别约占57%，认为这样可以自由表达观点的人占25%，而喜欢和主播之间的互动的人约占22%。可见，网络直播的多样性、多功能性备受欢迎。在反对网络直播的人中，认为网络直播毫无意义的人约占66%，不支持直播吃饭睡觉玩游戏这样的赚钱模式的人约占59%，认为观看网络直播会让许多人沉迷于此不务正业的人约占56%。可见，有部分大学生受到了网络直播的负面影响。

关于对网络直播监管问题的看法，大多数人希望对直播有更严格的监管措施，这部分约占总体的85%，认为当前观看体验还不错的人约占8%，认为标准不统一会造成秩序体系混乱的人约占6%，还有极少数人认为监管已经够严格了不需要再改进。总体来看，网络直播监管混乱的问题较为明显，给观众造成不好的影响。

二、高校实地采访

（一）北京语言大学之行

人员：吕海宁、刘洁、冯茹、刁兴宁、王林

在北语的采访之行中，我们总共采访了13位在校大学生，其中有2位外国留学生。采访的人中，女生大部分没看过网络直播或是看得较少，其中有一位常看吃播类节目，在面对网络直播是否会对人际交往产生影响这一类问题时，她们的回答都是否定的，“看网络直播不仅不会对我们的人机交往产生负面影响，还能增加朋友之间聊天的话题”。但她们也表示，看网络直播只是为了打发时间，并不能带来除娱乐以外的好处，甚至还会耽误睡眠时间。

被采访的男生中，大部分人喜爱看网游类直播，还有部分人看真人秀等类型的直播。他们表示，“看直播已经成为大学生宿舍生活不可缺少的一部分”。就网络直播对他们人际交往的影响方面，部分男生认为“寝室的人会一起看直播，有说有笑，能增进同学友情”，但也有男生认为“看直播会耽误大部分休息时间，太过投入地看网络直播，有时会忽略掉身边同学的讲话和他们的感受”。

被采访的学生中有2位外国友人，他们表示网络直播当下在国内外都很流行，他们也曾经参与过网络直播的录制，但自己本身并不爱看此类型的节目。相对于网络直播，他们更喜欢看电视台直播的球赛、歌唱比赛等节目。另外，他们还表示，看网络直播会占据大量休息时间，不利于和朋友之间现实的交往。

总结：在北京语言大学进行的大学生街头采访实践历时 3 个小时，一行 5 人分工合作，共采访了 13 位大学生，其中包括 2 名外国留学生。实践内容本身在报告中已详细阐述，这里记录一些大家体验街坊后的感受。

万事开头难，每个人都缺少一点去跟陌生人交流的勇气，可即使如此，我们也要硬着头皮开始。第一次采访时镜头下的双方都有点紧张，我们只是将提前准备好的问题一个个提出。但随着采访次数加多，大家很快就进入了状态，逐渐与受访者像同学一样聊天，愈发自然，也得到了更好的反馈。每个人到结束的时候都感到意犹未尽，这种新奇的体验对我们来说无疑是有趣又难忘的。

社会实践让我们走出校门，想办法去接触更多同龄人、了解更多年轻人的想法。街头采访不仅让我们得到了实践材料和数据，更给了我们锻炼自己的机会。同时对一个团队来说，这样的实践形式也对大家的分工及配合有不少要求和帮助，在一起准备实践的这段时间里，团队中的同学互相之间也有了更多交流和了解，团队合作促进了大家的沟通，大家都感到收获颇丰。

（二）中国地质大学之行

人员：吕涛、王思滢、秦超汉、罗京

怀着期待和第一次采访的紧张，我们中国地质大学采访小分队踏进了地大的校门。在寻找人群集中地点的路途中，我们就即将进行的采访积极讨论着，可是真到了要采访的关口，心里还是打起了小鼓。等了一会儿，秦超汉率先出来，决定进行第一次采访。第一个被采访的是一位坐在椅子上玩手机的男生，想到要选择看起来“有空”的对象。在旁边录像时，我们认真观察着，也有了一些对采访的自信。第一次采访顺利地完成了，心里意识到采访似乎没有想象中困难。接着，有了自信的成员们为提高采访效率，一致决定分成两个队伍分头进行采访。然而，因为第一次的成功我们又把这件事看得太容易。在找寻采访对象的过程中，经常遭到拒绝，毕竟，有时路人有急事，或者对这件事不感兴趣，还有一看到摄像头就躲得远远的；好不容易遇到一个愿意接受采访的，开头一问是否看直播，人家说不看，虽然也能继续问一些浅的问题，但我们能获得的资料又变得局限。然后，我们也会遇到合适的被采访者，为了挖掘出有价值的信息，同时又不耽误人家的行程，我们尽量选择了一些精简易答的问题。由于是在理工科大学采访的原因，被采访者多数是男生。幸运的是，王思滢成员采访到的一位同学，表示他的下铺就是游戏主播，所以，从这位男生身上我们挖掘到了十分有效的信息。时间一分一秒过去了，我们终于做完了采访，疲惫但又满足，我们离开了地大和其他小分队会合。

总结：本周四，我们小组前往中国地质大学进行了实地采访。不算收获颇丰，然而对每一名组员而言，都是一次新奇的体验。每一个崭新的尝试，都让我们对本次实践的主题有了更深入的思索。

到达地大校园时，正是下午上课时间，校园安静而冷清，校道两旁的法国梧桐在冬日的寒风里倍显萧索，偶尔零零星星路过几个学生，步履不停、行色匆匆。采访开始之初，出于各种担忧，我们不免有些束手束脚，采访问题也仅仅停留于非常浅薄的层面上。幸运的是，受访者们都非常配合且积极，组员们也渐渐打开了话匣子。热爱观看直播的受访者侃侃而谈，从喜欢的直播类型谈到自己喜爱的主播，滔滔不绝；一些从未观看过直播的同学也针对直播热这一现象不吝言辞，分享了自己的观点。

在这次简单的采访中，我们发现每每谈及美女主播这一话题，喜爱观看直播的受访者总有些害羞，欲言又止、含糊其辞，而从未看过直播的同学却是义正词严地指责其是廉价的娱乐方式。这也给了我们更深的思考，如何让这两个群体都能正确看待这一现象，仍是亟待我们去探索的问题。这次采访不仅让我们跳脱出了固有的思维，从不同主体的视角看待问题，对本次实践的主题有了更深层、更多元的思考；而且为每一位组员提供机会挑战自我、进行一次崭新的尝试。有所思有所悟，有所践行有所为，这也许就是我们本次采访真正的意义。

（三）北京林业大学之行

人员：侯鱼凡、张译文、陈左宜

总结：去北林采访是偶然的，单纯因为本小分队成员对北林非常熟悉。北林校园地标离五道口不远，但校园却是格外的宁静古朴，不失一座传统园林学院的优美，也有青春校园的活力。本分队的采访就在我们这些村里人唏嘘不已的赞慕中展开。

采访大纲来自前些日子的定稿，主题依然是“网络直播对大学生社会交往的影响”。我们的采访内容准备十分充分，但是不知是运气不好还是北林学子过于羞涩，采访结果和我们想象的还是有一些差距。在我们企图采访的 10 余人次中，大部分都是行色匆匆拒绝了我们受访，其中大多数女生直接以不看直播拒绝了我们。因此，我们北林分队成功采访到的 6 人中，五男一女的比例完全颠覆北林原有的男女比例。采访到的 6 人中，3 人看游戏直播，1 位看唱歌，1 位随意娱乐，1 位看手绘。基本所有人都表示并不常看，只是把直播当作消遣，也不会送主播礼物。就对现实生活的影响，大多数受访者表示并不会对人际交往有太大影响，但是身边同学有做主播挣钱的确实有改变生活习惯。一位同学表示，直播这种新型网络互动模式的兴起，可能是大众的交流媒介更广了，空闲时间也更愿意自己打发引起的。

北林分队采访任务圆满完成。对我个人来说，这种面对面直接交流的方式远胜过网络中与直播互动的乐趣。但无论如何，人与人之间保持交流、减少误解，总是一件好事。

三、专项深入访谈

本次实践中，我们分组采访了一名游戏主播和几位微博“网红”，以下是采访记录。

采访许扬扬

Q1. 您直播的内容是什么？直播有什么风格或者特点吗？

A：直播的是《炉石传说》，一款回合制卡牌游戏，直播风格比较随性。

Q2. 会经常与观众、弹幕互动吗？

A：当然经常和观众在弹幕上有互动啊，他们打字，我说话嘛。

Q3. 当初您是怎么接触到直播并成为一名主播的？您直播的目的是什么？

A：之前我都是看别人直播，后来觉得自己打得也不错，所以就想和其他“水友”有一样的交流吧，然后就自己开始播了，也交了很多的朋友。直播的目的就是娱乐和交友。

Q4. 您对观众给您刷礼物有什么看法吗？

A：刷礼物当然好呀，就是单纯那种小富的感觉吧，就是你直播在得到快乐的同时，还有一点物质的奖励，那不是很好吗？

Q5. 您对网络直播化有什么看法吗？

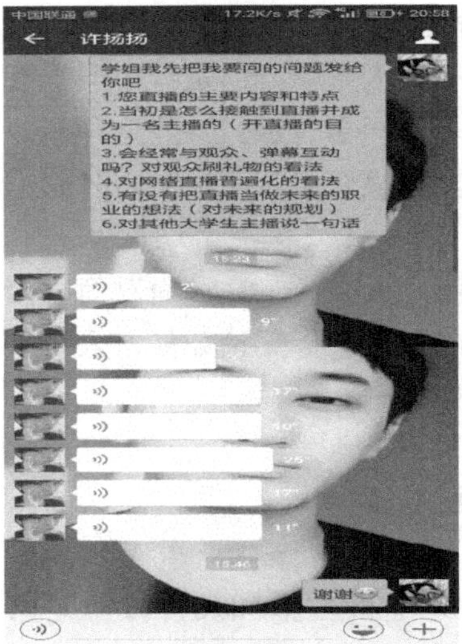

A：我觉得这样的话可以让我们更了解这个世界吧。大千世界无奇不有，所以这样一个直播普及化可以让我们更接触得到别人的生活，但是也有一点局限，就是说平时我们在生活上可能会更依赖电子平台去了解别人，所以在现实生活上可能会有一点局限。

Q6. 您有没有把直播当作未来的职业的想法？

A：没有，但是可能会当成副业，因为现在有时候比如说我平常是 13—14 点、21—23 点这样的直播时间，然后没直播的话有的“水友”就会说“怎么今天没有直播呀”这样的话。

Q7. 能不能对其他大学生主播说一句你想对他们说的话？

A：文明直播，文明直播……然后就是要坚持自己的想法，嗯。

采访兔姐

问：安排直播内容的时候会更多地遵照自己的想法吗？还是照顾粉观众们的喜好呢？

答：嗯，一开始肯定是根据自己想法来的，会先想好直播里面具体会播些什么内容，不然就会显得混乱没有逻辑，但直播中我也会关注弹幕，看看观众在说什么，会照顾他们的喜好来安排下一次的内容。有时也会随机应变，毕竟是网路直播，比较灵活，不能太死板，死板无聊的直播也没人看的。

问：您的观众一般是什么年龄段的人群？

答：一般都是 20 岁左右的吧，大学生居多。

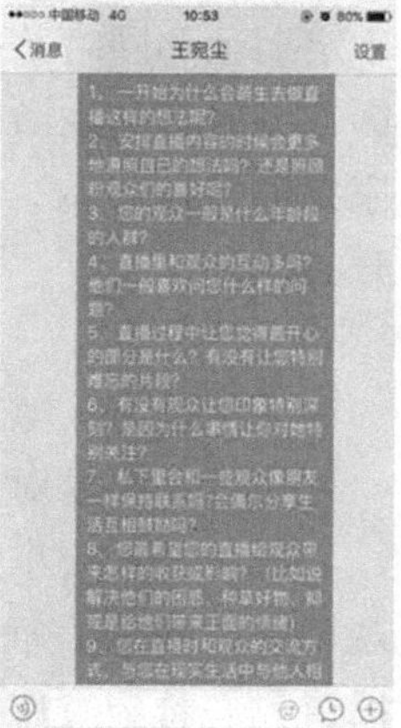

问：直播里和观众的互动多吗？他们一般喜欢问您什么样的问题？

答：会一直和他们互动。我做的直播都是美妆或者一些我的生活小事，她们比较喜欢问我化妆品的牌子，让我做推荐。

问：直播过程中让您觉得最开心的部分是什么？有没有让您特别难忘的片段？

答：我最喜欢直播可以实时互动这一点。总的来说，大家都非常友好，不会有什么过激的言论之类的，当他们看到某一个点有感触的时候就会发弹幕，我就能立马看到，就好像我和一群人真的待在一起，大家可以实时聊天，很奇妙，也很友好。

问：私下里会和一些观众像朋友一样保持联系吗？会偶尔分享生活互相鼓励吗？

答：很少，几乎没有。

问：您最希望您的直播给观众带来怎样的收获或影响？（比如说解决他们的困惑，众采好恶，抑或是给他们带来正面的情绪）

答：我当然是希望自己的直播能带给他们正面的影响。但我觉得我没有这么大的能力，要解决他们生活中的一些烦恼可能还是有点难度，只能是让他们放松一点，无聊的时候有人陪着说话。不过，我会在直播中推荐一些我觉得好的东西，他们有相关的问题也会在弹幕里提出，我会尽力回答，就想和他们成为网络上的朋友，希望给他们带去快乐。

问：您在直播时和观众的交流方式，与您在现实生活中与他人相处的方式差别大吗？您认为最主要的差别在哪里？

答：其实说话方式什么的并没有区别，可能区别在于现实生活中是倾听和陈述相结合，而做直播的时候就只有你在屏幕上说话，就得一直说，一对多地回答问题。

问：当您做直播的时候，身边的朋友突然有急事找您，您会选择中断直播吗？（如果会）您会选择怎样向观众解释？

答：肯定会中断直播，毕竟现实中的朋友和事情重要很多。我会更观众道歉，就说自己有急事需要处理，再说明一下下次直播的时间。

问：直播在您生活中占据多重的分量？您会选择为了直播而去调整自己原有的生活模式吗？

答：直播并不是我的职业，就是我闲暇时候的兴趣爱好，相当于定期地和网络上的一些没见过面的朋友交流交流。直播也并不会影响我原有的生活模式，我反而觉得多了很多可以聊天的朋友，大家兴趣爱好一致，语言文明又友好，直播的时候和他们聊天会很开心。

采访樱＊＊宅

应本人要求对名称模糊化处理，以下以“樱小姐”进行称呼。

采访者：樱小姐您好，我们有同学是您的粉丝，也非常热衷于观看您的网络直播，我们了解到您在斗鱼是一位非常受欢迎的主播，我们希望对您做一个简单的采访，不知道您愿不愿意呢？

樱小姐：好的，没有问题。你问吧。

采访者：谢谢您的支持。请问您做主播有多长时间了呢？

樱小姐：大概一年半吧。

采访者：网络直播只是您的一项兴趣爱好呢，还是已经成了您的主业？

樱小姐：是这样。我做直播一半是出于兴趣，觉得和观众聊天啊、互动啊什么的还挺开心的，还有就是我在淘宝上有一家女装店，每次上新我要给顾客们做直播，讲解一下产品。可以说，既是主业也是兴趣。

采访者：原来是这样。您觉得在直播的时候最让您开心的是哪些部分？

樱小姐：哈哈，当然是粉丝们送礼的时候了。

采访者：为什么会特别享受这个过程呢？

樱小姐：这个嘛，有人送礼物的时候开心是人之常情啊，而且，这说明我的粉丝喜欢我，喜欢我的直播，让我很有幸福感。

采访者：确实，被人喜欢是一件让人幸福的事情。是不是可以说，直播让您体会到了一种独特满足感呢？

樱小姐：可以这么说吧。

采访者：您的直播内容一般会更侧重展现自我呢，还是做粉丝爱看的内容？

樱小姐：这两者其实不冲突啊。就算是在现实生活中，展示自我也是要考虑他人的感受，直播的时候观众多了，所以更要照顾观众的情绪嘛。

采访者：那在直播过程中和观众的互动多吗？

樱小姐：还挺多的。

采访者：有没有观众给您留下特别深刻的印象的？在现实生活中会像朋友一样保持联络吗？

樱小姐：有些观众经常来看我直播的我都还挺熟悉的，但是没有在现实中保持联系的。但是直播的时候看到他们上线了，会像看到老朋友一样亲切。

采访者：对您来说他们像一群不见面的老朋友是吗？

樱小姐：是的。

采访者：有没有过，您在做直播的时候，现实生活中身边的亲人或者朋友突然有紧急的事情找你，需要中断直播的这种情况您怎么处理呢？

樱小姐：有过，有一次我朋友突发疾病，我就和观众解释了一下，退出了，但是观众都还挺善解人意的，都表示理解。

采访者：您觉得做直播给您带来最大的收获是什么？

樱小姐：让我找到自己的闪光点，更加自信了吧。还认识了一群欣赏我的朋友，虽然素未谋面，但是很幸福。

采访者：好的，谢谢您的配合，我的问题问完了。您直播的感受也让我受益良多，相信您的体验也会给更多不了解网络直播的人更多的认识。同时，我们也预祝您的服装店生意红火，直播大热！

樱小姐：谢谢。

四、文献资料收集

（一）《实用软件社交化对大学生人际交往关系的影响——以在线直播软件为例》

随着互联网与信息技术的发展，传统社交媒体已不能满足大家的需求了，“新”更能吸引广大人民群众的视线，新媒体纷纷以各种形式相继推出，如视频播放网站开创“弹幕”，支付宝加好友来集“五福”，淘宝加入了微淘及直播等。而在线直播作为一个新的社交载体，它不仅带动了一股“网红”潮流，同时也因为“网红”，使在线直播进入到广大群众的视野。而在线直播的针对性吸引了不同兴趣爱好的人聚集起来，其中也包括大学生。而大学生也认识了更多志趣相投的人，这是不是对其原本的人际交往有所影响呢？本文通过问卷调查及深度访谈，选择在线直播使用的时间、频率、行为习惯指标，从日常使用、心理感受、现实对比、利弊权衡等四个方面系统地揭示在线直播对大学生人际交往的影响，详细分析在线直播与大学生人际交往的相关性，并提出相关的建议和对策。

1. 数据结果与分析

（1）性别对在线直播软件是否影响人际关系的评价无显著差异。

（2）年级对在线直播软件使用情况及评价的影响有显著差异。

（3）专业对在线直播软件是否影响人际关系的评价无显著差异。

（4）成长背景对在线直播软件是否影响人际关系的评价无显著差异。

（5）教育背景对在线直播软件是否影响人际关系的评价有显著差异。

2. 访谈结果与分析

大多数人观看直播的原因是由于无聊，通过看直播打发时间。所以他们在观看网络直播的过程中，重点在于享受观看的过程，很少通过发送弹幕、送礼物等的方式与主播以及观看直播的其他人进行交流。而且与观看相同直播的人进行交流并成为朋友被他们认为是一种缺乏安全性的交流方式。

受访者普遍认为观看网络直播对于现实中人际交往的影响较小。网络直播的确给受访者提供了更多与他人交流的话题，但这对于促进与他人关系的作用较小。几乎所有的受访者都表示并不会因此沉溺于观看网络直播而忽略身边的人，他们都认为现实生活中的人际交往才是最主要的。同时，只有极少数受访者表示自己有过因为现实生活中的朋友在观看直播而感觉到自己被忽略的经历。那么，网络直播交流模式与传统社交软件交流模式有什么区别呢？大多数受访者认为网络直播具有更高的观赏功能，而传统社交软件则具有更高的交流沟通功能。网络直播打破了传统社交软件仅局限于文字和图片的交流方式，可以带给用户一种面对面交流的感觉。但由于同时观看网络直播的人很多，通过发送弹幕等与他人交流的方式显得效率低下，不一定能得到及时的回应。有一些受访者表示主播更愿意与花钱送礼物的人进行交流，其他游客与主播进行交流的机会很少。对于被访者是否会愿意成为主播的问题，14 名受访者表示不愿意。他们认为现在的主播大多数是以盈利及获取关注度为目的，而不仅仅想要扩大交际圈。但也有些人认为主播的确有过人的人际交往能力，在观看直播过程中向主播学习，确实给自己的人际交往带来了正面影响。部分受访者亦关注到了网络直播中充斥着大量暴力及低俗内容的问题，他们认为健康的网络直播环境才能确保高效有利的沟通，提议有关部门应该加以规范，净化网络环境，促进网络文明。

（二）《网络直播的乱象与治理——基于大学生受众的实证研究》

解决方案

对于网络直播中存在的各种问题，5 名受访者也给出了一些可行的建议，笔者归纳为以下四点。

1. 制度保障

现阶段，我国已有不少关于互联网治理方面的法律法规，部分也适用于网络直播方面。但专门用于管理、规范网络直播行为的法律法规尚处于空白阶段。由于缺乏细致、明确的法规管理，无论是网络直播平台还是广大主播都无法正确地认知自己的行为，导致一些恶性事件发生概率的增加。因此，建立健全完整、规范的网络直播制度迫在眉睫。相关立法部门应当结合网络直播的现状以及过往互联网治理的经验，制定出高效、可靠的网络直播管理制度，规范网络直播市场行为，降低网络直播中违法乱纪现象的发生率。

2. 政府监管

除了科学合理的立法之外，网络直播的规范化进程更加离不开严格执法的保障，政府有关部门的监察、管理尤为重要。2016 年 4 月 14 日，文化部公布：斗鱼、虎牙直播、YY、熊猫 TV、战旗 TV、龙珠直播、六间房、9158 等网络直播平台因涉嫌提供含宣扬淫秽、暴力、教唆犯罪等内容的互联网文化产品，被列入查处名单。这一次重拳出击显示出政府部门对于网络直播规范化越来越重视的态度，同时也凸显出政府在其中扮演的重要的角色——对于网络直播的规范化进行适当引导，同时对其失范行为运用司法手段进行矫正。

3. 平台规范

首先，作为网络直播方面的当事人，网络直播平台对于各种问题的产生和治理责无旁贷。为了方便自己进行管理，同时配合政府相关部门的监管和调查，各大平台有必要实行网络直播实名制制度。此项举措虽然限制了主播的数量，但能有效地控制主播的素质，同时也可以震慑那些为了吸引观众而不惜铤而走险触犯法律的部分投机分子。其次，各大直播平台也可以根据相关的法律法规制定自己平台的直播规范。例如斗鱼 TV 之前公布的“主播最低着装标准图”，明确要求女性上装最低位置不能超过胸部的三分之一；低腰下装不得低于脐下 2 厘米，即不得露出胯骨及骨盆位。违规者将予以扣分直至封号处理。直播平台自身的严格要求有助于整个行业的规范发展。最后，各个直播平台需要安排更多的人手对所有直播间进行不定时监督，确保能在第一时间对违规现象进行妥善的处理，避免更加严重的后果。

4. 群众举报，社会监督

考虑到仅仅由网络直播平台对所有直播间进行监督将需要网络直播公司投入大量的人力、物力、财力，这会给其造成难以承受的经济压力，而且仅由网络直播平台监督也不可能做到面面俱到。这时候就要求所有在电脑或手机前观看直播的观众能够对违规的网络直播内容进行举报。数百万网友的力量远非网络平台的少量监督管理人员可比的，所有观看直播的观众如果能够严于律己，发现违规内容时立刻举报，而不是首先呼朋唤友地凑热闹。这样那些违规的网络直播才能无所遁形，网络直播才能真正地走上规范化的道路。

五、直播公司数据分析

（一）目前的直播公司种类

资料来源：九次方大数据整理

（二）直播公司主播分析

“今日网红”在调研了1500名主播后发现（报告由瑞信发布），超过三分之二的主播低于26岁。其中的一半接受过大学教育。这些主播使用App最多的用途仅仅是在平台上聊天。

（三）直播公司用户分析

通过对多家直播公司的数据调查，以及国内各研究统计网站的数据搜索，我们得出目前直播公司的主要用户画像分析。

（1）直播用户以男性居多，偏年轻化、低收入，主要集中于一、二线城市，学生和自由职业者等有闲群体是主力。

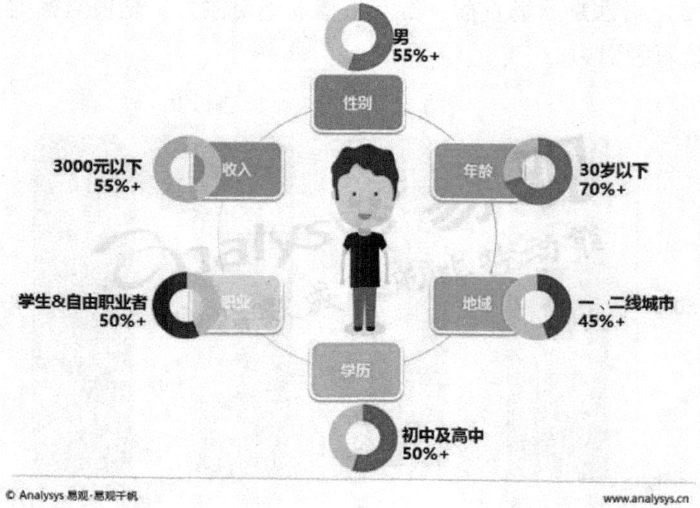

（2）高中/技校等“95后”学生，一、二线城市及低收入人群更倾向于使用直播平台。

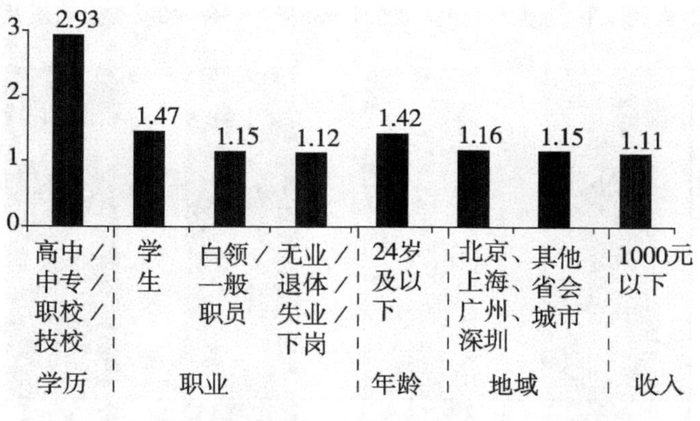

2016 年上半年　直播用户不同属性 TGI（TGI >1.1）

（3）男性是秀场直播、游戏直播的绝对主力，全民直播对女性用户较有吸引力。

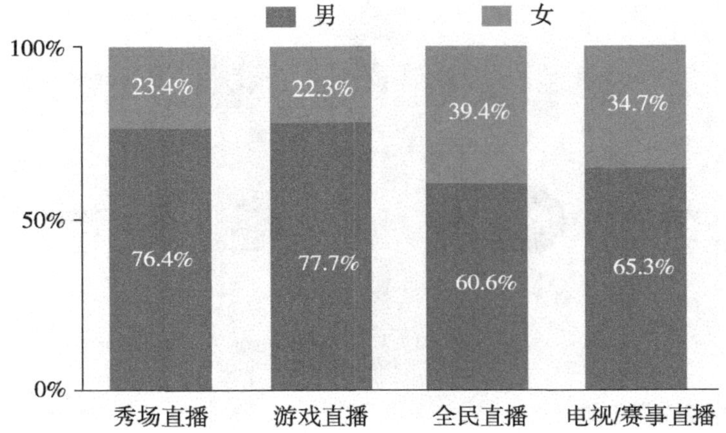

2016 年 6 月　视频直播行业各领域性别占比

（4）“90 后”热衷游戏直播。

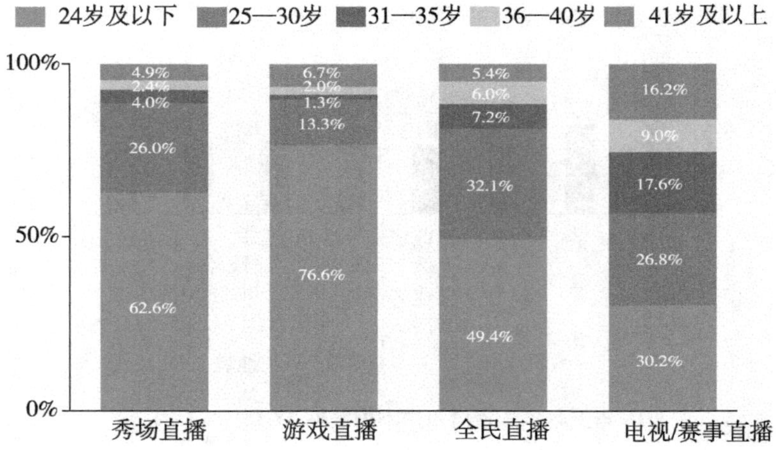

2016 年 6 月　视频直播行业各领域年龄占比

（5）游戏直播用户学历偏高，秀场直播用户学历偏低。

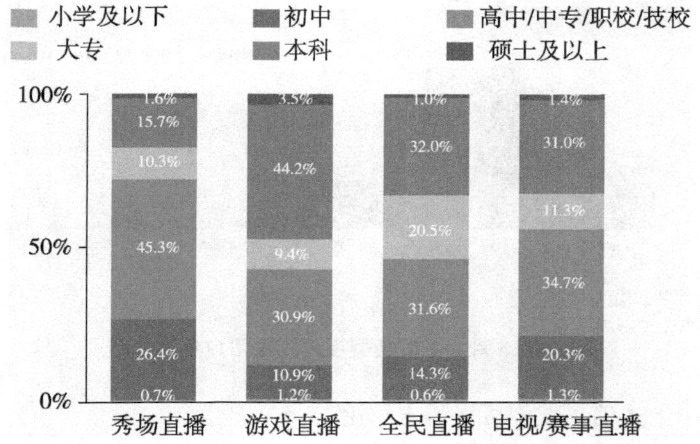

2016 年 6 月　视频直播行业各领域学历占比

（6）学生占据游戏直播半壁江山，且学生在各类直播中都为主要群体。

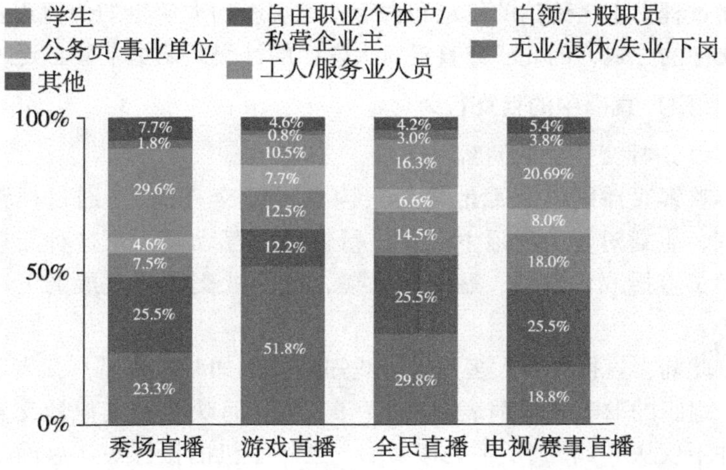

2016 年 6 月　视频行业各领域职业占比

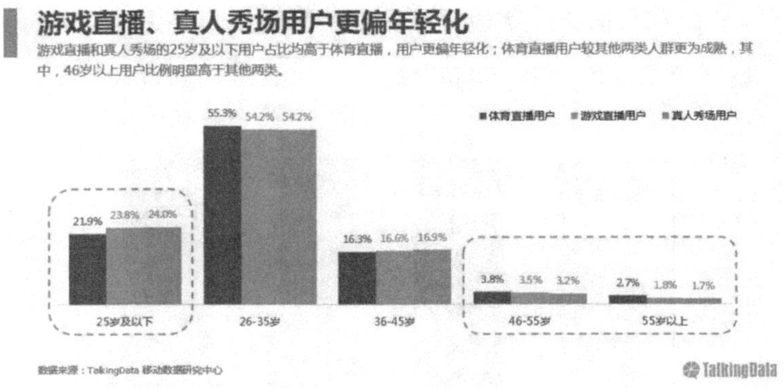

2016 年 5 月　不同类型视频直播用户年龄分布

由上述信息我们可以得出结论：

目前我国直播用户中学生占据着重要的地位，游戏直播中超过一半的用户为学生。因此，直播对于当代年轻人及在校大学生的影响是存在的，也是不可忽视的。直播占据大学生的大部分时间，这无疑使大学生们与他人交往的时间减少，影响其社交行为。同时，直播过程中主播传达的信息和言行，也会影响大学生的价值观及与人交往的方式，因此研究直播对大学生的社交影响是十分必要的。

（四）直播中的社交行为

（1）社交直播的创新

映客直播别出心裁地将其重构为“社交直播”：通过视频聊天室，主播对着一群陌生观众进行直播和互动聊天。这种新模式推动了直播取代自拍、贴图和滤镜，成为社交媒体发展的下一个趋势。

此前，直播平台大多是以游戏知名（例如斗鱼直播）或者平台本身组织的歌唱和舞蹈表演（YY 直播）。而映客和其他社交直播软件不仅从 PC 转到了手机移动端，还将手机的摄像头从后面（捕捉你看到的）转到了前面（你长什么样）。这种视角的转变极大地改变了应用的功能。这种直播更像是自拍的视频版。主播与观众的互动构成了观众参与和变现的支点。

(2) 互动取代了才艺达人

如果把中国现在的直播比作移动电视频道，那么社交直播就像真人秀与午夜脱口秀的结合。但观看别人直播日常生活——躺在沙发上看电视，吃饭，开车去工作，甚至仅仅坐在卧室的桌子上——到底有什么意思？这不正是电影《楚门的世界》吗?!

答案就是互动。如果一个观众喜欢该直播，他可以通过发送公开问题、赠送一个或多个虚拟礼物来引起主播的注意。主播会念出观众的名字，回答他的问题或简单回复感谢。

例如，假设你赠送某主播一个虚拟跑车贴图，那么你可以要求主播唱一首你最喜欢的歌。如果主播因此而高兴，便会答应你的请求，以感谢你的礼物。同时，所有公共聊天室的观众也能看到接下来的歌唱表演。

这种互动增强了观众的认同感，让他很容易感到满足。同时，它让主播从数码虚拟贴纸中得到财务收益，并取悦其他观看者。因此，观众可以很大程度上决定了一场直播秀的“方向”。

直播软件想要成功，还需要借助另一个模式：游戏化。通过排行榜，新手主播也可以被顶到很高的位置，与明星主播进行对决。所有的机制设计，都为了把新的主播、频道和流行人物推到前台。除了对主播进行排名，平台还会基于虚拟礼物总价值对主播的粉丝们进行排名。这种粉丝间的竞争机制也促进了平台上的互动及送礼行为。

因为直播的主要焦点在于和观看者的互动，所以主播们很少需要提前计划很多内容。他们仅需要打开 App 和自己的观众直接沟通即可。在过去，顶级的主播们需要在游戏、音乐、舞蹈或者其他表演方面有所专长；而现在，一个主播可能不需要有任何这些过往的才艺。将“社交”置于直播之首，大大拓展了潜在主播的供应量。

另一个值得注意的特征是，大多数中国的社交直播软件着力于陌生人社交网络。因此，作为一种沟通的形式，虚拟赠礼在文化背景上更为中国人所熟悉和常见。如果直播是基于朋友间的话，这些平台的赠礼机制将会大大不同。

（五）基于社交软件的直播平台

陌陌直播：

主打功能是附近人的直播，延续了陌陌自身的陌生人社交特色。用户搜附近，可以找到离自己最近的主播，喜欢了可以打赏甚至重重打赏到让主播认识你，完成一次陌生人社交。加上陌陌本身就有很多兴趣群组，以前群组用户的交流是通过文字、图片、视频，现在大家在群里的聊天就有可能是通过直播的方式来交流。这和传统秀场、传统的独立直播平台本质不同的是，主播与观众的关系不再是单向的，二者之间的社交关系有着非常丰富的属性，可能是朋友、同事、附近的人，提高了主播和观众、观众和观众之间的互动关联性。

另外，陌陌在观看直播上丰富和完善了很多功能。比如连线功能，让用户与主播同框，还可进行一问一答的互动；上下滑动切换直播间；小窗功能；这些无一不是着眼于给用户提供新鲜的观看体验，有利于用户沉浸于直播内容里，且带来更多互动的可能性。

“一直播”：

一向擅长打明星牌的微博，当然把明星直播作为特色功能。“一直播”上的明星达人资源非常丰富，产生大量优质内容，而且他们同时拥有微博社交关系，不需重新拉粉。话题直播功能体现了微博的社交媒体基因，用户更有话聊，有内容“播”，逐渐热门起来的话题又鼓励了更多用户参与到讨论中，形成 UGC 生产正循环。

用户在社交上的需求，说白了就是“相互发现的社交需求”，而就是直播这种工具，大大降低了用户之间社交门槛。大众熟知的社交软件陌陌加上了直播，从原有的“发现”帧变成了“直播”帧。与传统的直播平台不同，陌陌是从社交的基础来考虑直播这件事的。拥有 2 亿用户的陌陌，其社交链更加丰富，其用户爱好、职业、地理位置等个人信息均在该平台沉淀，直播的推出用更直观的方式提高了用户的社交效率。

而微博更是在原有社交属性 + 直播的基础上加入了明星策略，携手秒拍推出的“一直播”更是主打“追星”牌。在微博本身的明星大 V 账号基础上，利用粉丝对于明星大 V 的狂热，打破原有停留在文字和图片形式的互动模式，实现“除了握手，其他都能办到”的新型直播互动，粉丝们自然买账。

这类社交平台每个用户在其主页被推送内容是不同的，平台根据用户习惯推送其感兴趣的直播内容，与你在同一直播间看直播的人或主播可能跟你有更多的社交重合点，而也就是这些社交重合点产生的更多社交行为和习惯就会累积在该平台。直播，成了大家在此类社交平台交友的新方式。

各大平台做直播的目的不外乎这几个：

（1）扩大自己平台主产品的边界。比如陌陌，通过直播扩大了社交的边界；斗鱼和去哪儿合作、花椒和途牛合作，通过直播扩大了旅行的边界；有道通过直播，扩大了在线教育的边界。

（2）提高在线时长。比如微博，原来的图片和文字一会儿就看完了，在线直播能看非常久；又如在线旅游平台，原来只能看图片文字攻略，现在跟着直播去旅游，一场旅行能跟好几天。

截至 2016 年 6 月，网络直播用户规模达到 3.25 亿人，占网民总体的 45.8%。

（六）直播对于大学生社交的影响

直播解决的需求很可能只是孤独。

直播的活跃时段：从晚 10 点到早 4 点，并在午夜达到使用顶点。

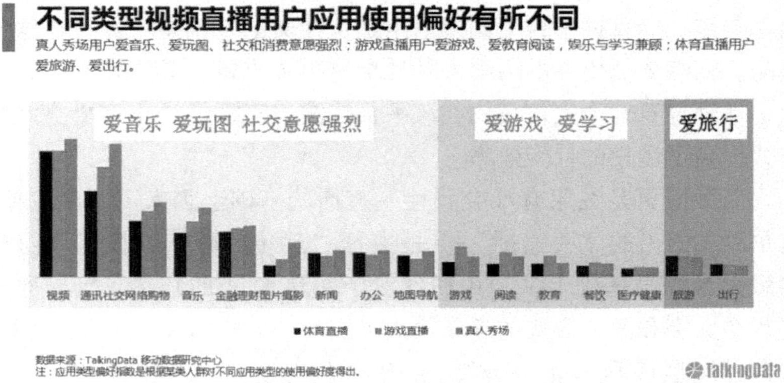

不同类型视频直播用户应用类型偏好指数

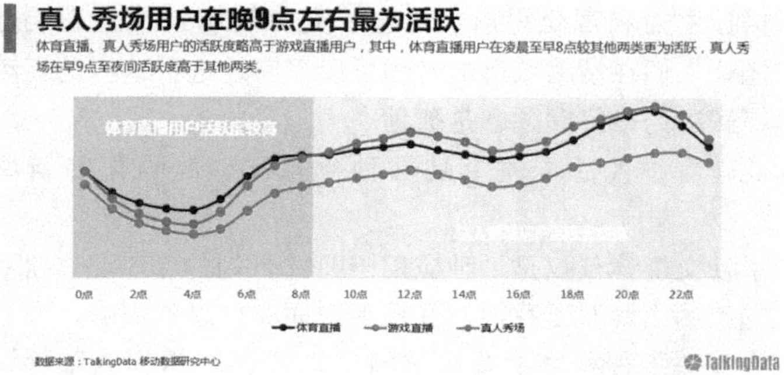

2016 年 5 月不同人群各时段跃设备比例分布

正如《蝙蝠侠》里小丑的扮演者曾说，“我认为导致失眠症最普遍的原因非常简单，就是孤独。”

孤独是一个普遍并且逐渐增长的现象，但它某种程度上被若干原因加剧，在中国蔓延开来。大多数 1979 年后出生的人是独生子女。居住在北京、上海这类一线都市的人们，许多仅仅是工作在这里。他们远离家庭，以及童年和大学的朋友。至于三、四线城市的人们，直播则提供了一种“接触”他们之前无法看到更无法体验到的生活的渠道。

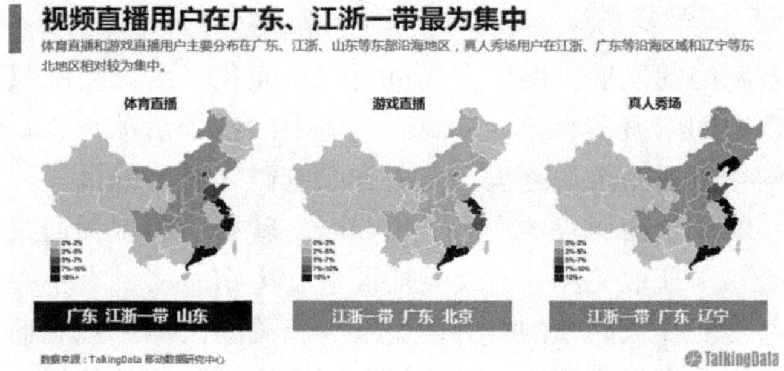

2016 年 5 月不同类型视频直播用户省份分布

直播让主播和观众得以在约会、交友等场景外立即同他人交流，它还让人们在情绪低落的时候可以真实地进行这样的互动。

直播解决的最终问题，是孤独。

如此来看，直播本质上是一种背景式、数码化的新型亲密关系。

如果社交媒体仅仅是一种应用于旧式行为的新工具，那么社交网络上的技术则针对于我们对联系他人而非信息的需求。

或许直播某种程度上要应对的正是“将娱乐作为陪伴”的需求。它确实改变了人们的行为——有些主播曾认为他们绝不会直播。

正如其中的一个分享道：“我以往跟另外一个人说话都觉得紧张，而现在我一次性对着一千、一百人讲话。经常有人来到我的房间说：‘我很害羞，我这辈子都不可能像你一样直播，’我会立马把歌停下，然后对他们说好长一段话：‘为什么不直播？它改变着一切。’”

六、集体观影讨论

（一）实践联系

随着网络的发展，网络直播也逐渐多元化，由最初的只有游戏直播到现在的丰富多彩，涵盖我们生活中的各个活动。这不禁引人发问，网络直播是否最终也会发展到像电影《楚门的世界》里那种一个人一辈子生命历程的形态？现如今，就有一些主播通过直播其他人的隐私来获取关注，有女主播混进女生宿舍楼，有主播偷窥邻居，这些侵犯他人隐私的行为由于缺少相关的法律法规和监督管理而时常发生。而很多观众的想法也如同电影里描绘的那样，只是看个热闹，丝毫不关心其他人受到的侵害。所以，为了避免电影中的悲剧发生在现实生活中，我们国家需要完善相关法规，切实保障每个人的权利不受侵害，并加大宣传力度，引起观众对于他人权利的重视，而不再是袖手旁观。

（二）观影感想

电视节目是大众文化的一种，它属于商品，具有商品属性。《楚门的世界》里面每样东西都是在商品名录上面的，最近播出的电视剧也采用了可以直接购买演员身上的服装这种销售模式。十几年了，还是这样，生活就是大卖场，不停地让你看见新奇的、好玩儿的东西，然后让你产生欲望让你购买。

节目依靠收视率活着。其实楚门这个人是生活中最最平常的nobody，跟大部分人生活得一样。既然我们每天也都在呼吸，每天出门也会买报纸，也会在工作的时候开小差打电话，那我们为什么非要认为自己的生活是无聊的，而在别的nobody的生活中寻找有趣和津津有味呢？

电影里面着重描写了四组看电视的人们，酒店的服务员和客人、一直在浴缸里洗澡的秃头老汉、停车场的俩老头以及也许是姐妹的俩老太太，其中一个还一直抱着金凯瑞的抱枕。他们都一起跟着楚门哭，一起跟着楚门笑。当楚门遭遇风浪的时候，也一起揪心，那个秃头甚至紧张到拽着旁边的浴帘。以有剧情的电视节目为代表的大众文化具有控制性和欺骗性，里面的剧情都是基斯督安排好的，你的情绪就像木偶一样受人摆布，你觉得楚门可悲吗？他生活中每一个细节都被别人摆布，那么你也一样可悲，你看电影、看电视、上社交网站，你的时间和情绪也都被别人所操纵。电影里安排的是看真人秀的人，共同特点是学历低，从事着社会底层的劳动，自从这个节目开始生产，即使你还没看到，节目的策划者就知道你一定会看，就知道你看了之后是什么反应，会采取什么行动。

在结尾，那两个看车的大叔，在楚门成功逃离之后，又开始搜索下一个电视节目。一方面，我们的时间和关注点是被电视里演什么所决定的；另一方面，电视里演的所有东西又在被我们消费着，跟花生米、鸭脖子这类的下酒菜没有区别。

除了大众文化的欺骗和操纵，电影还是一个关于“稳定”和“自由”的悖论。影片的最后，基斯督说，EXIT 按钮之外的世界一样充满谎言，那么和桃源镇的生活有何区别？在无知之幕拉开之前都是一样的，所以我们又怎么能知道我们身后没有一道无知之幕？怎么知道图书馆窗外的阳光，是来自 1.5 亿千米之外的太阳，而不是来自 2000 瓦的白炽灯呢？所以，在 drama 里生活，和在现实中生活又有什么区别？

自由和稳定总是个悖论，我们也不得不被生活推着走。人们总是会把传播信息当成采取行动，把看楚门一天的生活，当作过自己一天生活的内容。那么，即使外面的一群人都是演员，那么也走出去吧。没准哪天，你的西尔维娅也在等着你。

七、亲身参与直播

为了从另一个视角探究网络直播对大学生人际交往的影响，我们组内成员亲身实践，体验了一把做主播的感觉。如今，热门的直播种类多种多样，比如游戏直播、美妆直播和吃播。我们在课余时间在斗鱼直播平台上，开设了一个房间 929454，进行了多次直播，并且收获了许多观众和礼物。体验过直播后，大家都有自己的感想。

“这次我参与直播的内容是美妆直播。主要是刘洁同学进行直播，我辅助。

“这是我第一次参与直播。在之前对这方面接触得很少，也几乎没有看过直播。但是对主播的说话方式略有耳闻。刚开始我觉得有些许紧张，但因为观看直播的主要是我们的同学，所以很快放下了防备，与同学们进行互动交流。我发现直播并不是我想象中那么无趣，还是很有意思的一项消遣。在直播的过程中，我们可以和五湖四海的朋友一起聊天，结识新的朋友；也可以发表自己的见解，向大家分享自己的经验。在这个过程中，也锻炼了自己的胆量。

“我认为，直播也分为两类。有一部分较为低俗的直播是我们所不屑且抵制的，但不能一棒子打死直播这项活动，通过这个平台和别人分享自己的看法，或者是和朋友们分享自己最近的生活，都是对直播很好的利用。”

——刁兴宁

“因为社会实践的主题是探究网络直播对大学生人际交往的影响，为了切身体验主播以及观众之间的互动，我们不仅观看了不同种类的网络直播，还分为小组分别做了不同类型的直播。周五晚上我和侯鱼凡一起做了关于介绍美食的网络直播。

“在直播的过程中，我们一边向大家介绍各种美食，一边通过弹幕和观众进行互动。网络直播的实时互动性体现得非常明显，观众发出弹幕后，我们就可以立即看到并就此话题进行讨论或回答。同时，其他的观众也可以看到或者参与这个互动，虽然只是在网络上聊天，但如果有共同话题，陌生人之间也可以交流甚多。这是我感到网络直播所能带来的积极影响，只要有兴趣，大家可以没有顾忌地在这里畅谈。我们推荐了一些北京地区的美食和适合度过周末的地方，解答了一些相关的疑问。直播共进行了 1 个小时左右，总体来说感到很新奇，与观众通过弹幕来聊天也很有趣。”

——冯　茹

“这次实践里最有意思的大概就是这个体验主播了吧，虽然如此，但当你真的面对网络上的人的时候，心中不免还是有些惧怕、有些紧张。虽然之前有看过几次直播，明白主播应该怎样与直播间内的观众互动，但是自己却无法做到如此热情洋溢。

“看直播时与主播互动，发弹幕问问题或者送礼物，是每个看直播的人都会做的事。但当你作为一个观众出现在直播间的时候，你却从没想过主播的心情是怎么样的。一个主播热爱直播，因为他在直播间内与大家互动的时候感受到了大家对他的关注和喜爱，感受到了他被需要的感觉。在这个过程中，他收获了内心的满足，甚至可以说他感觉实现了自己的价值，在虚拟网络中完成了一次人际交往。

“但是当我自己真正坐在电脑前，却因为自己的紧张不太敢于面对镜头，但是在与观众互动的过程中，还是体验到了主播的喜悦感。希望下次自己可以更大胆勇敢一些，更好地完成体验。”

——刘　洁

“在队友的鼓励和支持下，我与队友冯茹一起做了直播，直播内容为边吃东西边聊天。这种形式在网上十分流行，可以说是当下比较热门的直播形式。直播之前我们做了很多准备，买了很多水果零食，为了直播效果，食物的外形要美观、要上镜，食物咀嚼多能发出声音。个人感觉做个主播还挺累的，要照顾到观众的喜好。直播过程十分有趣，个人觉得没做什么就直播了一个多小时，全程基本都在与观众互动，避免尴尬。当然，直播平台鱼龙混杂，弹幕里也出现了一些让我们很尴尬的问题，难以回答和互动。不过，也有观众送礼物。结束时，我们的直播号盈利近 3 元。

“这次直播体验，让我有下面几点感受。首先，直播的门槛真的很低，我们只是申请了号码就可以直播了，这是否会是网络直播鱼龙混杂的首要原因，直播平台需要考虑。其次，直播确实是可以盈利的，‘网红’产业真的有利可图。最后，直播中人与人之间的交流真的很频繁，用语大方，并不想我们想象的那么拘谨，这可能与当今年轻人开放的性格有关。如果这种热情的互动与人际交往能被运用到生活中，想必一定是一件好事。”

——侯鱼凡

“生活中的我们，都是以观众的视角去看待网络直播，为了更好地认识到网络直播对大学生人际交往方面的影响，在本次实践中，我们小组的成员轮流参与了网络直播，亲身体验了一把当主播的滋味。我们的直播内容有网络游戏讲解、好书推荐、零食鉴赏、美妆教学等，其中观众人数最多的一次是网络游戏的直播。在做主播的时候，我们会在自我陈述的同时，关注屏幕上观众发来的消息，并且与他们进行实时的互动。有时会有同学感到新奇好玩，来到我们直播的地方参与进直播，我们也会和他们进行互动交流。总而言之，经过本次亲身做主播后，我感觉到做网络直播对大学生人际交往方面的影响是利大于弊的。一方面，与网友在屏幕中的互动，可以锻炼临场反应能力，还能和更多有共同兴趣爱好的人交朋友；另一方面，做直播本身会吸引身边同学的关注，在直播的同时还能与他们一起交流玩耍，活跃气氛，既可以创造聊天话题，还能增进同学之间的亲密度。”

——吕海宁

“这次体验做主播，我主要做的是图书推荐及娱乐类的直播。

“在这次直播中，起初感到十分的拘谨，就像是生活中把自己丢到一个全是陌生人的环境中一样，自己感到有些不适，进来观看的人也都不认识，在镜头前表现得有些拘束。但是随着逐渐习惯了被注视的感觉，就会有那种被大家当做主角引导直播话题的那种快感，你会感到有点做明星的感觉，你会觉得所有的观众都在倾听和看着你。尽管整个人身处在一个全是陌生人的环境，但是却变得侃侃而谈，很多现实里不太可能说的话，在这里都会大胆说出来、表达出来。我认为这就是直播的魅力。那么多大学生迷恋上直播，我想也是因为体会到了这种在现实生活交往中无法获得的被关注感。

同时，我也想，也许直播真的可以改变一个人的性格，以后在都是陌生人的环境里也可以勇敢地去沟通交谈，或许直播对于大学生的人际交往利大于弊吧。”

——王 林

“本次‘马克思主义基本原理概论’课程的实践活动，每个人都体验了做一回真实主播，尽管观众不多，但是实践的感受足以让我们铭记在心。首先，作为一位给观众推荐图书的主播，我会假想观众就在我的对面，煞有兴致地观看我的节目。而我将时刻注意自己的语言措辞，注意自己的形象并时刻互动，以防给观众留下不好的印象从而丧失自己的关注度，这样子也就容易理解当今主播工作时的一种心态。而当收到观众送出的小礼物和赞之后，我会习惯性地向观众们索要更多的赞，既是出于一种获利的心态，又是渴望对自身的认可。有时我会将直播活动与互动结合在一起，看过这本书的请扣1，喜欢的请扣11等方式，达到与观众进行问答沟通的方式。当看到听众积极回复自己的问题时，心中甚至有一丝满足之意。可见，网络直播作为一种新兴的社交媒体商业工具，能够带给无论是主播或是观众不一样的感受，在年轻人中有着较大的吸引力。”

——陈左宜

“在参加这次实践成为一名‘临时主播’之前，我一直都以为做主播是个很轻松的活：肆意聊天、疯狂地打游戏、与各种弹幕进行交流，还能拿那么高的报酬。但是在体验了一把‘主播瘾’之后，我才深深地体会到做一名好主播真的是一件不容易的事。

“人们常说，最幸福的时间就是做着自己喜欢做的事。但是当把自己喜欢做的事当作特长摆上台面并以此为生之时又是另外一种感受了。面对着屏幕，想到的是还有许许多多的人和你一起盯着屏幕看，操作也就变得不那么自然，会更加在意自己的表现，随时想表演一些‘骚操作’来吸引观众。

“直播中最难的还是与人的交互。与在现实生活中不一样，直播中的交互是一对多的，主播看不见观众，而观众们全都看着主播，你的每一次行动都暴露在观众的目光之下。正所谓众口难调，每个人对你的行为的评价都不一样，如果最大限度地满足不同人群的需求，做到网络与人的完美交互，才是直播行业的关键所在。”

——罗　京

“为了能够落实实践意义，全组人员都切身体验了网络直播。在此次参与网络直播的过程中，我感受到了网络技术发展给人际交往带来的新的变革。就此次观看直播的过程来说，我体会到从主播的角度来说，除了在网上直播能够带来的直接好处外，更重要的是也找到了一个合适的平台让自己站在舞台中心来实现人际交往。网络直播这种形式让自己成了绝对的焦点。

“同样，从观看者的角度来说，大部分是找到了一种新的消遣娱乐方式，去除了以前网络上的娱乐独立性的局限，就像当年 B 站弹幕的火热，也是因为人们发现能在网上观影的同时与他人产生即时性的交流。所以整天忙于网络上的人对人际交往其实是渴望的，而且热衷于网络直播交流的即时和自由。”

——吕　涛

“这是我第一次尝试直播。开始时，我感觉到自己的一举一动都被暴露在其他人的眼前，我有些拘束，但随着时间一分一秒地过去，我开始意识到，直播就是展示自己——真实的自己，而不是刻意地去表演，意识到这点后我感觉放松了许多。

“随着网络的发展，网络直播逐渐深入我们的生活，尤其是年轻人，我们抱着不同的目的来观赏，有的出于对其他人生活好奇，有的人是为了找乐子，还有的人出于审美需求……我认为，无论出于什么目的，我们都应该在看直播时保持基本的素质和基本的法律意识，而不是像有些人在弹幕中人身攻击，打黄色广告或是看到主播在侵犯其他人权利时（如女主播混进女生宿舍直播）无动于衷。这样，网络环境才会变得越来越好，网络直播也会变得越来越规范。”

——秦超汉

“一开始让我开直播我是拒绝的，因为我个人并不是非常擅长玩游戏，直播玩《守望先锋》会被观众嘲笑的。最后抱着反正不会有人看的心态硬着头皮上了。整个直播过程可以说是小心翼翼，每一步操作都很谨慎，想着要让观众学习一个。虽然结果差强人意，操作上还是有不少失误，但是整体节目效果还算不错，失误有时还是能增加界节目效果的。2 个小时的直播还是带给我许多收获的，直播时的心理和平时完全不一样，可以体会到比赛时那些选手紧张的状态了，一次失误都有可能导致巨大的心理压力。

“这次直播也让我更好地体会到了那些主播平时的直播过程，和他们要面临的那些问题。面对弹幕的质疑，他们承受的压力也许比我想象中要大，可见主播也不是那么好当的。”

——张瑜迪

“在并不了解网络直播的曾经，我对直播热这种现象嗤之以鼻，愤世嫉俗地认为这是一种低级廉价的娱乐方式。播者卖笑哗众取宠，观者肤浅低级趣味。甚至在开始做‘马克思主义基本原理概论’的课程实践之初，我仍抱着这种想法。直到自己和身边的同学亲身体验了一次网络直播，我发现照顾观众情绪并非哗众取宠，展示个性也并非玩世不恭。当我们作为主播时，我们兢兢业业尽量让内容丰富有趣，这是对每一位观众的尊重；却又能坚定自我不屈从他人意愿，这是对自我的尊重。我们把每一位观众当成了重要的来宾，仔细打扫把最整洁光鲜的一面展示出来。这不是存在于虚拟世界的虚伪，这是对我们现实生活中人际交往都有重要意义的人生哲学。当我们学会了如何与虚拟世界里观看着我们的人相处，也必更能懂得如何和生活、和身边的人温和相待。”

——王思滢

“我体验的是《英雄联盟》直播。与平时自己打游戏不同的是，我需要在认真打游戏的同时，与观众聊天，时时关注观众跟我说的话。虽然精力无法集中于游戏中，但丝毫不阻止我打爆对面。由于是第一次直播，紧张还是有一点的，有时说话不利索。不过，有些观众还是很支持我，给我刷了好多好多礼物，一场直播下来，不知不觉就闷声发大财了。

“这次直播，我真切地体验了人与人的另一种交流方式，我在明而观众在暗，他们打字，我回应，这是种奇妙的体验。简单来说，自己体验了一次当主播，终于理解了那些热衷于看直播的人，也理解了那些痴迷于主播的人了。”

——张译文

【实践后续】

一、总结实践，反思进步

practice is the only way to examine truth.

——Karl marx

在信息高速膨胀的背景下，通信技术的发展、软件工程的改进和计算机硬件设备的更新都为网络直播的产生与发展提供了必要的硬性条件。而硬件的条件并不能保证其生命力，也不能解释当下的直播火爆现状，更不能为我们探究人与网络的关系提供直接凭证。正如黑格尔所言，存在即合理。又如我们在“马克思主义基本原理概论”课上所学，物质世界是普遍联系和永恒发展的。网络直播能够取得长足的发展，并在广大青少年群体中占有起不可替代的地位，一定有其独特的原因，这也是其内部诸多因素相互依存、相互制约、相互作用的结果。为从内隐和外显两个角度充分探索网络直播对大学生人际交互的影响，我们小组在经过长达一个月的实践探究后，完成了人与网络依存关系与相互作用的框架的构建。

（一）形式多样，渠道广泛

本次马克思主义原理课程实践活动，在“人与网络”的大主题下，本小组以《探究网络直播对大学生交往互动的影响》这一新颖的问题为切入点，以切合实际、贴近大学生生活为基础，开展了本次“马克思主义基本原理概论”的课程实践。本次实践中，我们通过查阅资料、小组讨论、问卷调查等多种渠道进行了初期的调研了解；随后又开展了采访网络红人和身边的大学生主播、亲身体验主播、实地采访多项活动，让组员对网络主播、直播观众和旁观者三个不同群体有了更深入的了解及认识，以录像、录音等多种媒介手段进行记录。多角度、全方位详细探究了网络直播对大学生人际交往互动的影响，调研形式多样，信息来源广泛，为我们实践调研结果的可信度提供有力的保障，为我们窥探信息时代背景下人与网络的关系发展趋势与方向打下坚实基础。

（二）互助配合，共破难关

实践过程中，我们面临着时间紧、任务重、开头难、工作量大的重重困难，尽管每位成员百事缠身，但都积极配合、相互合作，按照任务分配，在实践中各抒所长、求同存异。在街头采访、现场直播、主播采访等环环相扣的互助配合中创新思路，在高质高效完成实践调研的同时，积累自身经验，提升团队意识，锻炼自身能力。

（三）多种角度，成果丰富

本次实践中，我们小组不囿于大众观点，不局限于单一角度，不在前人的成果上墨守成规。而是以马克思基本原理的研究方法为指导，创新思路、多管齐下，从不同角度辩证思考探究问题，收获丰富、成果斐然。

从主播角度出发，通过调研，我们发现了社会上对主播的固有观念具有偏激性。经过亲身体验、多方采访以及资料搜集，我们了解到网络主播大致可分为两类：一类是以网络直播为主业的职业性主播；一种则是将网络直播作为兴趣爱好的业余主播。而所有的主播都有其共性，都对收到礼物、收获赞美怀有热切期待。这种心理现象在业余主播群体之中更为明显。这一群体的主播在直播中收获认同感的需求更为强烈。他们会更为关注观众评论与关注人数，更为注意自己的言行，希望留住潜在的粉丝。而在职业的人气主播之间，他们则显得更加专业老成，侃侃而谈、与观众打趣，并不担心粉丝的流失。于他们而言，认同感已然满足，利用人气进行获利则成了主要的目的。而一些渴望成为人气主播的小主播，则会为此提供出格夸张的直播内容，甚至违反相关的道德准则，触犯法律法规。此类情况不一而足。因此，主播们渴望通过网络直播得到的，主要分为认同感以及金钱收入。

从观众的角度出发，我们调研发现受访者观看的直播类型五花八门，观看目的更是不胜枚举。观看游戏主播的群体以年轻人大学生为主，多是为了学习技术、提升游戏水平。也有小部分群体观看仅仅出于娱乐目的。观看美女主播的群体大多以宅男为主，这类群体具有一个共性，缺乏其他的娱乐爱好，不善于现实交友。对美的渴望与追求是驱使他们观看这类直播的主要原因。小部分现实中缺乏人际沟通能力的人希望通过这种途径结识美女。还有部分观众喜欢观看展示才艺的主播，对艺术的爱好与结识更多志趣相投的朋友的渴望是这类群体观看的主要目的。从中我们不难发现，直播平台作为一种网络社会产生的新型社交方式，不同的观众出于不同的目的，从中获取乐趣满足自我需求。目的或高雅或低俗，不可否认的是，都对其人格的塑造与“三观”的形成有极其深远的影响。如何引导大学生群体正确对待、运用网络，改善人际关系，仍是亟待我们深入探索的问题。

（四）辩证思考，深入理解

主播和观众，又有着辩证的相互关系。在直播过程中，主播在明处，观众可以看到主播的一举一动，而观众的身份信息得到充分的保护。直播的主播为了自己的目的，为了获得粉丝的关注，迎合观众的需求，此时观众又手握主动权。而直播的神奇魅力之处又在于，创新了社交的方式。它结合了真人的实时互动，主播的实时画面分享，满足了人与人之间社交的需求。它同时又采用了愿意露脸的主播对观众可见而观众不可见的方式避免了人与人交往社交时的恐惧与不安，将人作为社会的产物这一本质特征与互联网充分融合在一起，成功地保证了网络直播的生命力。不同于传统的 QQ、微信、微博等社交平台，网络直播成了继文字社交、声音社交、图片社交之后，最具现场感、实时性、互动性的社交应用。并且，观众需支付的成本低，有条件的观众可以为欣赏的主播送上礼物，没条件的观众也可以为主播点赞，为其赢得人气；主播的成本也仅局限于准备直播的容。直播双方的低成本、准入门槛低也保证了互动的顺利进行。

（五）回归中心，升华主题

细微之处显示出整体，未来的互联网发展方向将更多地向人机、人人的交互性发展，而 Web3.0 的构想也正是强调了“人”这一个主题。对用户体验的追求，是各行各业秉持的法则，也是信息时代人与网络的根本追求。网络服务于人，人从网络中获得良好的体验，自然能够维持人与网络的关系。而网络直播在优化人机关系的同时，建立起了人—机—人的更好体验，这是值得我们学习与借鉴的。

人与网络是一个永恒的发展的主题。我们要一分为二地看待问题，既要接受网络时代，享受其带给我们的便利，又要预防网络对人们的危害。至于其究竟是好是坏，我们难以盖棺定论。事物总有两面性，好与坏对立统一，正如我们所学的马克思基本原理，物质世界是普遍联系和永恒发展的，实践才是检验真理的唯一标准。答案，我们静待时间来揭示。

二、体悟实践，感受成长

“本次‘马克思主义基本原理概论’课程实践要求我们从人与网络的角度出发，探讨其对当代‘95后’大学生的影响。而我们团队在多次研讨后确立了网络直播这一热点研究话题。由于该行业的新兴性和相对私密性，缺少相关的研究报告，我们的实践困难重重。当然，越是没有前路可寻越符合马克思主义基本原理的基本要求，实践是检验真理的唯一标准。

“我们小组放开单一的网络问卷的局限调查方式，集思广益，从访观众、访主播、当主播三个方面开展活动，最大限度上获取相关资料，并且采用视频、录音、图片等多媒体记录，手段多样、内容丰富，最大限度保证实践成果的可靠性。

“根据任务分配，我们前往了北京林业大学、中国地质大学和北京外国语大学，对校内的学生进行街头采访。虽然没有类似的采访经历，但是出于对客观真理的追求和迫切了解直播行业现状的决心，同学们都顺利圆满地完成任务，获得了宝贵的采访资料。这也是让人颇感欣慰的。”

——陈左宜

“通过这次的‘人与网络’主题的‘马克思主义基本原理概论’课程实践，采访了各大高校的学生、调查了各大网络直播公司的数据之后，我才惊讶地发现，网络直播原来与我们的生活这么近。相比于一些明星开设的直播，普通人的直播内容更加‘家常’，看似无聊却拥趸众多。外出吃个饭，得开直播。这个菜咸了，那个菜淡了，屏幕上哗哗飘过的‘小黄瓜’远超一顿饭的价值。健身、聊天、写作业甚至睡觉都能直播。网络直播普遍化的浪潮拉近了人与人之间的距离，人们不仅可以通过直播去了解世界各地发生的奇闻趣事，还可以透过面前的显示屏去发现一个人。

“网络直播的流行，是强调体验式互联网经济的结果，其在形式上满足了部分人想要窥探他人生活的欲望。观看者希望通过多种渠道，‘进入’别人的生活，且可以品头论足；表演者希望通过直播的方式获得利益，给观看者虚幻的权利，即观看者的点击、消费推动甚至决定着表演者的行为。在直播的繁荣背后，各类乱象充斥着每一个直播平台。网络直播恰如一面放大镜，在演绎表演者的生活细节和内心欲望之时，亦在折射着观看者的趣味高低，然而在或热闹或高雅或低俗之外，法律给出的底线非常明确：勿扰他人和公共秩序，净化表演内容。唯有如此，表演者才能以正当之名获得正当之利。”

——罗　京

“本次课程实践，我深入了解了网络直播，也改变了我之前对网络直播先入为主的偏见。之前，我仅将网络直播与满足部分无聊网民对他人生活的窥探欲联系起来，但是，在此次实践中，在对网络直播深入调查过后，发现网络直播其实是作为一种新的交际平台在逐渐发展壮大，不是只有一些负面新闻中的无下限主播，也有通过网络直播进行单纯友好的交流的现象。这一定程度上反映了网络发展给现在的大学生的交际带来的频繁的变革，从电子邮箱到微信到网络直播，网络交际平台愈发即时、便捷和透明化。但是网络技术发展带来的这种变化亦是一把双刃剑，部分大学生愈发沉迷于虚拟的网络联系，却忽略了实际生活中的人际交往。不过绝大部分学生还是理智的，只是将网络直播当作追赶潮流和无聊时的消遣方式。

“其次，通过这次实践的采访过程，积累了人生第一次采访的经验，新奇又有趣，学习到了和陌生人的正确‘搭讪’方式。

“最后在这次实践过程中，小组成员协调配合，各自发挥所长，让我感受到了团队合作的乐趣。总之，在这次实践中学到了很多，能够在这个团队，我很幸运。”

——吕　涛

“在这次实践活动中，我对网络直播有了更加深入的理解，学会了用辩证法看问题。近年来，网络直播受到网友尤其是年轻网民的青睐。但随之涌现了许多问题，有些问题的严重性让人无法忽视。比如，不良内容直播。今年1月10日，斗鱼TV一名主播‘放纵不羁123’在线直播不雅行为。再比如，侵犯他人权利，今年8月初，一名北京地区的滴滴男司机刻意于深夜在机场附近接空姐订单，偷偷将双方对话进行直播，诱导乘客暴露隐私引18万人围观，后得知这名司机是一名签约主播，自称‘谈话都是为了节目效果和搞笑’。这些问题的出现主要由于监管不力和相关法律法规的不完善。而作为观众的我们也应该注意自己的言行，为营造更好的网络环境尽一份力。”

——秦超汉

“实践之初，从确定主题到搜集资料，作为一个从未关注过网络直播的人，我带着对直播的偏见和对主题粗浅的理解开始了实践的历程。随着实践的环环推进、层层深入，却确确实实地受益匪浅。不仅是经验的增长，更是观念的全然改变。其中，实地采访的环节让我尤为印象深刻。我们从并不懂如何把握采访尺度，到提问上每一次崭新的深入尝试，和受访者谈笑风生，收获的不仅是人际交往经验的积累，更是跳离了自我视角后看到的全然不同的广阔视野。当我从最初的单一的陈旧的观念中走出来，当我站在每一个不同的角度去辩证思考问题时，我从每一位受访中侃侃而谈时眼中迸发出的璀璨光芒里，看到了另一个世界，我为曾经执拗偏激的看法而羞愧。不同的热爱、不同的追求，任何人、任何事物，都绝不应被一个标签盖棺定论。

“而从我对‘网红’樱小姐的采访中，也让我对主播这个群体有了更深入的认识。任何事物都有好坏两面。耽于直播分不清虚拟与现实、拜金淫乱与低级趣味的直播乱象只是苍山一隅，绝不可以偏概全。更多的主播，把直播这个平台当作一种分享的方式，把每一个观众当作素未谋面的朋友。通过光纤媒介传导的，是从四面八方汇聚的善意与关怀；通过直播传递的，是不同世界不同人生的光芒。这种善意让我们充满希望，这种光芒让我们看到无限可能。”

——王思滢

“这次我们实践的主题是研究网络直播对大学生人际交往行为的影响。我们这次实践与以往不同的地方有，我们走出了学校，到其他校园中进行了街访，并且亲身体验了做主播的感觉。这两项都让我变得更加勇敢了。街访的时候，一开始大家都不敢第一个上阵。一是不敢和陌生人主动说话，二是害怕被拒绝。当第一位同学鼓起勇气去采访了之后，我们发现其实大家都是很好相处的，当听到我们是做实践的时候都会很配合我们。而且我们不仅采访了本国的学生，还采访了外国留学生。

“亲身体验主播的角色是一个更需要勇气的事情，因为一般在我们心里主播和我们的距离很遥远。当我们真的点了开始直播后，感觉到真的是站在主播的角度看了问题。对直播在我们心中也有了不一样的感受。

“从进入大学至今，课程实践已经做了第三次，寒暑假实践也做了两次了。每次都给我留下了非常快乐的回忆。实践对我们来说，不仅让我对一个问题有了更深入的了解，让我体会到了自己上下求索的快乐，更让我懂得了团队合作的精髓。我觉得每次实践都是十分有意义的，让我对社会上的很多现象也有了更深入的理解。”

——刁兴宁

“本次社会实践给我印象最为深刻的环节有两个。首先是街头采访，我们离开学校，想要多采访一些不同大学的学生来更好地了解网络直播的影响。我所在的小组来到了北京语言大学。在采访之前，一直有点紧张，因为想到要在大街上拦下陌生的同龄人进行正式采访，觉得很不好意思。几个人准备了很久，练习了好几次怎么跟陌生人搭话、怎么让话题继续下去、怎么循序渐进地问问题。踌躇了很久才敢于向路人进行采访。印象很深刻的是我和刘洁采访的2个外国人。他们非常友好，乐于与我们分享他们观看的直播，对我们的问题也都热情地进行了回答。虽然交流有点磕绊，双方都是边说汉语边说英语，努力地想要对方更好理解自己想表达的意思，但聊天很愉快。这不仅给了我们实践的反馈和素材，更是对我自身的另一种考验。”

——冯　茹

“‘马克思主义基本原理概论’课程实践，还是在一直在的团队，正经的‘思想道德修养与法律基础’课程小组、正经的史纲小组、正经的‘马克思主义基本原理概论’课程小组，正经小组一路走下来，真的很正经。包括团队开会、人员分工、实践操作，都很有序，团队建设也很团结。真的是用心在做实践，实践中做了很多以前觉得很尴尬的事，不敢尝试的事，学实相合，刚柔并济，这大概就是‘行走的课堂’吧。

“关于这次的实践话题，‘马克思主义基本原理概论’课程学的就是哲学，哲学是思考思维与意识形态的问题。所以我们的小组从一开始在‘人与网络’的话题中，就讨论的是人与人之间的交流思维的改变。网络的诞生确实或多或少地改变了人与人之间的交往方式。但是网络的改变从千禧年就开始了，对于网络对‘95后’的影响，我们选题‘网络直播’。网络直播既贴近我们大学生，又极利于研讨人际交往的变化，可以说是最好的话题。”

——刘　洁

“网络直播是当下一个热门话题，而参与网络直播的人群中大学生占据了一个不小的份额。同时，观看网络直播也成为大学生们生活中休闲娱乐的一部分。对此，有人认为网络直播就是‘卖隐私赚钱’，有的人认为直播是为了寻找一群有共同爱好和聊天话题的朋友。在我看来，网络直播其实是一种在轻松愉悦中打发无聊时间的方式，对人际交往的影响虽存在两面性，但也有不少益处，比如，它能创造我们生活的聊天话题，在看直播中还能交到聊得来的朋友。另外，和同学一起看直播，能营造出轻松和谐的氛围，无形中拉进了同学之间的友好关系。”

——吕海宁

“在这次实践中，我参与到了街头采访、集体观影、观影后讨论以及公司数据分析环节。经过这些实践和观察，我认为对于直播的影响有了更全面的认识。在街头采访时，我们采访到的一位北语的男同学，说自己有时间就会看一下美女的直播，当被问到‘你觉得这样对你的人际交往有影响吗’时，他说‘应该是没有更多的时间和同学聊天了吧，不过我们聊天的时候也会聊到这些看到的直播，我们会聊游戏直播的内容’。当时就深刻地体会到，直播其实对于大学生的交际的影响，不仅是之前我们认为的占用了大部分大学生与人交往沟通的时间，更是影响了其与人交往的内容，甚至是会影响一些人的口头语风格和价值观。之前的微博直播就掀起了‘蓝瘦，香菇’的流行语，也曾爆料有人利用直播来做宗教宣传，因此对于直播对于大学生的人际交往的影响，真的不只是表面的那些现象。

“而另一方面，在采访中，我们也遇到有女大学生说压力大时会看看搞笑直播解压，有时候直播中的主播讲的一些笑话也会学着给身边的同学讲，大家都很爱听。这样的事，又反映出直播其实对于人际交往有正面的影响。它促进了大学生朋友间的关系，充实了人们聊天的内容，使大学生更善于去与人沟通和创造轻松愉悦的聊天氛围。

“最后综合起来，我认为，看问题有时真的不能片面依靠自己想的是什么，而应该去实践，任何的真理都是要靠实践来检验的。”

——王　林

“本次‘马克思主义基本原理概论’课程的实践我参与了问卷制作与结果分析、体验直播、集体观影以及最后总结的部分。这次实践让我对直播有了更加深入的了解。

“首先做问卷这个过程中，我对直播行业做了较为详细的了解，可能平时直播已经深入我们的生活了，我本身对直播见怪不怪，但是这次做问卷的过程我发现我对直播还是存在不少盲区的，对这些问题有的可以从论文中找到答案，有的打算通过本次实践找出答案。

“我看的直播不算太多，就看那些知名游戏主播，平时也算了解他们的直播氛围了，然而亲身经历过后却又发现有许多无奈的情况，这也是这次实践带给我的全新的体会。但从游戏直播来说，主播也不是那么轻松啊。

“当然最重要的是，这次实践带给了我们许多的体验，这些原本是我们平时不接触的，或者说我们只是那么多路过的观众中的一个而已，这次‘马克思主义基本原理概论’课程的实践却给了我们近距离了解直播的机会，并且结合所学知识深入了解直播、体会直播。同学们的采访更是精彩，与大学生面对面探讨直播问题，了解直播对我们平时生活潜移默化的影响，对我们人际交往的改善。直播也存在许多问题，由于本身的监管不到位，还有观众素质参差不齐，较有影响的直播也许会对我们产生负面的影响。如果我们不能调整心态，这种观看直播时的负面情绪就有可能影响到我们的生活。

“‘实践是检验真理的唯一标准’，这次‘马克思主义基本原理概论’课程的实践让我对这句话有了更清晰的认识。感谢这次‘马克思主义基本原理概论’课程的实践，让我辩证地看待直播对我们人际关系的影响，对直播有了更明确的了解。”

——张瑜迪

“这次‘马克思主义基本原理概论’课程的实践，我们选定的网络直播课题是我们都感兴趣的，因此在整个实践进行的过程中，我们的团队都保持相当高涨的热情，可以说我们搞的这个东西，excited！

“关于网络直播对人机关系的影响，没有做实践之前，我们只能猜测。通过实践，我们将我们所好奇的问题从多方面进行探究，明白了对于一件你感兴趣的事，你不能凭主观猜想去断定它。实践才是正确的做法，只有实践，才能得到最真实的它，才能从多方面去认识事物。

“总之，我爱实践，实践使我快乐。”

——张译文

（指导教师：庞晓光）

网络自由言论与实名制

实践团队：金融学院　2015 级互联网金融专业
团队成员：闫绍怡　卢正义　袁水凝　耿梓越
穆筱岚　曹子云　张清昕　靳　京
吴俊成　马青原　饶宇飞　杨光泽

一、实践背景

言论自由是宪法赋予公民的一项基本权利。在互联网时代，公民的言论自由因为互联网的特殊性而呈现出新的特点。较之传统社会公民的言论自由，互联网使公民更充分地行使了自己的言论自由权，这对社会的进步和民主的发展有巨大的推动作用，但正是因为网络言论自由具有不同于传统言论的匿名性、随意性、传播快速及影响深远性，所以也不可避免地表现出片面性、非理性、欺诈性等。比如出现了侵犯公民名誉权、隐私权等大量侵权问题；严重扰乱了社会秩序，危及社会安定；严重影响国家正常的管理秩序，甚至危及国家安全。

我们组本次的课程实践主题是网络自由言论与实名制，这是在当今网络环境下十分重要的一个问题。在今天，言论自由，意味着能获得自由发言的权利，而同时，发言者也需要对所发言论承担相应的责任。这时就需要实名制来监管。

二、实践目的

本组以问卷形式进行广泛性调查，同时以访谈形式进行深入的、有针对性的调查。根据调查的结果总结归纳不同人群对网络自由以及实名制的看法并根据调查结果，对该问题进行进一步的分析，以获得最佳的研究结果。

三、实践过程和内容

（一）采访实录

采访者：您认为在中国言论自由有何利弊?

被采访者：我认为在当今的互联网时代，各种自媒体迅速发展，人们有了发表自己观点的工具，有了相对言论自由的环境，但是，言论自由是一把双刃剑，既可以自由地说正确的，又可以自由地说错误的，言论自由的程度不好控制。因为我国现在的国民素质还有待提高，对于网络上的信息真实性不好辨认，这就给了一些人造谣、诽谤的机会。这种“言论自由”如果不加以控制，就会对社会造成危害。当然言论自由的好处还是有很多的，言论自由有利于人民群众对政府进行舆论监督，也能集思广益，言论自由还能创造新的思想，促进社会的进步。

采访者：您认为我国是否应该全面推行网络实名制?

被采访者：我认为不应该“一刀切”地实行网络实名制，因为网络实名制可能暴露更多的个人信息，不利于保护网民的隐私。各网站在用户注册时要求网络注册用户将真实姓名、身份证号、手机号码、电话号码、地址等真实信息登记录入，但无法保证这些信息的安全，个人信息在发达的网络世界容易泄露，被人利用。另外，一旦网络实名强制施行，中国将缺少舆论监督和言论自由的重要环境、丧失反腐败中坚力量，决策层失去倾听基层民声之通道，年轻人也没有了最开心的娱乐平台。

采访者：您对网络实名制有什么建议？

被采访者：就现阶段而言，网络实名制对于整治网络虚假信息的传播、绿化网络环境有利，但是操作起来比较困难。网络本身就是一个民众消遣娱乐的渠道，如果连网络上茶余饭后的消遣都要先进行实名认证再发言的话，难免会引起部分网民不满；但是另一方面，网络虚假信息的传播也日益猖獗，网络新闻的"反转"近来屡见不鲜，部分网络环境也是乌烟瘴气。所以我认为，网络实名制是必要的，但是在方法上需要进行创新，最好能有别于广大网民传统认知上的"网络实名制"。为了达到二者的平衡，我认为可以实行阶段性、限制性网络实名制，如在访问量低于一定数量的网络论坛或网站，不实施网络实名制；而在访问量或转发量达到一定数量的网络论坛或网站，则实施实名制。

采访者：您对实名制和言论自由的看法是什么？

受采访者1：

技术上不实名也能知道你是谁。现在要求实名，首先会影响论坛、微博等平台的应用，更会影响中国网民的言论自由。

受采访者2：

我曾经支持过实名制，但前提是言论自由。后来我发现，因为我自己和周围的朋友大都实名就认为实名对言论自由不会有太大影响是错误的。现实是很多网友对中国的言论环境仍然心存忌惮。在这种情况下，实名制如果严格执行势必会给正在一点一滴推动中国进步的言论自由带来重创。

受采访者3：

实名制是双刃剑，不管前台不实名后台实名，实质都一样，它既考验了发言者说实话的勇气，同时也增加了当局对网上言论的真实压力。如果就一个话题而言，以前不实名可以作为一种网上民众舆论，而实名了可大不同，因为那可是一种公投啊。试问网民与当局都准备好了吗？

受采访者4：

实名制是很扰民和很无理的制度要求。至于实名了你玩不玩微博等，我只想提醒您一件事：其实无论实名与否，老大哥从来都知道你是谁，不如干脆打开灯，大家嘴巴在明处，盯着他眼睛说给他听。

采访分析：

从上述采访内容来看，我们不难发现部分受采访者对网络实名制持抵制态度。网络实名制有利于网络自身管理的规范化，也有助于社会的稳定、和谐发展；但另一方面，它也将触及网络民主、损害言论自由、监控网民行为、泄露网民隐私等问题。在我们的受采访者中，大多数人都难以接受其带来的负面影响，进而对网络实名制存在抵制心理。另外，我们的采访结果显示出我国当前的言论自由程度还是达到了较高水平。这说明“前台匿名，后台实名”等提高网络实名制程度的软方式对我国公民的言论自由程度影响较小，但从一些受采访者的语言中也不难听出他们内心对强硬推行实名制的抗拒。所以，我国的网络实名制道路依然应当放慢脚步、循序渐进，这样才有利于在维护我国公民权益的同时规范网络环境。

（二）问卷调查

Q1：您是否了解网络实名制的起源？

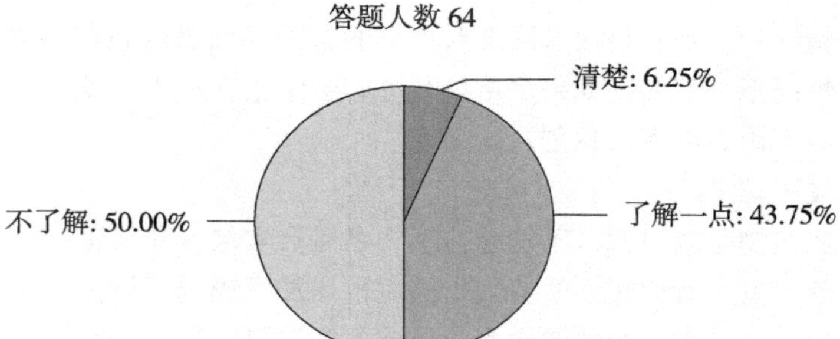

Q2：您每天的上网时间大约为

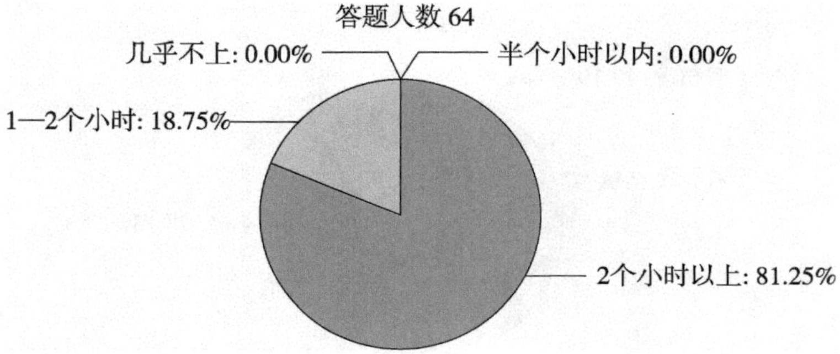

Q3：您是否赞同网络实名制？

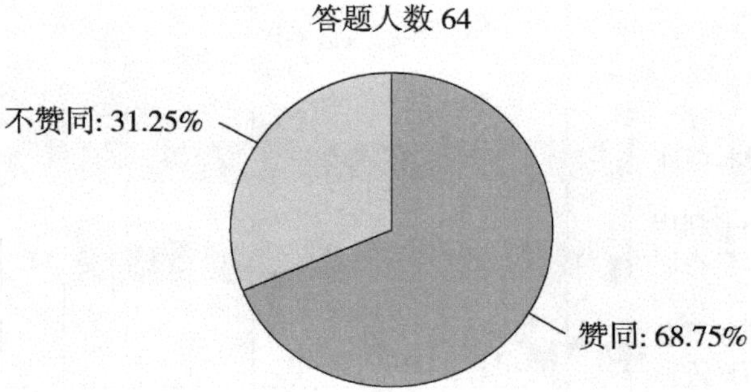

Q4：过去在论坛发言时您是否注意自己的措辞及发言内容对他人的影响？

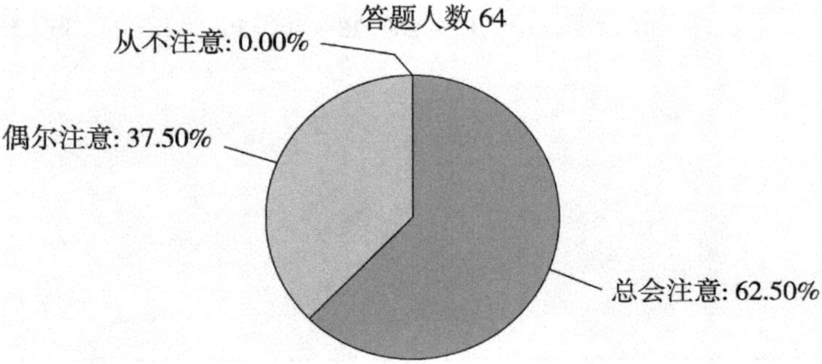

Q5：如果需要登记您的真实姓名，您是否会注意

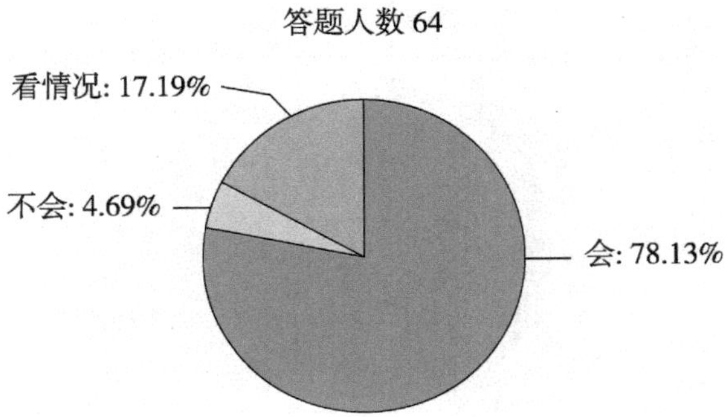

Q6：您认为网络实名制会产生什么问题

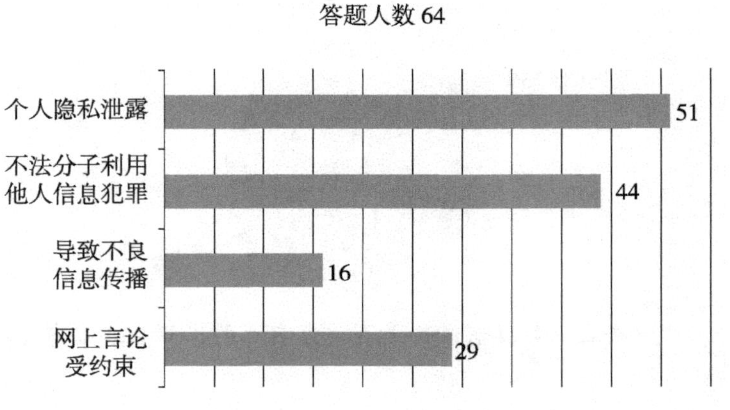

Q7：您认为的言论自由指的是

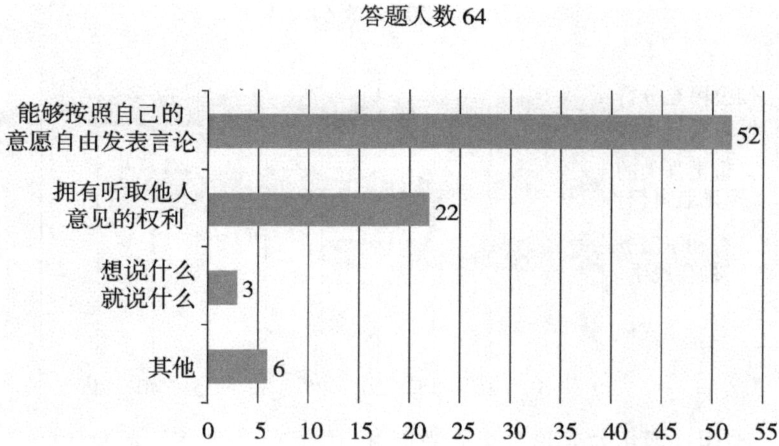

Q8：您上网时是否遇到过想要搜索的重大事项或敏感信息被屏蔽的情况

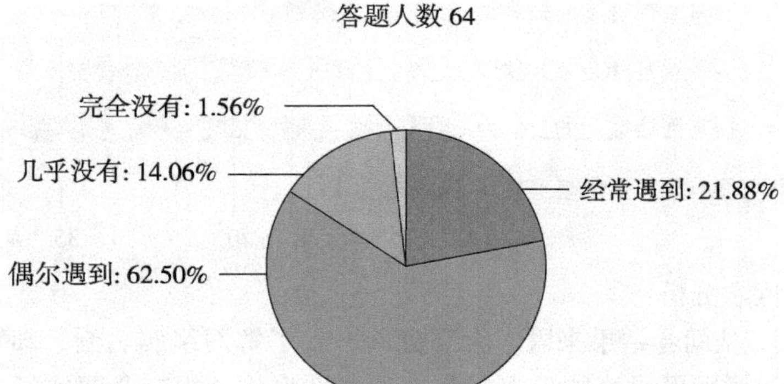

Q9：您认为言论自由有什么好处

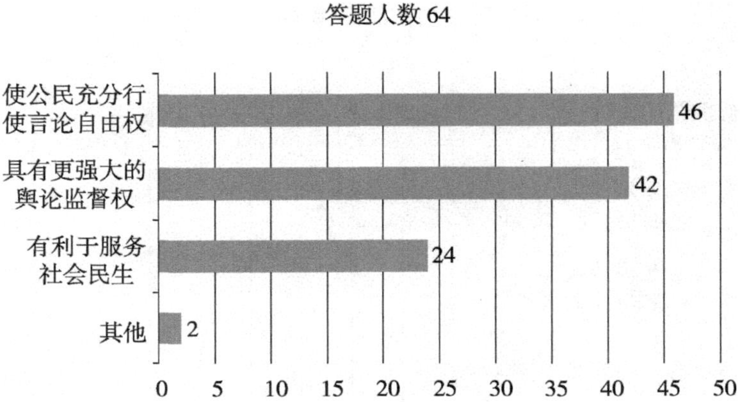

Q10：您认为言论自由的弊端有

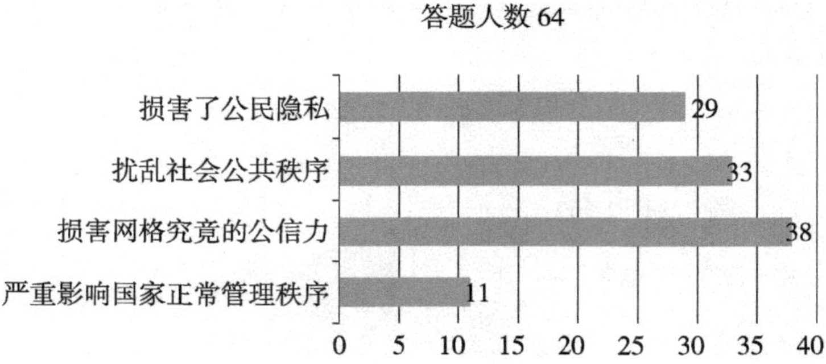

问卷分析：

1. 从问卷结果来看，大部分人不太了解网络实名制，却赞同它。这说明网民可能根据网络上的恶性事件觉得有必要实行实名制，但是并未对实名制的具体内容及可能产生的后果有充分的了解。

2. 过去在论坛发言时大部分网民总会注意自己的措辞及发言内容对他人的影响，如果需要登记真实姓名，大部分人会注意，且注意的人数增加。这说明有些人依靠网络匿名的交流方式随意发言，对自己的言论不负责任，不在意言论对他人和网络环境的影响，从而导致恶性事件发生。通过实行实名制可以约束这些人的行为，从而营造一个健康的网络环境。

3. 大部分网民认为网络实名制会产生的问题有个人隐私泄漏、不法分子利用他人信息犯罪。这说明我们如果实行实名制应当在技术上规避这样的风险，让网民放心。

4. 大部分认为的言论自由指的是能够按照自己的意愿自由发表言论。而“言论自由”的正确解释是公民按照自己的意愿自由地发表言论以及听取他人陈述意见的基本权利，但要保证被议人员的人身权利和人格尊严。这说明网民是了解言论自由的，但是了解得不够全面，有可能无意间侵犯了别人的自由权。因此，我们有必要且有义务向周围的人传播文明网络和言论自由的知识。

5. 大部分网民上网时偶尔遇到过想要搜索的重大事项或敏感信息被屏蔽的情况。这说明部分信息对网民尚未公开，言论自由程度尚不高。

6. 大部分网民认为言论自由好处有使公民充分行使言论自由权、具有更强大的舆论监督权、有利于服务社会民生，且认为言论自由的弊端有损害了公民隐私、扰乱社会公共秩序、损害网络空间的公信力。这说明我们若不实行实名制的话，那么就要加强网络监管减弱上述弊端，让网民放心去在网上发言。

结束语

我们坚信，一切不侵犯他人自由的自由都是应该被保护的自由！实名制和言论自由不是对立的，而是实名制是言论自由的保护。自由不是无法无天恣意妄为，言论自由不是信口开河而不负责任。自由应当是在不触犯神圣的法条的情况下的自由，言论自由应当是建立在不中伤他人、不威胁社会安定的基础上的，每一条言论一定要有理有据。在现实生活中，大部分人能保证自己对自己的言论负责。这是因为有着较为严谨的法律和较为强大的道德在约束着现实生中的每一个人。没有任何约束的绝对自由是不存在的。采取网络实名制后，每个人将现实社会中的自律转移到网络社会，每个人都可以在法律的框架内保证言论自由。完善的制度下，才有真正的自由。

（指导教师：庞晓光、贾岚生）

“失联”的十一人

实践团队：会计学院　2015 级管理会计专业
团队成员：刘　阳　崔华艳　柳连风　纪　婷
袁　和　白思雨　黄　勤　肖　蓓
程弋馨　肖　然　赵　颖

一、实践方法

（一）真人秀制作，实践出真知

真人秀，是指由普通人在规定的情境中，按照预定的游戏规则，为了一个明确的目的，做出自己的行动，同时被记录下来而做成的电视节目，也被定义为“特定虚拟空间中的真实故事，以全方位、真实的近距离拍摄和以人物为核心的戏剧化的后期剪辑而做成的节目”。

真人秀与其他视频拍摄类型最大的不同，便是它的“真”。它并非虚构的，真人秀采用的是纪实的拍摄手段，从这一方面来说，与纪录片有很大的相似之处。虽然真人秀中有特定的情景，但在这一情景中，每个人都是非虚构的，反映着普通人在普通状态下的生存情况。真人秀具有纪实性、冲突性、游戏性三大特征，没有剧本，不是角色扮演，是一种百分之百反映现实的形式。

基于以上特征，我们采用了真人秀的形式进行此次视频拍摄，设置“没有手机，不接触网络”这一特定情景，不设置剧本，只为故事的进行设定必要的背景与任务，进行为期一天的户外实践活动，将大家在这一天的行程中遭遇的种种情景如实记录下来。

这样的实践方式，既增加了实践的趣味性，也有利于大家更深入地感受网络给自己生活带来的各种微小的影响。

（二）采访名师，解答疑惑

访谈调查是最基础的社会实践方法之一，通过与被访人员的面对面交谈，在答疑解惑的过程中，对问题有更专业化的理解。

在本次社会实践中，我们采访了会计学院教授刘俊勇老师。刘俊勇老师是在课堂上推行“蓝墨云班课”App的第一人，在开学之初便对学生们说“在我的课上，你们必须使用手机”。刘老师利用“蓝墨云班课”这一软件作为教学工具，进行资源分享、课上课下讨论、作业布置等活动。这一网络时代下新型的教学方式获得学生们的一致好评。目前越来越多的老师在刘教授的推荐下开始在自己的课堂上采用“蓝墨云班课”等类型的软件进行辅助教学。

基于以上事实，我们小组以面对面访谈的形式就“网络与学习的关系”对刘老师进行了采访。

（三）新媒体应用，资料搜集

在本次实践中，我们利用电子期刊、新闻媒体等途径广泛搜集资料，并利用图书馆线上线下结合的形式查阅资料，在脚本写作与路线制定阶段充分利用已有的资料，设计出合理有效的实践流程。

二、实践特色

（一）形式新颖

此次社会实践，我们摆脱了以往查资料、做问卷、做PPT的模式，我们着眼于“人与网络”这一大标题，具体探讨网络对我们日常生活的影响，进行一天不接触网络的生活并拍摄视频。此次实践我们以视频再现，在视频制作过程中，我们接触了不少音乐、剪辑、组织方面的工作。形式新颖，内容丰富。

（二）真实客观

此次实践所得信息都是真实可靠的，每位成员都参与进来并一整天没有使用手机，成员之间互相监督。真实展示了小组成员一天没有网络的生活，包括在没有网络的情况下，深感不便利和焦躁，但同时也感受到没有网络而专注交流的愉悦等。

（三）合理分工

首先，我们对于实践有个大致的想法，几次讨论后确定大概内容，由一名同学记录成文，整理成视频脚本后，我们再一次对脚本内容与拍摄形式进行具体讨论，然后对摄影、道具、剪辑、字幕、采访等方面进行分工。这样既保证了小组成员都参与实践，也使得每个人负担的任务不过于繁重。

（四）生动有趣

虽然决定采用视频拍摄形式记录，但考虑到全为有关无网络的内容和感想会使视频平淡和说教意味重，所以我们分组设置任务使拍摄内容尽可能地多，并设置情节冲突和巧合。我们采用恐怖悬疑片和记者报道作为开头，以吸引读者注意。同时，我们在剪辑、配音和背景音乐寻找方面都非常用心，而这一点也使得视频多了很多亮点。

（五）深化主题

我们实践的主题是“人与网络”，如果只是专注于网络的利与弊，可能会变得老生常谈。我们试着深化主题，我们设置了两个任务，一个是去北京民政局自拍，一个是去火车站，不仅是为了突出网络在地图导航方面对我们的帮助，更想说明网络购票的好处。我们原想拍火车站排队的情景，介绍农民工不懂得网络购票不得不排队买票甚至买不到硬卧的情况，但由于火车站停运，这一点非常遗憾没展现出来。对刘俊勇老师的采访中我们了解到，网络对人的影响范围扩散至师生，从生活到学习，说明了网络的影响扩大加深。

三、实践脚本

前传：

1. “双十一”凌晨大家抢购。

2. 上课时大家在打瞌睡，下课铃声响起，大家起来玩手机。

3. 图书馆内，在一堆书面前，某某在玩手机（抢红包）。

4. 柳连风经过叹气思考……

5. 大家在寝室狂喊“剁手吃土”时接到连风电话（切屏 10 个 + Boss 电话 + 欣喜 + 任务要求 + 好说好说）。

正传：

1. 大早上连风收手机（突出偷偷），然后将任务卡以及与任务相关的大哥大放在每个人的桌前。

2. 连风出发离去。

3. 大家醒来接任务，发现手机不在。

4. 时间一到，A 组出发/B 组出发，带上现金。

5. 在地铁站买票，问售票员如何去目的地。

6. 地铁上交流谈天、欣赏风景，在他人玩手机时。

7. 问路、自拍、聊天。

8. 到达目的地，遇到连风，而后吃饭。

9. 某某准备拿出手机拍照秀美食，发现手机不在。

10. 结账时，连风发现支付宝里没有钱了，大家凑钱支付。

后传：

1. 旁白：你以为这就是结局吗，哈哈哈，那你就大错特错了。

2. 晚上大家收起手机夜聊，哈哈哈，结束。

3. 谈感受，自己的改变与离不开手机的地方（一人一句话，配一张图，画面上有名字、字幕）

4. 刘俊勇采访视频。

5. 社会现象，重点是农民工买票。

6. 精辟总结。

7. 左边谢幕 + 右边温馨花絮。

任务卡：

哈哈哈，你们的手机被我拿走了，别慌张！我给你们准备了一个大哥大，请在中午 12 点半之前来朝阳区三里屯南路 259 号（金泰之家三里屯店对面）。请带着你们在 A、B、C 地方的全体自拍来找我，大哥大没有上网功能哦，能不能找到我来吃大餐就靠你们自己喽。祝一路顺风！

四、实践感悟

“首先，拍视频是很不容易的，谈论电影的时候大家就有争执，我觉得取材要深刻一些，大家没觉得不深刻。我和颖哥写脚本，写了好久才把事件都串起来。实际上，拍的时候又有意见。当时天很冷，我是大 Boss，就不露脸，幸好戴了手套，都要冷死了。最后的总结，大家要我即兴发挥，真的是即兴啊，第一次，再重拍都不记得当时说了什么，说了那么多了。手机很重要，毕竟已经嵌入生活中了，但是我们这一代人是生活在手机的过渡时期，就像当年的美国年青一代，生活在毒品的过渡时期。手机成瘾是常态，重要的是大家得意识到它的坏处，并从中走出来，就像我在影片中所说，没有手机的世界也是美好的，解放眼睛才能抬头去真正观察这个世界。”

——柳连风

“互联网时代的到来全然改变了我们的认知与生活方式，无论是物质上的衣食住行，还是精神上的交流、学习等等，网络已经成了我们‘身体的一部分’。为了体会网络对我们生活的影响，我们小组反其道行之，一起度过了没网的日子。这段时间我们感受了没网的不方便，同时也对生活有了更为亲近的接触。

“拿我自己来说，其实我对‘低头族’特别反感，不喜欢与周围的人聊天或者走路时，他们一直埋头看着手机。但是有些时候，特别是在智能机的功能日渐强大的背景下，网络成了我自己接收消息、获取信息的主要渠道。有时候因为要与别人取得联系，不得不看手机，这样也导致我也时不时会看是否有人给我发消息，时间更为碎片化。当然，信息也是碎片化的，网络赋予了人更多接触时事的机会，但是由于信息量冗杂，对人处理各种信息的要求难度加大。

“网络的影响既有正面，亦有负面。网络对衣食住行所带来的便利数不胜数。网购、工作、学习的工具越来越简易。但同时近年来，网络暴力、青少年网瘾、亲情淡漠也是网络过度使用后的严重后果。

“‘无网日’体验活动引发了我许多思考。和小伙伴们一路的欢声笑语，亲自去体验实体店买火车票，找寻目的地中，既分享了快乐，也体会到了做事的无效性。没有各种 App 的帮助，我们多了不少麻烦。就拿买火车票来说，我们事先不知道火车站停运的消息，所以白跑一趟。然而频频曝出的一些农民工没有掌握网上购票的方法导致春运难以回家的问题不免让人心寒。‘世界上最遥远的距离，不是生与死，或许是你站在我面前却一语不发地低头玩手机。’亲情淡漠，人与人正面沟通的减少使得彼此间的相处变得越来越艰难。

“我自己有很多反思，比如手机沟通我是不是又浪费了很多时间呢？是不是会被无聊的八卦那些五花八门的东西所吸引呢？和亲人朋友的交流是不是减少了？学习上我又受到那些干扰了呢？

“总之，我们应该以辩证的思维看待网络，适度使用网络，掌握获取信息的技能的同时也需多接触现实生活的美好。”

——赵　颖

“网络是把双刃剑，经过这次实践我真真切切地感受到了这句话的意义。上大学后有了智能手机，我也成了'低头族'中的一员。有了网络，我能在网上浏览很多信息，有营养的、没营养的，能消磨无聊的时光。书籍看得也越来越少了，和周围人待在一起，不是在聊天，而是在上网。亲情、友情似乎都变得淡了，很多话当着面反而说不出口了。是网络给我们周围笼上了一层隔膜吗？我想，现在整个社会都认识到了这些存在的问题，而我们知道了就要采取行动。实践的这天，和同学全程都在聊天，真的很开心。很多情感其实是不能通过网络传达的，面部表情、肢体语言和接触才是人类最原始的交流方式。周围多变的环境、路边创意的小店平时都被忽略了。网络让我们需要的信息——例如这次找路线——能够直接传递到眼前，我们却没了寻找、发现的过程，错过了很多。我也想到了外婆，她不会上网，但是每周都催促妈妈用视频和我聊天，见见远在北京的我。对于网络，权衡取舍，我也开始明白什么是最重要的。"

——程弋馨

"根据'实践是检验真理的唯一标准'这一思想，我们从平时最直接接触到的网络的载体——手机出发，通过体验没有手机生活，来真实地感受网络给我们的生活带来的巨大变化。我们以拍摄一个类似真人秀、综艺节目的视频来进行社会实践。我们发布任务，分成两队到达同一目的地，在这个过程中也的确有许多的感悟。

"因为约定好了不允许用百度地图搜索目的地，我们只能通过询问别人、看北京地图的方式来确定应该在哪一站地铁下车，还需要自己规划路线，找到最近的一条路。到达地铁站后，也不得不通过问路、看地图等方式找到正确的路，兜兜转转，个中艰辛，不言而喻。在完成途中小任务——到达西直门北京北站，体验排队并完成自拍的过程中，也切实感受到了网络的便利性。我们到达北京北站，才发现从 11 月 1 日起已经停运了。没有网络，没有事先了解到消息，如果不是亲自赶到那里，我们都不知道它已经停运。网络上信息的传播速度是极快的，正是因为网络，我们现在才能第一时间了解到全球的新闻，才能感受到‘天涯共此时’吧。另外，最近又迎来了春运，网络让我们购票也更加方便快捷。有了网络，我们不必再去火车站看着长长的人龙干着急，不用再体验排了好久的队却发现没票的无奈感了。

在到达火锅店之后，网络对于信息分享的作用就体现出来了。没有网络，我们就不能拍摄照片并分享到朋友圈，无法将这种快乐和别人分享，不能让关心我们的人第一时间知道我们在干什么。在买单时，没有网络，我们便无法使用支付宝进行快捷支付，而是需要用现金来支付，然而携带大量现金对于我们来说有时候也是不安全的。所以，网络的确在我们生活中随处可见。我们早已习惯了它的存在，只有在失去了它时，才恍然大悟，原来它有这么多的好处。

然而，网络在某些方面也展现出了它不利的一面。现在我们处在一个信息爆炸的时代，人们也越来越浮躁，被困在高科技的大楼间，迷失自我。仔细想想，我们有多久没有好好欣赏这个世界了？没有了网络，才发现地铁窗外的风景也别有一番风味。地铁上没有手机度日也并不难熬，我们可以谈天说地，交流感情，车厢里回荡着我们的笑声。吃饭聚餐时，大家不再一边刷着手机一边心不在焉地吃着饭，我们全身心地享受着美味的食物，席上也是笑语阵阵。而在学习上，没有了网络，我们往往能更专注，不再分心，效率也明显提高，效果更是不必说。通过这一次的体验，我也更希望以后在图书馆学习时少带手机，这样我的时间会度过得更有意义，更有效率。

网络就像是一个潘多拉盒子，若是没有好好利用它，便会给人类带来厄运。我们要记住的是，网络的确给我们带来了许多便利，但是切不可沉迷网络，过于依赖网络。有时候体验一天没有网络的生活，你也许就会发现，原来我忽略了那么多美好的东西。”

——肖　蓓

“一天没有手机的日子，真的很棒。不仅学会了认路，还get到了很多好玩的东西，感觉自己以前真的是被手机给束缚住了，每天都被一些无用的东西弄得很累。当然，在现代社会没有手机、没有网络是不行的，但是我们还是应当合理地使用它们。我觉得大家可以选择一天或者每一天的某个时段，离开手机，享受一下自己的生活，岂不妙哉!”

——崔华艳

“每次提起网络的弊端，我常常想起‘网瘾’，但我不得不承认我已离不开网络了。尝试不用手机不接触网络一个星期，我遇到不少窘境，遇到单词查不了，别人找我找不到，买东西不方便，网上资源拿不到，等等。网络已成为生活一部分，我们不可能杜绝网络回到原始生活，那我们应该合理利用网络。这次实践让我感触比较深的一点是，大家都能坚持配合，外出拍摄那天温度比较低还下了雨，大家都冻得不行，但大家都把任务完成得非常好，真的非常感动。”

——黄　勤

“通过一天的‘无网络’体验，我们深刻认识到现在网络在生活中已经成了不可或缺的角色。网络的使用已经渗透到生活的每一个细节当中，每天每时每刻拿起手机确认消息似乎已经成了非条件反射，成了一种下意识。现金使用的减少更是网络渗透的另一个最佳体现，随处可见的微信、支付宝支付‘习以为常’，人们不再习惯于在身上带着大量的现金，只要有一个移动设备和网络，通过各种电子转账业务就可以完成支付，这样的便捷完全超过了现金。除此之外，‘低头族’成为如今的主流群体，地铁等公共场所的确安静了许多，但是如果将声音渗透到每个人的耳机、每个人的手机当中，人们仍然是在通过网络进行交流和娱乐，只不过人与人之间面对面的交流少了，人与人之间相互的娱乐少了，更多的是将这些转化成电子信号进行传输。那是不是就少了一些人情味呢？

“的确，在这一天里我们看到了网络的利弊，但是网络的发展利大于弊，更多的弊端则是人们的自律性较低造成的，网络给人们生活带来的便利远远超出了网络对人情的损害。”

——纪　婷

“这次社会实践增强了我的信心，让我认识到自己的认路能力也是不错的。虽然一路上有找错方向的情况发生，但在不断地辨识方向、研究地图、到处问路以后，我们还是顺利到达了目的地，甚至提前于A组完成了这一任务，用空暇时间逛了附近的商场，熟悉了一下环境。

“以前出行必看电子地图、必用导航，然而导航也有出错的时候，并且一路低头看导航时，我们也错过了周围充满人气的市井风貌，错过了路人、店员、清道夫的各司其事里透露出的静谧氛围，错过了早晨空气湿润后所能体会到的类似踏青郊游般激动的好心情。”

——袁　和

“这次社会实践的主题是‘人与网络’，手机作为网络的载体，也是我们在日常生活中越来越依赖的工具，所以我们小组计划了‘没有网络的一天’，一起进行一次‘无网络’的体验。

“从那天早上开始，我们都没有使用过手机，除了两位负责联系的同学带了两只无网络功能的小手机。往常我们出门都会事先用手机查询路线，但是这次我们只能在地铁站查看地图或者是询问路人；在西直门做任务的时候，事先没有查过，也不知道北京北站暂停卖票了；吃完饭，想要用支付宝买单，因为没有网只能大家一起凑钱。可是，就算没有手机，地铁上当其他乘客埋头捣鼓自己的小屏幕时，我们却能留一抹目光于窗外的风景，一起聊天，相互了解；当我们围坐在沸腾的火锅旁，伴着氤氲热气说说笑笑，怎么不比埋在手机前快活享受呢？

“当然，网络是当今时代的主流趋势，亦成了我们生活中不可缺少的一部分。在科技高速发展的今天，网络正以惊人的速度进入到我们人类社会的每一个角落。它让世界变得越来越小，让人们的交流沟通越来越方便，提供给我们便捷的服务：网购、看电视、视频通话、搜索新闻等等。然而，目前的网络充斥着大量的不良和虚假信息，存在很大的不真实性。虽然网络可以帮助人们建立广泛的人际关系，在一定程度上也显得虚无，而造成真实世界的关系的隔离。对于我自己来说，在自习和看书的时候，总是忍不住拿起手机翻翻消息，静不下心。网络固然有好处，改变了我们的生活，但它也是一把双刃剑，毫无防备也会被‘伤得体无完肤’。这次的实践活动也让我感受到了网络之外的美好，所以应合理地使用网络，让它成为帮手，而不是杀手。”

——肖　然

网络是药也是毒，善者善用之，恶者恶用之。就像《假如世上不再有猫》中说的那样，这个世界上没有什么东西是不可缺少的，也没有什么东西是不重要的，任何一样东西的存在都有它的道理，任何一样东西的消失也都会让你的生活发生翻天覆地的变化。人类创造了网络，却也在获得的同时失去了一些东西，而活在当下，逃避与沉迷都是懦夫的行为，唯有学会善用网络，方是正道。

附录：实践日记摘录

A 组：

时间：2016 年 11 月 20 日　　星期日　　天气：小雪

虽然是周末，但是有实践任务在身，我们马原小分队 A 组的成员们按照计划 8 点在学校西门集合。天公不作美，今天一天天空都很阴沉，气温很低，甚至还下起了小雪，但我们仍旧要忍受严寒，穿行于北京交错的地铁线路中。中午到达火锅店，在暂时远离网络的时间里，从一个小侧面反向感受“人与网络”的关系。

校门到地铁站的这一段路，我们一直在聊天，探讨今天一天的行程、路线，要拍哪些镜头来表现、记录我们的实践过程，感到很充实。因为我们有个小任务——到达西直门附近的北京北站拍张自拍照，所以在地铁站内，我们先研究了一下绕路到北京北站的路线，然后询问了一下到三里屯应该坐到哪个地铁站，之后就出发了。小组成员充值时，我们也在想，充值系统又何尝不是全北京联网的呢？我们刷卡进站、出站，网络根据我们的行程距离扣费，等等，没有网络是办不到的。

中途也有一个小插曲：在拍摄我们查看地图的镜头时，摄影的柳连风将伞留在了站内的座位上，我们乘上地铁之后才意识到。所以先让连风继续乘车到西二旗，然后在这节车厢的门的正对面等我们下车。其余人则返回取伞，并在返程的车厢中仔细看了乘客们使用手机的情况——几乎所有人都在低头玩手机。没有手机手痒的我们则全程在车上谈天。其实也没有我们之前想象的那么难熬，平时我们也只是低头玩一玩手游、刷一刷微博，做一些没有多大营养的事情消磨时光。现在抬起头，和朋友们畅谈、大笑，欣赏车窗外飞速闪过的风景也真是“别有洞天”。

到达西直门，去往北站的一路上都没有人。一位大妈一直跟着我们问我们是不是去八达岭长城，告诉我们已经没有那趟火车了。进入售票大厅我们才发现这个火车站已经接近关闭了，只有寥寥几个车次还在售票。原本我们是打算在买票队伍中排队，感受网上买票给我们带来的便利，并与那些不会使用网络而只能排队买票的农民工等进行对比的，这个想法也只能无疾而终了。

完成了在北站的任务，我们直奔三里屯。幸好我们去的三里屯南路就在东大桥站附近，地铁内的地图有明确的标注，让我们省去了很多找路的不便。朝着火锅店的方向，数清楚转变方向的十字路口，时刻注意周围的路标，并且在不确定时询问行人，我们终于成功到达了目的地。经过大哥大联系，最终我们也和小分队 B 组会合了。

没有低头上网冲浪，我们愉快地品尝完美食，并总结讨论了今天的感受。这次实践以连风同学发现我们学习不认真，时常玩手机，所以想改变我们为背景，以手机为载体，让小组成员感受“没有网络的一天”。从早上到现在，我们亲身实践，对这个问题也有了深刻的体悟，大家都有自己的看法。例如，网络给我们带来了便利，也在一定程度上阻隔了我们与周围的世界等，还有待我们回去写成实践报告。

B 组：

时间：2016 年 11 月 20 日　　星期日　　天气：小雪

11 月 20 日早上 8 点，大洼村里还在下着淅淅沥沥的小雨，大多数的同学们还沉浸在梦乡中。这时，马原课程实践小分队的 B 组成员已经悄悄出发，去干一件大事情！

冬日有雨的早上真是寒风刺骨，大家相互簇拥着向地铁站奔去。这里要感谢我们的摄像大姐——燕妮，双手扛着摄像机在后面辛苦地为我们拍摄视频。由于我们是想要拍成一个真人秀，在到达地铁站之后我们准备拍一段向售票员问路的视频，结果……售票员似乎很生气地打电话叫工作人员来制止我们拍视频，吃瓜群众的我们并不知道发生了什么（无辜脸），我们真的只是想要拍个视频，好好完成我们的作业而已。后来才了解到，原来地铁站里为了不影响工作人员的正常工作是禁止拍摄视频的，大家之后也要注意哟。

坐上地铁，暂时告别外面的寒风。我们一行人排排坐着。没有手机的空当，心里或许有一些痒痒，屏气凝神，让自己的心灵从嘈杂的世界中安静下来。我看到对面有一个中年妇女正在收拾着自己的妆容，似乎要去赴一个很重要的宴会。还有一对情侣，女生靠在男生的肩膀上，眯着眼。还有一些男男女女，有的在闭目养神，有的眼神游离，像是自己已置身在别的世界中，还有的正在低着头玩手机。一拨人下车了，总有另一拨人上来。而其中特别是年轻人，都人手一个手机，在这里面寻求他们认为要紧的有趣的东西。我们或许成了这一群年轻人中的一股清流，全程没有使用手机，但我们依旧感到满足，甚至是比有手机的时候还要感到充实与快乐。我们与好友交谈，享受沟通与表达的快乐；我们观察身边的每一个人，想象着他们的生活是什么样子的。感觉手机就像给我们上了一个枷锁，我们被牢牢地束缚着，越陷越深。当你尝试着放下它，不理睬它，会发现自己忽然变得很轻松、很简单。没有人给你发消息打扰你的生活，你也无须通过朋友圈来关注别人的生活。多么清闲舒适的一天呀！

“团结湖站到了，请乘客们从左侧车门下车”，惬意的时光总是短暂的，我们离开充满暖意的地铁站，来到了满是横风的大街上。最糟糕的是我们不知道怎么走，就连我们队里行走的指南针——阳阳都迷路了，无奈我们只能凭着第六感朝着一个方向走，内心惶恐，感觉道路越来越诡异。我们只好停下来研究公交站里的地图，但上面也没有标示我们要去的目的地怎么走。开始怀念有手机的日子了，如果有手机，这不是几秒钟的事情嘛。最后还是一位好心的大叔给我们指了路。在经过找错路、走过头的重重困难之后，我们终于找到了民政局，完成了我们的第一项任务。

接下来的行程，就我自己来说是一直处在全程晕头转向的状态。不过，有一句话叫作“踏破铁鞋无觅处，得来全不费工夫”，就在我们感到不知道应该往哪里走的时候，突然，一转角，我们的目标站点——宽板凳火锅店就出现在我们面前了。

还有我们忠实的队友连风同学在门口恭候我们的到来。接下来……不用我说你也能够猜到发生了什么吧！

（指导老师：庞晓光、贾岚生）

当代大学生现实中的行为方式与网络行为的差异探究

实践团队：金融学院 2015 级国际货币与国际金融专业
团队成员：李 菲 张 娟 陆 露 吉余阿衣 全方清
桂平舒 廉鑫泽 韩雨迪 李丙坤

一、实践背景

随着信息化的发展，互联网已经充斥着我们的生活，网络已成为人们生活中不可分离的一部分，它既是社会发展的写照，又是人们发展中从物质层面向虚拟层面转向的重要平台。网络时代的到来营造出人类新的生存空间，给人的自我存在与自我表现带来了新的方式，即在网络空间中自我的存在方式——“虚拟自我”。[①] 作为大学生，我们每天都生活在网络中，在网络中我们会与他人交流，在许多的平台上我们会发表自己的想法。对于网络的认识，很多人会将网络作为避风港，在网络中展示出自己在现实生活中所不会展示的行为和思想，甚至会在网络中展示与现实生活中完全相反的一面。

---

① 徐琳琳．网络中的虚拟自我探析［D］．大连理工大学博士学位论文，2010.

二、实践目的

不知道从什么时候开始，大学生沉迷网络好像已经成为一种屡见不鲜的现象。他们在现实中表现得漠不关心，却同时存在着虚拟世界中塑造的另一个自我。我们小组由此产生了一连串的思考：网络是否真的是人们释放内心真实想法的媒介？进一步来说，网络中的自我是否更真实？如果的确如此，其背后又隐藏着什么内涵？

三、实践活动

（一）资料搜集

目的：通过查阅和搜集论文资料，探究在现实中和虚拟中行为表象的意义与特征，并加以归纳总结，对比两者的不同之处。

通过小组成员的资料搜集，我们发现，虚拟自我与现实自我是存在联系，二者相互构建、相互渗透、相互补充；另一方面，二者在自我形象的塑造上实际有很大差别，我们利用表格进行了如下的归纳对比。

差异举例	现实自我	虚拟自我
表征：网名、昵称	固定的	随意性、不稳定性、不真实性
头像、照片	真实的自我表达	自我印象管理的道具
身体形态	自然人	多样性、可变性、超自然
语言风格	保留大部分口语风格	圈子化、衍生品（天涯论坛）
内化：性格	偏向内敛	偏向外向、亲社会
道德伦理	他律性强	网络道德认知模糊

（二）采访

目的：从大学生对“人在现实与网络中是否有差别”的回答，

进一步验证小组成员的想法。

采访一：三号楼　张东侯　葛孟源　12 月 5 日

采访二：三号楼　王宜静　12 月 4 日

采访三：宿舍楼四号楼　周思凝　12 月 4 日

采访四：宿舍楼三号楼　陈哲昊　曹国宁　12 月 5 日

经过采访，我们将同学们的观点总结如下：

同学们认为，有些人更容易在生活中表现出真实的内心想法，有些人则不是，这是和个人性格、经历等相关的。思想性取决于个人，但总体来说，网络上内心的想法表达会比现实中更容易一些。

就采访的情况来看，网络中的自我和现实中的自我还是有一定的差别的。有些人网络中会表现得更有条理性，更有亲和力，显示出更愿意与人交往或者有个性的一面；有些人不太愿意沟通，可能在社交网络中表现得更活跃一些。大家普遍希望在网络上表现出更好的一面。

造成这种现状的原因又是什么呢？根据采访的情况，我们发现差异大多体现在自律性和易沟通性上。在网络中，人们普遍表现为自律性较差，而易沟通性较强。首先是匿名性，网络中没有实名制，出现了言论负责的空白区，于是部分人的自律感便自动降低，从而在网络上发表一些粗俗、过激的言论；其次是虚拟性，现实中会通过眼神、动作、表情表现自己，但网络中只有文字符号和表情包，留下很大的空间，而且无须及时回复，所以对有些问题也可以搁置，有更多思考余地和缓冲余地，会表现得更完美；最后是封闭性，网络交流隔着屏幕，这在一定程度上能够缓解面对面的紧张情绪，使得大部分人能够更加自如地交谈，于是易沟通性有所增强。

（三）问卷

目的：我们已经知道大部分的人都认为人在现实与网络中存在差别，所以我们希望通过问卷调查具体分析这种区别出现的方面。

具体分析：

大部分的人通过聊天软件、微博进行网络社交，除此之外还在游戏、贴吧、知乎、晋江文学城等其他平台进行社交。并且，83.56%的人拥有不止一个社交账号，39.73%的人有很多社交账号。80%的调查对象认为他人会在网络中做出与现实风格不同的事，主要表现在言论内容、关注内容、语言风格、思想深度等方面，并且大多数人认为人们在思想深度层面的表现在现实和网络上区别最大，从侧面体现了当下网络文化碎片化的现实。我们在调查中还观察到了以下两个问题：

“小号”现象：“小号”现象普遍存在，通过小号我们可以满足不同的诉求，比如形成不同的朋友圈从而扩大自己的交际圈；同时，小号也有利于我们抒发生活中不同的小情绪，发表一些平时不愿意表达在外的心情与想法。小号的存在有利于我们情绪的抒发，也能给我们带来更多的安全感。

“虚实”问题：许多被调查者认为人们在网络上与在现实生活中有所不同，其中认为人们在网络中更多地表达自己的真实意见的比例多于认为在现实中更多的比例。网络良好的隐私性与更广的交际性赋予了我们更多言论自由，但同时也带来了不少负面的、令我们不喜的元素。这样的问题在问卷的第7、第8题中也有很多体现。总而言之，网络空间的自我发展与净化是我们将来共同关注的主题之一，或者说，我们自身对网络技术的独立性与过滤能力也是我们随着时代进步一步步发展的诉求。

（四）实验

目的：探究问卷显示的结果，即我们将根据问卷显示的重要信息在此同学身上进行探究和分析。

对照实验——探究现实与网络中行为的差异性			
实验对象：W同学，男，会计学院2015级本科生，其网络生活约占其日常的50%			
实验地点：中央财经大学沙河校区		实验时间：11月至12月	
实验方法：对照法			
	实验内容	实验数据来源	资料/数据采集处理方法
实验组	W同学在网络中的行为	W同学的微博、朋友圈、QQ空间及他与其他人的聊天记录等	根据微博朋友圈等中的内容种类进行统计聊天内容则统计高频用词、用语并分析语言特点
对照组	W同学在现实生活中的行为	采访W同学室友，以及和W同学的网上聊天对象	利用录音、拍照和录像等方法记录下第一手的资料，之后再整理文字

1. 实验过程

主题 来源	游戏	异性/感情	日常生活	搞笑	其他
微博	12	15	9（学习1）	22	6
QQ空间	4	11	15（学习11）	21	9
朋友圈	8	12	14（学习7）	7	12

通过对问卷调查的结果进行分析，我们挑选了一位具有代表性的同学进行真人实验，主要根据问卷的结论，我们选取了聊天软件、微博来和现实情况进行观察并分析。

2. 实验现象

（1）语言风格

实验对象W现实中言语、举止都非常有男子气概，但网上聊天常使用“呐”“呢”“啦”等语气词，这是W网络和现实中语言风格的差异。我们认为人们网络交谈关注文字，对形体仅靠想象。

尽管语言与形象不匹配但无违和感，因为文字上合理即代表对话合理。网络中亲昵词语能拉近距离，人们主动创造与现实语言的差异，是因其对表达方式的需求，而网络环境的多样和包容正满足需求。

（2）关注内容

从数据我们看出，网络只是人类生活的一部分，它扩宽人们的选择范围，但并不影响人们对兴趣或关注的选择。相反，它是人们兴趣爱好的进一步反映，如微博、朋友圈等更集中和突出地反映个人偏好，所以就所关注的内容而言，人在现实与网络中并无太大差异。

（3）行为

W 对于异性/感情这方面十分地关注。我们发现，W 身边的朋友仅有特别亲密的少部分人听到他当面表达过内心的寂寞情绪以及对另一半的渴望，与 W 关系越好听到 W 上述言论的频率越高。W 实际中会吐露给最亲密的人，但 W 在网上发布的此言论占比相当高。我们认为网络存在一定的筛选机制，即网络将信息公开，人们会根据兴趣程度去产生关系。

（4）性格

W 给人的印象是大大咧咧的，典型的北方汉子。据相关人士透露，W 与女生单独聊天时是大暖男，网络上也会与女生促膝长谈。这非性格的扭曲，而是真实表露。现实中因各种阻碍，W 难表现暖男特质，但网络上约束少，他能更好地表达自我。因此网络与现实中性格的差异，不一定是性格的变化甚至异化；相反，是人内在性格的完整表现。

3. 实验分析

从哲学的角度来分析实验结果，也可以发现人在网络与现实生活中语言与行为的巨大差异。

一是马克思主义唯物历史观中指出，社会存在决定社会意识，其中社会存在与人口、环境等诸多因素有关。我们熟知网络与现实生活中环境与相处的人有较大差异，这使得人在网络中的所思所想所为与现实中不同，这不仅仅发生在 W 同学身上，而是一个非常普遍的现象。因而，网络社会与现实社会的本质都是社会存在决定社会意识，正是由于人在网络和现实中行为的社会学意义，使得成千上万人在不同社会中的言谈举止存在较大差异。

二是人在现实与网络下哪种行为更真实、更趋向于自我，这与一开始人在这一社会中的实践息息相关。正如马克思认为的那样，社会生活的本质是实践，社会中反映给个人的会影响个人的行为，而网络或是现实生活中的各类实践行为，会因社会环境不同而变得不同，人在不同社会中的表现也不一定相同。但是正如被实验的 W 同学一样，通过现实与网络的对比，我们可以发现一些人隐藏的一面或者只被少数人知道的在特定环境下才可能做出的行为举止。

三是人在不同实践基础上对不同客体的认识是不同的。现实和网络社会的环境是社会存在，它影响人的社会意识，反映到行为上就是人的实践的差异，而实践的差异又导致认识的不同。实践基础上人对客体的能动反映即认识在客观性上被环境所影响，在创造性上以存在为依据创造出不同的观点，这就使得人在网络和现实中不论是认识、意识还是实践方面的差距都在不断拉大。这既有可能突出反映在人性格特征的某一方面，也有可能会引导人的实践或意识向与自我不一样的方向发展。

四、实践总结

通过本次实践，小组成员最后运用马克思主义原理的思想来回答了实践目的中需要解决的问题。

（一）网络的存在是否让许多人释放了自己内心的想法？

网络为人们创造了一个相对个性化的表达空间，人们可以利用其多重身份、匿名性等特点，表达出一些在现实生活中无法轻易表达的情感。但是一般来讲，因为个人性格因素等制约，网络的自我流露更多情况下是对现实自我的补充和延伸，网络上的观点一定程度是对现实自我态度的映射，只是有些时候现实的内心想法并不容易探知。同时网络社交环境的范围和影响力不及现实的社会环境，人们在网络中也很少直接与陌生人倾诉内心的观点，更多还是与亲人朋友沟通。因此，在网络上人们的确获得了许多表露真实自我的机会，释放内心想法的渠道增加了，但是表达自我的程度并不会很大，也不会代替现实自我。

（二）网络中的自我和现实中的自我会有很大的区别吗？

存在差异，但差异不会十分显著。这里的差异主要指的是表征层面的自我表露，包括称呼、语言等。人们会更换自己的网名、头像等以反映不同阶段自己想展示出的个人形象，这可以理解为对现实自我的强调，把不容易在现实中表达的某些元素直观展示出来。在语言上，确实与现实存在较大差异（用词、风格、文明程度），在一定程度上“本我”战胜了“超我”，道德的束缚减弱，网络的随意性或多或少地激发了一些行为的放纵。但是从内在的层面（性格、观点等），网络作为一个发声的平台、交流的工具，它的存在并不会使内在的思想发生本质差异。只是在网络环境中一些思想的深度、价值会与现实有异。网络社会或许能够给作为主体而存在的人提供真正的充分的自由，但人依然是现实的人，依然是各类社会关系的总和，作为人的主体行为之一的网络行为依然应当需要受到社会现实关系的制约。同时，网络言论行为内含着人的思想性，在一定程度上网络言论行为状况主要取决于人自身的思想状况。

（三）网络与现实中所表现的自我产生差异的内涵？

马克思主义自由观指出，自由是现实的人的本质，自由是天然存在的，但自由的实现脱离不了人的社会属性，最终人类应当真正意义上从人类社会和自然界中得到完全解放，成为真正的主人。人的存在和发展，是以人的活动的不断展开为基础的，而人的自由活动的最终结果是不断超越自我束缚、自然束缚与社会束缚等现实束缚，从而使人获得主体发展与自由全面发展。网络社会的诸多特性（如：自由性、开放性、匿名性等），容易使人在网络社会中的自我呈现得比现实社会更为自由，有助于人从现实的各类束缚中解放出来，不断彰显出人自身的自觉性与自主性。网络行为作为人的一项网络社会实践，集社会性、实践性与主体性于一体，涵盖了网络社会关系、网络社会实践与网络社会人等方面。在实践中或多或少会表现出与现实自我的不同，差异的产生是人自由发展的结果，因为差异的存在使我们不断发现问题、分析解决问题，促进现实社会和网络社会的不断健全发展。

五、实践感悟

钟颖婷：在这次实践里，我们悄悄进行了一次真人实验。很多人在网络上会做一些在现实生活中不会做的事。在网上，不用顾忌现实，用自己构筑的自己和他人构筑的他人产生交流与沟通，并且彼此讨论的也不会是那些闻所未闻遥不可及的世界。它可能是知识，可能是对文艺作品的感悟，也可能是对心灵最深处的拷问，或是最纯粹的……根本用不着考虑什么人情冷暖。也许正是因为网络的这种虚拟环境，决定了人的意识有所不同。这因此做出的行为也不同。这使得一些人们更倾向于在网络中表现出更真实的一面，但其实，将现实与网络中的自己合并起来，才是最真实的自己，主要是我们更愿意在哪里表现罢了。

钱家彦：这次社会实践，我的任务是负责采访，我对几位同学进行比较深入的采访，问了一些比较具有深入探讨性的问题，我得到了很多信息和感想。其中一个比较大的感触就是：和我本来想象的不一样，本来觉得大家都会在网上和在现实中表现的是截然不同的，但是实际上，同学们好像并没有什么特别大的不同。当然不同之处还是有的，但不会有太大的差别，许多言论，会表现出与现实生活中不一样的地方。那当下的情况，只是大家利用社交工具都是和平时各方面交流比较好的朋友一起交流，所以，就会展现得真实自然一些。

胡佳豪：在这次实践中，我对一位同学进行了细致的观察，发现了很多有趣的现象。一个在平常是一个典型的大汉的形象，到了网上可以变成一个具有温暖和卖萌特征的小男生形象，关心同学。在实践中我认识到了现实与网络都是真实自我的反映，网络上的一切归根结底仍是现实的一部分。其实如果仔细观察现实世界，就会发现这所有的怪相都是从现实而来，只不过网络作为工具，放大了现象，加快了传播。现实与网络中行为的区别很多时候都是因为在这可以不暴露身份的网络环境下，人内心隐藏的自我得到了更多的挖掘，善良的方面不会得到更多的放大，而那些不好的方面会变本加厉。

阿荣高娃：这次的实践主题是“人与网络”，经过我们小组的线上线下讨论，我们最终将主题确定为探究人在网络和现实中的差异性及其产生的原因。之所以确定这个题目，是因为随着人们对网络的依存度越来越高，这个现象也越来越明显，我们希望能够从心理学和哲学的角度深入探究这个问题，挖掘其背后的原因。这次的实践对于我们来说是一个新奇又富有挑战性的过程。

董蓉慧：参加本次实践，一直以来疑惑的对于人与网络之间的一些问题得到了深入的了解。人在现实与网络中的行为的确存在差异，实践过程中我们采访同学、老师对于这一问题的看法，对某一同学的线上线下表现进行对比，这使得我们关于这一问题的看法能用实践来证明。将实践应用于认识，两相结合，我们可以更好地理解人与网络这一主题。

王少康：这次的社会实践让我充分地了解了实践的意义。应该说，人与网络是当下最值得探讨的话题，它彻底改变了我们的交流方式，这是一种革命性的变革。我们小组经过商讨，一致决定探究人在网络和现实中的差异，因为这是在实践中的的确确存在的现象。而令我印象最为深刻的是，我们小组做了一个新颖的实验。尽可能还原真实，这就是最好的实践。

张梦云：这是一次非常有新意的马原社会实践，我们小组针对“人与网络”这个话题选择通过撰写时间报告的研究方式，首先是想真正对这个问题有所思考，通过实打实地搜索资料、实验调查、问卷分析、访谈等获得一些独到的见解，在研究过程中小组成员也发现了许多有意思的现象；其次，现实与虚拟带来的现象和问题随着网络世界的快速发展得到越来越多的关注，这次的社会实践让我对这个问题有了更深入的认识，也从中学习到了马哲的一些知识，受益匪浅。

杨　澈：“对于经常使用网络的人，现实中的自我和社交网络中的自我哪个更真实”，选择这个题目，是因为这在网络使用日益频繁、网络用途更加多样化的情况下，浮现出了越来越多的网络问题，人在现实与网络中自我表现上的差距拉大。我们企图借这个社会实践的机会，通过马克思主义哲学讨论现实问题，使马克思主义不再仅仅是停留在课本上的文字，而是变得更加贴近生活、贴近现实。

田　宸：作为社会生活中的个体，我们每个人都渴望与人交往，渴望得到他人的理解和认可，然而却受到很多约束，甚至会不善于与人交往。而网络中的我们可以以虚拟的身份进行社交，这经常导致产生与现实中不同的言行。所以我们思考，是现实生活各种框架约束下的我们还是在网络虚拟环境下的自我更真实？这引发了我们的很多辩证的思考以及深入的调查，并且希望结合生活中的自我，去探寻自己真实的内心。

王重人：社会实践的过程十分充实，我们通过调查、研究“网络”这一新兴交互工具的发展对我们生活的影响，最终聚焦于“生活中的我们与网络中的我们的异同”这一有趣的实践问题，进行了细致的实践。通过对社会心理学老师等专家的采访，我们得以更加了解网络带给人们心理上的深层次影响；通过调查问卷等形式，我们切实调研了身边的人对我们问题的看法……结合我们的实践经历，我们不光调查了解了我们所感兴趣的专题，也收获了实践过程中带给我们的诸多感悟。

林嫣斓：一说起人在现实生活中与网络中的表现，我的第一反应就是会有两个不一样的面孔，而通过我们这次的选题实践“真实还是虚假——探究人在网络与现实中的两面性”，更是从马克思主义的角度深入挖掘了人在现实生活与网络生活中的两面性。从这次的实践中，我了解到现实生活与网络生活中的两面性其实更的地是体现了人格的完善。另外，基本上每个人在现实与网络上都会有不同的表现，只不过不同的程度不一样而已。

参考文献

［1］周林：大学生网络自我表露与现实自我表露的比较研究［J］. 思想理论教育，2012（19）.

［2］缪佩君：大学生网络自我与现实自我的结构和特征［D］. 福州：福建师范大学，2013.

［3］高文苗：马克思自由观视阈下网络言论行为研究［D］. 杭州：浙江大学，2014.

［4］陈莉. 青少年网络虚拟自我及其与现实自我差异的研究［D］. 南昌：江西师范大学，2014.

［5］孙余余：人的虚拟生存与思想政治教育创新研究［D］. 济南：山东师范大学，2011.

［6］施雯：网络群体交往中的虚拟自我［J］. 媒体时代，2013（06）.

［7］傅蓉：网络与人的全面发展［D］. 延安：延安大学，2014.

[8] 杨善林，王佳佳，等：在线社交网络用户行为研究现状与展望[J]. 中国科学院院刊，2015（02）.

[9] 中国互联网络信息中心. 中国互联网络发展状况统计报告[R]. 北京：中国互联网络信息中心，2016.

（指导教师：庞晓光、贾岚生）